Tushar S. Chande

DAS GROSSE BUCH DER TRADING-KONZEPTE

Tushar S. Chande

DAS GROSSE BUCH DER TRADING-KONZEPTE

ALLES ÜBER
ENTWICKLUNG UND
ANWENDUNG VON
TRADING-SYSTEMEN

Titel der Originalausgabe:
Beyond Technical Analysis
Copyright (c) 1997 by Tushar S. Chande
Published by John Wiley & Sons, Inc.

Die Deutsche Bibliothek - CIP-Einheitsaufnahme
Chande, Tushar S.:
DAS GROSSE BUCH DER TRADING-KONZEPTE
Alles über Entwicklung und Anwendung
von Trading-Systemen/Tushar S. Chande.-
1. Auflage Rosenheim 1998
TM BÖRSENVERLAG AG
ISBN 3-930851-19-9

Copyright (c) 1998 by
TM BÖRSENVERLAG AG
Salinstraße 1, 83022 Rosenheim
Telefon 0 80 31 / 20 33 -0
Telefax 0 80 31 / 20 33 30

1. Auflage Juni 1998

Alle Rechte vorbehalten.
Auch die fotomechanische Vervielfältigung des Werkes oder von
Teilen daraus bedarf der vorherigen Zustimmung des Verlages.

INHALTSVERZEICHNIS

VORWORT	11
KAPITEL I: ENTWICKLUNG UND ANWENDUNG VON TRADINGSYSTEMEN	**13**
Einleitung	14
Risikohinweis	16
Was ist ein Tradingsystem?	17
Der instinktive und der Computer-Trader im Vergleich	18
Warum sollte man überhaupt Trading-Systeme verwenden?	21
'Robuste' Tradingsysteme: TOPS COLA	23
Die Anwendung eines Tradingsystems	24
Wer gewinnt - wer verliert?	25
KAPITEL II: GRUNDLAGEN DER SYSTEMKONZEPTION	**27**
Einleitung	28
Wo liegen die Eckpunkte Ihres Tradings?	29
Die sechs wichtigsten Regeln	32
Regel 1: Profitabilität	34
Regel 2: Weniger Regeln sind besser	36
Regel 3: Stabile Tradingregeln	47
Regel 4: Das Trading mit mehreren Kontrakten	56
Regel 5: Risikokontrolle, Money-Management, Portefeuille-Design	60
Regel 6: Vollautomatische Tradingsysteme	68
Zusammenfassung	70

KAPITEL III: ERSTE SCHRITTE IM SYSTEMDESIGN 73
Einleitung 74
Die Identifizierung von Markttrends 75
Sollte man dem Trend folgen - oder nicht? 81
Ist Optimierung sinnvoll? 86
Initialer Stop - Lösung oder Problem? 92
Kann Ihr Systemdesign das Risiko kontrollieren? 107
Daten! Mit Vorsicht behandeln! 114
Eine Order - mehrere Möglichkeiten 118
Die Aussagekraft der Testergebnisse 119
Was die Zusammenfassung der Tradingergebnisse nicht zeigt! 124
Die Authentizität der Systemergebnisse 126

KAPITEL IV: DIE KONSTRUKTION IHRES EIGENEN TRADINGSYSTEMS 129
Einleitung 130
Die Grundideen von Trendfolgesystemen 131
Das 65sma-3cc-Trendfolgesystem 132
Auswirkungen des initialen Stopkurses 155
Das Hinzufügen von Filtern zum 65sma-3cc-System 163
Die Einbeziehung von Verkaufsregeln in das 65sma-3cc-System 173
'Breakouts' und 'Pull-Backs' 174
Das ADX-Breakout-System 194
Ein Trend/Antitrend-Tradingsystem 200
Das Gold/Bond-Intermarket-System 213
'Bottom-Fishing' 230
Das Erkennen außergewöhnlicher Gewinnchancen 244
Zusammenfassung 249

KAPITEL V: DIE ENTWICKLUNG VON SYSTEMVARIANTEN 255

Einleitung 256
Das Breakout-System mit Trailing Stops 259
Das Breakout-System mit volatilitätsbezogenem Stopkurs 261
Das Breakout-System mit 20-Tick-Filter 271
Das Breakout-System mit eingebautem,
volatilitätsabhängigem Filter 278
Die statistische Relevanz der Breakout-Variationen 281
Zwei ADX-Variationen 287
Das Pullback-System 291
Das 'Long Bomb' - Ein parameterabhängiges System 301
Zusammenfassung 308

KAPITEL VI: PERFORMANCE-ANALYSE 311

Einleitung 312
Wie messe ich die Gleichmäßigkeit einer Gewinnkurve? 313
Die Auswirkungen von Verkaufs- und Portefeuille-Strategien
auf die Wertentwicklung 323
Die Analysen der monatlichen Wertentwicklung 337
Der Effekt von Filtern auf die Gewinnentwicklung 346
Zusammenfassung 354

KAPITEL VII: VORSCHLÄGE FÜR IHR MONEY-MANAGEMENT 355

Einleitung 356
Das Risiko eines Totalverlustes 357
Das Zusammenwirken von System-Design
und Money-Management 364
Verlustprognosen 374

Veränderung der Positionsgröße nach Gewinn- oder Verlusttrades	381
Zusammenfassung	387

KAPITEL VIII: DATENBESCHAFFUNG — 389

Einleitung	390
Was Sie unbedingt über Ihr System wissen sollten	390
Aus der Vergangenheit in die Zukunft: Ziehen und Zurücklegen	392
'Data Scrambling': Synthetische Daten, soviel Sie wollen	396
Der Test eines volatilitätsbezogenen Tradingsystems mit synthetischen Daten	406
Zusammenfassung	411

KAPITEL IX: TRADING MIT SYSTEM — 413

Einleitung	414
Das Problem der Systemtests	414
Trading auf dem Papier: Pro und Contra	416
Vertrauen Sie Ihrem Tradingsystem?	417
Die Zeit ist Ihr Verbündeter	418
Keine Ausnahmen	419
Absolute Nachvollziehbarkeit	420
'Garantierte' Einstiegsmöglichkeiten in große Trendphasen	422
Der Start ins Trading	423
Risikokontrolle	424
Haben Sie einen Plan für Ihr Trading?	424
Wie gedenken Sie, sich selbst zu überwachen?	426
Befreien Sie sich von Ihren Sorgen!	426
Konzentrieren Sie sich auf das Trading	427

| Traden Sie mit Kopf und Herz | 427 |
| Zusammenfassung | 430 |

VORWORT

Dies ist ein Buch über die Konstruktion, den Test und die Entwicklung von Tradingsystemen für Futures- und Aktienmärkte. Das Buch beginnt bei der Entwicklung von Tradingsystemen und endet bei der Definition eines Handelssystems. Es konzentriert sich exklusiv auf Trading-Systeme. Ich habe vorausgesetzt, daß der Leser letztlich Arbeitswissen über technische Analyse besitzt und vertraut mit der Software für die Entwicklung technischer Trading-Systeme ist.

Das Buch ist aufgeteilt in zwei Teile. Die erste Hälfte befaßt sich mit der Entwicklung und dem Test - wie das System in der Vergangenheit arbeitete - und bespricht Grundregeln, zentrale Themen und viele neue Systeme. Die zweite Hälfte erforscht, was das System in der Zukunft tun würde, mit Schwerpunkt auf Equity-Kurven, Risikokontrolle und Moneymanagement. Ein Hauptbeitrag ist eine neue Methode, "Datascrambling" genannt, die unbegrenzte Mengen von synthetischen Daten erlaubt, entwickelt für genaues "Außer-der-Reihe"-Testing. Das letzte Kapitel bringt das ganze Material zusammen durch Lösungsangebote für praktische Probleme, die bei Durchführen eines Tradingsystems auftreten.

Dieses Buch geht über die technische Analyse hinaus - es überbrückt die Lücke zwischen Analyse und Trading. Es vermittelt eine umfassende Behandlung der Tradingsysteme und bietet eine anregende Mischung aus neuen Ideen, zeitlosen Prinzipien und praktischen Richtlinien, um Ihnen zu helfen, Tradingsysteme zu entwickeln, die wirklich funktionieren.

Tushar S. Chande

Kapitel I

- Entwicklung und Anwendung von Tradingsystemen -

KAPITEL I   ENTWICKLUNG UND ANWENDUNG

Einleitung

...Nichts kann einfacher sein als die Entwicklung eines Tradingsystems durch den üblichen Prozeß von Versuch und Irrtum.

Ein gutes Tradingsystem muß zu Ihrer Persönlichkeit passen. Und so führt der schnellste Weg zu einem derartigen, auf Sie zugeschnittenen System immer über den Prozeß von Versuch und Irrtum.

Jede system-testende Software, auf einem schnellen Computer eingesetzt, wird Ihnen helfen, sich durch Tausende rosiger Szenarien zu wühlen. Doch die Märkte werden Ihnen unerbittlich alle Fehler Ihres Systems offenbaren und Sie auf diese Weise zwingen, sich auf Ihr wahres, eigenes Wissen zu besinnen. Sofern Sie diesen Prozeß bis zum Ende gehen, werden Sie Ihre eigenen Grundsätze in bezug auf das Trading entdecken und kultivieren können. Und so sind es die Märkte selbst, die Sie zu demjenigen System führen, welches am besten zu Ihnen paßt.

Dieses Buch zeigt Ihnen, wie Sie ein auf Ihre eigenen Bedürfnisse zugeschnittenes System entwickeln, testen und anwenden können. Sie werden dabei nicht nur einfach Trading-Systeme entwickeln, sondern *ein Trading mit System*. Diese Methode wird Ihre Chancen auf dauerhaften Erfolg in den Märkten deutlich erhöhen.

Wir konzentrieren uns dabei ausschließlich auf kreative Systementwicklung, gründliches Testen der Systeme, intelligentes Money-Management, vernünftige Risikobegrenzung und höchste Sorgfalt bei der Orderausführung. Diese Faktoren heben das Werk von anderen, themenverwandten Büchern ab. Es gilt anzumerken, daß es sich bei den meisten Inhalten dieses Werkes um Themen handelt, die bislang noch nie veröffentlicht wurden.

Das Buch ist in zwei Hälften mit jeweils vier Kapiteln unterteilt. Der erste Teil ist der Entwicklung von Tradingsystemen gewidmet, der zweite Teil beschäftigt sich mit der konkreten Anwendung dieser Systeme.

Kapitel I   Entwicklung und Anwendung

Teil 1 behandelt folgende Themen:

1. Die Prinzipien der Systementwicklung, dabei: die sechs Grundregeln zur Entwicklung von Tradingsystemen.

2. Grundlagen der Systementwicklung. Hier finden Sie zehn grundlegende Schritte des Entwicklungsprozesses.

3. Die Entwicklung neuer Systeme, mit der detaillierten Beschreibung sieben neuer Tradingsysteme.

4. Die Variation von Tradingsystemen. Hier werden acht etablierte Systeme in anwenderkonformen Anpassungen vorgestellt.

Nach der Lektüre des ersten Teils werden Sie begierig sein, sich mit der konkreten Anwendung von Tradingsystemen zu befassen. Dieser zweite Teil ist folgendermaßen strukturiert:

5. Performance-Analyse. Hier werden insbesondere diejenigen Faktoren untersucht, die Einfluß auf die Gleichmäßigkeit der Gewinnentwicklung haben.

6. Tips für das Money-Management, die Basis für die effektive Risikobegrenzung.

7. Methoden der Datensammlung: So erhalten Sie alle Daten, die Sie sich nur wünschen.

8. Die Präsentation eines in der Praxis anwendbaren Tradingsystems.

Nach der Lektüre dieses Buches sollten Sie sich in die Lage versetzt sehen, Ihre Tradingideen in ein praktikables System umzusetzen. In diesem Werk werden *deterministische* Tradingsysteme entwickelt. Das bedeutet, daß alle Regeln klar nachvollzogen werden können. Profianwendungen und Tradingsysteme auf Basis der Chaostheorie oder neuronaler Netze werden hier hingegen aus zwei einfachen, aber wichtigen Gründen nicht besprochen:

Kapitel I Entwicklung und Anwendung

1. Die Zahl derjenigen Anleger, die ein deterministisches System nachvollziehen und anwenden können, ist weitaus größer als bei anderen Systemen.

2. Die zur Anwendung deterministischer Systeme notwendige Software ist weit verbreitet und zu realistischen Preisen erhältlich.

Aufgrund dieser beiden Argumente vermag das vorliegende Buch einen großen Leserkreis anzusprechen.

Risikohinweis

Im Zuge dieses Buches wird eine Reihe von Tradingsystemen entwickelt, um als Beispiele für die Kunst der Entwicklung und des Testens von Tradingsystemen zu dienen. Dies bedeutet aber nicht, daß Ihnen dadurch die praktische Anwendung eben dieser Systeme empfohlen wird. Ich behaupte weder, daß diese Systeme in der Zukunft profitabel sind, noch daß deren Gewinne oder Verluste mit denen in den Beispielkalkulationen abgebildeten vergleichbar sein werden. Ich kann auch keine Garantie dafür übernehmen, daß diese Berechnungen frei von Fehlern sind.

Ich empfehle Ihnen in diesem Zusammenhang eindringlich die Lektüre des Abschnitts 'Authentizität der Systemergebnisse' im Kapitel 3. Dort wird auf die der Systementwicklung anhaftenden Probleme hingewiesen, die durch den Vorteil der bereits im voraus bekannten, weiteren Kursentwicklungen verursacht werden. Sie sollten die Beispiele in diesem Buch ausschließlich als Anregung zur Entwicklung Ihrer eigenen Tradingsysteme verstehen. Und vergessen Sie bitte nicht die Verlustrisiken des Futures-Tradings!

KAPITEL I ENTWICKLUNG UND ANWENDUNG

Was ist ein Tradingsystem?

Ein Tradingsystem besteht aus einer Anzahl von Regeln, welche die für den Beginn oder die Beendigung einer Transaktion erforderlichen Bedingungen festlegen. Die Mehrzahl der Tradingsysteme besteht dabei aus mehreren Sektoren mit Regeln für den Einstieg, den Ausstieg, die Risikobegrenzung und das Money-Management.

Das Regelwerk eines Tradingsystems kann dabei entweder absolut fix sein oder gewisse Entscheidungsfreiheit gewähren; die Regeln können einfach oder aber sehr komplex gestaltet sein. So gibt es durchaus Tradingsysteme, die nach dem simplen Prinzip 'kaufen, wenn die anderen verkaufen' strukturiert sind.

Per Definition muß ein Tradingsystem in der Realität durchführbar sein. Im Idealfall deckt das System dabei alle Bereiche des Tradings ab, von der Signalgenerierung über die Orderdurchführung bis hin zur Risikokontrolle. Eine gute Methode, sich der Effektivität und des logischen Aufbaus eines Tradingsystems zu versichern, ist die Bedingung, daß auch ein Laie imstande ist, dieses System zu verstehen und anzuwenden.

In der Praxis hat jeder Anleger ein gewisses System in seinem Trading. Bei den meisten Tradern können dies durchaus auch mehrere Systeme sein. Manche Investoren gehen dabei rein instinktiv vor, andere wiederum verlassen sich ausschließlich auf vom Computer generierte Signale. Auch die Datenbasis der Systeme kann sich deutlich unterscheiden. Die einen nutzen 5-Minuten-Bar-Charts, andere beschränken sich auf Wochendaten. Diese Systeme können dabei sehr unbeständig oder immens schwer zu testen sein, denn das Regelwerk beinhaltet bisweilen eine Flut von Ausnahmen. Manche Tradingsysteme arbeiten mit einer Vielzahl von Variablen und Parametern. Sie können mit verschiedenen Parameterkombinationen in ein und demselben Markt arbeiten. Sie können mit verschiedenen Parameterkombinationen in *unterschiedlichen* Märkten arbeiten. Sie können sogar mit der *gleichen* Gruppe von Parametern in *allen* Märkten arbeiten!

KAPITEL I ENTWICKLUNG UND ANWENDUNG

Durch diese Aufzählung dürfte Ihnen klar geworden sein, daß es nicht 'das' universelle Tradingsystem gibt. Jeder Trader eignet sich ein System an, welches zu seinem oder ihrem Tradingstil paßt. Wie auch immer, es ist trotzdem möglich, einen klaren Trennstrich zwischen einem instinktiven Trader und, im Gegenzug, dem 'voll computergesteuerten' Trader zu ziehen. Mit diesem Thema beschäftigen wir uns im folgenden Abschnitt.

Der instinktive und der Computer-Trader im Vergleich

Tabelle 1.1 vergleicht die zwei Extreme im Trading, nämlich den ausschließlich vom 'Gefühl' geleiteten Trader auf der einen, den hundertprozentig mit Computersystemen arbeitenden Trader auf der anderen Seite.

Die instinktiven Trader verwenden jegliche Informationen, die ihnen für das Trading relevant erscheinen: Fundamentale Daten, Technische Analyse, Nachrichten, Pressemitteilungen, die Mondphasen - nur die Grenzen der Phantasie beschränken Zahl und Art der Quellen. Auf der anderen Seite der Systemtrader:

Er folgt sklavisch und ohne jede Abweichung seinem mechanischen System. Sein einziges Ziel ist die Anwendung des Systems 'als solches', ohne Änderungen, Modifikationen oder Anpassung jedweder Art. Die sogenannten 'Ausnahmetrader' sind allesamt 'Gefühlstrader' und können damit wahrscheinlich *alle* Computersystem-Trader übertreffen. Ihr größter Vorteil liegt in der Möglichkeit begründet, die Eckpunkte ihres Tradings je nach Situation zu verändern und in der Folge auch die Höhe ihrer Investments weitaus flexibler und intelligenter zu gestalten als ein mechanisches System.

Instinktive Trader sind imstande, die relative Gewichtung einzelner Tradingvariablen der Situation entsprechend zu verändern, so daß sie leicht zwischen trendfolgendem und antizyklischem Tradingverhalten hin- und herwechseln können. Und ebenso schnell wie sich seine Einschätzung der Marktsituation ändert, vermag der instinktive Trader auch den

KAPITEL I ENTWICKLUNG UND ANWENDUNG

Zeithorizont seiner Marktanalyse blitzschnell hieran anzupassen, indem er beispielsweise von der Betrachtung von 5-Minuten-Charts zu Wochencharts wechselt.

Instinktive Trader können mit Nachrichten weitaus mehr anfangen als mit den Kursen selbst. So haben sie beispielsweise die Möglichkeit, den Umfang ihrer Positionen als Reaktion auf Fundamentaldaten zu verändern. Sie können das für sie akzeptable Risiko stets an die wechselnden Gegebenheiten anpassen und erreichen so ein weitaus flexibleres Risikomanagement als Computertrader. Diese 'kleinen Unterschiede' machen nicht selten den Schritt vom 'guten' zum 'herausragenden' Tradingerfolg aus.

Dennoch, für den 'durchschnittlichen' Trader bieten sich bei der Anwendung eines geregelten, mechanischen Systems wohl die größten Chancen auf Erfolg.

Die Zielsetzungen eines Systemtraders müssen sein:

- die Wahl eines Zeitrahmens (beispielsweise stündlich, täglich oder wöchentlich),
- die Identifikation des vorherrschenden Trends und
- die richtige Voraussage der zukünftigen Trendrichtung.

Abb. 1.1   Vergleich der Tradingstile: instinktiv vs. automatisiert

instinktiver Trader	100%ig automatisierter Trader
subjektiv	objektiv
viele Tradingregeln	wenige Regeln
emotional	emotionslos
kann 'Eckpunkte' von Trade zu Trade verändern	Die grundlegenden Regeln bleiben immer unverändert
wenige beobachtete Märkte	Vielzahl von beobachteten Märkten

19

Kapitel I — Entwicklung und Anwendung

Daraufhin muß er nur in Richtung des erwarteten Trends agieren, die möglichen Verluste unter Kontrolle behalten und die Gewinne realisieren. Dabei müssen seine Tradingregeln präzise jeden Aspekt des Tradings abdecken. So müssen diese Regeln z.b. festlegen, wie die Höhe des Investments festzulegen ist oder welche Art von Order für den Kauf der Position zu benutzen ist. Genauso muß feststehen, wo der erste Stop zur Verlustbegrenzung zu plazieren ist, kurz: Es dürfen keinerlei Zweifel über die Art und Weise aufkommen, wie das System anzuwenden ist. Der Trader muß seinem System 'automatisch' folgen.

Systemtrader sind objektiv, verwenden relativ wenig Tradingregeln und müssen beim Verbuchen ihrer Gewinne wie auch der Verluste emotionslos bleiben. Das System berechnet seine grundlegenden Parameter immer auf dieselbe Art und Weise, ohne Beachtung der Marktaktivitäten. Obwohl einige Indikatoren und Parameter ihre Gewichtung in Abhängigkeit von der Volatilität am Markt variieren können, so bleiben doch alle Regeln des Systems dieselben - und sind von vornherein bekannt. Somit haben die 'reinen' Systemtrader weder die Möglichkeit, das Regelwerk des Systems aufgrund von bestimmten, nicht im System erfaßten Ereignissen zu verändern; noch vermögen sie die Größe der Position an die Marktgegebenheiten anzupassen. Dies ist zum einen eine Stärke, aber gleichzeitig auch ein Schwachpunkt. Ein Hauptvorteil der Systemtrader liegt darin begründet, daß sie weitaus mehr Märkte 'bearbeiten' können als die instinktiv geleiteten Trader. So erreichen sie ein Niveau der Diversifikation, das auf andere Art gar nicht möglich wäre.

Sie können allerdings Tradingsysteme kreieren, die über einen kleinen bzw. begrenzten Rahmen der Entscheidungsfreiheit verfügen. So lassen sich z.B. Kriterien zur Erweiterung der Positionsgröße 'einbauen'. Das können fundamentale oder chart-/markttechnische Daten sein. Aber Sie können nur dann beständig Erfolg haben, wenn Sie konsequent bleiben. Sie sehen schon: Diese Diskussion wirft die Frage auf, warum man sich überhaupt eines Tradingsystems bedienen sollte. Die Antwort finden Sie im nächsten Abschnitt.

Kapitel I — Entwicklung und Anwendung

Warum sollte man überhaupt Trading-Systeme verwenden?

Der wichtigste Grund für die Anwendung von Tradingsystemen ist das Erreichen von 'Berechenbarkeit'. Dieser oft verwendete Ausdruck besagt einfach, daß Sie ein bestimmtes System getestet haben und die Resultate im Schnitt - unter Einbeziehung aller Gewinn- und Verlusttrades - kalkulierbar sind und eine positive Zahl ergeben.

Dieser 'Durchschnittsgewinn' sollte groß genug sein, um dieses System 'nutzenswert' zu machen. Er sollte die Transaktionskosten abdecken und unter dem Strich eine voraussichtlich bessere Performance erzielen als vergleichbare Systeme. Im späteren Verlauf des Buches werde ich all diese Punkte detailliert besprechen.

Diese 'Berechenbarkeit' ist auch für eine andere statistische Größe von Bedeutung, nämlich die 'Wahrscheinlichkeit eines Totalverlustes'. Je kleiner diese Größe ausfällt, desto wahrscheinlicher ist es - zumindest auf dem Papier -, daß Sie an der Börse bestehen und Ihre Gewinne wachsen werden. Wenn Sie beispielsweise eine 'Wahrscheinlichkeit eines Totalverlustes' von einem Prozent haben, werden Ihre Maßnahmen zur Risikobegrenzung üblicherweise ausreichen, um Ihr Depot vor plötzlicher Vernichtung zu bewahren.

Meine größten Bedenken hinsichtlich dieser statistischen Zahlen ist, daß hierzu vorausgesetzt wird, daß Sie dieses System exakt so anwenden, wie Sie es getestet haben - ohne jegliche Abweichungen. In der Praxis ist das jedoch schwer zu erreichen. Und so könnte die 'Wahrscheinlichkeit eines Totalverlustes' (und dabei handelt es sich nur so lange um eine Wahrscheinlichkeit, bis daraus Realität wird) höher sein, als Ihre Berechnungen Ihnen suggerieren. Aber trotz dieser Bedenken: Sie sollten Tradingsysteme entwickeln, die sich an sinnvollen statistischen Kriterien orientieren, denn dies erhöht Ihre Erfolgschancen nachhaltig. Wie üblich gibt es auch hierfür keine Garantien, aber so werden zumindest die Chancen, wenn schon nicht die Götter, auf Ihrer Seite sein.

KAPITEL I   ENTWICKLUNG UND ANWENDUNG

Ein weiterer Grund zur Anwendung von Tradingsystemen ist das Ziel, Objektivität zu erreichen. Wenn Sie unerschütterliche Objektivität besitzen, sind Sie in der Lage, den Lockrufen von Nachrichtenmeldungen, heißen Tips, Gerüchten oder nur der Langeweile zu widerstehen.

Stellen Sie sich vor, Sie wären ein an der Charttechnik orientierter Trader und gönnen sich eine gewisse Flexibilität bei der Interpretation von charttechnischen Formationen. Es ist ein Kinderspiel, eine Chartformation zu erkennen, nachdem sie vollendet ist. Um so schwieriger ist dies hingegen, während sich die Formation gerade entwickelt. Und so kann Sie die entsprechende Analyse in Ihren Entscheidungen behindern, so sehr, daß Sie sich niemals tatsächlich zu einem Trade durchringen können. Objektivität hingegen befreit Sie von den Fesseln Ihrer eigenen Analysen.

Beständigkeit ist ein weiteres, existenzielles Argument zugunsten von Tradingsystemen. Da die überschaubare Zahl der Regeln eines Systems immer exakt auf dieselbe Art und Weise angewandt werden, können Sie sich auf eine gewisse Beständigkeit im Trading stützen. In vielen Fällen gehen Objektivität und Beständigkeit Hand in Hand. Und auch wenn Beständigkeit als ein typisches Merkmal der eher einfach strukturierten Charaktere bezeichnet wird, ist es doch ein sehr nützlicher Charakterzug, sofern Sie nicht gerade ein 'Meistertrader' sind.

Tradingsysteme eröffnen Ihnen noch einen weiteren, entscheidenden Vorteil: Diversifikation, insbesondere quer durch verschiedene Tradingansätze, Märkte oder Zeithorizonte. Niemand kann mit absoluter Sicherheit sagen, wann welcher Markt einen großen Trend etabliert. Diversifikation ist eine ideale Möglichkeit, um Ihre Chancen, zur rechten Zeit am rechten Ort zu sein, zu erhöhen.

Fassen wir zusammen: Die Benutzung eines Tradingsystems ermöglicht Ihnen Berechenbarkeit, Objektivität und Beständigkeit ebenso wie die Diversifikation in bezug auf verschiedene Tradingansätze und Märkte. Der diesem Abschnitt zugrunde liegende Gedanke war die Betonung der Notwendigkeit, daß Ihr Tradingsystem sorgfältig und widerstandsfähig konzeptioniert sein muß. Im folgenden werden wir Beispiele für solche 'robuste' Tradingsysteme vorstellen.

KAPITEL I   ENTWICKLUNG UND ANWENDUNG

'Robuste' Tradingsysteme: TOPS COLA

Ein 'robustes' Tradingsystem kann sich gegenüber einer Vielzahl von Marktbedingungen quer durch verschiedene Märkte und Zeithorizonte behaupten. Ein solches System darf daher nicht allzu sensibel auf die aktuellen Veränderungen der benutzten Parameter reagieren.

Dabei ist es wahrscheinlich, daß ein derartiges Tradingsystem über eine 'lange' Zeitspanne hinweg (zwei oder mehr Jahre) weder zu den 'Besten' noch zu den 'Schlechtesten' gehören wird. Das Programm wird zumeist auf dem Prinzip der 'Trendfolger' basieren. Dazu wird es Verluste schnell begrenzen und die Gewinne laufen lassen.

Diese Philosophie heißt 'TOPS COLA' und bedeutet einfach: "**t**ake **o**ut **p**rofits **s**lowly" and "**c**ut **o**ff **l**osses **a**t once". (Laß Dir Zeit bei den Gewinnmitnahmen, aber eliminiere Verluste sofort!)

Zwei Beispiele für 'robuste' Tradingsysteme sind:

1. Überkreuzung gleitender Durchschnitte und
2. Der Ausbruch aus einer Kursspanne.

Beide Systeme verfügen über einen hohen Bekanntheitsgrad und sind in ihren verschiedenen Varianten weit verbreitet. Es handelt sich hierbei um mittelfristig orientierte Systeme, da Trades, die durch diese Systeme ausgelöst werden, in aller Regel eine Dauer von mehr als 20 Tagen aufweisen. Sie sind von Natur aus trendfolgend. Das bedeutet, daß in Trendphasen Geld verdient, in Seitwärtstrends hingegen zumeist Geld verloren wird. Typische Systeme dieser Art haben eine Gewinnquote von 35 bis 45 Prozent aller Trades. Wir werden hierauf später detailliert eingehen.

Die wichtigste Erkenntnis ist, daß 'robuste' Systeme tendenziell profitabel sind, wenn sie systematisch über einen längeren Zeitraum und über mehrere Märkte verteilt angewandt werden. Bei regelkonformer Benutzung garantieren sie den Einstieg in Richtung des mittelfristigen Trends, die schnelle Begrenzung der Verluste und das unbeirrte Festhalten an

KAPITEL I — ENTWICKLUNG UND ANWENDUNG

Gewinnpositionen. Es existieren zahllose Varianten dieser trendfolgenden Systeme, die für einen hohen Prozentsatz professionell verwalteter Depots verantwortlich zeichnen.

'Robuste' Systeme schenken der Marktstimmung wenig Beachtung und arbeiten mit relativ wenigen Variablen oder Parametern, die sich nicht in Reaktion auf Marktbewegungen verändern. Daher kann es auch keine scharfen Einbrüche in der Performance aufgrund kleiner Veränderungen in den Systemvariablen geben. Derartige Systeme sind für die meisten Portefeuilles erwägenswert, denn sie sind nachvollziehbar, zuverlässig und darüber hinaus leicht zu bedienen.

Die Anwendung eines Tradingsystems

Fangen Sie mit einem System an, dem Sie vertrauen. Im Anschluß an eine ausreichende Testphase bestimmen Sie die für dieses System angemessene Strategie zur Risikokontrolle. Diese Strategie legt die Positionsgröße pro Tradingsignal und den anfänglichen Veruststop fest. Diese Strategie kann ebenfalls festlegen, wie dieser erste Stop nach einer für Sie vorteilhaften Kursbewegung angepaßt wird.

Das Tradingsystem muß darüber hinaus eine Art 'Depotverwaltung' durchführen können, indem es die Anzahl und Art der Märkte bestimmt, die zu dem jeweiligen Depot passen. Ebenso muß durch das System vorher bestimmt werden, wann und wie bei einem Tradingsignal eine erste Position geordert werden soll.

Ein Tradingplan ist das Herz der Systemanwendung. Ein solcher Plan legt den Ein- und Ausstieg ebenso wie die Risikokontrolle anhand statistischer Daten fest. Sie sollten über Ihre Erfahrungen Buch führen und hier vor allem Ihre Abweichungen vom System und die Gründe dafür aufzeichnen. Zusätzlich sollte Ihnen der Risikostatus aller Positionen und der Status der Verkaufssignale stets gegenwärtig sein.

Zum Abschluß sollten Sie einen Blick in die Zukunft wagen: Stellen Sie sich vor, daß Sie mit diesem System 100 Trades durchführen, nicht nur

Kapitel I   Entwicklung und Anwendung

einen. So wird es Ihnen gelingen, die Ergebnisse eines einzelnen Trades zu ignorieren - egal ob ein Gewinn oder Verlust angefallen ist - und sich auf die Durchführung des Tradingplanes zu konzentrieren. Diese und andere Anwendungsregeln werden ausführlich im Kapitel 9 besprochen.

Wer gewinnt - wer verliert?

Tewles, Harlow und Stone führen eine Studie von Blair Stewart an, der die vollständigen Tradingkonten von 8922 Anlegern in den Dreißiger Jahren untersuchte. Das mag eine lange Zeit her sein, aber die menschlichen Emotionen Gier, Angst und Hoffnung haben sich in den letzten sechzig Jahren nur wenig verändert. Die Ergebnisse dieser Studie geben Anlaß zu ernstlicher Besorgnis.

Laut Stewart machten die Anleger drei Fehler:

1. Die Spekulanten zeigten eindeutig die Neigung, ihre Gewinne sofort mitzunehmen, die Verlustpositionen aber laufen zu lassen.

2. Die Anleger gingen viel lieber Long- als Shortpositionen ein, obwohl die Kurse während der neun Jahre währenden Studie unter dem Strich fielen.

3. Long-Positionen wurden bei fallenden Kursen gekauft, Short-Positionen in Kursanstiege hinein verkauft. Dies zeigt, daß die Trader sich viel mehr am Kursniveau als den Kursbewegungen orientierten.

Setzen wir diese Fehler in Bezug zur vorher dargestellten 'TOPS-COLA'-Philosophie. Indem Sie Gewinne laufen lassen und Verluste konsequent begrenzen, vermeiden Sie den ersten von Stewart angeführten Fehler. Die anderen beiden Fehler umgehen Sie, wenn Sie Ihre Engagements am Trend ausrichten.

Als 'Trendfolger' sind Sie je nach Richtung des mittelfristigen Trends entweder long oder short, und verhindern so der Neigung, grundsätzlich long zu gehen, zu unterliegen. Darüber hinaus traden Sie, wenn Sie

25

Kapitel I — Entwicklung und Anwendung

dem Trend folgen, immer in Richtung der 'großen' Kursbewegungen, anstatt sich an Kursniveaus zu orientieren.

Wenn Sie einen klar strukturierten Tradingplan besitzen, der all diese notwendigen Details berücksichtigt, dann werden Sie im 'Trading-Business' erfolgreich sein. Der größte Teil Ihrer Anstrengungen und Energie sollte der Entwicklung eines so genau wie möglich konzipierten Tradingplanes gewidmet sein. Aus diesem Grund müssen Sie hinter den 'Vorhang' der Technischen Analyse blicken, tief in das Tradingmanagement und die Tradingorganisation hinein, um zu den Gewinnern zu gehören.

Der übliche Ratschlag für technisch orientierte Trader besteht aus einer Sammlung von Regeln mit Ausnahmen und Ausnahmen von den Ausnahmen. Derartige Tradingregeln sind schwer auszutesten und die Ergebnisse noch schwerer zu quantifizieren. Ich hingegen möchte, daß Sie mit mir hinter die 'Vorhänge' der Technischen Analyse blicken, um derartige 'Kunstformen' in ein konkretes Tradingsystem zu verwandeln und sich im Anschluß mit aller Energie auf die Anwendung dieses Systems zu konzentrieren.

Trading bedeutet nichts anderes als 'aktive Analyse'. Und so ist dieses Buch nichts anderes als der Versuch, eine Brücke zwischen der Entwicklung und Anwendung von Tradingsystemen zu schlagen!

Kapitel II

- Grundlagen der Systemkonzeption -

KAPITEL II GRUNDLAGEN DER SYSTEMKONZEPTION

Einleitung

*Wenn schon nicht die Götter mit Ihnen sind,
so sollten zumindest die Chancen auf Ihrer Seite sein!*

Dieses Kapitel macht Sie mit einer Reihe grundlegender Prinzipien aus dem Bereich Systemkonzeption vertraut. Versuchen Sie, diese Punkte zum festen Bestandteil Ihrer eigenen Arbeit zu machen.

Als erstes sollten Sie darüber nachdenken, wo die Grundsätze Ihres Tradings liegen. Denn diese Grundsätze bzw. Eckpunkte sind die Basis Ihres Erfolges - und sollten dementsprechend das 'Herz' Ihres Tradingsystems darstellen. Auch Sie haben sicherlich eine Reihe 'eiserner' Grundregeln, aus denen sich ein oder mehrere Tradingsysteme zusammensetzen könnten. Wenn Sie sich eine Liste dieser Regeln zusammenstellen, können Sie hieraus die Fundamente Ihres Systems errichten. Vergessen Sie nicht: Es wird Ihnen schwerfallen, mit einem System zu arbeiten, das Ihre persönlichen Meinungen und Ansichten nicht reflektiert.

Die sechs wichtigsten Regeln der Systemkonzeption werden in diesem Kapitel sehr ausführlich besprochen. Insbesondere widmen wir uns dabei der Bedeutung einer positiven Ergebnisquote Ihres Tradingsystems und den Vorteilen, die eine geringe Zahl 'robuster' Systemregeln mit sich bringt. Im weiteren Verlauf des Kapitels legen wir den Schwerpunkt auf Aspekte des Money-Managements wie das Trading mit mehreren Kontrakten, die Anwendung von Stopmarken und das gleichzeitige Trading in verschiedenen Märkten. Zuletzt klären wir, weshalb die größten Probleme bei Tradingsystemen in deren Anwendung liegen und schließen das Kapitel mit einigen Argumenten, die eine Entscheidung zugunsten computergesteuerter Systeme nahelegen.

Nach der Lektüre dieses Kapitels werden Sie in der Lage sein, Ihre eigenen Tradinggrundsätze zu artikulieren und die sechs Grundprinzipien der Systemkonzeption anzuwenden.

KAPITEL II　　GRUNDLAGEN DER SYSTEMKONZEPTION

Wo liegen die Eckpunkte Ihres Tradings?

Man kann nur nach Regeln arbeiten, von deren Richtigkeit man überzeugt ist. Deshalb müssen Ihre bisherigen Überzeugungen und Grundregeln das Herz Ihres Tradingsystems darstellen. Auf diese Weise spiegelt ein solches System Ihre eigene Persönlichkeit wider. Dies erhöht die Wahrscheinlichkeit, daß Sie mit Ihrem System auch über einen längeren Zeitraum erfolgreich sein werden.

Sofern Sie Ihr Trading an mehreren Grundregeln ausrichten, könnten Sie daraus auch mehrere Systeme entwickeln, die jeweils eines dieser Prinzipien anwenden. Wie wir später sehen werden, ist das gleichzeitige Trading mit mehreren Systemen eine Form der Diversifikation, die zu große Schwankungen in Ihren Tradingergebnissen ausgleichen kann.

Die einfachste Möglichkeit, sich seiner eigenen, oft unbewußt angewandten Tradingregeln bewußt zu werden, ist, sie aufzuschreiben. In Tabelle 2.1. finden Sie eine kurze Checkliste, die Ihnen diese Arbeit erleichtern soll. Die in dieser Tabelle aufgeführten Punkte können von Ihnen beliebig erweitert werden. So könnten Sie z.B. Ihre Ansichten über Breakout-Systeme, Gleitende Durchschnitte oder Tradingsysteme auf Volatilitätsbasis einfügen.

Ihre persönlichen Tradingregeln werden übrigens auch von der Art Ihrer Tätigkeit stark beeinflußt. Es macht einen großen Unterschied, ob Sie beispielsweise ein sehr kurzfristig ausgerichteter Trader sind oder ein Devisenhändler in Diensten einer großen Bank. Vielleicht legen Sie Wert darauf, konjukturelle Daten in Ihren Entscheidungsprozeß mit einzubeziehen oder - als ehemaliger Parketthändler - vorher die Tradingberichte zu lesen. Vielleicht waren Sie früher Einkäufer eines großen Kaffeerösters und werfen deshalb immer zuerst ein Auge auf die Ernteberichte, bevor Sie einen Trade beginnen. Die Spanne der möglichen Grundsätze und Gewohnheiten eines Traders ist so groß wie die Zahl der Trader selbst.

Tabelle 2.1 Checkliste Ihrer Tradinggrundsätze

Ansichten mit Einfluß auf Ihre Tradingentscheidungen	Richtig	Falsch
Ich benutze für mein Trading nur fundamentale Daten	☐	☐
Ich verwende ausschließlich die Technische Analyse	☐	☐
Ich trade ausschließlich in Trendrichtung (Zeithorizont ang.)	☐	☐
Ich trade nur gegen den Trend (Zeithorizont angeben)	☐	☐
Ich kaufe immer in Kurskorrekturen hinein (Zeithorizont ang.)	☐	☐
Ich pflege in Rallyes hinein zu verkaufen (Zeithorizont)	☐	☐
Ich halte meine Positionen so lange wie nötig (1 bis 100 Tage)	☐	☐
Ich halte meine Positionen nur kurze Zeit (1 bis 5 Tage)	☐	☐
Ich betreibe nur Intraday-Trading (Verkauf bei Handelsende)	☐	☐
Ich handle nur mit einer festen Anzahl von Aktien oder Kontrakten	☐	☐
Ich arbeite mit variabler Aktien- und Kontraktzahl	☐	☐
Ich bevorzuge eine kleine Zahl von Märkten oder Aktien (1 bis 5)	☐	☐
Ich bevorzuge ein diversifiziertes Portfolio (mehr als 10)	☐	☐
Ich wende gerne die Zyklentheorie an, um Kursbewegungen vorwegnehmen zu können	☐	☐
Ich trade nach Preismodellen, da ich damit sofort reagieren kann	☐	☐
Ich verwende markttechnische Oszillatoren	☐	☐
Ich lese gerne die Meinungen anderer, bevor ich selbst agiere	☐	☐
Ich verwende nur meine eigenen Analysen	☐	☐
Ich bevorzuge Tagesdaten für meine Analysen	☐	☐
Ich verwende Intradaydaten	☐	☐
Ich verwende Wochendaten	☐	☐
Ich arbeite mit einem Tradingsystem	☐	☐
Ich benutze meinen Geist, um die Marktbewegungen zu erfassen	☐	☐
Ich mag sehr schnelles, kurzfristig orientiertes Trading	☐	☐
Ich verwende Stops zur Risikokontrolle	☐	☐
Ich arbeite mit einem System Gleitender Durchschnitte	☐	☐

KAPITEL II   GRUNDLAGEN DER SYSTEMKONZEPTION

Vergewissern Sie sich aber vorher unbedingt, ob diese Grundregeln auch wirklich Sinn machen. Wenn Sie schnelles Trading lieben, werden Sie wahrscheinlich weder Wochendaten verwenden noch eine Position länger als unbedingt erforderlich halten. Auch werden wohl kaum fundamentale Daten Eingang in Ihre Analysen finden. Der Wunsch nach schnellen Trades deckt sich vielmehr mit dem Day-Trading und der Benutzung von Zyklentechnik und Intraday-Charts.

Auf der anderen Seite wird ein mittelfristig und trendorientierter Trader mit größter Wahrscheinlichkeit Tages- und Wochendaten verwenden, seine Positionen mehr als fünf Wochen halten und ein diversifiziertes Portfolio mit variablen Positionsgrößen besitzen.

Wenn Sie eine ganze Reihe verschiedener Tradinggrundsätze haben, so vergewissern Sie sich zuerst, daß diese zueinander passen und entwickeln erst dann Modelle, die diesen Grundsätzen entsprechen. Einige solcher 'in sich schlüssiger' und zur Entwicklung von Systemen geeigneter Tradingregeln sind im folgenden als Beispiel aufgeführt.

1. Ich trade gerne mit dem Trend (5 bis zu 50 Tage).

2. Ich trade gerne mit einem Computersystem.

3. Ich halte meine Positionen so lange wie nötig (1 bis 100 Tage).

4. Ich bevorzuge Trading mit unterschiedlichen Werten und Positionsgrößen.

5. Ich ziehe die Benutzung von Stops zur Risikokontrolle vor.

Kürzen Sie Ihre Liste auf die fünf wichtigsten Punkte. Sie können diese Aufstellung regelmäßig überprüfen und entsprechend aktualisieren, sofern sich an Ihren grundsätzlichen Ansichten etwas geändert haben sollte. Vergewissern Sie sich bei der Entwicklung von Tradingsystemen, daß diese Ihre fünf wichtigsten Grundsätze auch tatsächlich widerspiegeln!

Kapitel II Grundlagen der Systemkonzeption

Der nächste Abschnitt widmet sich weiteren Regeln, denen Ihr System ebenfalls genügen muß.

Die sechs wichtigsten Regeln

Sobald Sie einmal Ihre bedeutendsten Tradinggrundsätze identifiziert haben, können Sie sich der Aufgabe zuwenden, um diese Regeln herum ein Tradingsystem zu errichten. Die sechs unten aufgeführten Regeln stellen wichtige Aspekte der Systemkonzeption dar. Betrachten Sie diese Liste als Basis Ihres System-Designs, wobei Sie aber durchaus Ihren Erfahrungen und Wünschen entsprechend, andere Regeln hinzufügen können.

1. Ein Tradingsystem muß positive Testergebnisse vorweisen können, so daß mit größter Wahrscheinlichkeit auch wirklich Gewinne erwirtschaftet werden.

2. Ein System sollte mit einer kleinen Zahl von Regeln auskommen, nach Möglichkeit mit zehn oder weniger.

3. Die Parameter eines Tradingsystems müssen derart stabil sein, daß sie auch über einen längeren Zeitraum hinweg und in verschiedenen Märkten anwendbar sind.

4. Das System sollte nach Möglichkeit den Handel mit unterschiedlichen Positionsgrößen unterstützen.

5. Das Tradingsystem muß auch die Bereiche Risikokontrolle, Money-Management und Portfolio-Überwachung umfassen.

6. Das System muß vollautomatisch arbeiten können.

Dazu kommt ein siebtes, ungeschriebenes Gesetz:

7. Sie müssen von der Richtigkeit der von Ihrem System angewandten Tradingregeln überzeugt sein.

KAPITEL II GRUNDLAGEN DER SYSTEMKONZEPTION

Denn auch wenn dieses System ein Abbild Ihrer eigenen Überzeugungen darstellt, so muß es doch auch weiteren Regeln genügen, um funktionsfähig zu sein. Wenn Sie sich zum Beispiel dem Day-Trading verschrieben haben, so muß Ihr kurzfristiges Intraday-System auch den obenstehenden sechs Regeln genügen.

Sie können diese Liste aber durchaus verändern. So verlangt Regel Nr. 3 beispielsweise, daß das System in vielen Märkten anwendbar sein soll. Sie können diese Regel abwandeln, indem Sie fordern, daß das System nur in verwandten Märkten funktionieren muß. Wenn Sie z.B. über ein System verfügen, daß in Devisenmärkten arbeitet, so sollte es gleichermaßen für den Japanischen Yen, die Deutsche Mark, den Schweizer Franken und das Britische Pfund nutzbar sein. Jedoch werden Sie von diesem Tradingsystem nicht erwarten, daß es genauso gut in den Getreidemärkten wie Weizen und Sojabohnen funktioniert. Jedoch: Grundsätzlich sind solche marktspezifisch angelegten Systeme anfälliger für Fehlfunktionen. Daher sollte man mit dem Vernachlässigen oder Ignorieren einer oder mehrerer dieser sechs Grundregeln sehr vorsichtig sein.

Eine andere Möglichkeit der Modifikation ist der Aspekt der Regel 6, welche ein vollautomatisches System fordert. Sie könnten sich beispielsweise entschließen, in ein solches System eine volatilitätsbezogene Regel einzufügen, mit deren Hilfe Sie die Möglichkeit erhalten, sich über einzelne Tradingsignale hinwegzusetzen. Seien Sie aber bitte so präzise und sorgfältig wie irgend möglich, wenn Sie die Bedingungen festlegen, die Ihnen das Abweichen vom System gestatten. Testen Sie diese Ausnahme-Situationen mit Marktdaten aus der Vergangenheit und fügen die Regel dann direkt in das Programm ein.

Zusammenfassend: Diese Regeln sollen Ihnen helfen, ein durchdachtes, sinnvolles Tradingsystem zu entwickeln. Dabei können Sie ebenso Regeln hinzufügen wie die vorhandenen abwandeln, um eine beständige Struktur für Ihr System zu erschaffen. Hierzu werde ich diese Regeln nun detaillierter erläutern.

Kapitel II — Grundlagen der Systemkonzeption

Regel 1: Profitabilität

Ein Tradingsystem mit positiven Testergebnissen wird mit hoher Wahrscheinlichkeit auch in der Zukunft profitabel sein. Die Profitabilität bezieht sich hier auf den Gewinn in Dollar des 'Durchschnitts- Trades', also alle Gewinn- und Verlusttrades zusammengenommen. Diese Daten können dem tatsächlichen Trading oder einem Systemtest entnommen werden. Von manchen Analysten wird dies als 'statistischer Eckwert' oder einfach als 'Kennzahl' des Systems innerhalb der Märkte bezeichnet.

Die Bezeichnungen 'Durchschnittstrade' und 'Testergebnis' beziehen sich auf dieselbe Größe, so daß beide Begriffe im folgenden Abschnitt frei untereinander wechseln. Der 'Durchschnittstrade' läßt sich auf verschiedene Art und Weise darstellen. Die folgenden Ausdrucksformen sind zum Beispiel identisch:

Durchschnittstrade in $ = Nettogewinn in $ dividiert Gesamtanzahl der Trades

oder

Durchschnittstrade in $ = (Gewinntrades in % x Durchschnittsgewinn in $) - (1 - Gewinntrades in % x Durchschnittsverlust in $).

Der Nettogewinn, in Dollar ausgedrückt, stellt den Gesamtgewinn abzüglich der Gesamtverluste, betrachtet über die gesamte Testperiode, dar. Die Wahrscheinlichkeit eines Verlusttrades errechnet sich aus (1 - Gewinntrades in %) - hier 40%. Der Durchschnittsgewinn ist der in Dollar ausgedrückte, durchschnittliche Gewinn aller Gewinntrades. Im Gegenzug errechnet sich der Durchschnittsverlust aus den in Dollar dargestellten Verlusten aller Verlusttrades.

Das Testergebnis muß eine positive Zahl erreichen, denn im Durchschnitt soll ja ein Gewinn erzielt werden können. Läge ein negatives Testergebnis vor, würde es sich um ein Verlierer-System handeln, dessen inhärente Schwächen auch durch Money-Management oder effektive Risikokontrolle nicht überwunden werden können.

KAPITEL II GRUNDLAGEN DER SYSTEMKONZEPTION

Nehmen wir einmal an, daß Sie die Testergebnisse dazu verwenden, um Ihre zukünftigen, durchschnittlichen Tradingresultate einschätzen zu können. Beachten Sie dann bitte, daß derartige Einschätzungen immer durch die Anzahl und Art der verwendeten Daten limitiert werden. Wenn Sie Ihr System mit anderem Datenmaterial überprüfen, werden Sie auch zu einem anderen Ergebnis bezüglich Ihres zukünftigen Durchschnittstrades kommen. Daher können solche Testergebnisse niemals eine 'sichere' Konstante Ihrer Berechnungen darstellen. Um diese 'Sicherheit' bezüglich der Aussagekraft der Testergebnisse zumindest so hoch als möglich anzusetzen, sollten Sie die Datenreihen für Ihre Systemtests so lang als irgend möglich wählen.

Da die Testergebnisse nicht konstant sein können, sollten Sie sich einen für Sie akzeptablen Mindestwert des Durchschnittstrades überlegen. So sollte dieser Mindestwert beispielsweise die Gebühren abdecken und darüber hinaus eine 'Risikoprämie' einschließen. Ein Wert von, sagen wir, 250$ für einen Durchschnittstrade könnte als Schwelle für die Akzeptanz eines Systems angebracht sein. Dabei ist es natürlich um so leichter, die Schwankungen eines Systems zu tolerieren, desto höher der Wert des Durchschnittstrades liegt.

Es gilt festzuhalten, daß der Durchschnittswert keinerlei Meßgröße für die Schwankungsbreite der Tradingergebnisse ist. Die Standardabweichung aller Tradingresultate hingegen stellt eine recht gute Kennzahl für die Volatilität, Systemflexibilität und das Tradingrisiko dar. Das bedeutet:

Die Testergebnisse alleine können die Höhe des Tradingrisikos nicht voll erfassen, welches zugunsten der Gewinnerwartung akzeptiert werden muß. Dazu:

Die Testergebnisse haben gleichfalls Bezug zum Risiko eines Totalverlustes. Mit Hilfe statistischer Berechnungen läßt sich die Wahrscheinlichkeit ermitteln, mit der Ihr Startkapital völlig aufgezehrt würde. Für diese Berechnungen sind Annahmen zur Gewinnwahrscheinlichkeit, der Amortisationsrate und der Positionsgröße erforderlich. Die Armortisationsrate kann dabei als die Relation der durchschnittlichen Gewinn- zur durchschnittlichen Verlustrate definiert werden. Mit steigender

Amortisationsrate und ansteigendem Prozentsatz der Gewinntrades verringert sich gleichzeitig Ihr Risiko eines Totalverlustes. Ein weiterer Einflußfaktor, die Positionsgröße, definiert den Prozentsatz Ihres Kapitals, der bei einem einzelnen Trade eingesetzt wird. Eine geringere Positionsgröße implementiert automatisch ein verringertes Totalverlust-Risiko. Detaillierte Berechnungen dieser Meßgröße präsentieren wir in Kapitel 7.

Fassen wir zusammen: Es ist wichtig, daß Ihr System positive Testergebnisse liefert. Der absolute Wert dieser Ergebnisse ist dabei aber nicht gleich, sondern schwankt im Zeitverlauf. Daher bietet es sich an, hierfür einen Schwellenwert, z.B. 250$, festzulegen, bevor Sie ein bestimmtes System für Ihr Trading akzeptieren. Zugleich sind die Testergebnisse bedeutsam, weil sie sich auf das Risiko eines Totalverlustes auswirken. Vermeiden Sie daher Tradingsysteme, die nach Tests über einen längeren Zeitraum hinweg negative Ergebnisse liefern.

Die Ergebnisse Ihres Tradingsystems werden von dessen Regelwerk bestimmt. Der nächste Abschnitt befaßt sich daher mit der Frage, wie sehr die Anzahl der verwendeten Tradingregeln Einfluß auf die Systemergebnisse haben.

Regel 2: Weniger Regeln sind besser

In diesem Buch werden deterministische Tradingsysteme behandelt, die nur eine geringe Anzahl von Regeln und Variablen verwenden. Diese Systeme sind mit denjenigen vergleichbar, die für Aufgaben wie z.B. die Kontrolle chemischer Abläufe entwickelt wurden. Denn auch dort lehrt die Erfahrung, daß ein beständiges und nachvollziehbares Kontrollsystem so wenig Variablen wie möglich aufweisen sollte. Betrachten wir dafür einmal zwei bekannte Trendfolge-Systeme.

Das weit verbreitete System der Überkreuzung zweier Gleitender Durchschnitte verfügt nur über zwei Regeln. Die eine besagt, daß man bei einer Überkreuzung nach oben kaufen sollte, die andere generiert einen Verkauf bei der Überkreuzung der Linien nach unten.

Kapitel II Grundlagen der Systemkonzeption

Auch das bekannte Tradingsystem des Ausbruchs aus einer 20-Tage-Kursspanne hat nur vier Regeln, jeweils zwei für Kauf- und Verkaufssignale. Mit Hilfe von Systemtests läßt sich belegen, daß diese Systeme in verschiedensten Märkten und über mehrjährige Zeitspannen hinweg profitabel sind.

Der krasse Gegensatz eines solch eher einfachen Ansatzes sind von Experten entwickelte Tradingsysteme, die mehrere Hundert Regeln beinhalten können. So umfaßt ein im Handel erhältliches System offenbar über 400 Regeln! Übrigens ist die festgelegte Zahl von Regeln der entscheidende Unterschied zwischen einem deterministischen System und einem Tradingsystem auf Basis eines neuronalen Netzes, da letzteres eine unbestimmte, ständig wachsende Zahl von Regeln aufweist. Aber dennoch - es ist immer nur eine einzige Regel, die für einen bestimmten Trade den Ausschlag gibt.

Eine Theorie aus dem Bereich experimenteller Anordnungen besagt, daß selbst ungemein komplexe Prozesse überschaubar bleiben, wenn nur fünf bis sieben 'Hauptvariablen' existieren. Es ist bei experimentellen Prozessen selten, daß diese von mehr als zehn Hauptvariablen abhängen, und es wird wirklich extrem schwierig, die wirkliche Kontrolle über Abläufe zu behalten, wenn zwanzig oder mehr Variablen im Spiel sind. Ebenso unüblich sind Abläufe, in denen vier oder mehr Variablen zu gleicher Zeit wirken. Daraus ist abzuleiten, daß der Effekt von übergeordneten Interaktionen zu vieler Variablen in aller Regel gering ist. Das Ziel muß daher sein, die Gesamtzahl aller Regeln und Variablen so niedrig als möglich zu halten.

Die Entwicklung von Tradingsystemen mit einer Vielzahl von Regeln ist mit hohen Risiken verbunden. Erstens verringert sich die relative Bedeutung einzelner Regeln, wenn deren Gesamtzahl steigt. Zweitens verringert sich der Grad der Anwendungsfreiheit. Das bedeutet, daß immer mehr Daten benötigt und verarbeitet werden müssen, um bei einer so hohen Menge an Variablen verwertbare Testergebnisse zu erhalten.

Ein drittes Problem ist die Gefahr, das Regelwerk zu sehr an den Testdaten auszurichten. Ein Beispiel: Eine einfache Glättungskurve mit gerade einmal zwei Variablen mag einer vorgegebenen Datenreihe angemessen entsprechen. Wenn die Zahl der Variablen in dieser Glättung indes auf sieben angehoben wird, paßt die Formel zwar noch besser zu diesen Daten - aber eben durch diese Anpassungen können in unser Regelwerk Nuancen und Feinheiten einfließen, die Sondersituationen abdecken, welche in der Zukunft nicht mehr auftauchen würden.

Dieser Gedankengang kann anhand eines Beispieles verdeutlicht werden. Nehmen wir hierzu eine Glättungskurve für die Schlußkurse des Standard&Poors 500 (S&P 500) Futures-Kontrakts. Es liegen 95 Daten vor, beginnend am 01.08.1995 bis zum 13.12.1995. Zwei unterschiedliche Glättungskurven wurden an dieselbe Datenreihe angepaßt: Abbildung 2.1 zeigt dabei eine einfache Glättung, Abbildung 2.2 stellt eine polynome Glättung fünfter Ordnung dar. Wie Sie sehen können, wird aus der Glättung höherer Ordnung tatsächlich eine Kurve, die die zugrundeliegenden Daten sehr präzise abbildet.

Die täglichen Schlußkurse wurden zur Vereinfachung mit D bezeichnet und von 1 bis 95 durchnumeriert. Alle durch C dargestellten Zahlen sind Konstanten. 'Est Close' ist der am Ende der Glättungskurve erwartete Schlußkurs.

Est Close = C_0 + (C_1 x D) (Abb. 2.1)

Est Close = C_0 + (C_1 x D) + (C_2 x D^2) + ... + (C_5 x D^5) (Abb. 2.2)

Die Tabelle 2.2 zeigt einige sehr interessante Aspekte bezüglich der Anpassung von Systemregeln an eine bestimmte Datenreihe. Als erstes fällt auf, daß der Wert der Konstanten C in jeder Gleichung nahezu identisch ist. Dies deutet an, daß die einfachste dieser Größen, die Konstante C_0, einen hohen Informationsgehalt innerhalb der Datenreihe besitzt.

Tabelle 2.2 Vergleich linearer Glättungskoeffizienten

	C_0	C_1	C_2	C_3	C_4	C_5
Gleichung 2.1	560.0865	0.53787				
Gleichung 2.2	570.2379	-1.94509	0.131279	-0.00154	-0.00003	-0.0000006

KAPITEL II GRUNDLAGEN DER SYSTEMKONZEPTION

Abbildung 2.1 Tägliche Schlußkurse des S&P 500,
Schlußkurse mit einfacher Glättung

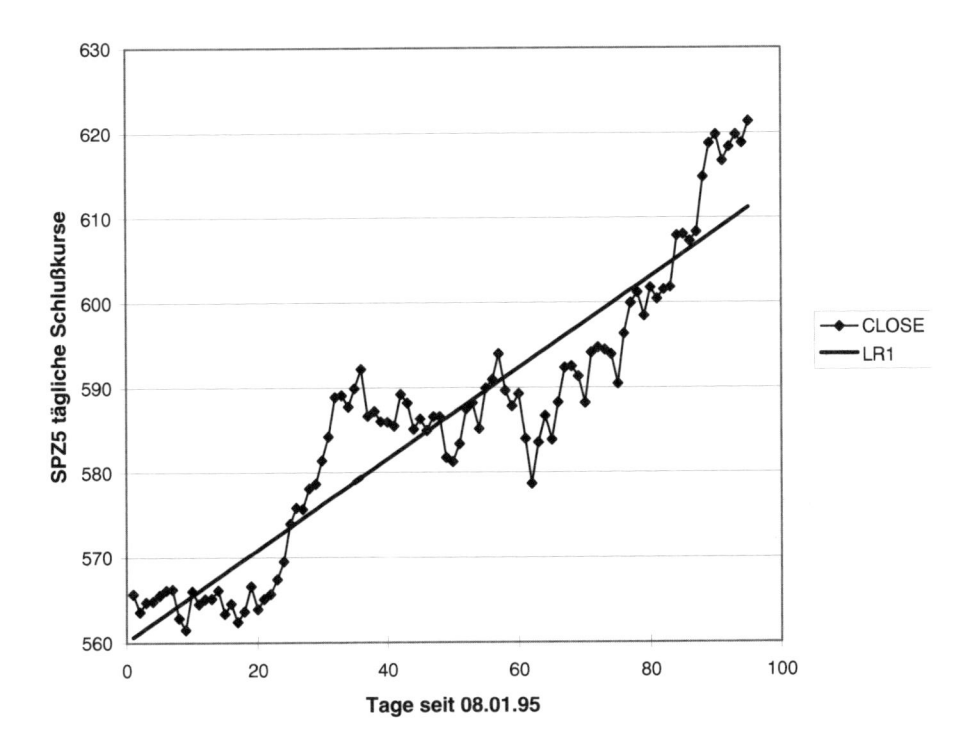

Desweiteren ist festzuhalten, daß der absolute Wert der Konstanten mit steigender Ordnung der Funktion abnimmt. Mit anderen Worten: In absoluten Zahlen ausgedrückt ist C_0 größer als C_1, C_1 wiederum größer als C_2 usw. Daher wird die relative Bedeutung der höheren Polynome immer kleiner. Dennoch wird bei der Betrachtung der Abb. 2.1 und 2.2 deutlich, daß sich die Glättungskurve mit Einfügen der höheren Polynome immer besser an die Datenreihe angleicht.

KAPITEL II — GRUNDLAGEN DER SYSTEMKONZEPTION

Abbildung 2.2   S&P 500 Schlußkurse mit Glättungskurve fünfter Ordnung

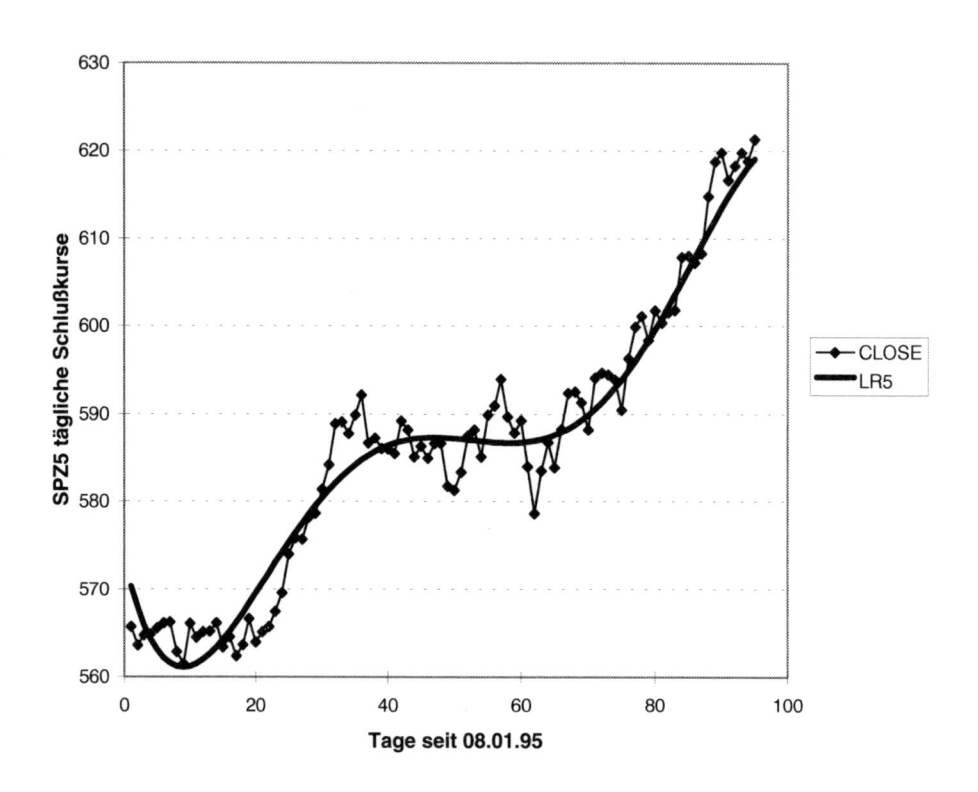

Anhand dieses Beispiels lassen sich die Eckpunkte der Systemkonzeption illustrieren.

Zunächst:

Jedes Modell, das Sie für Ihre Daten entwickeln, sollte so einfach wie möglich gestaltet sein. In diesem Fall lieferte die einfache Glättung alle wichtigen, in den Daten enthaltenen Informationen.

40

KAPITEL II GRUNDLAGEN DER SYSTEMKONZEPTION

Zweitens:

Das Hinzufügen komplexerer Faktoren führt zu einer Annäherung der Formeln an die vorhandenen Daten. Damit gelingt es zwar, eine größere Zahl von Feinheiten in den Datenreihen zu erfassen, aber die Wahrscheinlichkeit, daß sich eben diese Feinheiten in genau derselben Weise irgendwann wiederholen, ist sehr gering.

Drittens:

Der Zweck unseres Beispiels war die Darstellung der über die untersuchte Testperiode vollzogenen Kursveränderung. Die Daten wurden zur Berechnung der Glättungskurve direkt übernommen. Daher ist das vorliegende Modell vollständig von den zugrundeliegenden Daten abhängig. Es gibt aber absolut keinen Grund, warum diese Formeln auch die zukünftigen Daten korrekt abbilden sollten. Daraus ist zu folgern: Es ist unwahrscheinlich, daß derart 'überfütterte' Tradingsysteme auch in der Zukunft vergleichbar gute Ergebnisse liefern.

Ein anderes Beispiel, eine Variante des Systems der Überkreuzung Gleitender Durchschnitte (GD), macht deutlich, warum es sinnvoll ist, die Anzahl verwendeter Regeln zu reduzieren. Im Normalfall arbeitet ein System der Überkreuzung zweier GDs nur mit zwei Regeln. So muß beispielsweise der 3-Tage-GD zur Generierung eines Kaufsignals den 65-Tage-GD nach oben, bei einem Verkaufssignal nach unten überkreuzen.

Nehmen wir nun aber eine Variante an, die mehr als zwei GDs verwendet. Hier würde z.B. ein Kaufsignal erzeugt, wenn der 3-Tage *und* der 4-Tage-GD über dem 65-Tage-GD liegen. Da hier zwei 'kurze' GDs existieren, werden dadurch automatisch vier Systemregeln erforderlich, jeweils zwei für Kauf- und Verkaufssignale. Das Hinzufügen weiterer, 'kurzer' GDs erhöht die Zahl der erforderlichen Regeln rapide. Wenn z.B. die 3-, 4-, 5-, 6- und 7-Tage-GDs alle oberhalb des 65-Tage-GD liegen sollen, um ein Kaufsignal zu erzeugen, wären zehn Regeln erforderlich.

Untersuchen wir nun die Kursdaten eines adjustierten Futureskontraktes auf den Schweizer Franken über zehn Jahre, beginnend am 01.01.1985 bis zum 31.12.1994. Dabei setzen wir keinen Basisstopkurs, beziehen aber 100$ für Gebühren in unsere Kalkulation mit ein.

Die Anzahl der benutzten Tradingregeln reicht von 2 bis 128. Das Ziel: Die Untersuchung der Effekte einer steigenden Regelzahl auf die Tradingergebnisse.

Als erstes wird deutlich: Mit steigender Regelzahl verringert sich gleichzeitig die Anzahl der durchgeführten Transaktionen (siehe Abb. 2.3). Dadurch wird noch einmal unterstrichen: Je höher die Zahl der verwendeten Tradingregeln, desto größer muß auch die Datenmenge sein, um verwertbare Testergebnisse zu erzielen.

Abbildung 2.4 zeigt nun, daß die Gewinne bei steigender Regelzahl zunächst ebenfalls ansteigen. Das bedeutet, daß die zusätzlichen Regeln zunächst wie ein Filter dienen, um Fehltrades zu eliminieren. Aber mit dem Hinzufügen von immer weiteren Regeln scheinen diese die Gewinne 'abzuwürgen' und erhöhen darüber hinaus die Schwankungen der Ergebniskurve. Achten Sie daher darauf, nicht Dutzende von Regeln hinzuzufügen!

Wie bereits gesagt, wird in diesem Beispiel kein Basisstopkurs verwendet. Der Grund: Bei anwachsender Regelzahl erhöht sich auch der maximal mögliche Tagesverlust, weil die Kauf- und Verkaufszeitpunkte durch die vielen Regeln meist verspätet erfolgen. Dieser Effekt wird in Abbildung 2.5 dargestellt.

Eine Gegenprobe in Form eines Systemtests am US-Bondmarkt zeigt, daß die obigen Erkenntnisse auch hier Bestand haben. Die Abbildung 2.6 macht deutlich, wie die Gewinne fallen, wenn die Regelzahl steigt. Und wenngleich die exakten Werte natürlich mit den unterschiedlichen, zugrundeliegenden Testdaten differieren: Auch Tests in anderen Märkten führten zu eben diesem Ergebnis. Also:

KAPITEL II   GRUNDLAGEN DER SYSTEMKONZEPTION

Abbildung 2.3 Die Erhöhung der Tradingregeln verursacht eine Verringerung der im Zuge der untersuchten zehn Jahre generierten Trades. Zur Beachtung:
Die horizontale Linie ist nicht linear skaliert.

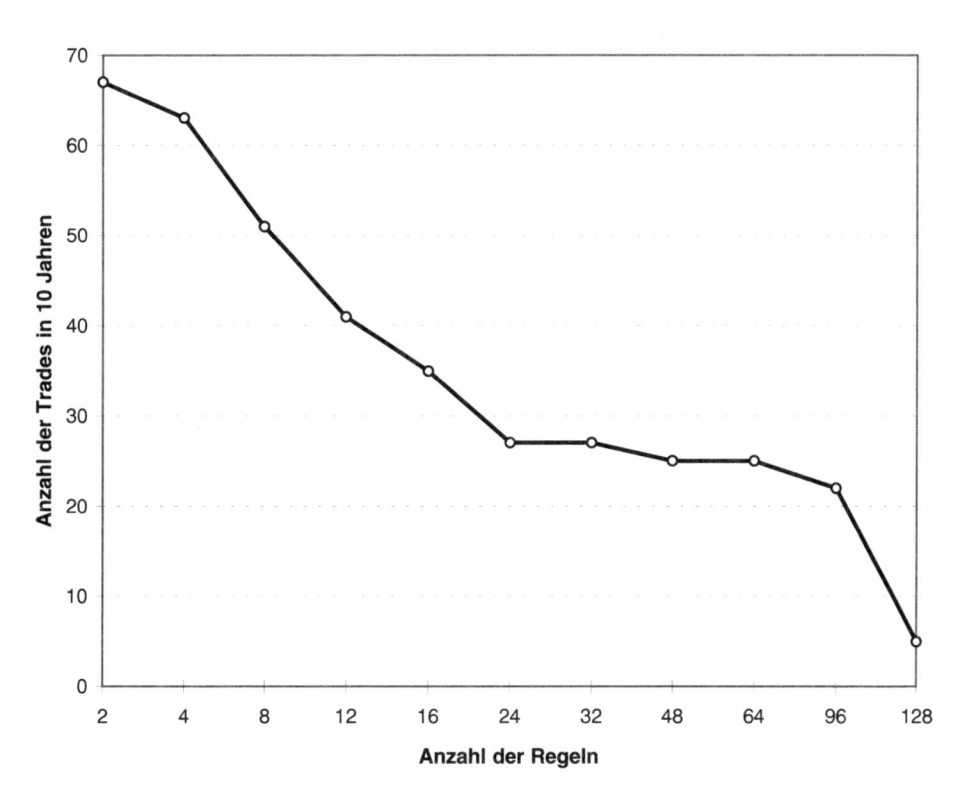

KAPITEL II GRUNDLAGEN DER SYSTEMKONZEPTION

Abbildung 2.4 Ein Anstieg der Tradingregeln bewirkt beim Trading im Schweizer Franken-Kontrakt einen moderaten Anstieg der Gewinne. Anmerkung:
Die horizontale Achse ist nicht linear skaliert.

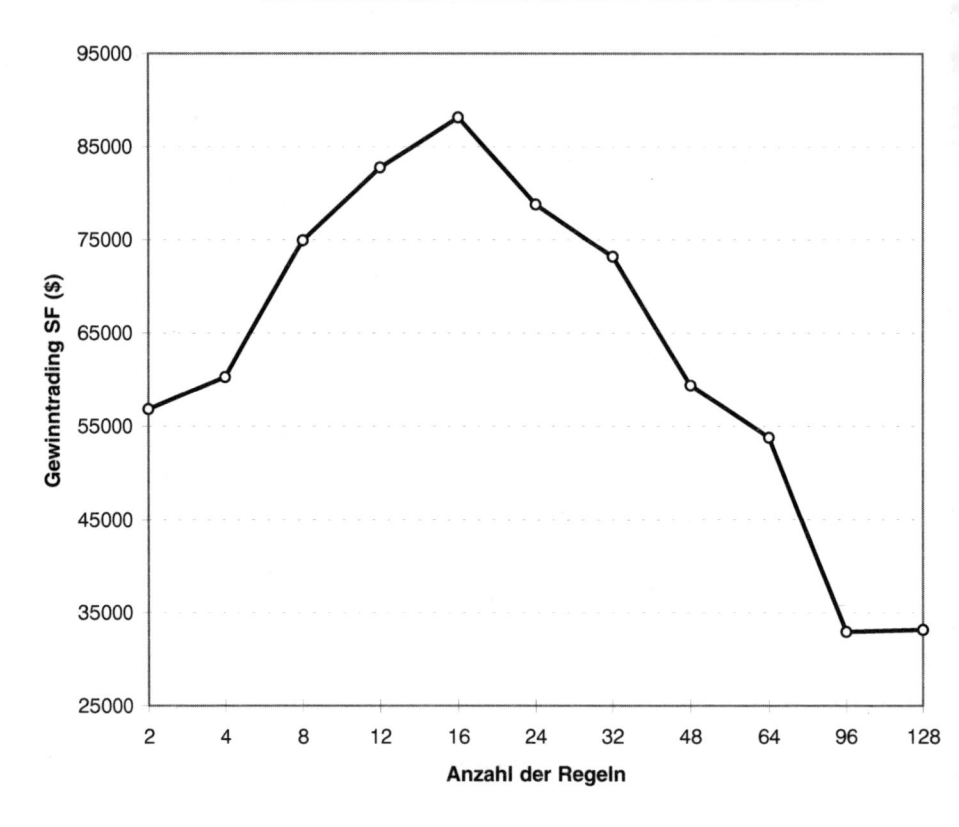

Abbildung 2.5 Eine größere Anzahl von Tradingregeln führt zu verspäteten Ein- und Ausstiegssignalen und erhöht zugleich den maximalen 'Intraday Drawdown'.

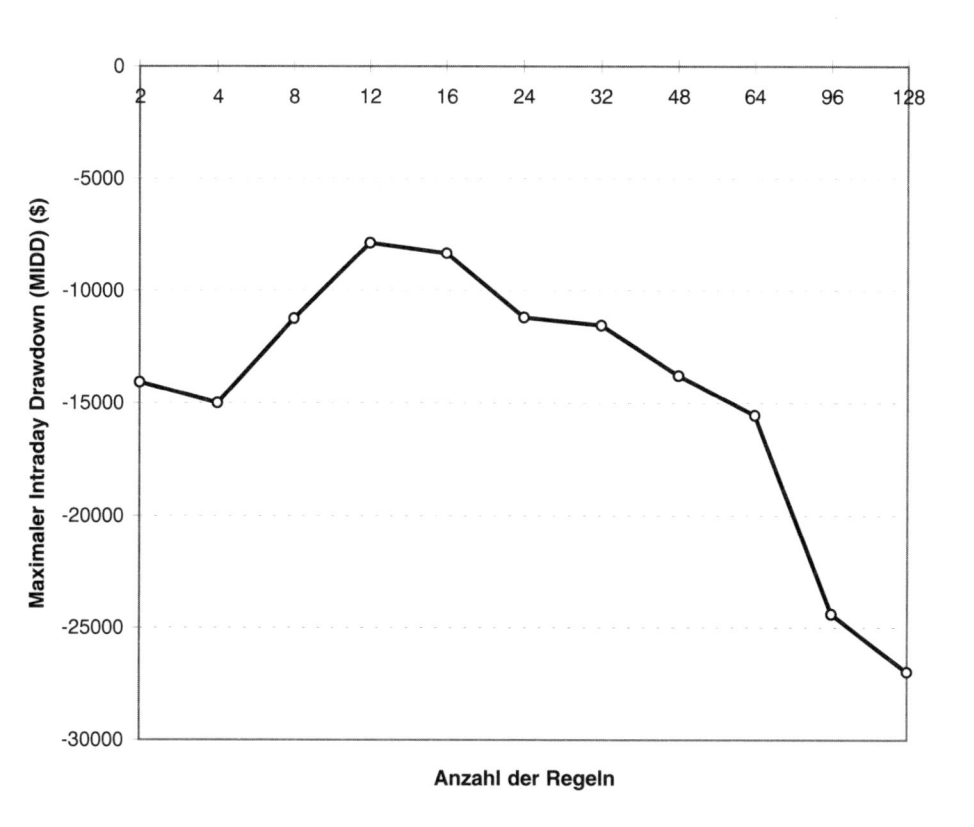

Abbildung 2.6   Eine Erhöhung der Regelzahl führt auch im US-Bondmarkt zu sinkenden Gewinnen.

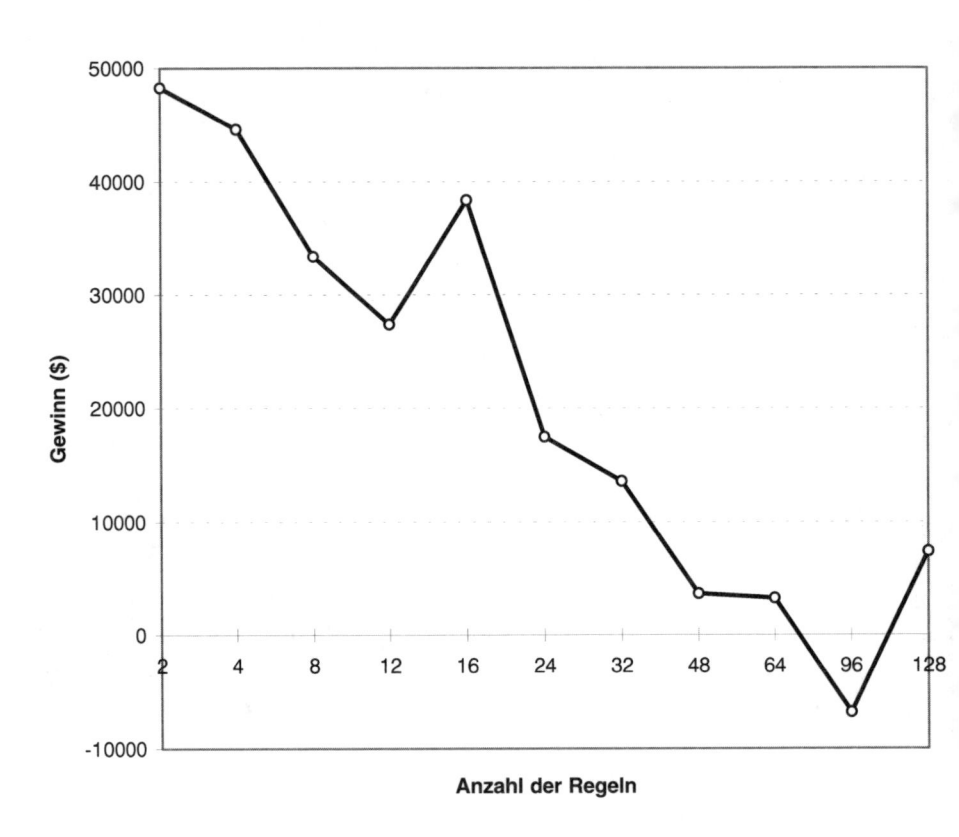

Kapitel II — Grundlagen der Systemkonzeption

Das Hinzufügen von Tradingregeln bewirkt keinen endlosen Anstieg der Gewinne. Sie benötigen nicht nur eine größere Datenmenge, um Ihr System im Test zu verifizieren, die steigende Komplexität kann sogar zu rückläufigen Ergebnissen führen. Ein derartig kompliziertes System erfaßt lediglich die feinen Nuancen der im Test genutzten Datenreihe, die aber höchstwahrscheinlich in dieser Form nie mehr auftreten wird. Unter dem Strich werden relativ einfach strukturierte Systeme deshalb bessere Ergebnisse in der Zukunft aufweisen können.

Regel 3: Stabile Tradingregeln

Durch 'robuste' Tradingregeln lassen sich verschiedenste Marktsituationen meistern. Die Performance entsprechender Systeme ist gegenüber kleinen Änderungen seiner Parameterwerte eher unempfindlich. Dementsprechend zeigen sich derartige Regeln üblicherweise über lange Testzeiträume ebenso wie in ganz unterschiedlichen Märkten profitabel. Ein stabiles Regelwerk vermeidet zu intensive Anpassungen an die zur Entwicklung des Systems verwendeten Datenreihen und wird daher auch im zukünftigen Einsatz vergleichbar positive Resultate erreichen.

Die Nachteile des Einsatzes instabiler Tradingregeln unterstreicht das folgende Beispiel eines Systems mit 'verzögerten' Kaufsignalen. Die Signalgenerierung für Long-Signale wird dabei folgendermaßen festgelegt:

Wenn vor X Tagen eine Überkreuzung des 3-Tage-GD über den 12-Tage-GD erfolgte, dann kaufen Sie per morgen zu einem Stop-Buy-Limit in Form des heutigen Tageshochs + 1 Punkt. Der erste Stop (maximal akzeptabler Verlust zu Beginn eines Trades) wird mit 1500$ angesetzt, dazu kommen 100$ für Gebühren und Kommissionen.

Die in Abb. 2.7 festgehaltenen Tradingergebnisse wurden bei der Anwendung dieser Regel im Japanischen Yen-Future über eine Testspanne von knapp 20 Jahren erzielt. Man sieht deutlich, daß die Gewinne sehr stark und unkoordiniert auf die Veränderungen in der Verzögerungsdauer reagieren.

KAPITEL II GRUNDLAGEN DER SYSTEMKONZEPTION

Abbildung 2.7 Die Auswirkungen einer Veränderung der in Tage gemessenen Verzögerung nach Eintritt eines Kaufsignals hängen in hohem Maße von der jeweiligen Dauer der Verzögerung ab.

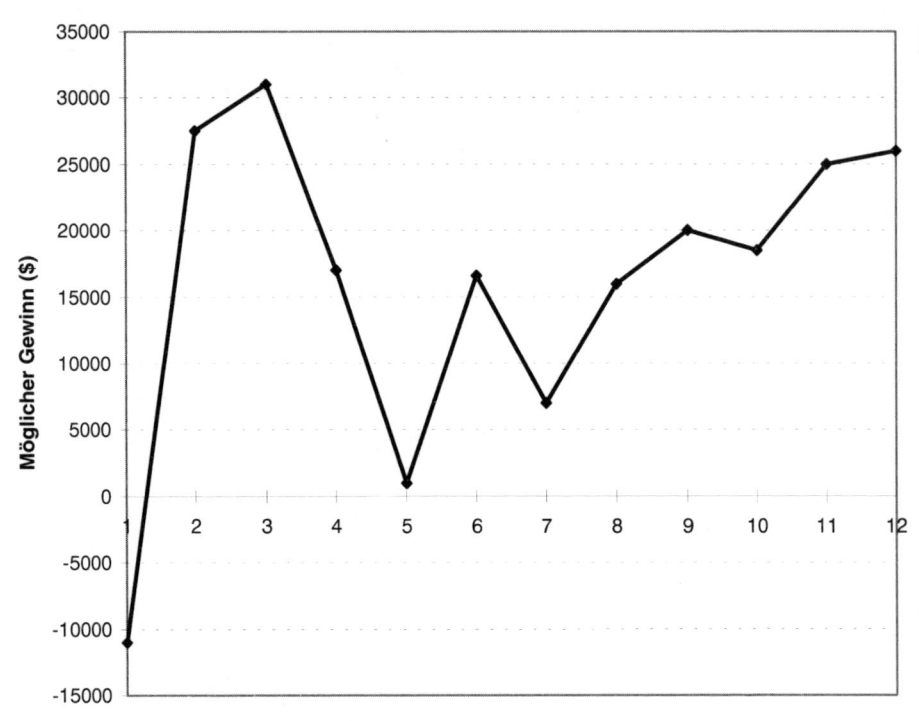

Verzögerung (Anzahl der Tage) nach Kaufsignal

KAPITEL II   GRUNDLAGEN DER SYSTEMKONZEPTION

Abbildung 2.8   Der Heizöl-Futureskontrakt mit Kauf- und Verkaufssignalen eines angepaßten Tradingsystems.

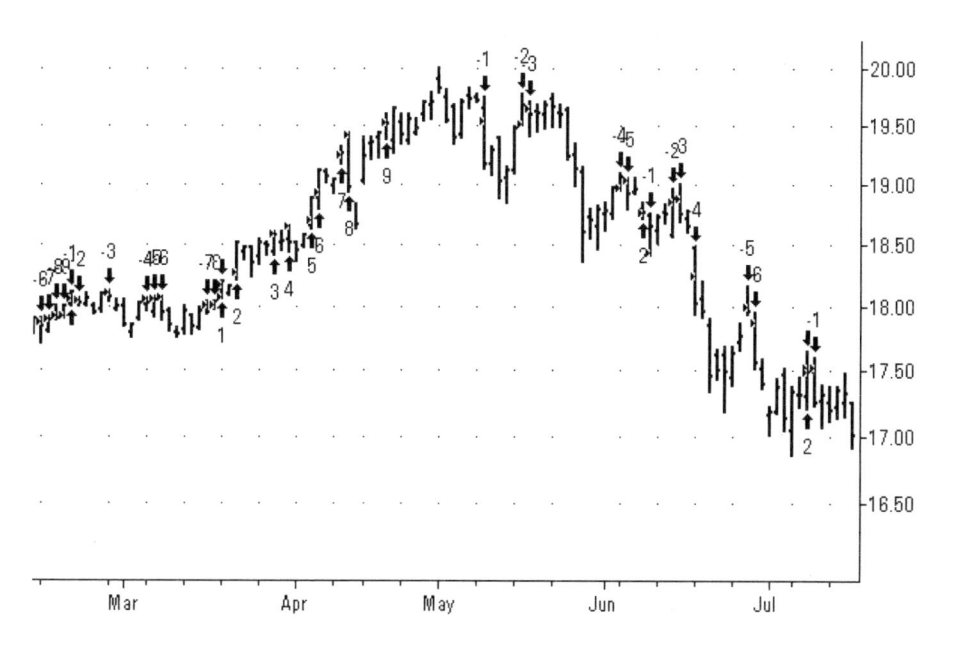

Kapitel II Grundlagen der Systemkonzeption

Dabei ist es natürlich ohnehin nicht nachvollziehbar, warum man mit dem Kauf 12 Tage nach der Überkreuzung derartig kurzfristiger GD's warten sollte. Daher sind zumindest die Daten oberhalb einer 9-Tage-Wartefrist ohne jede praktische Bedeutung.

Aber auch ohne die Ergebnisse dieser überlangen Verzögerungen ist das System nicht stabil, weil eine nur geringfügige Änderung des Parameters eine extrem starke Abweichung der Systemperformance verursacht.

Ein weiteres Beispiel für die Auswirkungen instabiler Regeln auf die Ergebnisentwicklung zeigt der Chart des Futures auf leichtes Heizöl in Abbildung 2.8. Der Markt befand sich im Februar und März in einer schmalen Tradingspanne, um dann den Ausbruch über das Kursniveau von 18$ zu vollziehen. Die Kurse stiegen im folgenden kräftig an und erreichten im Mai das Niveau von 20$. Im Juni folgte dann eine volatile Konsolidierungsphase, bevor die Notierungen dann im Juli auf 17$ pro Barrel einbrachen.

Die folgenden Tradingregeln wurden nach einer einfachen, ausschließlich visuellen Betrachtung des Kursverlaufes festgelegt. Das Ziel: Ein 'angepaßtes' System zu erzeugen, welches die spezifischen Eigenarten ausschließlich dieses Kursverlaufes berücksichtigt.

Regel 1: Kaufen Sie per morgen eine Longposition mit einem Stop Buy auf Höhe des höchsten Kurses der letzten 50 Tage + 5 Punkte.

Regel 2: Eröffnen Sie eine Shortposition per morgen mit folgendem Stop Buy: Tagestief - 2 x (Tageshoch - Tagestief) - 5 Punkte.

Regel 3: Schließen Sie eine Shortposition immer am Ende des einundzwanzigsten Tages.

Regel 4: Wenn Regel 3 greift, kaufen Sie im Gegenzug zwei Longpositionen.

Regel 5: Kaufen Sie eine Shortposition per morgen mit einem Limit in Höhe des höchsten Kurses der letzten drei Handelstage plus einem Punkt.

KAPITEL II GRUNDLAGEN DER SYSTEMKONZEPTION

Bei der ersten Regel handelt es sich um eine typische Kaufregel für Ausbrüche aus einer Kursspanne, hier speziell bezogen auf den Ausbruch aus der Kursspanne der vorangegangenen 50 Handelstage.

Die zweite ist dagegen eine Verkaufsregel auf Basis der Kursvolatilität. Regel 2 wird üblicherweise nach einem Handelstag mit sehr enger Hoch-Tief-Spanne ausgelöst, sofern sich die Kursspanne danach während einer Abwärtsbewegung erweitert. Dies geschieht oft nach mittelfristigen Hochpunkten.

Die dritte Regel stellt eine zeitabhängige Verkaufsregel dar, wobei die empfohlenen 21 Tage durch die visuelle Überprüfung des Heizöl-Kursverlaufes ermittelt wurden. Dahinter steht die Erwartung einer Kurskorrektur in Gegenrichtung zum mittelfristigen Trend, wenn die Notierungen eine bestimmte Zeit in Trendrichtung gelaufen sind.

Die vierte Regel verstärkt lediglich Regel Nr. 3, indem nicht nur der Aus-stieg aus der Shortposition, sondern darüber hinaus der Erwerb von zwei Longpositionen empfohlen wird.

Die Regel Nr. 5 ist der Versuch, Shortpositionen in Kurskorrekturen eines Abwärtstrends zu kaufen. Es werden hierbei limitierte Verkaufsorders erteilt, um Gebühren zu sparen. Die Regeln erlauben eine maximale Positionsgröße von neun Futures-Kontrakten gleichzeitig, der anfängliche Stop liegt bei 1.000 $/Kontrakt.

Die Testergebnisse dieses Systems sind in Tabelle 2.3 zusammengefaßt. Der erste Hinweis darauf, daß es sich hier um ein ausschließlich an die bei der Entwicklung verwendeten Daten angepaßtes System handelt, ist die Anzahl der mit Gewinnen abgeschlossenen Trades. So endeten ganze 87 Prozent aller Trades im Plus (20 von 23). Der zweite Fingerzeig findet sich in der hohen Zahl von 14 nacheinander erfolgten Gewinnpositionen. Zum Dritten erscheint der ungewöhnlich hohe Gewinnfaktor von 13,49 (= Gesamtgewinn ./. Gesamtverlust) verdächtig. Solche Ergebnisse sind typisch für derart angepaßte Tradingsysteme, die nur über eine verhältnismäßig kurze Zeitspanne hinweg getestet

KAPITEL II   GRUNDLAGEN DER SYSTEMKONZEPTION

wurden. Die durch den Computer generierten Kauf- und Verkaufssignale sind in Abb. 2.8 übrigens durch entsprechende Pfeile gekennzeichnet.

Genau dieses 'angepaßte' System wurde anschließend anhand eines Heizöl-Endloskontraktes mit Kursdaten vom 3. Januar 1989 bis zum 30. Juni 1995 getestet. Es dürfte kaum überraschen, daß das in Tabelle 2.4 abgebildete Ergebnis ein Minus von 107.870 $ ausweist! Hier waren nur 32% aller Trades profitabel. Dazu kamen ganze 48 Verlusttrades in Folge, die wohl eine ganze Menge Vertrauen in dieses System erfordert hätten, um es weiter zu verwenden. Der Gewinnfaktor liegt bei wenig eindrucksvollen 0,61 - ein scharfer Kontrast zu den 13,49 aus der Tabelle 2.3. Diese Zahlen zeigen überdeutlich, daß 'angepaßte' Systeme nicht über einen längeren Zeitraum hinweg funktionieren können.

Interessanterweise hat dieses System aber auch seine Vorzüge. Nachdem dieses Regelwerk zur Ermittlung seiner Stabilität in weiteren zwölf Märkten erprobt wurde, zeigten sich bessere Resultate als erwartet (Tabelle 2.5). In einigen Bereichen waren die Ergebnisse sogar durchaus befriedigend.

Das Testresultat überrascht zum einen, weil diese spezielle Regelkombination vorher niemals in diesen Marktsegmenten getestet wurde, sondern nur das Extrakt der visuellen Analyse eines einzelnen Charts waren. Zum anderen waren die Regeln für Kauf- und Verkaufssignale 'asymmetrisch'. Ein 'symmetrisches' Tradingsystem verwendet dieselben Regeln für Long- und Shortpositionen, nur mit umgekehrten Vorzeichen. Ein System, welches Gleitende Durchschnitte zur Signalgenerierung verwendet, arbeitet beispielsweise mit Überkreuzungen nach oben ebenso wie mit Überkreuzungen nach unten.

Eine genauere Betrachtung der Tradingregeln zeigt, daß diese durchaus vernünftigen Prinzipien folgen. So wird z.B. nach jedem erfolgreichen Ausbruch aus einer 50-Tage-Kursspanne ein weiterer Kontrakt gekauft, bis die maximal erlaubte Anzahl von neun Kontrakten erreicht ist. Auf diese Weise wird das Engagement sukzessive erhöht, je intensiver sich der Aufwärtstrend darstellt. Die Verkaufsregel zielt darauf ab, sich die Gewinne nahe an mittelfristigen Hochpunkten zu sichern.

KAPITEL II GRUNDLAGEN DER SYSTEMKONZEPTION

Tabelle 2.3 Testergebnisse für das an den August 95 Heizöl-Kontrakt angepaßte Tradingsystem

Leichtes Heizöl, Kontrakt 08/95, Zeitraum 12.01.94 bis 20.07.95

Gesamter Nettogewinn ($):	12.990
Bruttogewinn:	14.030
Gesamtanzahl Trades:	23
Anzahl Gewinntrades:	20
Höchster Gewinn in einem Trade:	1.370
Durchschnittl. Gewinntrade	701,5
Maximale Anzahl aufeinanderfolgender Gewinntrades:	14
Durchschnittl. Dauer Gewinntrades in Tagen:	20
Maximaler Tagesverlust:	- 1.670
Gewinnfaktor:	13,49
Gewinn/Verlust offener Positionen:	520
Bruttoverlust:	- 1.040
Prozentsatz Gewinntrades:	87
Anzahl Verlusttrades:	3
Höchster Verlust in einem Trade:	- 860
Durchschnittsverlust:	- 346,67
Ergebnis Durchschnittstrade:	564,78
Höchste Anzahl aufeinanderfolgender Verlusttrades:	2
Durchschnittl. Dauer Gewinntrades in Tagen:	1
Maximale Anzahl mögl. Kontrakte:	9

KAPITEL II   GRUNDLAGEN DER SYSTEMKONZEPTION

Tabelle 2.4   Testergebnisse für das an den Heizöl-Kontrakt ange-
               paßte Tradingsystem über einen längeren Zeitraum

Zusammenfassung: Alle Trades im Zeitraum 03.01.89 bis 30.06.95

Gesamter Nettogewinn ($):	- 107.870
Gesamtanzahl Trades:	538
Anzahl Gewinntrades:	173
Höchster Gewinn in einem Trade:	7.160
Durchschnittl. Gewinntrade	983
Maximale Anzahl aufeinanderfolgender Gewinntrades:	9
Durchschnittl. Dauer Gewinntrades in Tagen:	12
Maximaler Tagesverlust:	- 120.950
Gewinnfaktor:	0,61
Prozentsatz Gewinntrades:	32
Anzahl Verlusttrades:	365
Höchster Verlust in einem Trade:	- 3670
Durchschnittsverlust:	- 761
Ergebnis Durchschnittstrade:	- 200
Höchste Anzahl aufeinanderfolgender Verlusttrades:	48
Durchschnittl. Dauer Gewinntrades in Tagen:	6
Maximale Anzahl mögl. Kontrakte:	9

KAPITEL II GRUNDLAGEN DER SYSTEMKONZEPTION

Der Kauf von Shortpositionen in Aufwärtskorrekturen mittelfristiger Abwärtstrends hinein erhöht die Position in Richtung des mittelfristigen Trends. Darüber hinaus wird ein relativ enger, anfänglicher Stop von 1.000 $ verwendet.

Also: Obwohl diese Regeln nur auf Basis einer visuellen Prüfung eines einzelnen Charts entstanden, folgen sie sinnvollen Grundsätzen wie der Trendfolge, dem Erweitern trendkonformer Positionen und dem Prinzip, die Gewinne laufen zu lassen, die Verluste aber konsequent zu begrenzen.

Fassen wir zusammen: Es ist nicht schwer, ein System zu entwickeln, das nur an eine kurze Reihe von Testdaten angepaßt ist. Wenn die dort eingesetzten Tradingregeln aber nicht robuster Natur sind, wird ein solches System in anderen als den getesteten Marktbedingungen keine Gewinne abwerfen können. Es ist also dringend angeraten, sich ausschließlich auf die Entwicklung robuster, d.h. beständiger Tradingsysteme zu konzentrieren.

Tabelle 2.5: **Beständigkeitstest des an Heizöl angepaßten Tradingsystems in zwölf verschiedenen Märkten, Testzeitraum 01.03.1989 bis 30.06.95**

Markt	Theoret. Gewinn	Durchschnittl. Ergebnis
Kaffee	132.908	445
S&P 500	145.545	547
Baumwolle	84.925	284
U.S. Bonds	84.319	324
Japanischer Yen	67.975	176
Schweizer Franken	17.975	51
10jährige Anleihen	13.538	48
Gold, Comex	- 13.270	- 33
Kupfer	- 22.167	- 49
Sojabohnen	- 41.656	-117
Heizöl	- 45.868	- 80
Zucker	- 56.394	-136

Kapitel II — Grundlagen der Systemkonzeption

Regel 4: Das Trading mit mehreren Kontrakten

Je mehr Kontrakte Sie halten, um so größer sind die Gewinne, wenn Sie richtig liegen. Andererseits werden natürlich die Verluste größer, wenn Sie auf der falschen Seite stehen. Doch mit dem Einsatz einer durchdachten Risikokontrolle werden die Gewinne die Verluste immer überwiegen. Die grundlegendsten Voraussetzungen sind dabei, daß Ihr Konto das Trading mehrerer Kontrakte auch tatsächlich erlaubt, und die Risikokontrolle- und Money-Management-Regeln Ihres Tradingsystems auf derartige Gegebenheiten eingestellt sind. Wenn Ihr Tradingkapital indes momentan nur für einen Kontrakt ausreicht, muß die Anwendung dieser Methode so lange verschoben werden, bis Sie Ihr Kapital entsprechend vermehrt haben.

Die Verwendung einer höheren Kontraktzahl ermöglicht das Einfliessen eines nichtlinearen Elements in Ihre Systemkonzeption. Und eben dieser nichtlineare Ansatz ermöglicht Ihnen eine gegenüber jedem linearen Konzept deutlich verbesserte Gewinnperspektive. Denn während nach dem linearen System immer nur ein Kontrakt pro Signal ge- oder verkauft wird, können in der nichtlinearen Systematik, abhängig von preisorientierten Kriterien wie der Volatilität, auch mehrere Kontrakte zugleich erworben werden.

Die Volatilitätsregel sagt aus, daß um so mehr Kontrakte ge- oder verkauft werden, je niedriger die momentane Volatilität ist. Der Grund: Die Kurse weisen oft gerade in der Schlußphase mehrwöchiger Konsolidierungen eine sehr geringe Volatilität auf. Wenn sich im Anschluß an diese Konsolidierung ein starker Trend etabliert, erfahren die Gewinne durch den nichtlinearen Effekt eine nachhaltige Potenzierung.

Illustrieren wir diesen Aspekt anhand eines einfachen Beispiels: Unterstellen wir, daß Ihr Tradingkonto von ausreichendem Umfang ist, um bis zu 15 Kontrakte im Markt für zehnjährige Bonds gleichzeitig zu traden, ohne die Limits Ihrer Risikokontrolle zu überschreiten. Unter Annahme eines einprozentigen Positionsrisikos und eines ersten Stops von 1.000 $ pro Kontrakt würden Sie für 15 Kontrakte eine Summe von 1.500.000 $ benötigen. Gleichzeitig

KAPITEL II GRUNDLAGEN DER SYSTEMKONZEPTION

wird unterstellt, daß diese 15-fache Margin im Rahmen Ihrer Money-Management-Richtlinien liegt.

Stellen Sie sich nun ein einfaches System sich überkreuzender Gleitender Durchschnitte vor, welches sich auf den 5- und den 50-Tage-GD stützt. Die Signalgenerierung erfolgt einen Tag nach der Überkreuzung, d.h. Sie kaufen oder verkaufen zur Markteröffnung desjenigen Handelstages, der auf eine 5/50-Überkreuzung auf Schlußkursbasis folgt. Der erste Stop liegt bei 1.000 $ pro Kontrakt, für Gebühren und Kommissionen werden 100 $ angesetzt.

Vergleichen wir nun die Ergebnisse beim Einsatz von nur einem Kontrakt mit denen variabler Kontraktmengen. Die Testperiode läuft vom 03. Januar 1989 bis zum 30. Juni 1995 unter Anwendung eines Endloskontraktes. In Tabelle 2.6 finden Sie nun die Resultate von vier Testvarianten.

Die mit 'immer ein Kontrakt' bezeichnete Spalte zeigt das Ergebnis der Testperiode, wenn man immer nur einen einzigen Kontrakt pro Trade gehandelt hätte. Die zweite Spalte ist mit 'immer 15 Kontrakte' überschrieben. Hier werden die erreichten Testergebnisse aufgezeigt, die mit einer konstanten Zahl von 15 Kontrakten pro Trade erreicht worden wären. Die nachstehende Reihe, 'Variabel Nr.1' genannt, zeigt, was aus dem eingesetzten Kapital geworden wäre, wenn man an jedem auf ein Tradingsignal folgenden Börsentag einen weiteren Kontrakt - bis zum Erreichen der Grenze von fünfzehn - gekauft hätte. Und zuletzt die Version 'Variabel Nr.2': Alle Kontrakte werden auf ein Kauf- oder Verkaufssignal am selben Tag gekauft, die tatsächliche Anzahl der erworbenen Kontrakte (zwischen 1 und 15) wird aber vom System anhand der aktuellen Volatilität gesteuert.

Die Volatilität (in Dollar) errechnet sich dabei aus dem vierfachen der durchschnittlichen 20-Tage-Kursspanne und bestimmt bei 'Variabel Nr.2' direkt die Anzahl der Kontrakte.

Vergleichen wir jetzt die Nettogewinne, die mit diesen vier Strategien erzielt wurden. Es ist natürlich wenig verwunderlich, daß der absolute

KAPITEL II GRUNDLAGEN DER SYSTEMKONZEPTION

Gewinn mit zunehmender Kontraktzahl ansteigt. Doch damit erhöht sich selbstredend auch der maximale Tagesverlust, der in der zweiten Zeile abgebildet ist.

Der nachfolgende Quotient aus Nettogewinnen und maximalen Tagesgewinnen verdeutlicht, ob das Trading mit variabler Kontraktzahl tatsächlich einen Vorteil darstellt. Diese Verhältniszahl, bei fixierter Kontraktmenge bei 3,47 gelegen, erhöht sich bei Einsatz variabler Kontrakt größen auf 4,7 bzw. 5,1. Daraus errechnet sich ein Anstieg um 39 bzw. 47% - ein starkes Argument für die variable Positionsgröße. Denn das Ergebnis unterstreicht, daß sich die Gewinne steigern lassen, ohne zugleich ansteigende maximale Tagesverluste in Kauf nehmen zu müssen.

Beachten Sie bitte in Tabelle 2.6, daß der größte Verlust in einem einzelnen Trade bei Anwendung der Methode 'Variabel Nr.1' bedeutend geringer ausfällt, als wenn grundsätzlich mit 15 Kontrakten getradet würde. Gleiches gilt für die Methode 'Variabel Nr.2'. Auch hierin bestätigt sich der Vorteil einer variablen Kontraktgröße.

Die Gesamtanzahl der Trades unterscheidet sich ausschließlich bei der Methode 'Variabel Nr.1', da die Kontrakte pro Tradingsignal nicht am gleichen, sondern an mehreren aufeinanderfolgenden Tagen erworben wurden.

Der Wert des Durschschnittstrades ist - bei jeder der untersuchten Varianten - relativ hoch. Dies legt nahe, daß dieses einfache Tradingsystem offenbar sehr gut in der Lage ist, intensive Trendbewegungen zu erfassen. Der Durchschnittstrade liegt dabei höher, wenn alle Kontrakte gleichzeitig erworben werden. Aber hier handelt es sich lediglich um ein Phänomen des Systemdesigns. Wir hatten ja bereits vorher unterstrichen, daß der Durchschnittstrade keine Meßgröße für die Volatilität der Systemperformance darstellt.

Die Standardabweichung pro Trade ist logischerweise geringer, wenn nur ein einzelner Kontrakt zur gleichen Zeit gehandelt wird. Diese Zahl erhöht sich mit steigender Positionsgröße. Die Tabelle zeigt darüber

KAPITEL II GRUNDLAGEN DER SYSTEMKONZEPTION

Tabelle 2.6: Ergebnisvergleich bei Trading mit unterschiedlichen Kontraktgrößen

	Immer 1 Kontrakt	Immer 15 Kontrakte	Variabel Nr.1	Variabel Nr.2
Nettogewinn	24.018,75	360.281	339.774	294.869
Max. Tagesverlust	- 6.918,75	- 103.781	- 66.650	- 62.763
Nettogewinn ./. Max. Tagesverlust	3,47	3,47	5,10	4,70
Größter Verlust pro Trade	- 1.100	- 16.500	- 1.350	- 13.200
Gesamtanzahl der Trades	48	48	594	48
Anzahl Gewinntrades	15	15	215	15
Durchschnittstrade	500.39	7.506	572	6.143
Standardabweichung	2.448	36.721	5.836	25.506
Durchschnittstrade ./. Standardabweichung	0.09	0.20	0.10	0.24
Standardabweichung der Verlusttrades	340	5.092	364	3.362

Kapitel II Grundlagen der Systemkonzeption

hinaus, daß die Standardabweichung bei einer fixen Kontrakthöhe von 15 dennoch höher liegt als bei der Methode variabler Kontraktgrößen. Daraus folgt, daß die Volatilität durch Einsatz variabler Positionsgröße effektiv reduziert werden kann - ein weiteres, erstrebenswertes Ziel der Systemkonzeption.

Teilt man den durchschnittlichen Gewinn pro Trade durch die Standardabweichung der Trades, erhält man ein recht komplexes Bild der Systemperformance. Dabei gilt: Je höher die Zahl, desto erfolgreicher das Tradingsystem. Für die 'Immer ein Kontrakt'-Variante liegt diese 'Gewinn zu Risiko'-Relation bei 0.09 und erhöht sich auf 0.24 bei der 'Variabel Nr.2'-Strategie.

In der letzten Zeile der Tabelle ist die Standardabweichung der Verlusttrades abgebildet - man könnte diese Kennzahl auch als 'Abwärtsvolatilität' bezeichnen. Diese Zahl verdeutlicht, daß die Volatilität aufgrund der steigenden Resultate der Gewinntrades ansteigt. Sie werden feststellen, daß die Abwärtsvolatilität bei der 'Immer 15 Kontrakte'-Strategie am höchsten ist. Dagegen sind die Unterschiede zwischen der 1-Kontrakt-Methode und der 'Variabel Nr.1'-Systematik, bei der immer nur ein Kontrakt zur Zeit erworben wird, vergleichsweise gering. Dazu ist wichtig: Die Standardabweichung aller Trades (also inklusive der Gewinntrades) ist deutlich höher als die alleinige Abwärtsvolatilität. Obgleich jegliche Volatilität ja grundsätzlich unerwünscht ist, zeigt dies doch insgesamt eines: Das Trading mit variabler Kontraktzahl erhöht die Aufwärtsvolatilität mehr als die Abwärtsvolatilität. Und mit einer erhöhten Aufwärtsvolatilität läßt sich selbstredend leichter fertig werden als mit einer schlagartig erhöhten Abwärtsvolatilität.

Fazit: Wenn Kontostand und Nervenkostüm es Ihnen erlauben, sollten Sie sich die Vorteile des Tradings mit variabler Kontraktgröße sichern.

Regel 5: Risikokontrolle, Money-Management, Portefeuille-Design

Alle Trader haben eine - egal ob geschriebene oder ungeschriebene - Erwartungshaltung bezüglich ihrer zukünftigen Gewinne. Diese Erwar-

KAPITEL II GRUNDLAGEN DER SYSTEMKONZEPTION

tungen haben großen Einfluß auf den Bestand und die Langlebigkeit eines Tradingkontos. Stellen Sie sich zum Beispiel ein Tradingsystem vor, daß über die letzten fünf Monate hinweg ein Minus von 30% erwirtschaftet hat. Dasselbe System beginnt danach aber, sehr gute Ergebnisse zu erzielen. Manch einer wird sein Trading nach diesem 30-%-Verlust vielleicht einstellen. Andere wiederum würden weitermachen und exzellente Ergebnisse einfahren.

Die Regeln Ihres persönlichen Money-Managements können Sie veranlassen, eine Position zu früh zu verlassen - oder aber diese Position zu lange zu halten. Deshalb haben die Regularien des Money-Managements entscheidende Bedeutung für Ihren persönlichen Trading-Erfolg!

Bei festen Ansichten bezüglich der Größe des Tradingkontos und der Gewinnentwicklung sind eine gute Risikokontrolle ebenso wie sensibles Money-Management und exzellentes Portefeuille-Design unentbehrlich. Unter Risikokontrolle versteht man die Überwachung bestehender Positionen mit Hilfe vorgegebener Regeln für den Ausstieg. Die Regeln des Money-Managements legen die Positionsgröße in den jeweiligen Märkten ebenso wie die Höhe des maximal akzeptablen Verlustes pro Kontrakt fest. Und die Grundlagen des Portefeuille-Designs schließlich wurden erdacht, um eine konstantere Ergebnisentwicklung zu erreichen.

In Tabelle 2.7 vergleichen wir die Tradingergebnisse, wenn entweder

1. gar kein anfänglicher Verluststop verwendet wird oder

2. ein erster Stop bei 2.000 $ angesetzt wurde.

Das hierfür eingesetzte Tradingsystem ist ein 'fertiges' System, Teil des Programms 'Omega Research's System Writer Plus', welches Tradingsignale erzeugt, wenn die Kurse an vier aufeinanderfolgenden Tagen entweder im Plus oder im Minus schlossen.

Wie zu erwarten war, können einem beim Anblick des höchsten Tradingverlustes die Haare zu Berge stehen. Die meisten 'echten' Tradingkonten wären wohl geschlossen, wenn sie derartige Verluste schlucken müßten.

KAPITEL II — GRUNDLAGEN DER SYSTEMKONZEPTION

Tabelle 2.7 Der Effekt der Anwendung von Stopkursen im Trading, Zeitraum Mai 1889 bis Juni 1995.

MARKT	ohne Stop			2000 $-Stop		
	Nettogewinn	Max. Verlusttrade	Max. Tagesverlust	Nettogewinn	Max. Verlusttrade	Max. Tagesverlust
Kaffee	-4.206	-50.868	-24.149	33.776	-2.594	-13.970
Kupfer	5.082	-3.542	-14.810	-5.455	-2.302	-20.430
Baumwolle	4.370	-4.620	-14.585	7.580	-3.025	-13.800
Rohöl	-14.350	-12.350	-20.670	-8.690	-2.870	-15.100
Gold, Comex	7.180	-2.250	-6.560	3.750	-2.340	-6.650
Heizöl	16.758	-4.174	-16.350	-378	-3.989	-16.334
Jap. Yen	-36.800	-6.550	-65.673	-23.675	-3.388	-50.300
Zucker	-9.770	-3.594	-14.428	-7.799	-2.194	-12.456
Schw.Franken	8.225	-7.613	-16.438	15.688	-2.663	-15.263
10-jähr. Bonds	-15.913	-4.413	-29.444	-8.788	-2.100	-21.881
US-Bonds	-16.506	-6.194	-28.969	-10.625	-2.100	-22.856
Ergebnisse						
Schlechtestes	-36.800	-50.868	-65.673	-23.675	-3.989	-50.300
Bestes	16.758	-2.250	-6.560	33.776	-2.100	-6.650
Durchschnitt	-5.805	-9.652	-22.924	-424	-2.688	-19.004

KAPITEL II GRUNDLAGEN DER SYSTEMKONZEPTION

Andererseits zeugen Schlagzeilen von Milliardenverlusten bestimmter Brokerhäuser davon, daß das Trading ohne adäquate Risikokontrolle gar nicht so selten ist.

Die Anwendung von Stops zwingt die möglichen Anfangsverluste auf berechenbare Niveaus. Selbst wenn man die Gebühren mit einbezieht, ist der größte Verlust mit Stops normalerweise deutlich niedriger, als wenn ohne diese 'Sicherungsnetze' getradet wird. Daher wird eine verbesserte Risikokontrolle auch zu einer Verbesserung Ihrer Tradinggewinne führen. In der Tabelle 2.7 sehen Sie, daß sich die durchschnittlichen Nettogewinne von -5.085 $ ohne Stopkurs auf immerhin - 424 $ mit Stopkurs verbessert haben. Auch der maximale Tagesverlust verringert sich, wenn Stops benutzt werden. Die Aussage dieses Vergleiches ist eindeutig: Es läßt sich eine Menge gewinnen, wenn man über eine vernünftige, ausgewogene Risikokontrolle verfügt.

Ihre Tradingergebnisse werden weniger schwanken und Ihr Tradingkonto damit widerstandsfähiger, wenn Sie dieser Risikokontrolle auch noch einige vernünftige, durchdachte Regeln für das Money-Management hinzufügen. Ein solches Regelwerk legt unter anderem fest, wie hoch der Anteil Ihres gesamten Tradingkontos sein darf, der auf einen einzelnen Trade entfällt. Diese Richtlinien sind darüber hinaus dazu da, den anfänglichen Stopkurs als einen bestimmten Prozentsatz Ihres Tradingkapitals zu berechnen. Eine gängige Faustregel empfiehlt, daß nicht mehr als zwei Prozent des Tradingkapitals in einem einzelnen Trade 'riskiert' werden sollte.

Diese 'zwei-Prozent'-Regel würde bei einem Tradingkonto von 50.000 $ einen anfänglichen Stop von 1.000 $ pro Trade bedeuten. Diese 1.000 $ werden in Relation zum Gesamtengagement oft als 'hard-dollar-stop' bezeichnet. Dabei:

Eine Position kann natürlich auch aus mehreren Kontrakten bestehen. Handelt es sich dabei z.B. um zwei Kontrakte, wäre die Position mit einem Verluststop zu schützen, der nur 500 $ unterhalb des Kaufkurses liegt. Im Kapitel 7 werden diese Regeln noch detaillierter besprochen.

Das 'Übertraden' eines Tradingkontos ist ein wohlbekanntes Phänomen und wird von Analysten für eine Vielzahl von Bankrotten verantwortlich gemacht. Wenn Sie beispielsweise grundsätzlich mehr als zwei Prozent Ihres Kapitals pro Trade einsetzen, stellt dies ein 'Übertrading' dar. Verwenden Sie keine anfänglichen Stops, erhöht sich das Risiko ebenfalls auf mehr als zwei Prozent, im schlimmsten Fall sogar auf das Niveau Ihres gesamten Tradingkapitals.

Ein erhöhtes Risiko auf, sagen wir, bis zu fünf Prozent Ihres Kapitals, kann aber bei außergewöhnlichen Marktchancen gerechtfertigt sein (hierzu mehr in Kapitel 4). Doch das permanente Überziehen des Zwei-Prozent-Limits kann starke und unvorhersehbare Ausschläge Ihrer Tradingergebnisse nach sich ziehen!

Hierzu eine weitere Faustregel: Sie 'Übertraden' Ihr Konto, wenn die monatliche Wertveränderung Ihres Kapitals des öfteren mehr als 20 Prozent beträgt. Aber noch einmal: Es gibt immer wieder Gelegenheiten, in denen besondere Marktchancen eine Ausnahme von der Regel rechtfertigen.

Ein weiterer wichtiger Aspekt, den es zu berücksichtigen gilt, sind die Vor- und Nachteile, die ein breit diversifiziertes Portefeuille mit sich bringt. Das heißt in anderen Worten, daß sich viele unterschiedliche Positionen aus verschiedensten Märkten in einem Depot vereinen. Der Hauptvorteil des Tradings in mehreren Märkten besteht in der erhöhten Chance, die großen Trendbewegungen zu 'erwischen'. Das Hauptproblem dabei ist jedoch, daß viele dieser Märkte ohnehin auf dieselben fundamentalen Impulse reagieren und die Kursbewegungen deshalb eine hohe Korrelation aufweisen. Daher bedeutet das Trading in mehreren, miteinander eng verbundenen Märkten eigentlich nichts anderes als das Trading mit mehreren Kontrakten in nur einem Markt.

Ein Beispiel: Der Schweizer Franken (SFR) und die Deutsche Mark (DM) bewegen sich meist sehr gleichförmig. Daraus ist abzuleiten, daß das gleichzeitige Trading in beiden Märkten vergleichbar ist mit dem Trading mehrerer Kontrakte in nur einem der beiden Märkte. Betrachten wir dazu die Endloskontrakte für SFR und DM im Zeitraum

KAPITEL II   GRUNDLAGEN DER SYSTEMKONZEPTION

vom 26. Mai 1989 bis zum 30. Juni 1995. Für den Test wird ein System verwendet, dessen Tradingsignale durch Überkreuzungen eines 7- und eines 65-Tage-GDs ausgelöst werden, der erste Stop wird auf 1.500 $ angesetzt, für Kommissionen und Gebühren werden 100 $ pro Trade berechnet.

In Abbildung 2.9 sehen Sie, daß die Wertentwicklung eine Korrelation von 83 Prozent aufweist. Hätten Sie jeweils einen Kontrakt in SFR und DM getradet, wäre daraus ein Gewinn von 60.619 $ entstanden. Wenn Sie hingegen zwei DM-Kontrakte gehandelt hätten, wäre ein Gewinn von 63.850 $ angefallen, bei zwei SFR-Kontrakten 57.388 $.

Dabei gilt es indes einen wichtigen Unterschied zwischen diesen beiden Fällen zu beachten. Da sich die beiden Märkte bisweilen auch gegenläufig entwickeln, wären die zeitweiligen Kursverluste beim Trading jeweils eines Kontraktes in SFR und DM weniger intensiv ausgefallen. So lag der maximale Tagesverlust bei der Kombination beider Märkte bei 10.816 $, bei zwei DM-Kontrakten aber immerhin bei 22.375 $.

Dennoch: Die Vorteile im Trading eng verbundener Märkte sind relativ gering. Es ist daher grundsätzlich besser, nicht oder wenig korrelierende Märkte innerhalb ein und desselben Portefeuilles zu traden.

Die Vorzüge des Tradings in relativ geringfügig korrelierenden Märkten belegen wir anhand eines Beispiels. Auf der einen Seite werden - mit demselben Tradingsystem wie zuvor - drei Kontrakte im Schweizer Franken gehandelt. Zugleich wird ein diversifiziertes Portefeuille mit jeweils einem Kontrakt im Schweizer Franken, in Baumwolle und zehnjährigen Anleihen getestet.

Der Gewinn durch drei SFR-Kontrakte beläuft sich auf 86.801 $, das diversifizierte Portefeuille bringt es auf 85.683 $. Die Kurve der Wertentwicklung beider Varianten finden Sie in Abb. 2.10. Die Volatilität innerhalb der beiden Kurven läßt sich vergleichen, indem man eine lineare Regressionsanalyse durchführt, um die Standardabweichung der täglichen Wertentwicklung zu erhalten.

KAPITEL II　　　　　　　GRUNDLAGEN DER SYSTEMKONZEPTION

Abbildung 2.9 Die Wertentwicklung beim Trading von Schweizer Franken und Deutscher Mark weist eine hohe Korrelation von 83 Prozent auf.

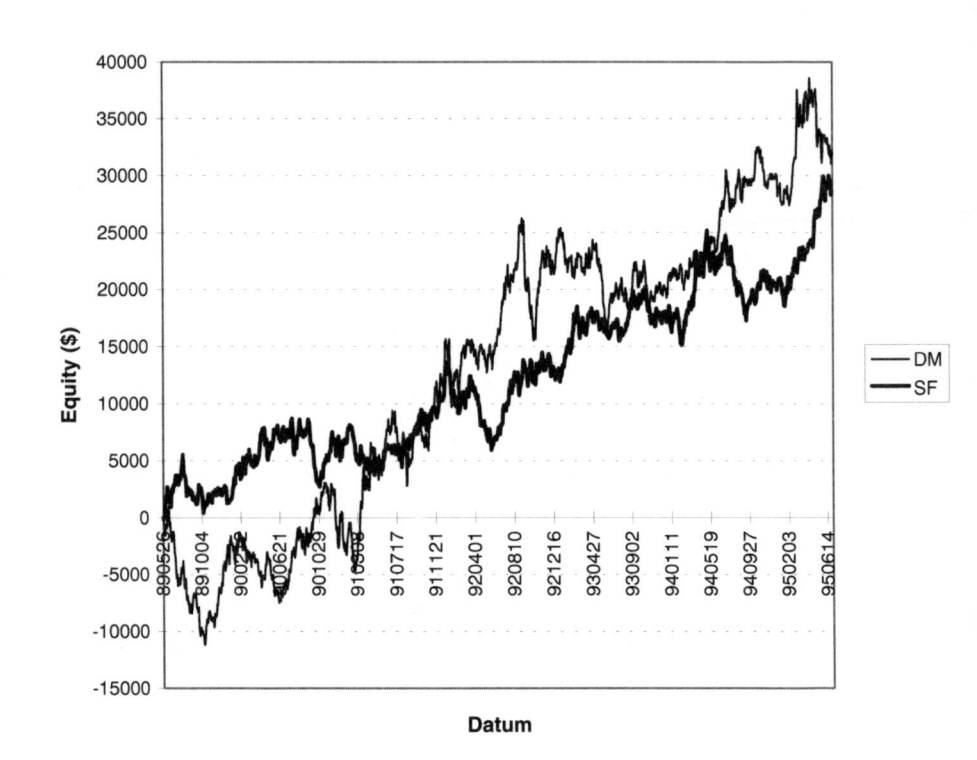

Abbildung 2.10 Die Diversifikation eines Portefeuilles durch das Trading von 10-jährigen Bonds, Baumwolle und Schweizer Franken zeigt eine deutlich gleichmäßigere Wertentwicklung als beim alleinigen Trading von drei SFR-Kontrakten.

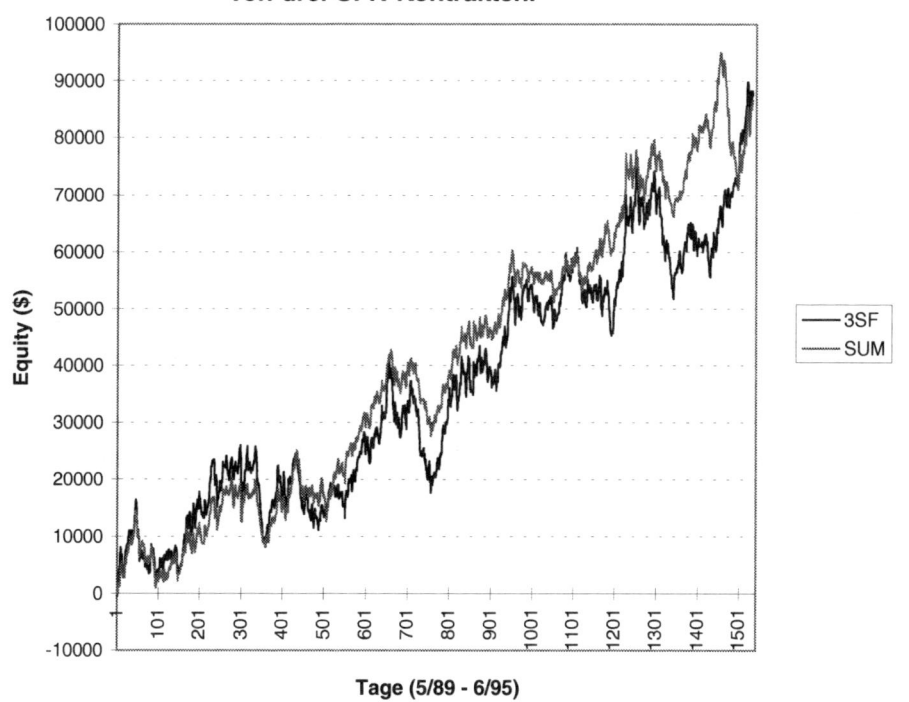

Die Standardabweichung beim Trading von drei SFR-Kontrakten beträgt 6.238 $. Die Kennzahl des diversifizierten Depots liegt jedoch mit 4.902 um stattliche 21% niedriger. Also: Das Traden unterschiedlicher Märkte bringt zwar annähernd dieselben Gewinne, verhilft gleichzeitig aber zu einer deutlich geringeren Schwankungsbreite in der Wertentwicklung.

Was die Standardabweichung darstellt, wird in Abbildung 2.11 gezeigt. Als Basis dient eine 'erfundene' Wertentwicklungskurve. Die Standardabweichung dieser Kurve beträgt 2,25, das bedeutet: Die Gewinnentwicklung ist ziemlich 'zackig', d.h. unregelmäßig. Eine 'perfekte', weil absolut gleichmäßige Performance hätte eine Standardabweichung von Null.

Aber Diversifikation kann mehr bedeuten als das schlichte Hinzufügen von Kontrakten aus anderen Märkten. Denn Sie können ja ebensogut verschiedene Tradingsysteme und unterschiedliche Zeithorizonte innerhalb ein und desselben Depots traden. Dabei sollten Sie aber kaum oder gar nicht miteinander verflochtene Märkte auswählen. Zusammenfassend:

Risikokontrolle, Money-Management und Portefeuille-Design sind wichtige Aspekte, die in die Entwicklung von Tradingsystemen einfließen müssen.

Regel 6: Vollautomatische Tradingsysteme

Die einfachste Antwort auf die Frage, warum ein Tradingsystem nach Möglichkeit vollautomatisch, d.h. computergesteuert sein sollte, lautet: Sie können ein Tradingsystem, das sich ausschließlich im Kopf des Anwenders befindet, nicht anhand historischer Kursdaten testen. Es ist einfach unmöglich vorherzusagen, wie sich die Marktbedingungen in Zukunft gestalten werden, und wie Sie als Trader auf diese möglichen Veränderungen reagieren werden. Daher beschränken wir uns in diesem Buch ausschließlich auf computergesteuerte Systeme.

KAPITEL II GRUNDLAGEN DER SYSTEMKONZEPTION

Abbildung 2.11 Diese erfundene, unregelmäßige Wertentwicklungskurve weist eine Standardabweichung von 2.25 auf. Eine vollkommen gleichmäßige Wertentwicklung hätte die Standardabweichung Null. Hier beläuft sich die Standardabweichung der monatlichen Gewinne auf 33%.

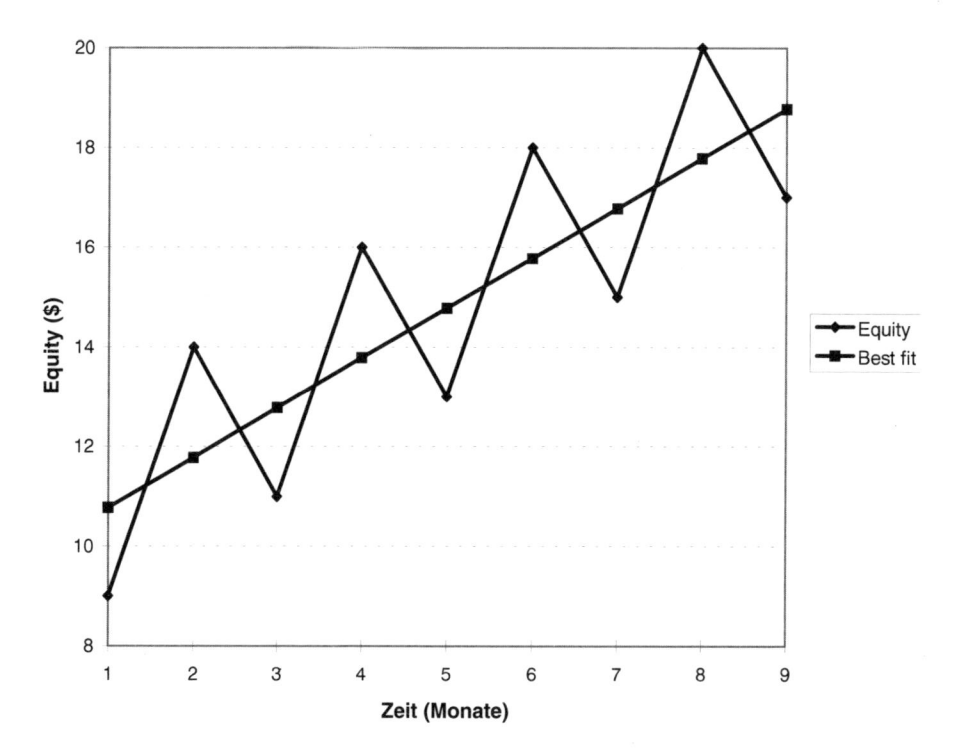

KAPITEL II   GRUNDLAGEN DER SYSTEMKONZEPTION

Sofern Sie aber die Art und Weise, wie Sie Ihre eigenen Entscheidungen treffen, in einem Regelwerk definieren können, können Sie diese auch in ein Computersystem einfließen lassen und dementsprechend testen. Dieser Prozeß der Formalisierung persönlicher Tradingregeln kann Ihnen dabei interessante Anregungen zu weiteren Regeln liefern - und Sie so motivieren, sich automatisierten Systemen zuzuwenden.

Wenn Sie Ihre Tradingentscheidungen auf Basis eines Computersystems treffen, ist die Wahrscheinlichkeit einer gleichmäßigen und beständigen Wertentwicklung deutlich höher. Denn die Art und Weise, in der ein mechanisches System Kursdaten verarbeitet, ist vorherseh- und nachvollziehbar. Natürlich ist dabei keineswegs sicher, daß diese auf Basis logischer Arbeitsschritte gleichmäßigen Tradingsignale auch ebenso gleichmäßig profitabel sind. Und ebenso kann Ihnen niemand garantieren, daß sich diese Tradingsignale umsetzen lassen, ohne durch den Anwender modifiziert zu werden.

Zusammenfassung

Dieses Kapitel lieferte Ihnen zunächst eine Checkliste, mit deren Hilfe Sie ihre persönlichen Tradingansichten in klare Worte und Formen fassen konnten. Dabei galt es, sich auf fünf oder weniger maßgebliche Aspekte zu beschränken, um die herum sich dann effektive Tradingsysteme gestalten lassen.

Darüber hinaus widmete sich das Kapitel den sechs Grundregeln der Systemkonzeption. Kurz gefaßt wurde hierbei festgestellt:

- Ein Tradingsystem, das positive Testergebnisse aufweist, sollte auch in der Zukunft profitabel sein.

- Die Anzahl der Regeln eines Tradingsystems sollte eng begrenzt werden, da eine ansteigende Komplexität die Ergebnisse oft negativ beeinflußt. Relativ einfache Systeme werden sich in der Zukunft normalerweise besser entwickeln.

KAPITEL II GRUNDLAGEN DER SYSTEMKONZEPTION

- Das Regelwerk sollte stabil sein, um auch in der Zukunft oder in anderen Märkten anwendbar zu sein.

- Sie sollten, wenn möglich, mehrere Kontrakte traden, da dadurch auch Ihre Gewinne entsprechend steigen, wenn Sie auf der richtigen Seite stehen.

- Risikokontrolle, Money-Management und Portefeuille-Design garantieren Ihnen eine gleichmäßigere Wertentwicklung - und damit den Schlüssel zu höherer Profitabilität. Und zuletzt:

- Ein Tradingsystem sollte automatisch arbeiten, da auf diese Weise berechenbare, nachvollziehbare und objektive Tradingentscheidungen möglich werden.

Wenn Sie diesen sechs Grundregeln folgen, werden Sie herausragende Systeme entwickeln können, die Ihre ganz persönlichen Ansichten und Tradingregeln widerspiegeln.

Kapitel III

- Erste Schritte im Systemdesign -

KAPITEL III ERSTE SCHRITTE IM SYSTEMDESIGN

Einleitung

Die besten Systeme beinhalten sofortige Gewinne ebenso wie dauerhafte Zufriedenheit.

In diesem Kapitel widmen wir uns einer Vielzahl wichtiger Aspekte des Systemdesigns. Sie sind bereits mit den Grundlagen der Systemkonzeption vertraut und daher imstande, komplexere Vorgänge und Gedankengänge nachzuvollziehen. Das Ziel dabei ist, mit Hilfe der Erkenntnisse und Methoden des Systemdesigns weitaus leistungsfähigere Tradingsysteme zu entwickeln.

Beginnen wir gleich mit der ersten Fragestellung: Wie gehe ich mit Trendbewegungen um? Die Antwort: Es ist in aller Regel empfehlenswert, *mit* dem Trend zu traden, nicht *gegen* ihn. In diesem Kapitel stellen wir eine Reihe von Testergebnissen vor, die diese Empfehlung untermauern werden.

Die nächste Frage: Sollte man versuchen, sein System immer weiter zu optimieren? Wir werden im weiteren Verlauf untersuchen, inwieweit sich die zukünftige Performance durch Optimierung auf Basis historischer Daten verbessern läßt.

Beginnen wollen wir aber zunächst mit der Erörterung, ob der anfängliche Stop als Teil der Risikokontrolle ein Problem oder aber eine Lösung darstellt. Dabei wird aufgezeigt, mit welchen Arten von Risiken Sie beim Trading konfrontiert werden können. Dies ist besonders bedeutsam, da Sie sich über diese Dinge bereits ganz zu Anfang Ihrer Systementwicklung klar werden müssen.

Ein weiterer Abschnitt dieses Kapitels bespricht die unterschiedlichen Arten von Testdaten und welche Unterschiede, wenn vorhanden, hier bestehen. Und so werden Sie nach der Lektüre dieses Kapitels folgende Lerninhalte beherrschen:

KAPITEL III — ERSTE SCHRITTE IM SYSTEMDESIGN

1. Sie werden imstande sein, Trends zu identifizieren.
2. Sie werden entscheiden können, wann eine trendfolgende oder dem Trend gegenläufige Tradingstrategie angebracht ist.
3. Sie werden sich der Vor- und Nachteile der Systemoptimierung bewußt sein.
4. Sie kennen die unterschiedlichen Arten des Risikos, die Ihnen als Trader gegenübertreten können.
5. Sie werden passende Datenreihen für Ihre Systemtests auswählen können.
6. Sie werden die Ergebnisstatistik der Systemtests optimal auswerten können und damit gleichzeitig die Beschränkungen derartiger Statistiken erkennen.
7. Sie werden erkennen, wo die Grenzen des Systemdesigns liegen.

Die Identifizierung von Markttrends

Nur wenn Sie zu einer sicheren, korrekten Diagnose der Trendsituation an den Märkten imstande sind, können Sie daraus eine gewinnbringende Tradingstrategie entwickeln. Einfach ausgedrückt existieren an der Börse nur zwei Stadien: Trend oder Seitwärtsbewegung.

Eine Trendbewegung liegt vor, wenn die Kurse konstant in eine Richtung tendieren. Wenn die Notierungen aber innerhalb einer relativ engen Kursspanne auf- und abschwanken, liegt ein Seitwärtstrend vor.

Längerfristig ausgerichtete Strategien sind besonders für den Einsatz in Trendphasen geeignet, während ein kurzfristig orientiertes Tradingsystem sich besonders in Seitwärtstrends bewährt. Wie so oft existiert auch in bezug auf das Trendverhalten keine absolut eindeutige Abgrenzungsmöglichkeit zwischen Trend- und Seitwärtsphasen. Oft brechen die Notierungen unmittelbar nach Beginn einer Seitwärtsphase bereits wieder aus ihrer Kursspanne aus oder fallen umgekehrt wieder in einen vormaligen Seitwärtstrend zurück.

Es gibt eine ganze Reihe verschiedener Möglichkeiten, eine Trendphase zu identifizieren. Dazu sind Analysen erforderlich, aus denen sich dann

Kapitel III Erste Schritte im Systemdesign

die Antwort herauskristallisiert. Eine weit verbreitete Indikation ist der von Welles Wilder jr. entwickelte Average Directional Index (ADX), ein Indikator, der bei den meisten computergestützten Analyse- und Tradingprogrammen zur Standardausstattung gehört. Der ADX beschreibt das zweifach geglättete, absolute Momentum des Marktes. Dabei zeigt eine ansteigende ADX-Linie das Vorhandensein eines Trends an, ein fallender ADX deutet auf eine Seitwärtsphase hin.

Zur Berechnung des ADX ist zunächst der Zeithorizont in Tagen zu bestimmen, wobei die Reagibilität des Indikators mit steigendem Zeithorizont abnimmt. Ein Wert von 14 Tagen ist üblich, aber auch eine 18-Tage-Einstellung zeigt gute Ergebnisse. Danach gilt es, zwei 'Sicherheitszonen' festzulegen, um Fehlsignale auszugrenzen. Ein Level von 20 ist hierfür eine sinnvolle Größe. Die Aussage:

Ein Markt ist erst dann in eine Trendphase übergegangen, wenn der 18-Tage-ADX den Wert von 20 überschritten hat. Ein weiterer adäquater Grenzwert ist die Marke von 40. Wenn der ADX auf einem Niveau oberhalb von 40 einknickt und nach unten tendiert, ist eine baldige Konsolidierung wahrscheinlich. Ein solches Phänomen findet man gemeinhin in ungewöhnlich starken Trends, der 'Haken' oberhalb 40 signalisiert dann oft eine kurze Kurskorrektur. Der Trend hat danach im allgemeinen eine starke, zweite 'Welle' hin zu noch höheren Hochs (oder tieferen Tiefs).

Es gibt allerdings Situationen, in denen der ADX über 20 steigt, obwohl der zugrundeliegende Kurs in einer breiten Tradingrange verharrt. Oder es geschieht, daß der ADX einknickt, obwohl die Kurse auch weiterhin stetig und gleichmäßig in Trendrichtung laufen. Daher: Der ADX ist in keiner Weise perfekt. Das Hauptproblem des Indikators besteht in der doppelten Glättung, die eine zeitliche Verschiebung zwischen einer Kursveränderung und der Reaktion des Indikators verursacht. In Kapitel 5 werden wir explizit zeigen, daß der absolute Wert des ADX deutlich weniger bedeutsam ist als dessen Bewegungsrichtung.

Ein Indikator, der weit unmittelbarer mit dem Marktmomentum verbunden ist und dementsprechend schneller reagiert, ist der 'Range Action Verification Index' (RAVI). Der RAVI versucht, Seitwärtstrends zu identifizieren und arbeitet damit ganz unterschiedlich zum ADX, der sich auf die Messung der Kursveränderung zum vorhergehenden Börsentag stützt.

Zur Berechnung des RAVI bedarf es zunächst eines 13-Wochen-Gleitenden-Durchschnitts (entspricht einem 65-Tage-GD oder genau einem Quartal). Dieser 65-Tage-GD stellt den 'langen' Zeithorizont dar. Der 'kurze' GD sollte nur ca. 10% des 'langen' ausmachen - aufgerundet sind dies 7 Tage. Die Länge der gewählten GD's ist dabei absolut austauschbar - nur die Relation 1:10 zueinander nicht.

Der absolute Wert der Differenz (in Prozent) zwischen diesen beiden GD's stellt den RAVI dar. Die Formel:

RAVI = Abs. Wert (100 x (7-Tage-GD - 65-Tage-GD) ./. 65-Tage-GD)

Der entscheidende Schwellenwert des Indikators beträgt drei Prozent. Bei einer Differenz unter 3% befindet sich der Markt in einer Seitwärtsrange, bei Werten über 3% liegt eine Auf- oder Abwärtstrendphase vor. Allerdings: In manchen Märkten, z.B. im Bereich der Devisen, gelten andere Schwellenwerte. In solchen Sektoren ließe sich mit anderen Maßstäben experimentieren, z.B. einem Grenzwert von nur einem Prozent oder einem relativen Wert wie einem Gleitenden Durchschnitt des RAVI. Sie können die Anforderungen aber genauso strikter fassen, indem Sie für eine Trendphase einen höheren RAVI-Wert als drei Prozent festlegen.

Die folgenden Design-Aspekte stehen für den RAVI:

1. Es existiert nur eine einfache Glättung.
2. Der 7-Tage-GD ist relativ reagibel. Daher ist die Verzögerung zwischen einer Kursveränderung und der entsprechenden Reaktion des Indikators relativ gering.
3. Trotzdem können sich Märkte schneller bewegen als der RAVI anzeigt - ein Beispiel dafür sind die Devisenmärkte.
4. Eine kontinuierliche, aber wenig volatile Trendphase kann ebenfalls RAVI-Werte unterhalb drei Prozent generieren und so irrtümlich den Eindruck eines Seitwärtstrends erwecken.

In Abbildung 3.1 wird ein 18-Tage-ADX (untere Grafik) mit dem RAVI (Mitte) verglichen. Die beiden Indikatoren verlaufen weitgehend gleichförmig, aber es ist klar erkennbar, daß der RAVI deutlich schneller auf Kursveränderungen reagiert. Der Grund findet sich in der Tatsache, daß der ADX eine zweifache Glättung aufweist (gegenüber einfacher Glättung im RAVI). Die Gegenprobe:

Ein zweifach geglätteter RAVI, kreiert durch die Glättung des RAVI mit einem 14-Tage-GD, verläuft nahezu völlig deckungsgleich zum 18-Tage-ADX (siehe Abb. 3.2).

Wenden wir nun beide Indikatoren, RAVI und ADX, im konkreten Beispiel an, um zu überprüfen, wie oft Trendphasen auftreten. Als Indikation dient ein ADX-Level über 20 bzw. ein RAVI oberhalb drei Prozent. ADX und RAVI werden so berechnet, daß die Indikatoren dann steigen, wenn der heutige Kurs höher liegt als der Kurs vor zehn Tagen. Dabei ist die Wahl der Berechnungszeitraumes und der Indikationslevels natürlich frei variierbar.

Tabelle 3.1 macht deutlich, daß der Trendphasen-Anteil in den Märkten offenbar zwischen 20 und 40 Prozent liegt. Dabei zeigen einige Märkte, beispielsweise die zehnjährigen Anleihen, nahezu gar keine starken Trendphasen, zumindest wenn man den RAVI als Bemessungsgrundlage heranzieht. Dies allerdings ist natürlich ausschließlich auf die Drei-Prozent-Hürde des RAVI zurückzuführen, niedrigere Grenzwerte hätten einen höheren Anteil an Trendbewegungen ergeben. Die Ergebnisse im einzelnen:

Die extrem volatilen Märkte wie Kaffee oder Zucker zeigen auch den höchsten Anteil an Trendphasen. Andere, insbesondere von Fundamentaldaten bestimmte Märkte wie Baumwolle, Kupfer oder Heizöl haben aber ebenfalls die Tendenz zu starken Trends, wie die RAVI-Rate von ca. 35% unterstreicht. Dagegen: Die eher 'gesetzteren' Märkte wie T-Bonds und der S&P 500 weisen einen geringeren Anteil an Trendphasen auf. Die bereits recht lang anhaltende Seitwärtsbewegung des Goldes wird durch den niedrigen RAVI-Wert von 15,8 ebenfalls korrekt widergegeben.

Kapitel III   Erste Schritte im Systemdesign

Abbildung 3.1   Der Vergleich zwischen ADX (unten) und RAVI (Mitte) zur Messung des Trendverhaltens

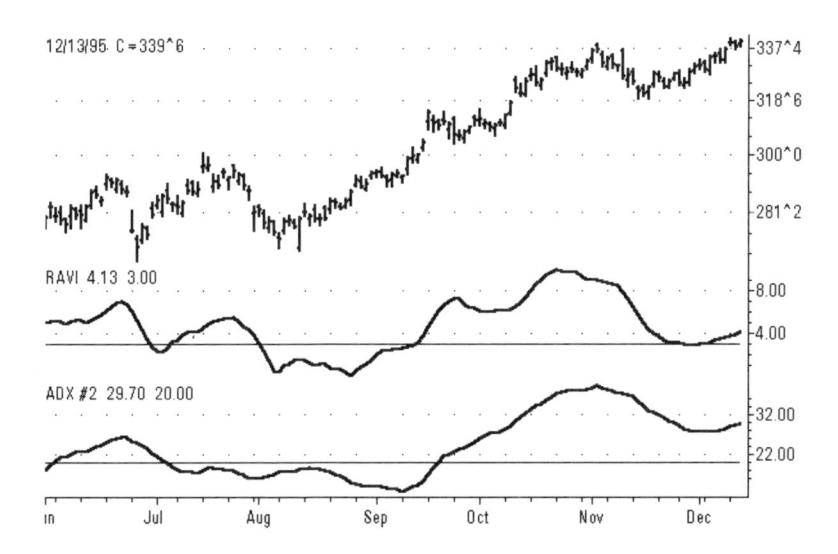

Tabelle 3.1   Anteil der Handelstage, die unter Anwendung der Indikatoren RAVI und ADX eine Trendphase darstellen.

Markt 1.1.89 - 30.6.95	Anteil der Handelstage in % mit steigendem ADX sowie ADX-Wert über 20	Anteil der Handelstage in % mit steigendem RAVI sowie RAVI-Wert über 3
Kaffee	30,2	43,3
Kupfer	27	35,3
Baumwolle	29,2	39,4
Rohöl	30,2	39,9
Deutsche Mark	32,6	25,7
Gold	25	15,8
Jap. Yen	27,7	20,6
Sojabohnen	30	23,9
S & P 500	24	17,9
Zucker	31,3	41,7
Schweizer Franken	30,7	28,9
10-jährige Bonds	32,8	6
U.S. Long Bond	37,5	16

KAPITEL III ERSTE SCHRITTE IM SYSTEMDESIGN

Abbildung 3.2 Ein doppelt geglätteter RAVI (durchgezogene Linie) im Vergleich zu einem 18-Tage-ADX (gepunktete Linie) zeigt, daß sich diese beiden Indikatoren sehr gleichförmig entwickeln.

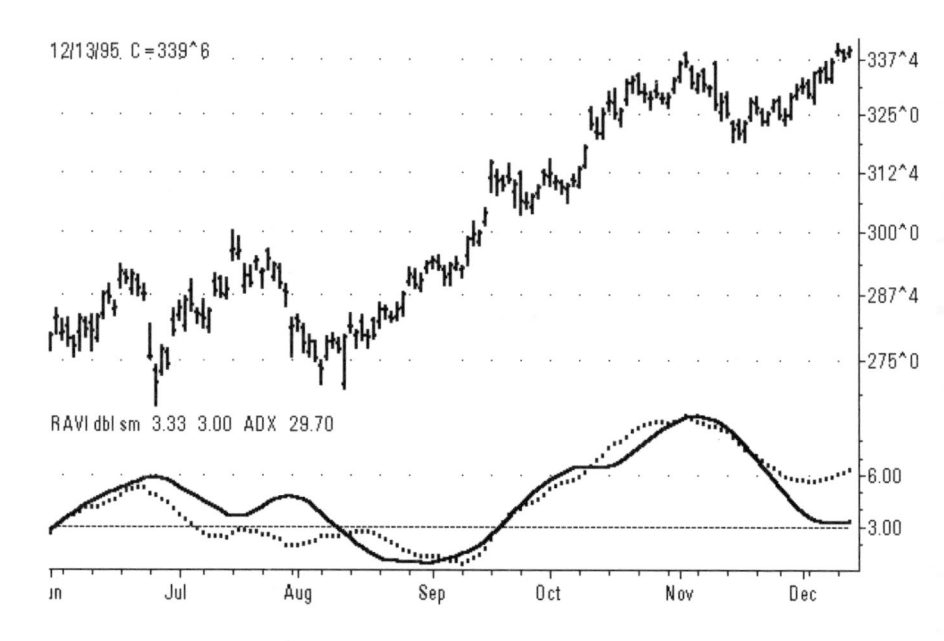

Tabelle 3.2 Ergebnisse eines auf der Stochastik basierenden Antitrend-Tradingsystems

Markt	Theoretischer Gewinn	Anzahl der Trades	Prozentsatz Gewinntrades	Größter Gewinntrade	Größter Verlusttrade	Max. Anzahl aufeinanderfolg. Verlusttrades	Maximaler Tagesverlust
Kaffee	1.837	276	32	27.065	-11.215	9	-44,931
Baumwolle	-98.275	296	24	4.955	-2.800	14	-102.205
Leichtes Heizöl	-61.940	301	29	5.210	-7.850	17	-63.180
Gold	-29.830	256	29	2.630	-2.920	21	-31.150
Jap. Yen	-47.713	309	32	8.633	-2.762	9	-60.813
Schw. Franken	-55.350	285	32	9.175	-3.225	10	-63.513
U.S. Bonds	-49.313	310	28	4.400	-1.694	13	-61.469

Kapitel III — Erste Schritte im Systemdesign

Eine weitergehende Analyse zeigt, daß die durchschnittliche Länge der einzelnen Trendphasen in den meisten Marktsegmenten zwischen 15 und 18 Tagen liegt, wobei die Einzelwerte zwischen einem Tag bis hin zu über 30 Tagen schwanken. Die Quintessenz:

Die Trendphasen dieser Märkte sind im allgemeinen lang genug, um ein profitables Trading zu ermöglichen. Sogar in den bisher 'trendlosen' Neunzigern gab es also bislang genügend Gelegenheiten, um mit einem trendfolgenden Tradingsystem Gewinne zu erzielen.

Fassen wir zusammen: Auf dem Momentum basierende Indikatoren sind geeignet, um Trendphasen bzw. Seitwärtstrends zu identifizieren. Die Berechnungen haben dabei ergeben, daß diese Trends eine durchschnittliche Dauer von 15 bis 18 Tagen aufweisen. Demnach sind trendfolgende Strategien ein wichtiger Bestandteil des Systemdesigns. Im nächsten Abschnitt werden wir nun prüfen, inwieweit Trendfolge-Systeme für die langfristige Nutzung geeignet sind.

Sollte man dem Trend folgen - oder nicht?

Sofern Sie nicht gerade einen großen Hedgefonds verwalten oder institutioneller Trader sind, haben Sie beim Design Ihres Tradingsystems die Wahl zwischen zwei grundsätzlichen Strategien. Entweder entscheiden Sie sich dazu, dem Trend zu folgen oder grundsätzlich gegen den Trend zu traden. Dabei wird der typische 'Trendfolger' grundsätzlich mittelfristig orientierte Engagements eingehen, während der dem Trend entgegenlaufende 'Antizykliker' kurzfristige Positionen bezieht, um Gegenbewegungen der mittelfristigen Trends zu nutzen. Dieser Abschnitt untersucht beide Strategien mit dem Ziel der Beweisführung, daß sich trendfolgende Strategien auf lange Sicht besser bewähren.

In der Tabelle 3.2 finden Sie die Testergebnisse eines auf dem Stochastik-Indikator basierenden Antitrend-Systems, welches mit der 'System Writer Plus'-Software der Firma Omega-Research mitgeliefert wird. Der Stochastik-Oszillator ist ein Bandbreiten-Indikator. Er zeigt, wo sich der aktuelle Kurs in Relation zur Kursspanne der letzten X Tage befindet.

Kapitel III Erste Schritte im Systemdesign

Sofern sich der momentane Kurs nahe am oberen Ende dieser Spanne befindet, notiert der Indikator mit Werten über 80. Die Aussage: Die nächste Kursbewegung wird wahrscheinlich in Richtung des unteren Endes der Range führen. Im Gegenzug:

Notiert der letzte Kurs im Bereich des unteren Endes der Kursspanne, liegen die Stochastik-Werte unterhalb 20. Es wird erwartet, daß die kommende Kursbewegung die Notierungen in Richtung der oberen Bandbreite der Trading-Range tragen wird. Da sich die Kursspanne zwischen dem Hoch und dem Tief der letzten X Tage permanent verändert, kann die *Ausdehnung* der nächsten Kursbewegung durch den Stochastik-Oszillator nicht prognostiziert werden.

Das getestete System benutzt einen 10-Tage-Zeitraum zur Berechnung der sogenannten 'Fast'-K- und 'Fast'-D-Durchschnitte. Wenn der 'Fast'-K oberhalb des 'Fast'-D notiert, generiert das System ein Kaufsignal zur Eröffnung des nächsten Handelstages und umgekehrt. Das 'System Writer Plus'-Handbuch liefert hierzu die detaillierten Hintergründe zur Berechnung des Indikators.

Das Beispiel verwendet Endloskontrakte von sieben voneinander unabhängigen Märkten. Der erste Stop beträgt 1.500 $, 100 $ werden pro Trade für Gebühren und Kommissionen angesetzt. Der Testzeitraum reichte vom 26. Mai 1989 bis zum 30. Juni 1995. Dieses einfach strukturierte System erwies sich unter dem Strich als Verlierer. Dabei gab es vor allem sehr große Intraday-Verluste, die mit Masse für die vielen aufeinanderfolgenden Verlusttrades verantwortlich zeichnen. Beachten Sie dazu bitte die hohe Anzahl der insgesamt durchgeführten Trades in Relation zum relativ geringen Anteil der Gewinntrades.

Der Hauptaspekt dieser Beispielrechnung lautet: Obwohl die echten Trendphasen doch relativ kurz andauern, können die in diesen Phasen erzielten Gewinne die Profite aus Trades in Seitwärtstrends bei weitem übersteigen. Der Grund hierfür liegt in der Dynamik der Kursbewegung, die in Trendphasen um ein vielfaches höher liegt.

KAPITEL III ERSTE SCHRITTE IM SYSTEMDESIGN

Dieses Beispiel setzt übrigens voraus, daß Sie nur die 'Discount'-Tradinggebühren bezahlen müssen, die an der Wall Street angeboten werden. Wenn die Höhe Ihrer Gebühren und Kommissionen sehr niedrig oder gar zu vernachlässigen ist, bekommt die 'Antitrend'-Strategie mit ihrer hohen Tradingfrequenz natürlich eine ganz andere, profitablere Dimension.

Tabelle 3.3 vergleicht die 'Papiergewinne' mit und ohne Berücksichtigung von Gebühren und Kommissionen. Der Unterschied in der Gewinnentwicklung ist frappierend. Das Stochastik-System bewährt sich deutlich besser, wenn die Gebühren niedrig bzw. nicht vorhanden sind. Oder im Umkehrschluß: Ein 'Antitrend'-System wird sich nicht rentieren, wenn Sie hohe Gebühren zahlen müssen.

Es existiert eine Vielzahl verschiedener 'Antitrend'-Strategien. Um dies zu verdeutlichen, zeigt die Tabelle 3.4 Ihnen eine andere Vorgehensweise. Das Prinzip der Überkreuzung Gleitender Durchschnitte (moving average crossover oder kurz MAXO) ist eines der einfachsten Trendfolge-Systeme, kann aber ebensogut im Rahmen eines 'Antitrend'-Systems eingesetzt werden. Ein Beispiel: Wenn der kürzere den längeren GD nach oben überkreuzt, können Sie im Rahmen eines 'Antitrend'-Systems short gehen, während diese Aufwärts-Überkreuzung in einem Trendfolge-System ein Kaufsignal wäre!

In diesem Fall verwenden wir die willkürlich ausgewählten 5- und 20-Tage-GDs als Beispiele für kurz- und mittelfristig orientierte Durchschnittslinien. Die Testperiode erstreckte sich vom 26. Mai 1989 bis zum 30. Juni 1995. 100$ wurden für Gebühren und Kommissionen angesetzt, der anfängliche Stop lag bei 1.500$. Das Ergebnis: Die 'Antitrend'-Strategie war insgesamt unprofitabel, wobei insbesondere die hohen maximalen Tagesverluste auffallen. Die trendfolgende Strategie hingegen schnitt in beiden Bereichen besser ab: Der durchschnittliche Verlust lag um 79% niedriger, die Höhe der maximalen Tagesverluste verringerte sich um immerhin 39%.

KAPITEL III ERSTE SCHRITTE IM SYSTEMDESIGN

Tabelle 3.3 Die Auswirkungen von Gebühren auf die Gewinne in einer 'Antitrend'-Strategie

Markt	Theor. Gewinn bei 100 $ Gebühren/Kommissionen	Theor. Gewinn ohne Gebühren/Kommissionen
Kaffee	1.837	29.438
Baumwolle	-98.275	-69.125
Leichtes Heizöl	-61.940	-31.840
Gold	-29.830	-4.230
Jap. Yen	-47.713	-16.813
Schw. Franken	-55.350	-26.850
U.S. Bonds	-49.313	-18.313

Tabelle 3.4 Vergleich zweier Tradingsysteme mit 5- und 20-Tage-GD MAXO in Trendfolge- bzw. 'Antitrend'-Strategie

	Antitrend Trading MAXO		Trendfolgendes MAXO	
Markt	Theor. Gewinn incl. 100 $ Gebühren/Kommissionen	Maximaler Tagesverlust	Theor. Gewinn ind. 100 $ Gebühren/Kommissionen	Maximaler Tagesverlust
Kaffee	-42.719	-59.344	59.241	-17.216
Baumwolle	-14.670	-36.895	-6.845	-18.010
Leichtes Heizöl	2.580	-21.500	-30.730	-35.460
Gold	-12.470	-21.780	-8.560	-12.950
Jap. Yen	-34.650	-58.540	-9.025	-22.738
Schw. Franken	-7.812	-45.688	-23.500	-40.175
U.S. Bonds	-28.119	-33.019	-9.643	-23.568
Durchschnitt	-19.733	-39.538	-4.152	-24.302

KAPITEL III ERSTE SCHRITTE IM SYSTEMDESIGN

Tabelle 3.5 Performancevergleich eines einfachen 7-Tage- und 50-Tage-MAXO-Systems im Zeitraum 05/89 bis 06/95

	Antitrend Trading MAXO		Trendfolgendes MAXO	
Markt	Theor. Gewinn incl. 100 $ Gebühren/Kommissionen	Maximaler Tagesverlust	Theor. Gewinn ind. 100 $ Gebühren/Kommissionen	Maximaler Tagesverlust
Kaffee	-22,716	-68.534	38.689	-27.615
Baumwolle	-44.375	-52.275	23.155	-9795
Leichtes Heizöl	-43.440	-47.570	20.430	-5.020
Gold	-14540	-20.980	4.560	-5.730
Jap. Yen	-39.663	-71.225	23.662	-23.075
Schw. Franken	-49.325	-70.800	32.988	-13.163
U.S. Bonds	-34.606	-36.756	18.131	-14.619
Durchschnitt	-37.658	-49.934	20.488	-11.900

In Tabelle 3.5 sehen Sie eine andere Kombinationsmöglichkeit: Eine 'Antitrend'- sowie eine Trendfolge-Strategie mit 7- und 50-Tage-GDs. Testzeitraum sowie Stop und Gebühren bleiben gegenüber vorherigem Beispiel unverändert. Diese Berechnungen unterstreichen noch einmal, daß die Trendfolge-Ausrichtung für einen mittelfristig orientierten Trader wohl die bessere Wahl darstellt. Doch trotz alledem mag eine 'Antitrend'-Strategie interessant sein, wenn Ihre Gebühren- und Kommissionen niedrig liegen.

Die Beispiele dieses Kapitels verwenden willkürliche Kombinationen Gleitender Durchschnitte. Sie können Ihr System aber selbstredend mit anderen Arrangements testen, um eine bessere Performance herauszuarbeiten. Dieser Prozeß der Suche nach den 'besten' Variablen im Test mit historischen Datenreihen wird Optimierung genannt. Im folgenden Abschnitt werden wir prüfen, ob die Optimierung eine nützliche Vorgehensweise im Rahmen des System-Designs ist.

Ist Optimierung sinnvoll?

Sofern Sie über einen Computer verfügen, ist die Suche nach den optimalen Parametern für ein Trading-System anhand historischer Datenreihen kein Problem. Die Ergebnisse können dabei wirklich erstaunlich sein. Stellen Sie sich Ihre Gewinne vor, wenn Sie vorher gewußt hätten, welche Parameterkombination zum jeweiligen Zeitpunkt die beste gewesen wäre! Aber genau darin liegt das Problem: Das Bedauerliche an der ganzen Sache ist der Umstand, daß die Parameter mit den in der Vergangenheit besten Resultaten höchst selten vergleichbare Ergebnisse in der Zukunft liefern werden.

Der Begriff 'Optimierung' steht hier sehr weiträumig für all diejenigen Aktivitäten, die mit der Wahl der Variablen eines Trading-Systems in Zusammenhang stehen. Die dabei auftretende Problematik wurde bereits im Zusammenhang mit der Anpassung eines Tradingmodells an historische Datenreihen angesprochen. Sie können aber ein 'tieferes' Niveau der Optimierung wählen, indem Sie verschiedene Variablen über längere Zeiträume und in ganz unterschiedlichen Märkten testen.

Welche Parameterkombination sich dabei als die 'beste' erweist, ist dabei nicht der entscheidende Punkt. Viel wichtiger ist, daß Sie der Funktionsfähigkeit des Systems soweit vertrauen, daß Sie es ohne jede Abweichungen anwenden können. Der vielleicht bedeutendste Aspekt der Optimierung liegt also darin, daß Sie damit Ihr eigenes Vertrauen in ein bestimmtes System erhöhen können.

Kapitel III — Erste Schritte im Systemdesign

Auch hier taucht das alte Problem wieder auf: Kursbewegungen der Vergangenheit pflegen sich in der Zukunft nie exakt zu wiederholen. Und genauso verhält es sich mit der Korrelation einzelner Märkte zueinander. Obschon sich grobe Relationen aus historischen Daten durchaus ableiten lassen, kann es doch in der Reaktionszeit der Märkte auf bestimmte Ereignisse ebenso wie in der Intensität der jeweiligen Kursreaktionen erhebliche Unterschiede geben.

Doch damit nicht genug - es gilt, sich noch weiteren Problemen zu stellen. So müssen Sie sich beispielsweise für eine Testperiode entscheiden, die Sie zur Optimierung der Parameter heranziehen möchten. Sie werden nämlich dabei sehr schnell feststellen, daß sich die 'optimalen' Parameter mit der Länge der Testperiode ändern.

Des weiteren muß vorab festgelegt werden, in welchen Intervallen Sie eine 'Neujustierung' Ihrer Parameter in der Zukunft vornehmen wollen. Und daraus folgend: Es ist notwendig, die Zeitspanne zu bestimmen, für die die momentan 'optimalen' Variablen ihre Gültigkeit behalten. Dazu ein Beispiel:

Sie entscheiden sich zur Ermittlung der idealen Einstellungen des Systems für den Zeitraum der letzten drei Jahre und beschließen zudem, diese Parameter alle drei Monate zu überprüfen. Sie könnten dann nach drei Monaten erneut die Kurse der letzten drei Jahre zur Reoptimierung benutzen. Das wäre vergleichbar mit den regelmäßigen Anpassungsprozessen Neuronaler Netze. Dabei müssen Sie entscheiden, wie Sie diejenigen Trades behandeln, die aus der vorangegangenen Periode noch 'aktiv' sind und dementsprechend noch mit den 'alten' Parametern initiiert wurden.

Ein weiterer Punkt: Wollen Sie dieselben Systemparameter für alle Märkte verwenden? Wenn nicht, müssen Sie das System für jedes Marktsegment einzeln optimieren. In diesem Fall sollten Sie sich ein Programm entwickeln, das die Rekalibrierung aller von Ihnen benutzten Systeme für jeden einzelnen Markt sicherstellt. Doch macht ein solcher Aufwand überhaupt Sinn? Die Ergebnisse deterministisch vorgenommener Tests geben Ihnen schließlich keinerlei Gewähr dafür, daß Sie auch tatsächlich die 'optimalen' Variablen finden werden!

Als Datenreihe für den folgenden Test dient der Futures-Kontrakt auf die Deutsche Mark. Dabei verwenden wir eine Variation des Systems sich überkreuzender Gleitender Durchschnitte, bei der nicht die Überkreuzung selbst, sondern ein der Überkreuzung folgender Ausbruch aus der Kursspanne der letzten fünf Handelstage die Tradingsignale generiert. Im Klartext: Auch wenn der kürzere GD über den längeren kreuzt, löst erst der Anstieg der Kurse über die Hochs der letzten fünf Tage ein Kaufsignal aus. Das System umfaßt dazu eine einfache Verkaufsregel: Der jeweilige Trade soll zum Handelsschluß des zwanzigsten Tages nach dessen Eröffnung wieder glattgestellt werden. Das attraktive an diesem System ist dabei, daß die Länge der beiden Gleitenden Durchschnitte optimiert werden kann.

Die Berechnungen wurden dabei vereinfacht, indem die Länge des kürzeren GD's auf drei Tage festgesetzt wurde. Die Zeitdauer des längeren GDs variiert hingegen in Fünf-Tage-Schritten zwischen zwanzig und fünfzig. Die für den Test herangezogene Zeitspanne reichte vom 14. November 1983 bis zum 21. November 1989. Die einzelnen Varianten wurden danach für Zeiträume von drei, sechs, neun und zwölf Monaten eingesetzt. Das Resultat der Tabellen 3.6 und 3.7 zeigt, daß sich tatsächlich nicht voraussagen läßt, wie sich ein bestimmtes Modell in der Zukunft bewähren wird. Die Performance schwankt von Periode zu Periode beträchtlich und läßt dabei keinerlei Systematik erkennen.

Als nächstes überprüfen wir die Hypothese, daß sich die Relevanz der Optimierung erhöht, je näher die Testperiode an der aktuellen Tradingperiode liegt. Die Tabellen 3.8 und 3.9 zeigen jedoch, daß erneut keine Voraussage darüber möglich ist, ob die Optimierung auch in der Zukunft vergleichbare Ergebnisse erzielen kann. Dabei war das Ergebnis eigentlich zu erwarten, denn es gibt schließlich keinerlei Ursache-Wirkung-Zusammenhänge zwischen der Optimierung des Systems und den Kräften, die den Markt - und damit die Kurse - beeinflussen. Selbst wenn wir ein System noch so sehr an vergangene Daten anzupassen versuchen, kann es doch niemals gelingen, alle marktrelevanten fundamentalen und psychologischen Aspekte zu erfassen. Unsere geringe Fähigkeit, die Zukunft nur auf Basis von Daten aus der Vergangenheit vorherzusagen, ist daher wenig verwunderlich.

KAPITEL III ERSTE SCHRITTE IM SYSTEMDESIGN

Tabelle 3.6 Die Daten zeigen, daß die vergangene Performance keinen Anhalt für zukünftige Ergebnisse darstellt.

Dauer des längeren GD's	optimierter Gewinn	Gewinn nach 3 Monaten	Gewinn nach 6 Monaten	Gewinn nach 9 Monaten	Gewinn nach 12 Monaten
20	31.238	-2.200	-1.538	1.863	650
25	28.275	-2.475	-3.112	-488	-2.300
30	24.175	338	-300	2.325	2.113
35	18.088	338	63	2.175	1.963
40	15.475	338	-525	2.625	4.000
45	7.950	338	-4.363	2.038	3.600
50	7.013	338	-4.363	-1.800	-238

Tabelle 3.7 Die Daten unterstreichen ebenfalls, daß die jeweils besten Parameter aus Testreihen der Vergangenheit für die zukünftige Anwendung nicht ebenfalls optimal sein müssen.

Dauer des längeren GD's	optimierte Platzziffer	Platzziffer 3 Monate	Platzziffer 6 Monate	Platzziffer 9 Monate	Platzziffer 12 Monate
20	1	6	4	5	5
25	2	7	6	6	7
30	3	1	2	2	3
35	4	1	1	3	4
40	5	1	3	1	1
45	6	1	6	4	2
50	7	1	6	7	6

Tabelle 3.8 Die zeitliche Annäherung der Optimierungsperiode an die aktuelle Tradingperiode verbessert nicht die zukünftige Performance.

Dauer des längeren GD's	optimierter Gewinn	Gewinn nach 3 Monaten	Gewinn nach 6 Monaten	Gewinn nach 9 Monaten	Gewinn nach 12 Monaten
20	3.525	-1.625	-1.000	2.650	2.438
25	5.225	-1.900	-2.575	400	-413
30	4.250	5.338	4.713	7.688	8.475
35	513	5.338	4.713	7.213	8.000
40	63	5.338	4.437	6.213	8.813
45	-2.800	5.338	3.138	4.913	7.638
50	-1.525	5.338	913	2.688	6.413

KAPITEL III — ERSTE SCHRITTE IM SYSTEMDESIGN

Tabelle 3.9   Die jeweils besten Parameter aus Testreihen der Vergangenheit geben keinen Anhalt für die zukünftig optimale Einstellung.

Dauer des längeren GD's	optimierte Platzziffer	Platzziffer 3 Monate	Platzziffer 6 Monate	Platzziffer 9 Monate	Platzziffer 12 Monate
20	2	6	6	6	6
25	1	7	7	7	7
30	3	1	1	1	2
35	4	1	1	2	3
40	5	1	3	3	1
45	7	1	4	4	4
50	6	1	5	5	5

Tabelle 3.10   Die Optimierung der Parameter für ein Marktsegment läßt keine verbesserte Performance in anderen Märkten erwarten.

Dauer des längeren GD's	Deutsche Mark 11/88 - 11/89 Gewinn	Japanischer Yen 11/90 - 07/95 Gewinn	Gold 11/90 - 07/95 Gewinn	Kaffee 11/90 - 07/95 Gewinn	Heizöl 11/90 - 07/95 Gewinn
20	3.525	8.188	-16.190	30.956	-26.771
25	5.225	7.838	-15.370	29.206	-21.938
30	4.250	8.938	-13.920	40.781	-21.230
35	513	7.013	-10.860	-5.013	-18.028
40	63	3.963	-11.400	-6.343	-14.316
45	-2.800	3.250	-7.940	6.188	-18.873
50	-1.525	11.245	-8.310	6.625	-13.773

KAPITEL III ERSTE SCHRITTE IM SYSTEMDESIGN

Lassen Sie uns noch einen Schritt weitergehen. Da sich keine Ursache-Wirkung-Zusammenhänge feststellen lassen, dürfte die Optimierung in einem Markt wohl auch nur geringen oder gar keinen positiven Effekt auf das Trading anderer Märkte zeitigen. Und in der Tat, Tabelle 3.10 beweist, daß die Optimierung eines Marktes tatsächlich keinerlei Relevanz für die Performance dieses Systems in anderen Märkten hat.

Trotz alledem hat jeder Optimierungsprozeß seine potentiellen Vorteile. Zum einen lassen sich so diejenigen Märkte isolieren, in denen das System nicht profitabel ist. Denn egal welche Regeln Sie auch entwerfen, es wird immer Marktsituationen geben, in denen diese Verluste produzieren. Dies passiert immer dann, wenn der Markt ein Signal generiert, um dann aber nicht in die zu erwartende Richtung zu laufen, sondern genau das Gegenteil geschieht (in der Börsensprache als Bullen- oder Bärenfalle bezeichnet).

Der zweite Vorteil der Optimierung ist die Überprüfung der grundlegenden Gedanken, auf die das Tradingsystem aufbaut. So läßt sich dabei z.B. feststellen, ob sich das System eher für Seitwärtstrends oder für Auf-/Abwärtstrendphasen eignet. Sie haben Ihr System so entworfen, daß es sich unter bestimmten Marktbedingungen als profitabel erweist. Der Optimierungsprozeß zeigt Ihnen, ob Sie mit diesen grundlegenden Designfaktoren richtig lagen oder nicht.

Drittens: Die Vorzüge der anfänglichen Stopkurse werden im Rahmen der Optimierung deutlich besser nachvollziehbar. Sie können quantifizieren, welche Höhe des anfänglichen Stops am besten geeignet ist, größtmöglichen Gewinn zu sichern. Denn wenn Ihr Stop zu großzügig ausgelegt ist, werden auch die Verlusttrades relativ hoch ausfallen. Wenn der Stop andererseits aber zu nahe am Einstiegskurs plaziert wird, werden Sie zu oft aus möglicherweise später hochprofitablen Positionen ausgestoppt, auch wenn die Verluste dann natürlich relativ gering sein werden. Aber die höhere Anzahl dieser Verlusttrades verringert dennoch Ihre Gewinnperformance und kann daher einen weiter gesetzten Stop ratsam erscheinen lassen.

Kapitel III — Erste Schritte im Systemdesign

Der mit Abstand größte Vorzug des Optimierungsprozesses besteht allerdings darin, sich der Korrektheit der selbst entwickelten Systemgrundlagen versichern zu können. Denn das Wichtigste ist ja, das entwickelte Tradingsystem exakt so wie geplant anwenden zu können. Jede Art von Test, der ermöglicht, mehr über die Systemperformance zu erfahren und sich mit den Gewinn- und Verlustcharakteristika des Programmes vertraut zu machen, wird Ihnen helfen, Ihr System mit einem Höchstmaß an Vertrauen und Disziplin anzuwenden.

Fassen wir noch einmal den Kernpunkt dieses Abschnittes zusammen: Sie können nicht davon ausgehen, daß sich die Gewinnperformance der Vergangenheit in der Zukunft fortsetzen wird. Und dies stellt die Bedeutung der Risikokontrolle in den Vordergrund, mit deren Hilfe der unsicheren, zukünftigen Performance begegnet werden soll. Im nächsten Abschnitt werden Sie hierzu einige Anregungen finden.

Initialer Stop - Lösung oder Problem?

Eine ganze Reihe von Tradern hat die richtige Plazierung der Stopkurse zu einer Kunstform erhoben, denn man ist sich absolut uneinig, ob die initialen Stops dem gewinnträchtigen Trading förderlich oder im Gegenteil hinderlich sind. Die Lösung dieser Fragestellung hängt ganz von den gemachten Erfahrungen ab.

Sehr oft scheint der Stopkurs wie ein Magnet auf die Notierungen zu wirken. Man hat den Eindruck, daß die Kurse den Stop absichtlich kurz unterschreiten, nur um dann wieder mit der vormaligen Trendbewegung fortzufahren. Auf diese Weise können die Stops natürlich zu Testgrößen Ihrer Nervenstärke werden. Aber dennoch stellt der initiale Stopkurs einen notwendigen Aspekt des Risikomanagements dar. Daher besprechen wir in diesem Abschnitt einige grundsätzliche Faktoren bezüglich der optimalen Auswahl der initialen Stopkurse. Detaillierte Beispiele folgen dann in den kommenden Kapiteln.

Wenn Sie überhaupt einen ersten Stopkurs zu setzen pflegen, sollten Sie ihn in Anlehnung an die Regeln des Money-Managements auswählen, zugleich aber auch unter Berücksichtigung Ihres spezifischen Systemdesigns und der Marktvolatilität. Eine Möglichkeit:

Setzen Sie Ihren Stop auf zwei Prozent Ihres Tradingkapitals an. Danach verwenden Sie die 'maximum adverse excursion' (MAE), welche den größtmöglichen Kursrückschlag in Gewinntrades für einen bestimmten Markt zu schätzen versucht. Um dann die maximal mögliche Kontraktanzahl zu erhalten, die Sie mit Ihrem 2-Prozent-Stop erwerben können, müssen Sie die MAE dann in Relation zur aktuellen Marktvolatilität setzen. Ein Beispiel für den Goldmarkt:

Tradingkapital 100.000$, davon 2% = 2.000$
MAE Gold 500$.
Volatilität des Goldmarktes aktuell: hoch
Daher: Unter Berücksichtigung der hohen Volatilität sollten nicht mehr als drei Kontrakte erworben werden.

Auf diese Weise entspricht Ihr erster Stopkurs den Regeln des Money-Managements ebenso wie der MAE und der Volatilität.

Des weiteren stellt sich die Frage, ob man diesen Stop von vornherein in Form einer Stop-Loss-Order bei seinem Broker plazieren sollte. Viele Trader haben zwar ein genau festgelegtes Ausstiegslevel, setzen dieses aber nicht als Stop-Loss-Order um. Sie ziehen es vor, den Markt permanent zu beobachten und den Verkaufsauftrag selbst und erst dann zu erteilen, wenn es notwendig wird. Dies wird gemeinhin als 'intuitiver' initialer Stop bezeichnet.

Sofern Sie über eiserne Disziplin und gutes Urteilsvermögen verfügen, werden Sie mit einem solchen 'intuitiven' Stop gut zurecht kommen. Aber bedenken Sie: Wenn Sie den Markt nicht immer lückenlos verfolgen können, wäre es vernünftiger, die Stop-Order bereits von vornherein bei Ihrem Broker zu hinterlegen.

Mit welchem Wert sollte man den ersten Stop während eines Systemtests ansetzen? Nun, das hängt von der Art der verwendeten Daten ebenso ab wie von der Art Ihres Systemdesigns. Der Punkt ist: Sollte

Kapitel III Erste Schritte im Systemdesign

man lieber einen engen oder einen weiten Stop setzen? Ein enger Stop würde z.B. einen Wert von weniger als 500$ pro Kontrakt bedeuten, ein weiter Stop hieße 5.000$ - oder mehr.

Nehmen wir einmal an, Sie verfügen ausschließlich über Kursdaten auf Tagesbasis. Dann wäre die Anwendung eines engen Stops schwierig, da Ihnen der genaue Verlauf der Kurse während der Sitzungen unbekannt ist. Unterstellen wir, daß Sie sich am Bondmarkt engagiert haben, der aktuell eine tägliche Schwankungsbreite von 1.000$ im Kontraktwert aufweist. Wenn Sie nun einen Test mit Tagesdaten und einem Stop von nur 100$ durchführen wollen, werden Sie in den meisten Fällen bereits am ersten Tag ausgestoppt werden - nur weil Sie die Volatilität der Kurse innerhalb des Tages nicht kannten! Wenn Sie jedoch über Intraday-Daten verfügen, macht ein Test mit einem derart engen Stop von 100$ eher Sinn.

Es existieren zwei grundlegende Arten von Trading-Systemen. Die einen erkennen einen Fehler selbständig und korrigieren ihn durch einen neuen Trade, die anderen nicht. Die selbstkorrigierenden Systeme verfügen über Regeln für Long- und Short-Signale. Ein solches System wird unter Umständen nach einem falschen Long-Signal sofort einen Short-Trade initiieren und umgekehrt. Durch diese Systematik können derartige Programme Verluste reduzieren, auch wenn Sie keinen initialen Stop angeben. Aber trotzdem können solche Verluste durchaus einmal - abhängig von der Marktvolatilität - bis zu 10.000$ pro Kontrakt betragen.

Systeme ohne die Möglichkeit einer 'Selbstkorrektur' sind gemeinhin solche, die entweder nur Long- oder nur Shortsignale generieren. In solchen Fällen wird ein falsches Short-Signal ausgelöst und Sie bleiben Short - unter Umständen während der ganzen Phase eines langen Aufwärtstrends! Die Verlustmöglichkeiten in einem solchen System sind unbegrenzt, daher müssen die Positionen mit einem initialen Stop abgesichert werden. Aber: Ein nur in eine Richtung tradendes System kann dadurch selbstkorrigierend werden, indem es über Ausstiegsregeln verfügt. Derartige Verkaufsstrategien begrenzen die Verluste, indem die Position automatisch an einem vorab festgelegten Punkt geschlossen

KAPITEL III ERSTE SCHRITTE IM SYSTEMDESIGN

wird. Ein Beispiel hierfür wäre die Glattstellung in einem ausschließlich long-tradenden Programm, wenn der tiefste Kurs der letzten vierzehn Handelstage unterschritten wird.

Sie werden ein besseres Gefühl für die Effektivität von Einstiegssignalen entwickeln, wenn Sie ein selbstkorrigierendes System ohne initialen Stop testen. Doch wenn das System nur in eine Richtung tradet, ist der erste Stop natürlich ein 'Muß'. Davon aber abgesehen: Es bleibt immer noch die Frage zu klären, wie 'weit' oder 'eng' der Stop an den Einstiegskurs plaziert werden sollte.

Nun, ein relativ weit gesetzter Stop, errechnet aus dem dreifachen Wert des 10-Tage-Durchschnitts der täglichen Kursspanne, ist hier sicherlich eine gute Wahl. Auf diese Weise hat der Stop einen geringeren Einfluß auf die Tradingergebnisse als die Einstiegsregeln. Wenn Sie indes enge Stops bevorzugen, dann sollten Sie zum einen Intraday-Daten verwenden und zum anderen einen Wert wählen, der weiter vom Einstiegskurs entfernt ist als die jüngsten Kursspannen zwischen Tageshoch und -tief.

Die verwendeten Testdaten werden auf die Auswahl Ihres Stopkurses einen starken Einfluß ausüben. Wenn sich innerhalb dieser Datenreihe eine Vielzahl von Seitwärtstrends befinden, werden sehr eng gesetzte Stops Verluste verursachen, die recht zweischneidigen Charakter haben. Denn wenngleich jeder einzelne Verlust relativ klein sein mag, kann doch in der Summe dieser kleinen Verluste ein recht ansehnlicher Betrag zusammenkommen.

Ein großzügig angesetzter Stop wird derartige Verluste in Seitwärtstrends verhindern. Und wenn der Markt sich in einem Auf- oder Abwärtstrend bewegt, ist die Höhe des Stops ohnehin belanglos. Das bedeutet: In Trendphasen funktioniert auch ein System mit engen Stops, und Sie können dabei manch erstaunliches Ergebnis erzielen.

Verhältnismäßig weite Stops (zwischen 1.500 und 5.000$ per Kontrakt) haben sich gut bewährt. Bei weiten Stops ist es dabei nicht besonders wichtig, ob der Stop nun 4.000 oder 4.500$ beträgt. Aber bei engen Stops kann eine relativ geringe Veränderung im Wert eine extreme Ver-

Kapitel III Erste Schritte im Systemdesign

änderung in der Gewinnperformance auslösen. Die Systemtests in diesem Buch verwenden Kursdaten auf Tagesbasis sowie Stops zwischen 1.000 und 5.000$.

Zumeist wird auf die Höhe des Verluststops in diesem Buch nicht näher eingegangen. Aber bisweilen ist dieser Wert ein wichtiger Aspekt des Systemdesigns. In diesem Fall wird der Grund für die Wahl eines bestimmten Stops genauer beschrieben. Aber grundsätzlich gilt: Wenn Sie den von mir gewählten Stop nicht für akzeptabel halten, verwenden Sie für Ihre Systemtests einfach einen Stop Ihrer eigenen Wahl.

Einige Berechnungen werden Licht in die Diskussion bringen. Hierzu verwenden wir eine Standardversion des Systems, welches Tradingsignale nach Ausbruch aus einer 20-Tage-Kursspanne (auf Basis der Schlußkurse) generiert, in US-Abkürzung CHBOC genannt. Im weiteren Verlauf werden wir dieses Programm Breakout-System nennen. Dieses System kauft also, wenn der Schlußkurs höher als der höchste Kurs der letzten zwanzig Tage liegt. Die Bedingung für den Einstieg in Shortpositionen ist entsprechend umgekehrt.

Dieses System wollen wir nun am Kaffee-Markt testen, in dem man genauso oft hohe Volatilität wie starke Trends vorfindet. Der Stop wird in 500$-Schritten von 0$ bis hinauf zu 8.000$ variiert.

Erinnern wir uns zunächst kurz, was ein Stop von 0$ bedeutet. Das System geht zu Marktbeginn entweder Long oder Short. Im Fall eines Short-Engagements würde das System nur dann im Markt bleiben, wenn die Kurse von der Eröffnung weg immer unterhalb des ersten Kurses blieben. Das heißt: Ein Stop von 0$ ist der strengste Stop, der überhaupt möglich ist, da nur diejenigen Trades im Rennen bleiben, die vom ersten Moment an im Gewinn liegen.

In Abbildung 3.3 können Sie nachvollziehen, daß sich die Gewinne stetig erhöhen, je weiter wir den Stopkurs setzen. Dabei ist der Profit von 158.103$ mit einem 0$-Stop überraschend, da dabei nur 20 von insgesamt 434 Trades überhaupt Gewinne erzielten. Dies bestätigt die alte

KAPITEL III   ERSTE SCHRITTE IM SYSTEMDESIGN

Börsenweisheit, daß die besten Trades diejenigen sind, die von Anfang an im Gewinn liegen. Es läßt sich zudem daraus ableiten, daß nur ca. 5% aller Trades wirklich 'große' Trades sind. Sie sollten daher hart an sich und Ihrem System arbeiten, um keinen dieser seltenen, aber hochprofitablen Trades zu verpassen.

In Abbildung 3.4 sehen wir, daß die maximalen Tagesverluste (Drawdowns) bei einem extrem eng gewählten Stop höher sein können als ohne Stopkurs. Aber je 'weiter' der Stop angesetzt wird, desto mehr Trades holen diese Verluste auf und enden im Gewinn. Dies hat allerdings ab einem bestimmten, extrem großzügigen Niveau keine Auswirkungen mehr, so daß sich der maximale Tagesverlust bei höheren Stops kaum noch verändert.

Der initiale Stop bremst um so weniger Trades aus, desto weiter er gesetzt ist. Dies belegt noch einmal die Abbildung 3.5. Daraus resultierend nimmt die Anzahl der durch CHBOC ausgelösten Trades natürlich ab. Sobald der Stop aber 'zu' weit liegt (hier ab ca. 3000$), hat er keinen gesteigerten Effekt mehr, so daß die Anzahl der Trades konstant bleibt.

Bei einem Stop von 0$ schlossen gerade einmal 5% der Trades im Gewinn. Der Prozentsatz der Gewinntrades steigt indes schnell an, sobald wir den Betrag des initialen Stops erhöhen - wobei diese Erhöhung ab einem gewissen Niveau keine Auswirkungen mehr zeigt (siehe Abb. 3.6). Daraus folgt, daß um so mehr Trades die Laune des Markts überstehen, desto weiter der Stopkurs gewählt wird.

Wie zu erwarten war, steigt zeitgleich mit der Erweiterung des initialen Stopkurses auch der maximale, in einem Trade zu verbuchende Verlust an (siehe Abb. 3.7). Der Grund dafür ist einleuchtend: Bei einem 0$-Stop können Sie bei einer schwachen Markteröffnung im schlimmsten Fall etwas mehr als die Gebühren verlieren. Wenn der Stopkurs allerdings weiter gezogen wird, kann ein durch ein Fehlsignal ausgelöster Verlusttrade deutlich länger 'überleben'.

Die höchste, durchschnittliche 10-Tage-Kursspanne im Kaffeemarkt der letzten zwanzig Jahre lag bei 5025$. Der durchschnittliche Kurs lag bei 1015$, die Standardabweichung betrug 641$.

Abbildung 3.3 Der Gewinn steigt stetig mit der Erweiterung des initialen Stops (20-Tage-CHBOC mit variierenden, initialen Stops).

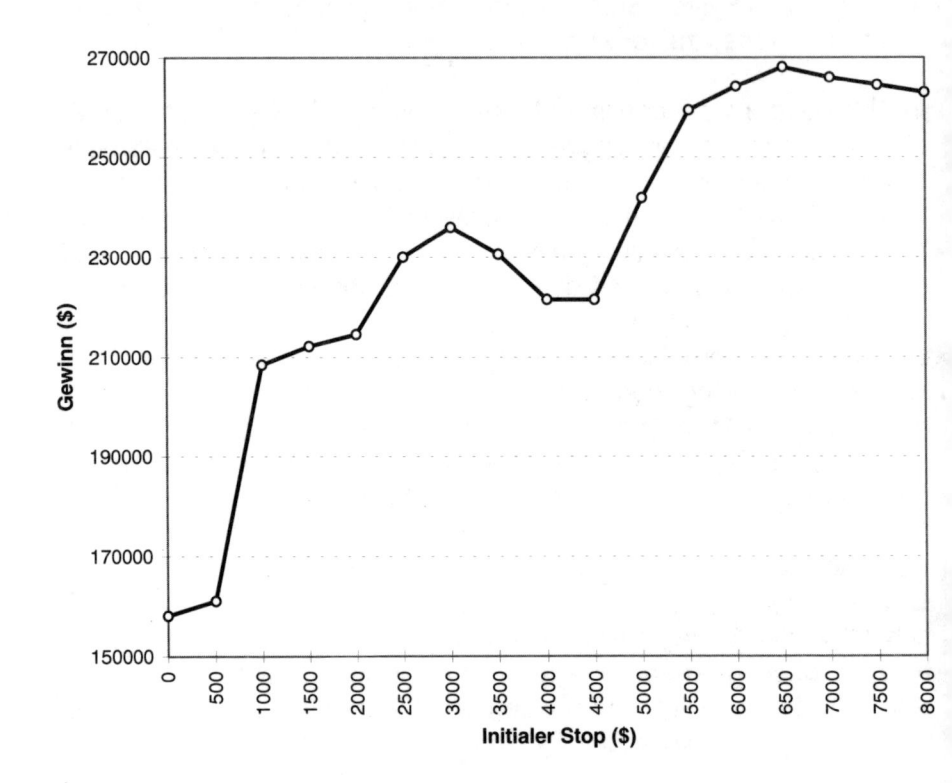

Abbildung 3.4 Mit der Erweiterung der Stops nimmt der maximale Tagesverlust zunächst zu, bleibt dann aber auf konstantem Niveau.

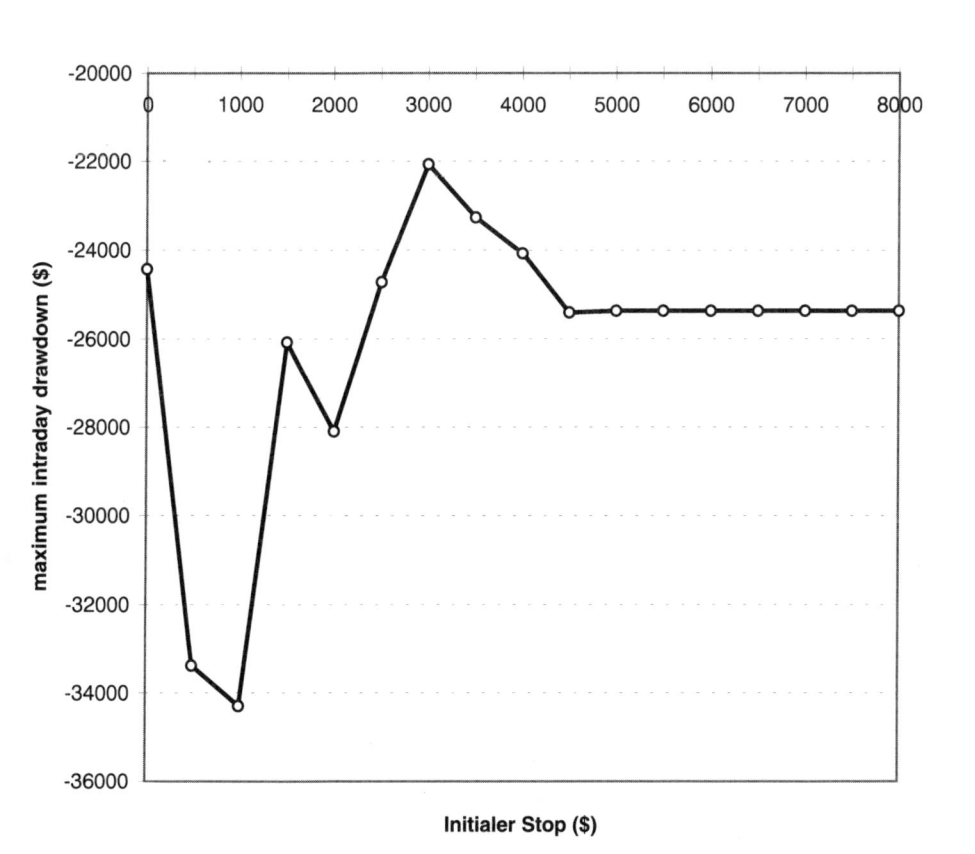

Abbildung 3.5 Mit Ausweitung des ersten Stops reduziert sich die Anzahl der im Testzeitraum durchgeführten Trades (20-Tage-CHBOC für Kaffee-Kontrakte).

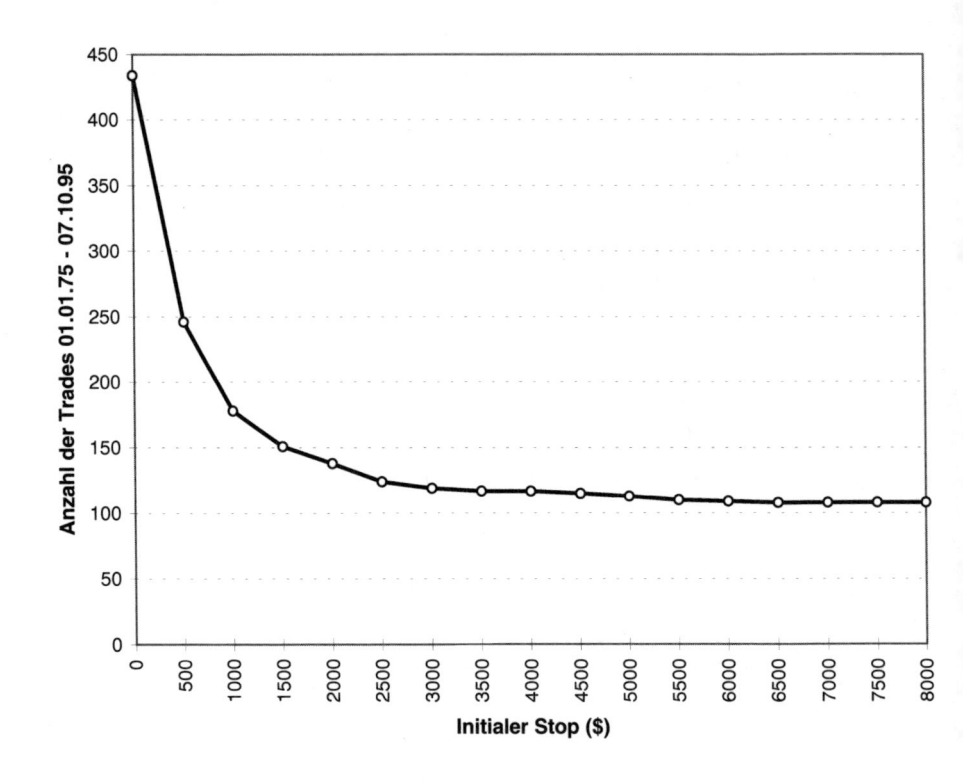

Abbildung 3.6 Der Anteil profitabler Trades erweitert sich zunächst mit Erweiterung des initialen Stops, bleibt später aber konstant (20-Tage-CHBOC für Kaffee-Kontrakte).

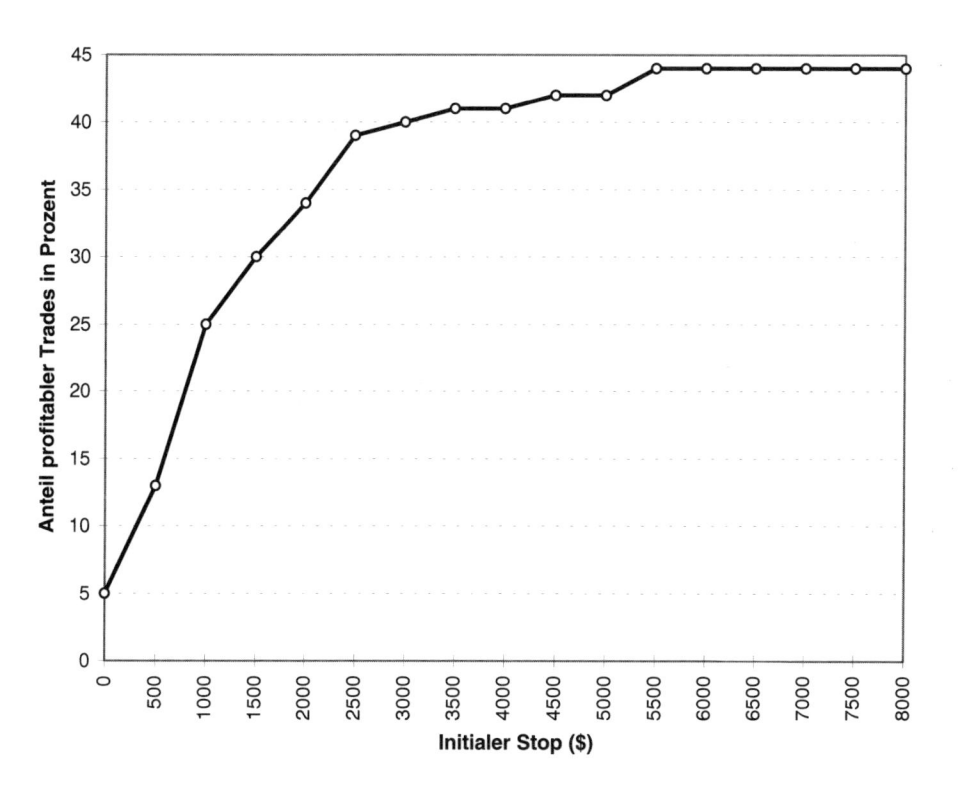

Abbildung 3.7 Die Höhe des größten Verlusttrades nimmt bei der Erweiterung des Stopkurses zu (20-Tage-CHBOC für Kaffee-Kontrakte).

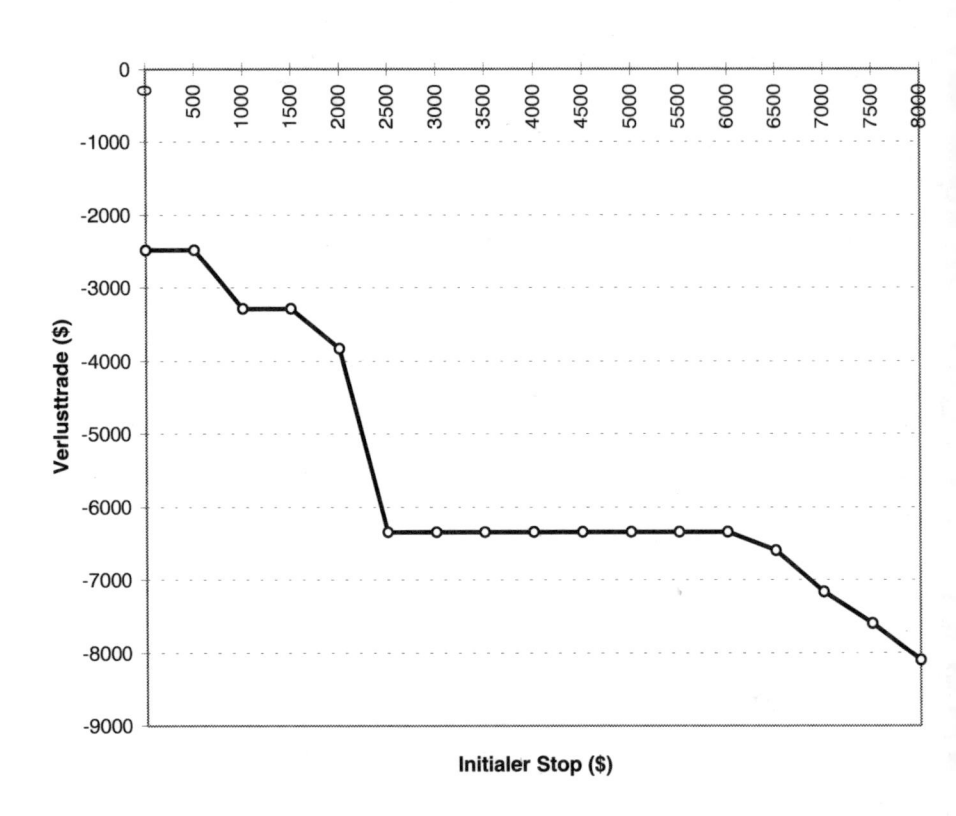

Kapitel III — Erste Schritte im Systemdesign

Stellt man die Volatilität des Kaffeemarktes in einer kumulativen Verteilungskurve dar (Abb. 3.8), so wird deutlich, daß ein Stopkurs von 3000$ 98,3% aller durchschnittlichen 10-Tage-Kursspannen im Kaffeemarkt abdeckt. Daraus folgt: 3000$ stellen einen 'weit' gefaßten Stop dar. Die Abb. 3.3 bis 3.7 zeigen, daß die Veränderungen der Performance sich verringern, sobald die Stopkurse über 3000$ hinausgehen. So gesehen, können die Stops oberhalb 3000$ als 'sehr' weite Stops betrachtet werden. Ein Stop von 500$, der weniger als 20% aller beobachteten Trades abdeckt, wäre in diesem Fall ein 'enger' Stop.

Mit dieser kumulativen Verteilungskurve haben Sie nun ein Instrument zur Hand, um Stopkurse anhand der Marktvolatilität auszuwählen. Ein willkürlicher Stop kann entweder zu eng oder zu weit sein. Eine Stopkurs-Analyse anhand der Marktvolatilität setzt allerdings voraus, daß Sie bei jedem Trade denselben Stopkurs verwenden. Wenn Sie den initialen Stop also regelmäßig verändern wollen, ist diese Vorgehensweise für Sie wenig von Nutzen. Dazu: Wir wissen bereits, daß die Stopkurse öfter tangiert werden, wenn sich der Markt in einer Tradingrange befindet. Und daraus erwächst der Gedanke, daß sich die Intensität einer Trendbewegung als Meßgröße zur Variation Ihres initialen Stops einsetzen ließe.

Eine Vielzahl von Tradern hat erhebliche Schwierigkeiten damit, einen größeren Verlust zu realisieren, obwohl sie im Gegenzug überhaupt keine Probleme damit hat, viel kleine Verluste zu akzeptieren. Wie wir bereits in Abb. 3.4 gesehen haben, verringert sich der maximal auftretende Verlust, wenn der Stopkurs enger gesetzt wird. Daher sollten Sie sich bei der Auswahl Ihrer Stopkurse einen längerfristigen Blickwinkel angewöhnen. Wenn der Stopkurs, basierend auf Ihrem Systemdesign, grundsätzlich konstant bleiben soll, verwenden Sie besser weiträumige Stopkurse. Wenn Sie aber bei jedem Trade unterschiedliche Stopkurse setzen können - oder wollen, dann haben Sie wahrscheinlich schon die feine Kunst der Stop-Plazierung erlernt. Das Risiko, ausgestoppt zu werden, ist zu Beginn eines Trades am höchsten, wie die Berechnungen in Tabelle 3.11 zeigen. Hier erkennen Sie die Auswirkung auf die durchschnittliche Länge von Verlusttrades, wenn entweder gar kein Stop, ein Stop in Höhe von 1.500$ oder eine variable Stopmarke benutzt werden.

Abbildung 3.8 Die kumulative Verteilungskurve der durchschnittlichen Zehn-Tage-Kursspanne zeigt, daß ein initialer Stop von 3.000$ 98,3% aller Tradingranges abdeckt.

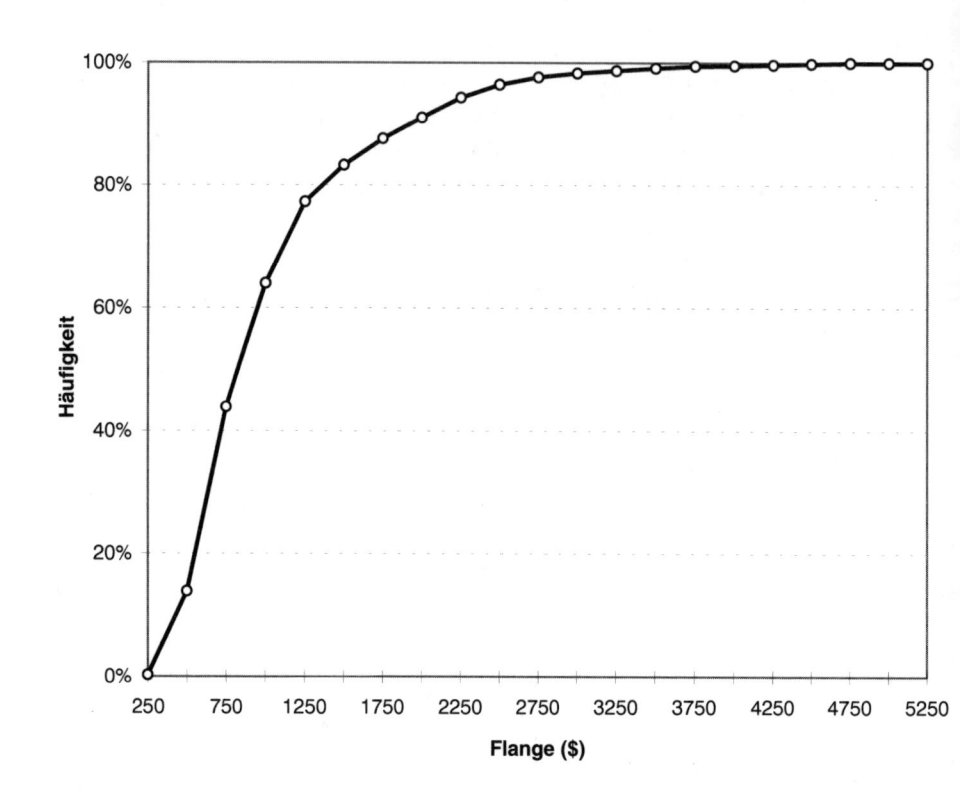

Tabelle 3.11   Die Auswirkungen des initialen Stops auf die durchschnittliche Länge der Verlusttrades.

Markt	Durchschnittliche Länge der Verlusttrades (Stop 1.500 $)	Durchschnittliche Länge der Verlusttrades (ohne Stopkurs)	Für eine durchschnittliche Verlusttrade-Dauer von 10-11 Tagen erforderlicher Stopkurs
Kaffee	92	6	1.600
Kupfer	21	28	500
Baumwolle	14	20	1.250
Rohöl	23	27	500
Deutsche Mark	16	27	1.000
Gold	28	31	400
Heizöl	27	37	700
Japanischer Yen	13	26	1.000
Sojabohnen	24	27	500
S&P 500	7	26	2.000
Zucker	32	32	500
Schweizer Franken	13	27	1.250
10-jährige Bonds	23	35	850
U.S.-Bonds	12	27	1.250

KAPITEL III　　　　　　ERSTE SCHRITTE IM SYSTEMDESIGN

Als Grundlage dieser Berechnungen wurde ein einfaches 20-Tage-CHBOC-Modell benutzt, das als einzige Ausstiegsregel über den initialen Stopkurs verfügt. Dabei wurden 100$ für Gebühren und Kommissionen pro Trade eingerechnet. Die Tests erstreckten sich über einen 6-Jahres-Zeitraum, beginnend am 26. Mai 1989.

Die Ergebnisse der Tabelle 3.11 unterstreichen, daß die Benutzung eines initialen Stops von 1.500$ die durchschnittliche Länge der Verlusttrades um nahezu 40% - von 28 Tagen auf 17 Tage - reduziert. Diese Berechnungen bestätigen dadurch, daß das Risiko, ausgestoppt zu werden, zu Beginn eines Trades am höchsten ist. Die Dauer des durchschnittlichen Gewinntrades war dabei üblicherweise bis zu dreimal länger als die Dauer des durchschnittlichen Verlusttrades.

Wenn Sie sich die Tabelle 3.11 genauer betrachten, werden Sie feststellen, daß die durchschnittliche Länge der Verlusttrades einiger Märkte, wie z.B. Gold, Zucker und Sojabohnen, nicht nennenswert zurückgeht, selbst wenn ein Stopkurs verwendet wird. Dies ist darauf zurückzuführen, daß die Volatilität dieser Märkte nicht vergleichbar hoch ist wie z.B. in den Devisen- und Bondmärkten. Als dritte Spalte der Tabelle 3.11 sehen Sie einen annäherungsweise errechneten Stopkurs, der eine durchschnittliche Länge der Verlusttrades zwischen 10 und 11 Tagen ermöglicht. An der Höhe dieses Stops erkennen Sie, daß die S&P500-Indexkontrakte und Kaffee die beiden volatilsten Märkte darstellten, gefolgt von Baumwolle, dem Schweizer Franken und dem U.S.-Bond-Markt. Im Gegenzug: Gold, Zucker und Rohöl wiesen eine relativ geringe Volatilität auf. Daraus läßt sich folgern, daß es sinnvoll ist, vor der Plazierung des ersten Stops die aktuelle Marktvolatilität zu testen.

Zusammenfassend: Sie erhalten ein besseres Gefühl für die Systemperformance, wenn Sie weiträumige Stops innerhalb eines selbstkorrigierenden Systems benutzen. Wenn ein Stop "eng" ist, dann kann bereits eine kleine Veränderung dieses Werts hohe Auswirkungen auf die langfristige Performance haben. Ist ein Stop indes 'sehr weit', wird die Veränderung des Stopkurses nur von geringer Bedeutung sein. Mit der Erweiterung des initialen Stopkurses steigen die Gewinne zunächst an, um sich dann aber mehr und mehr zu stabilisieren. Das bedeutet auch, daß die Erweiterung des Stopkurses nur geringe Bedeutung hat, wenn die Kurse erst einmal eine gewisse Schwelle der Volatilität überschritten haben.

Doch es gibt noch weitere Gründe, weiträumige Stops zu verwenden. Einer davon ist, daß ein Systemtest nur bei denjenigen Stopkursen sinnvoll ist, die größer sind als die täglichen Kursspannen. Im Idealfall sollten Sie ihre Stopkurse basierend auf den Richtlinien des Money-Managements und der Marktvolatilität festlegen. Es gibt eine ganze Vielzahl von Möglichkeiten, diesen ersten Stop festzulegen, aber wenn Sie sich erst einmal für eine dieser Methoden entschieden haben, muß diese auch konsequent angewendet werden.

Kann Ihr Systemdesign das Risiko kontrollieren?

Während der Entwicklung Ihres Tradingsystems sollten Sie immer im Hinterkopf behalten, daß Ihre wichtigste Aufgabe dabei die Kontrolle des Verlustrisikos darstellt. Wir werden zunächst feststellen, daß das Risiko in vielerlei Gestalt auftreten kann. In diesem Abschnitt diskutieren wir kurz einige der verschiedenen Risikoarten, welche Sie in Ihrem System mit Blick auf das Wohlergehen Ihres Tradingkontos berücksichtigen sollten.

Ein 'Trailing Stop' ist eine weit verbreitete Methode, um die Volatilität Ihres Portefeuilles zu verringern und zugleich Ihre Gewinne zu schützen. Ein 'Trailing Stop' ist nichts anderes als eine Verkaufsorder, die in gleichbleibendem Abstand zum höchstem Gewinn innerhalb eines Trades plaziert wird. Wenn entweder der Markt dreht oder aber die Volatilität steigt, wird dieser Stopkurs schnell tangiert und sichert auf diese Weise ihre Profite. Insbesondere wenn Sie ein langfristiges System benutzen, das auf Trendwechsel nur langsam reagiert, vermag ein derartiger 'Trailing Stop' die Performancekurve Ihrer Gewinne deutlich zu glätten.

Kapitel III — Erste Schritte im Systemdesign

Ein wichtiger Risikoaspekt entsteht aus der Korrelation mehrerer Märkte zueinander. Sie wissen bereits, daß korrelierende Märkte bedeuten, daß diese im großen und ganzen parallel verlaufen. Ein gutes Beispiel sind Schweizer Franken und Deutsche Mark im Devisenmarkt (siehe Abb. 2.10). Beide Märkte tendieren erfahrungsgemäß dazu, vergleichsweise ähnliche Kursbewegungen gegenüber dem US-Dollar zu vollziehen. Wie Sie bereits in Kapitel 2 gesehen haben, ist das Trading korrelierender Märkte im selben Portfolio gleichbedeutend mit dem Trading mehrerer Kontrakte in nur einem einzigen Markt. In diesem letzteren Fall aber steigt Ihr Tradingrisiko gegenüber spezifischen Markteinflüssen.

Einen weiteren Risikofaktor für Ihr Portefeuille stellt die Marktliquidität bzw. deren Fehlen dar. Gerade in Märkten mit geringen Umsätzen können die Gebühren sehr hoch liegen. Eben diese Gebühren reduzieren regelmäßig ihre Gewinne, um im Gegenzug ihre Verluste zu erhöhen. Beim Test solcher wenig liquiden Märkte werden die erhöhten Gebühren möglicherweise nicht adäquat berücksichtigt, so daß hier die wahrscheinliche Profitabilität meist überschätzt wird.

Zu geringe Liquidität kann insbesondere nahe wichtiger Feiertage, wie beispielsweise Weihnachten oder Neujahr, zu einem großen Problem werden. In Phasen geringer Umsätze sind oft derartig hohe Kursschwankungen innerhalb eines Handelstages zu beobachten, daß selbst die strukturiertesten Risikokontrollsysteme über den Haufen geworfen werden (siehe Abb. 3.9). Diese Kursschwankungen haben zwar keine Auswirkung auf den zugrundeliegenden Trend, können aber nichtsdestotrotz Schwierigkeiten beim Testen Ihres Systems verursachen.

Eine ganz andere Art von Risiken ergibt sich durch den Umstand, daß die meisten Märkte mittlerweile 24 Stunden am Tag gehandelt werden. Kursrelevante Nachrichten, die außerhalb der Öffnungszeiten der US-Märkte veröffentlicht werden, können an ausländischen Börsenplätzen große Kursbewegungen auslösen. Dies läßt sich insbesondere im Bereich der Devisenmärkte, aber auch in den Rohstoff- und Edelmetallmärkten beobachten.

KAPITEL III   ERSTE SCHRITTE IM SYSTEMDESIGN

Abbildung 3.9   **Die aufgrund des Jahresendes geringen Umsätze verursachen klar erkennbar eine gesteigerte Volatilität in den Kursen des Britischen Pfunds.**

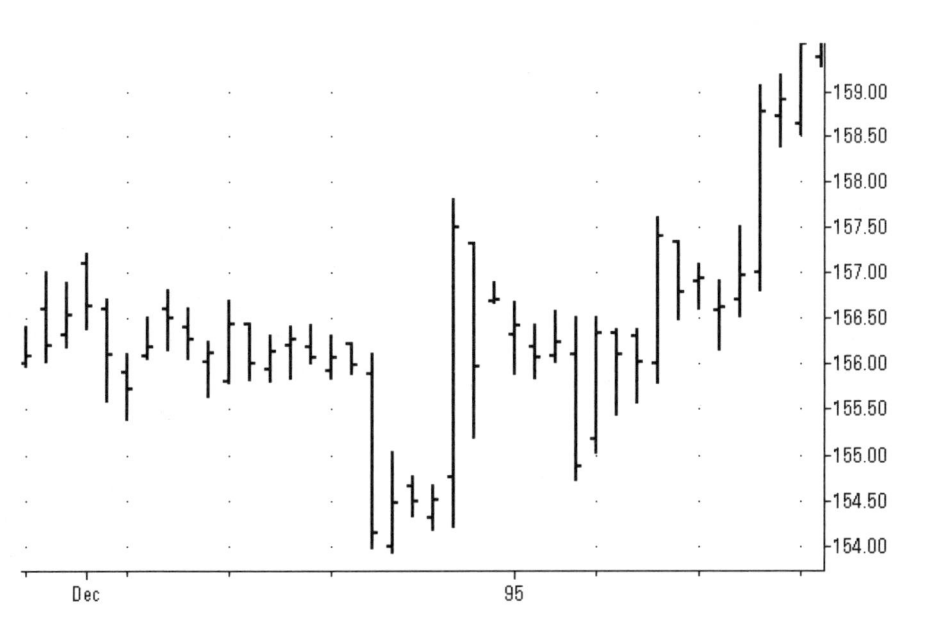

Dabei können emotionale Reaktionen an den ausländischen Börsen bisweilen große Lücken zwischen den US-Eröffnungskursen und den davor gelegenen Schlußkursen verursachen, so daß Ihre Position mit außergewöhnlich hohen Verlusten ausgestoppt wird. Dies kann durchaus ein Grund dafür sein, daß Ihre Gewinne deutlich niedriger ausfallen als zuvor erwartet. Um das ganze noch schlimmer zu machen, starten die Märkte noch am selben Handelstag eine Erholung, um am Schluß wieder deutlich oberhalb Ihres Stopkurses zu schließen. Sie erkennen: 'Rund-um-die-Uhr-Trading' fügt Ihrem Portefeuille weitere Risiken hinzu.

Im Jahre 1995 wies der DM-Futures-Kontrakt während einer volatilen Phase sehr große Kurslücken auf (siehe Abb. 3.10). Starke, über Nacht eingetretene Kursbewegungen in den ausländischen Devisenmärkten hatten diese Kurslücken (Gaps) verursacht, die innerhalb eines Tests mit historischen Daten schwer zu simulieren sind. Allein das erste, in der Abbildung markierte Gap machte einen Kontraktwert von 2.112,50$ aus. Eine große Kursbewegung gegen Sie, sofern Sie eine Shortposition gehalten hätten! Die Ende März aufgetretene 'Inselumkehr' hinterließ ebenfalls große Kurslücken mit einem Wert um die 1.300$ pro Kontrakt. Und das im Mai aufgetretene Gap hatte schließlich einen Wert von ganzen 1.500$. Daran erkennen Sie unter anderem, wie wichtig die zeitgerechte Signalgenerierung für ein Tradingsystem ist. Ein Tradingsignal einen Tag früher oder später hätte zu extrem unterschiedlichen Resultaten geführt.

Die hohen Kursspannen innerhalb eines Tages erhöhen zudem die Schwierigkeiten, eine Position auf Höhe des generierten Signals einzugehen. Sie würden beispielsweise eine große Kursbewegung verpassen, wenn Sie zwar das richtige Signal am richtigen Tag bekommen, Ihre Position aber erst auf dem Niveau des Schlußkurses anstatt zu dem Kurs, der das Signal generiert hat, kaufen würden. Besprechen wir dieses Problem anhand des Beispiels in Abb. 3.11. Nehmen wir an, der Stopkurs lag bei 71,80$, aber die Ausführung sollte ausschließlich zum Schlußkurs erfolgen. Die Ausführung der Verkaufsorder wäre erst nach einem Kursrutsch von 2.400$ am nächsten Tag erfolgt - für die meisten Trader absolut inakzeptabel.

KAPITEL III ERSTE SCHRITTE IM SYSTEMDESIGN

Abbildung 3.10 Die großen Kurslücken gehen auf starke Kursbewegungen in den Übersee-Märkten zurück, während die US-Märkte geschlossen waren.

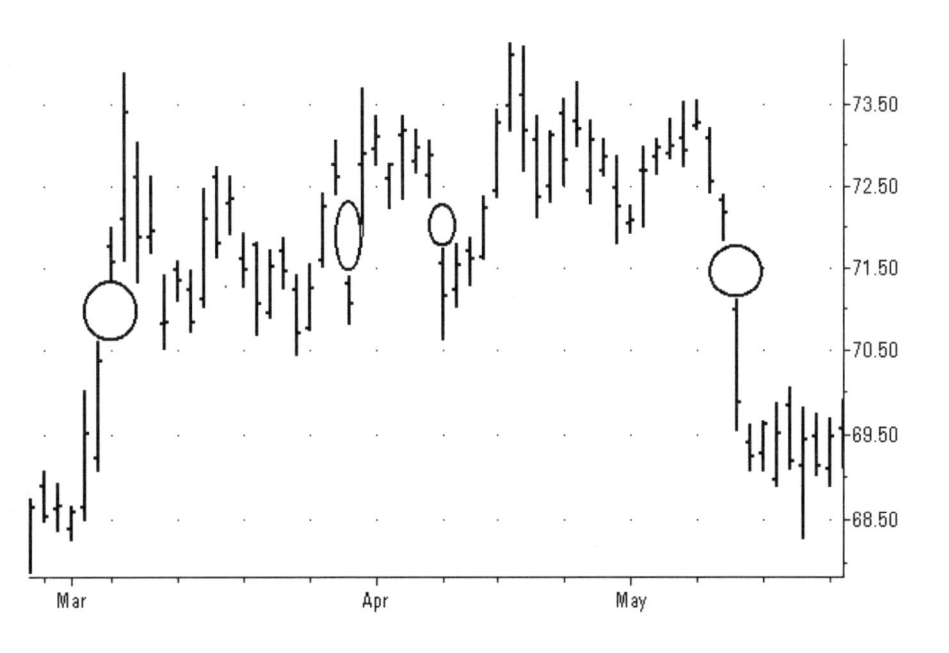

Abbildung 3.11 Eine limitierte und nur auf den Handelsschluß bezogene Verkaufsorder hätte hier aufgrund der hohen Volatilität einen Verlust von 2.400$ nach sich gezogen.

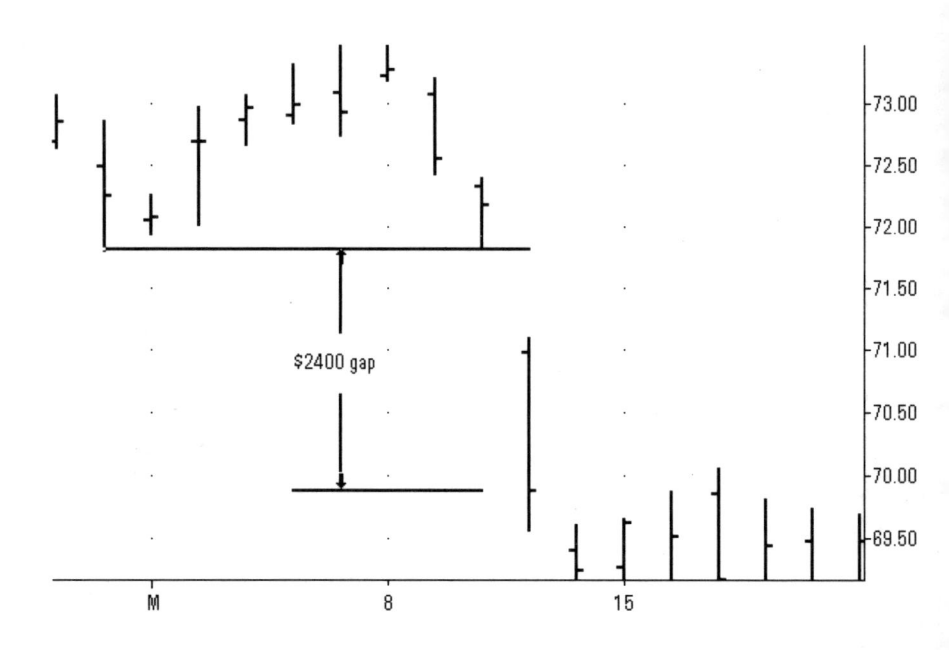

Auch die Art der von Tradern benutzten Daten birgt oft unerwartete Risiken. Stellen Sie sich eine Situation vor, bei der Sie Wochendaten verwenden, um Ihr Tradingsystem zu entwickeln. Nehmen wir darüber hinaus an, daß mit dem Schlußkurs vom Freitag ein Tradingsignal generiert wird, Sie jedoch auf dieses Signal erst mit Verspätung am Dienstag zur Markteröffnung reagieren konnten. Da die jeweiligen, täglichen Eröffnungskurse im Rahmen der Wochendaten nicht sichtbar sind, unterschätzt man während eines Systemtests leicht die möglicherweise entstehenden Verluste - oder entgangenen Gewinne -, welche durch die Kursspanne zwischen Signalgenerierung und Kaufkursen verursacht werden können.

Ein weiteres, potentielles Problem stellen Tradingsysteme dar, die auf Wochenbasis ein Signal generieren, welches aber erst in der darauffolgenden Woche umgesetzt werden kann. Denn: Das Tradingsignal hätte ja durchaus zu Beginn der aktuellen Woche ausgelöst werden können. Dementsprechend würden Sie eine ganze Woche starker Kursbewegungen verpassen, weil Ihr System erst eine Umsetzung des Signals zum nächsten Wochenbeginn vorsieht!

Ein weiterer wichtiger Punkt: der Zeitfaktor. Die profitabelsten Kursbewegungen sind üblicherweise dann zu beobachten, wenn der Markt unmittelbar nach Generierung eines Signals schnell und konstant in die entsprechende Richtung läuft. Wenn die Notierungen aber sofort nach einem Signal konsolidieren, ist das Risiko, ausgestoppt zu werden, sogar höher als in einem Seitwärtstrend. Dementsprechend wäre ein Filter in Ihrem System sinnvoll, der den Verkauf einer neuen Position auslöst, wenn diese innerhalb der ersten fünf Tage nach Signalgenerierung einen Verlust aufweist.

Eine andere, knifflige Situation entsteht, wenn Sie ein Tradingsignal nahe an einen 'Rolltermin' erhalten (Wechsel in eine längere Futureskontrakt-Laufzeit aufgrund nahen Verfalltermins des aktuellen Kontraktes). Es ist nämlich durchaus denkbar, daß ein Kaufsignal für den in Kürze auslaufenden Kontrakt erzeugt wurde, nicht aber für den nächsten in der Laufzeit folgenden Kontrakttermin.

In diesem Fall müssen Sie sich entscheiden, ob Sie das Signal, so wie es ist, befolgen, um unmittelbar danach in den darauffolgenden Kontrakt zu 'rollen' oder ob Sie warten, bis ein neues Signal für den dann aktiven Kontrakt generiert wird.

Wenn Sie Ihre Tests mit sogenannten 'Endloskontrakten' durchführen, unterschätzen Sie leicht die Effekte dieser 'Rollvorgänge' auf Tradingkosten und Gewinnentwicklung. Nach dem 'Rollen' in eine neue Kontraktlaufzeit muß zudem die Frage beantwortet werden, wo der neue Stopkurs für den aktuellen Kontrakt gesetzt werden sollte. Bei Endloskontrakten stellt sich dieses Problem nämlich nicht, denn während eine solche Position intakt innerhalb der Stops weiterläuft, wäre ein neu eingeführter Kontrakt unter Umständen schon unter seinen Stop gefallen.

In diesem Abschnitt konnten wir nicht alle Arten möglicher Risiken ansprechen, aber dennoch die hohe Notwendigkeit hervorheben, den Aspekt der Risikokontrolle bereits frühzeitig in die Entwicklung des Systemdesigns einzubeziehen.

Daten! Mit Vorsicht behandeln!

Bei der Datenauswahl für Ihre Systemtests haben Sie eine Vielzahl von Möglichkeiten. Da die Art der Daten jedoch großen Einfluß auf die Testergebnisse haben können, sollten Sie hierbei höchste Sorgfalt walten lassen.

Für Börsenkurse existieren eine ganze Reihe verschiedener Datenanbieter. Diese sollten Sie im einzelnen sorgfältig prüfen, da hier außerordentlich große Unterschiede in bezug auf Genauigkeit, Vollständigkeit und Preise bestehen. So gibt es zwischen den verschiedenen Anbietern oft Unterschiede zwischen den Eröffnungskursen der jeweiligen Kontrakte. Ein anderer wichtiger Aspekt ist die Art und Weise, wie von Seiten der Anbieter mögliche Fehler in den Kursen entdeckt und korrigiert werden. Denn sicherlich wünschen Sie sich einen Datenprovider mit rundum 'sauberen' Daten.

KAPITEL III   ERSTE SCHRITTE IM SYSTEMDESIGN

Wenn Sie Ihre Systemtests mit Futureskontrakten durchführen, sollten Sie bedenken, daß sich Futures ganz anders verhalten als die Kurse der 'Cash-Märkte'. Futuresdaten sind niemals regelmäßig: Kontrakte sind anfänglich ruhig und illiquide, werden dann aktiv, um schließlich auszulaufen. Wenn Sie einen kontinuierlichen (wenn auch synthetischen) Datenverlauf erhalten wollen, müssen die einzelnen Kontrakte daher auf sinnvolle Art miteinander verbunden werden. Für diese Verbindung stehen Ihnen zwei Möglichkeiten offen. Zum einen können Sie die tatsächlichen Preise oder Preisniveaus im neuen Futurekontrakt übernehmen, dies allerdings auf Kosten der tatsächlich in diesem Zeitraum entstandenen Kursveränderungen im 'Cash-Markt'. Alternativ behalten Sie die jeweiligen Kursausschläge zum Zeitpunkt des 'Rollens' bei, verzichten dafür aber in diesem Augenblick auf die korrekten Kursniveaus. Endloskontrakte, welche die Kursausschläge erhalten, sind im Rahmen von Systemtests vorzuziehen.

Doch mit der Auswahl der Daten ist es noch nicht getan. Auch der Zeitraum, den diese Daten abdecken sollen, ist von hoher Bedeutung. Grundsätzlich gilt: Je mehr Daten Sie verwenden können, desto besser! Der Grund: Je höher die Datenmenge, desto mehr unterschiedliche Marktsituationen werden in Ihren Test mit einbezogen. Doch dazu gibt es auch statistisch begründete Erfordernisse. Üblicherweise werden Datenmengen als ausreichend bezeichnet, wenn aus ihnen dreißig oder mehr Trades im Rahmen einer Testreihe hervorgehen. Der Grund hierfür ist einfach: Je mehr Trades Sie während eines Tests vollziehen, desto höher wird Ihr Verständnis für den gesamten Markt werden. Darüber hinaus erlaubt Ihnen eine ausreichend große Datenmenge, Durchschnittswerte (wie z.B. durchschnittliche Tradinggewinne) zu ermitteln, um vorab festzustellen, ob und inwieweit sich das jeweilige System in Zukunft bewähren wird.

Obwohl die geforderte Mindestanzahl von dreißig Trades nicht sehr groß erscheint, wird es Ihnen schwer fallen, diese Zahl zu erreichen, wenn Sie in bestimmten, trendfolgenden Modellen Wochendaten verwenden. Dabei sind dreißig Trades wahrscheinlich sogar eine zu kleine Zahl, um die auf die Testdaten einwirkenden, kurzzeitigen Effekte vollständig zu

Kapitel III   Erste Schritte im Systemdesign

eliminieren. Daher: Eine Zahl von 100 'Testtrades' wäre wünschenswert, sofern dies möglich ist. Dazu können Sie indes verschiedene Märkte und Zeitraster verwenden. In einem späteren Abschnitt dieses Buches werde ich Ihnen zeigen, wie man synthetische Daten generiert, um eine höhere Anzahl von Tests durchführen zu können.

Um es auf den Punkt zu bringen: Unterschiedliche Daten ergeben auch unterschiedliche Ergebnisse. Außerdem können Sie niemals sicher sein, daß Sie mit Ihrem Trading jemals diese Ergebnisse erreichen werden, da Sie nicht die synthetischen Testdaten, sondern 'echte' Kontrakte traden. Hierzu betrachten wir nun die Ergebnisse eines Systemtests unter Anwendung eines MAXO-Systems mit einem 5-Tage und einem 50-Tage Gleitenden Durchschnitts, einem initialen Stop von 1.500$ und der jeweiligen Einbeziehung von 100$ für Gebühren und Kommissionen.

Die Tabelle 3.12 wurde durch das System 'Continuous Contractor' der Firma Tech Tools Inc. erstellt, um die unterschiedlichen Arten von Endloskontrakten für den Schweizer Franken darzustellen. Für die entsprechenden Zeiträume wurde eine theoretische Performance errechnet, bei der diese Kontrakte automatisch am 21. Tag des Monats vor dem jeweiligen Verfallmonat 'gerollt' werden. Die verblüffende Erkentnis hierbei: Die Testergebnisse unterscheiden sich deutlich voneinander, je nachdem, welcher Art die verwendeten Daten waren.

Betrachten Sie z.B. die Anzahl der durch dieselben Regeln generierten Trades. Bei der Anwendung der tatsächlichen, nicht in Endloskontrakte umgewandelten Daten wurden 111 Signale generiert, fast 37% mehr als die durchschnittliche Anzahl von Trades für die Endloskontrakte. Allerdings resultiert dieses 'mehr' an Trades vor allem aus dem 'Rollen' der existierenden Position in den nächsten, aktiven Kontrakt.

Die Tabelle zeigt darüber hinaus, daß die Relation der Gewinn- zu den Verlusttrades mit 1,8 bei der Verwendung der tatsächlichen, aktuellen Daten am geringsten ist. Der Grund: Das 'Rollen' der Positionen verringert natürlich den Gewinn, während man bei Endloskontrakten theoretisch ohne diese Positionswechsel von langen Trendbewegungen profitieren kann.

Tabelle 3.12 Vergleich der Testergebnisse mit unterschiedlichen Arten von Endloskontrakten

Art der Daten	Gewinn	max. Tagesverlust	Anzahl der Trades	Gewinner in %	Gewinn/Verlust-Relation
aktuelle Daten mit 'Rollen'	17.963	-21.663	111	40	1,8
Endloskontrakt Typ 38/13	18.450	-24.813	79	31	2,74
Endloskontrakt Typ 49/25	20.413	-22.137	77	31	2,89
Endloskontrakt Typ 55/25	20.350	-21.115	86	34	2,42
Endloskontrakt Typ 56/25	10.625	-27.800	91	31	2,43
Endloskontrakt Typ 60/25	39.862	-18.363	70	35	3,12

Die Dauer der einzelnen Trades ist dementsprechend länger und der nominale Gewinn höher. Dadurch wird klar, daß ein Trader bei der Anwendung von Endloskontrakten dazu neigt, die Anzahl der Trades zu unter-, die Höhe des zu erwartenden Gewinns hingegen zu überschätzen.

Eine Order - mehrere Möglichkeiten

Sie haben grundsätzlich zwei Möglichkeiten, wie Sie Ihre Orders plazieren können: Als 'Billigst-' bzw. 'Bestens'-Order oder aber in Form von Stop- oder Limit-Orders. Hinter jeder dieser zwei Möglichkeiten steht eine eigene Philosophie. Die eine besagt: Um den Kurs auch zu erhalten, zu dem ein Tradingsignal generiert wurde, sind Limit- oder Stop-Orders absolut erforderlich. Eine andere Philosophie besagt im Gegenteil: Um sicherzustellen, daß Sie den entsprechenden Trade auch sofort umsetzen können, müssen 'Billigst'-Orders plaziert werden. Eine dritte Meinung schließlich besagt, daß der Ausstieg grundsätzlich über eine 'Bestens'-Order erfolgen sollte, der Einstieg hingegen limitiert werden muß.

'Billigst'- oder 'Bestens'-Orders, die zeitlich auf die Eröffnung oder den Schluß des Marktes begrenzt werden, sind eine gute Möglichkeit, in Positionen hinein- oder aus ihnen hinauszugehen. Viele Trader ziehen es dabei vor, zur Markteröffnung zu kaufen oder aber zu verkaufen, um die zum Handelsschluß üblichen Orderfluten zu umgehen.

Es gilt immer wieder daran zu erinnern, daß zwischen den Ergebnissen der Software-Tests und den tatsächlichen Geschehnissen große Unterschiede bestehen können. So kann beispielsweise Ihre Software eine Order als plaziert betrachten, während diese sich aber aufgrund besonderer Umstände an den Märkten in der Realität gar nicht umsetzen ließ. Ihr Tradingsystem weiß nun einmal nichts von den jeweiligen Handelsbedingungen an einem bestimmten Tag.

Ein anderer, wichtiger Aspekt ist der Unterschied zwischen dem Tag der Signalgenerierung und dem Tag der Oderausführung. So können Sie beispielsweise am selben Tag eine Order plazieren, an dem das Signal generiert wurde. Verwenden Sie z.B. ein System sich überkreuzender

Gleitender Durchschnitte, so können Sie bereits während des Handelstages vorab berechnen, daß ein Schlußkurs ober- oder unterhalb eines bestimmten Levels eine Überkreuzung generieren würde. Und so können Sie bereits zum Marktschluß eine Order plazieren, die als Limit das für die Überkreuzung der Durchschnittslinien erforderliche Kursniveau vorsieht. Alternativ können Sie diese Signale auch erst nach Börsenschluß überprüfen, um dann am darauffolgenden Tag zu reagieren. Letztere Möglichkeit ist allein deshalb vorzuziehen, weil Sie deutlich einfacher durchführbar und - verbunden mit einer Order zur Markteröffnung - eine praktikable Möglichkeit zur Messung der Systemperformance ist.

Das Plazieren eines Stops ober- oder unterhalb der Hochs bzw. Tiefs des heutigen Tages für die Oderausführung am Folgetag ist ein effektiver Filter im Vergleich zum unlimitierten Kauf. Mit dieser Strategie kann eine Vielzahl von Fehlsignalen vermieden werden. Grundsätzlich gilt: Die Umsetzung von Tradingsignalen zur Markteröffnung oder zum Marktschluß des Folgetages ist eine beständige und realistische Möglichkeit, die Systemperformance zu messen.

Die Aussagekraft der Testergebnisse

Die Erläuterung bzw. detaillierten Zusammenfassungen der Systemtests, wie man sie regelmäßig in technischen Analyseprogrammen findet, bezieht sich hier auf die Reports der "OMEGA-Research Trade Station"-Software. Ziel dieser Reports ist zu zeigen, wie sich ein bestimmtes Tradingsystem anhand historischer Kursdaten bewährt hätte. Eine entsprechende Zusammenfassung finden Sie in Tabelle 3.13. Diese bezieht sich auf einen Endloskontrakt des Britischen Pfunds unter Anwendung eines Trendfolgesystems, welches als Basis einen 65-Tage-Gleitenden Durchschnitt hat. Die Funktionsweise dieses Systems wird im nächsten Kapitel genauer erläutert. Die abgebildete Zusammenfassung bezieht sich auf Long- ebenso wie auf Short-Trades.

Die Tabelle ist in fünf Hauptabschnitte untergliedert. Der zuoberst stehende Block bezieht sich auf die Gewinnentwicklung, der zweite Abschnitt auf die statistischen Daten der durchgeführten Trades.

Tabelle 3.13 Typische Performance-Zusammenfassung für ein 65sma-3cc-System

Britisches Pfund Tagesdaten vom 13.02.75 bis 10.07.75
Performance-Zusammenfassung der Trades

Nettogewinn ($)	155.675	Gewinn/Verlust offener Trades ($)	-1.212
Gesamtgewinn ($)	266.918	Gesamtverlust ($)	-111.244
Gesamtzahl der Trades	71	Prozentsatz Gewinntrades	45
Anzahl Gewinntrades	32	Anzahl Verlusttrades	39
Höchster Gewinntrade ($)	40.768	Höchster Verlusttrade ($)	-7.994
Durchschnittlicher Gewinntrade ($)	8.341	Durchschnittlicher Verlusttrade ($)	-2.852
Durchschnittlich Gewinn/Verlust ($)	2,92	Durchschnittstrade ($)	2.192
Maximale Gewinntrades in Folge	6	Maximale Verlusttrades in Folge	7
Durchschnittliche Dauer Gewinntrades	123	Durchschnittliche Dauer Verlusttrades	29
Maximaler Tagesverlust ($)	-27.881	Maximale Kontraktzahl	1
Gewinnfaktor	2,4		
Notwendiger Umfang des Tradingkontos	30.881	Einnahmen in Relation zum Kapitaleinsatz	504

KAPITEL III ERSTE SCHRITTE IM SYSTEMDESIGN

Im dritten Teil finden sich Durchschnittswerte der Tradingdaten, im vierten Block finden sich zeitbezogene Informationen wie z.B. Tradingdauer oder Länge der Testdaten. Als letztes gibt der fünfte Abschnitt wichtige Informationen über Daten wie Gewinnfaktoren, maximale Schwankungsbreiten oder den höchsten Tagesverlust.

Der Nettogewinn bezeichnet den Unterschied zwischen den gesamten erzielten Gewinnen sowie den Gesamtverlusten. Der Gesamtgewinn ist die Summe aller in den einzelnen Gewinntrades erreichten Profite. Gleichzeitig stellt natürlich der Gesamtverlust die Summe der Verluste aller Minustrades dar. 'Gewinn/Verlust offene Positionen' bezieht sich auf den Wert von Trades, die am Ende der Testperiode noch aktiv waren. Der Nettogewinn ist eine wichtige Größe, die auf die meisten der darauffolgenden Berechnungen Einfluß nimmt. So ist z.B. der im fünften Block dargestellte Gewinnfaktor nichts anderes als der absolute Wert aus der Relation der Gesamtgewinne geteilt durch die Gesamtverluste. Beim Design eines Tradingsystem ist ein Gewinnfaktor größer als 1 unbedingt wünschenswert, da er aussagt, daß die Gesamtgewinne die Gesamtverluste der Testperiode überwiegen.

Der zweite Abschnitt bezieht sich auf die Trades als solche. So zeigt er die Gesamtanzahl der Trades ebenso wie die Relation der Gewinn- zu den Verlusttrades. Diese Meßgröße ist ein Ausfluß der Regeln des Tradingsystems, aber ebenfalls von den Testdaten abhängig. Mit ihrer Hilfe läßt sich das Risiko eines Totalverlustes einschätzen. Dabei gilt natürlich: Je größer die Zahl, desto besser. Bei Trendfolgesystemen liegt diese Zahl üblicherweise zwischen 30% und 50%. Eine Relation von 60% (Anteil der Gewinntrades) ist eher selten, und alles oberhalb einer Marke von 70% ist absolut fantastisch.

Der dritte Block, welcher sich auf die Durschnittswerte des Systemtests bezieht, kombiniert einfach die Daten der beiden darüberliegenden Abschnitte, um entsprechende Kennzahlen darzustellen. Dabei sind der größte Gewinntrade sowie der größte Verlusttrade neue Aspekte, die in diesem Abschnitt vorgestellt werden. Diese Zahlen haben insbesondere Bedeutung für den Entwurf oder die Veränderung von Tradingregeln ebenso wie für die Festlegung von Risikokontrollmaßnahmen. Wenn

Sie bei volatilen Märkten keine Stopkurse verwenden, so wird die Kennzahl des höchsten Verlusttrades immens hoch ausfallen. In bezug auf den größten Gewinntrade werden die Zahlen insbesondere dann außergewöhnlich gut ausfallen, wenn starke Trendbewegungen in den Märkten vorherrschen. Seien Sie aber vorsichtig, wenn der Betrag des höchsten Gewinntrades mehr als 50% Ihrer Nettogewinne ausmacht. In diesem Fall wäre es sinnvoll, diesen Betrag von Ihren Nettogewinnen abzuziehen, um das wirkliche Gewinnpotenial des Systems zu erkennen.

Der durchschnittliche Gewinntrade ist einfach die Relation der Gesamtgewinne geteilt durch die Anzahl der Gewinntrades. Die Relation der Durchschnittsgewinne zu den Durchschnittsverlusten ist nützlich, um das Risiko eines Totalverlustes ermessen zu können. Diese Zahl wird 'Payoff-ratio' genannt und ist eine Funktion, die sich auf die Art der Testdaten, auf die Tradingregeln des Systems und auf die Länge der einzelnen Trades stützt. Ein typisches, trendfolgendes System wird hierbei Werte größer als zwei anzeigen.

Der Durchschnittstrade, in Abschnitt drei aufgelistet, ist eine der wichtigsten Zahlen innerhalb der Zusammenfassung. Hierbei handelt es sich einfach um das Verhältnis der Nettogewinne geteilt durch die Gesamtzahl aller Trades. Das bedeutet, daß diese Zahl unmittelbar von der Art der Testdaten wie auch von den Tradingregeln abhängt. Wünschenswert ist dabei natürlich, daß diese Zahl so hoch wie möglich liegt. Wenn der Durchschnittstrade negativ oder kleiner als 200$ ist, sollten Sie das Trading mit diesem System vermeiden oder es zumindest vorher in anderen Märkten bzw. anderen Zeithorizonten testen. Diese Zahl ist so etwas wie der statistische Eckwert des gesamten Systems.

Der Abschnitt über die Tradingdauer liefert Informationen über die durchschnittliche Länge der Gewinn- und Verlusttrades. Das Verhältnis dieser beiden Zahlen zueinander sollte möglichst größer als 1 sein, kann aber bei Trendfolgesystemen sogar 5 übersteigen. Anhand dieser Größe können Sie entscheiden, ob die durchschnittliche Dauer der Gewinntrades Ihren zeitlichen Vorstellungen entspricht. Hätten Sie die ausreichende Selbstdisziplin, um einen Trade zu halten, der doppelt so lange wie der durchschnittliche Gewinntrade dauert? Wenn Sie näm-

KAPITEL III ERSTE SCHRITTE IM SYSTEMDESIGN

lich nicht über die ausreichende Geduld verfügen sollten, würden Sie unter Umständen viel zu früh aussteigen und dabei voraussichtlich einen besonders profitablen Trade verpassen.

Alternativ sollten Sie sich dann fragen, ob die Dauer der durchschnittlichen Gewinntrades Ihrem Trading-Horizont nicht vielleicht widerspricht. Wenn die Dauer des durchschnittlichen Trades Ihnen entweder zu lang oder zu kurz erscheint, sollten Sie das System zuerst mit mehr Daten und im Anschluß in anderen Märkten testen. Wenn Sie danach mit der Tradingdauer immer noch nicht zufrieden sein sollten, wäre es angeraten, ein anderes Tradingsystem zu wählen.

Die Anzahl der maximalen Gewinn- bzw. Verlusttrades in Folge wird sich im Zuge der Testperiode natürlich regelmäßig verändern. Dabei hat diese Zahl großen Einfluß auf ihre Systemperformance. Daher sollten Sie den Zeitraum, in dem eine Verlustserie auftritt, sorgfältig untersuchen, um herauszufinden, weshalb und unter welchen Bedingungen Ihr Tradingsystem große Verluste erwirtschaftet.

Als grobe Faustregel sollten Sie sich hierbei fragen, ob Sie eine doppelt so hohe Anzahl von Verlusttrades in Folge tolerieren könnten, wie sie von der Zusammenfassung des Systemtests angezeigt wird. Daraus lassen sich Anhaltspunkte für ihr Money-Management festlegen und so ernsthafte Kursverluste vermeiden.

Im letzten Abschnitt sehen Sie zuerst den maximalen Tagesverlust. Sie sollten sich überlegen, ob Sie eine Zahl von doppelter Höhe bei Ihrem Trading verkraften können. Darüber hinaus zeigt Ihnen dieser fünfte Block den Gewinnfaktor, welcher - wie bereits oben angesprochen - größer als 1 sein sollte. Die weiteren statistischen Daten dieses Abschnitts sind nicht von Bedeutung.

Was die Zusammenfassung der Tradingergebnisse nicht zeigt!

Die Übersicht Ihres Systemtests läßt einige wichtige Fragen offen, die wir hier im folgenden besprechen wollen. Die Zusammenfassung übergeht eine einfache, aber dennoch wichtige Größe: den 'Erholungsfaktor'. Dieser Faktor stellt den absoluten Wert der Relation zwischen den Nettogewinnen und dem maximalen Tagesverlust dar. Die Zahl gibt an, inwieweit das System imstande ist, derartige Verlustphasen auszugleichen. In Tabelle 3.13 hat dieser 'Erholungsfaktor' einen Wert von ungefähr 5,6 (155.675 ./. 20.881). Dieser Faktor sollte zumindest bei 2 liegen, wobei höhere Werte natürlich um so besser sind. Denn die Zahl sagt aus, ob die potentiellen Gewinne auf lange Sicht die durch die maximalen Tagesverluste verursachten Risiken überwiegen.

Eine weitere, sehr nützliche Kennzahl ist der adjustierte Gesamtgewinn, in welcher der höchste Gewinntrade von den Gesamtgewinnen abgezogen wird. Durch diese Vorgehensweise soll das Tradingsystem natürlich nicht schlechter gemacht werden als es ist. Der dahinter stehende Gedanke ist, daß man sich nicht darauf verlassen sollte, immer die Phasen mit den großen Gewinnen zu erwischen, sondern daß vielmehr eine Periode mit Verlusten, vergleichbar mit den größten Verlusten während der Testphase, wahrscheinlich ist. Der Gewinnfaktor wird nach der Adjustierung erneut ermittelt, um zu prüfen, ob er auch dann noch oberhalb von 1 liegt. Der adjustierte Gesamtgewinn der Daten aus Tabelle 3.13 beträgt 155.675$ - 40.769$ = 114.906$. Der an diese Zahl angepaßte Gewinnfaktor beträgt dann nur noch 114.906 ./. 114.244 = 1,03. Dies stellt eine scharfe Verringerung der vormaligen Werte von 2,40 dar. Daher: Eine realistischere Betrachtung dieses Systems zeigt, daß es über einen längeren Zeitraum nur recht kleine Gewinne erwirtschaften kann.

Auch ein Histogramm Ihrer Trades fehlt in der Zusammenfassung. So könnten Sie beispielsweise den Wunsch hegen, Ihre Daten auf ein Arbeitsblatt zu übertragen, um auf diese Weise die besten und schlechtesten Tradingphasen herauszufiltern. Darüber hinaus sucht man vergeblich nach Kennzahlen, die dem Tester ein Gefühl für die Schwankungsbreite der Ergebnisse vermittelt. Es fehlt die Standardabweichung

Kapitel III Erste Schritte im Systemdesign

der Tradinggewinne und -verluste für die einzelnen Trades. Dabei ist diese Schwankungsbreite (Volatilität) ein wichtiger Faktor, so daß Sie diese Kenngrößen notfalls per Hand errechnen sollten. Denn die Volatilität zeigt Ihnen klar, mit welchen Unregelmäßigkeiten Sie bei Ihrer Gewinnentwicklung rechnen müssen.

Die Zusammenfassung der Testergebnisse vermittelt Ihnen auch keinerlei Vorstellung davon, wie sich ein typischer Trade im Zeitablauf entwickelt. So erfahren Sie beispielsweise nichts von den durchschnittlichen oder den maximalen Gewinnen und Verlusten an den einzelnen Tradingtagen. Sie wissen also nicht, was am ersten oder zehnten Tag dieser Trades passiert ist. Eine einfache Tradingschablone von Chande und Kroll, wie sie im 'The New Technical Trader' besprochen wird, ist bei der detaillierten Untersuchung der Tradingverläufe hilfreich.

Auch im Bereich der Gebühren gibt Ihnen die Zusammenfassung keine realistischen Informationen. Die Software liefert Abrechnungen von Trades auf eine Weise, die nichts mit den Abrechnungen in der Realität zu tun hat. Daher ist es grundsätzlich vernünftig anzunehmen, daß Sie mit höheren Gebühren als in Ihrem Tradingmodell konfrontiert werden. Es kann ebenso passieren, daß die Software Ihnen Kurse bei Tradingbeginn berechnet, die in Wirklichkeit nicht zu erzielen gewesen wären. Wenn aus solchen Trades große Gewinne hervorgehen, könnten Sie anhand der Testergebnisse die Profitabilität des Systems überschätzen. Aus diesem Grunde stellen Sie sich grundsätzlich besser dabei, wenn Sie zur Überprüfung der Systemprofitabilität die Zahlen der Durchschnittstrades heranziehen, da hier Einzeleffekte durch die Einbeziehung vieler Trades geglättet wurden.

Auch in bezug auf die mittelfristige Gewinnentwicklung tappt der Trader bei dieser Zusammenfassung im Dunkeln. Es wäre nämlich durchaus nützlich zu erfahren, wie viele Monate in Folge das System Gewinne erwirtschaften konnte. Denn nach herben Kursverlusten können Sie anhand dieser Information zumindest grob abschätzen, wie lange es dauern könnte, bis dieser Rückschlag aufgeholt ist. Dementsprechend ist diese Information ein nahezu lebenswichtiger Aspekt für Ihre persönliche Einstellung zu Ihrem System.

Aber ein Aspekt ist besonders zu unterstreichen. Die Testzusammenfassung sagt Ihnen nicht, wie die Systemergebnisse in der Zukunft aussehen werden. Denn die Testresultate sind alleinige Sklaven Ihrer vorherigen Datenauswahl. Daher müssen Sie unbedingt hinter den Vorhang der oberflächlichen Ergebnisse blicken, um ein tieferes Verständnis für Ihr Tradingprogramm zu entwickeln.

Dazu wäre es ideal, die Ergebnisse jedes einzelnen Trades unter Zuhilfenahme der entsprechenden Charts exakt zu überprüfen, um die notwendigen Einblicke in die Arbeitsweise der Tradingregeln zu entwickeln. Dadurch werden Sie auch eine Bestätigung Ihrer eigenen Tradingansichten erfahren und gleichzeitig ein Gefühl dafür entwickeln, was Ihr System leisten kann und was nicht. Das Studium unprofitabler Trades verhilft oft dazu, Fehler in der logischen Struktur der Tradingregeln aufzudecken. Überzeugen Sie sich davon, daß Sie den Vorgaben dieses Systems folgen wollen, weil dessen Regelwerk unter realistischen Marktbe-dingungen auch wirklich Gewinne erwirtschaften kann. Die Überprüfung einzelner Testtrades kann dabei gleichzeitig die Fähigkeit zum Erkennen optimaler Ein- und Ausstiegszeitpunkte ohne Hilfe des Systems vergrößern.

Die Authentizität der Systemergebnisse

Dieser Abschnitt dient als deutlicher Hinweis und zugleich als Warnung, bevor Sie fortfahren: Testergebnisse sind niemals so, wie sie erscheinen! Sie müssen sich immer gewahr sein, daß Tradingsysteme mit dem Vorteil entwickelt wurden, die Resultate bzw. die zukünftigen Kurse bereits zu kennen. Sie wissen bei der Anwendung von Testdaten natürlich von vornherein, wie sich die Märkte in der Vergangenheit verhalten haben. Jedes Tradingsystem, welches Sie entwerfen oder aber optimieren, reflektiert daher Ihre persönliche Ansicht vergangener Kursbewegungen. Dabei kann es durchaus sein, daß Sie Ihre persönlichen Eindrücke in einer derart allgemeinen Form in das System einbringen können, so daß Sie zu extreme Anpassungen an spezielle Testdaten verhindern können. Und dennoch ist es absolut unumgänglich festzuhalten, daß der Einfluß des Wissens um zukünftige Kursentwicklungen fatale Folgen haben kann und daher so gut als möglich eliminiert werden muß.

Kapitel III — Erste Schritte im Systemdesign

In diesem Zusammenhang soll hier noch einmal hervorgehoben werden, daß vergangene Kursentwicklungen sich niemals exakt auf dieselbe Art und Weise wiederholen werden. Deshalb werden auch Gewinn und Verlust niemals völlig mit den Resultaten der Systemtests übereinstimmen können. Halten wir also fest: Da sich weder die Kurse noch der Trader selbst immer gleich verhalten werden, sind vergangene Resultate keine sichere Indikation für zukünftige Ergebnisse.

Doch es gibt noch einen weiteren, wichtigen Problembereich bei simulierten Trades. Hypothetische Trades, wie sie während der Entwicklung eines Tradingsystems für Tests herangezogen werden, wurden niemals tatsächlich im Markt durchgeführt und repräsentieren daher nicht die realen Verhältnisse. Weder die Störeffekte zu geringer Marktliquidität noch unterschiedlich hohe Gebühren, fehlerhafte Orderausführungen und überraschende Kurssprünge durch über Nacht erfolgte Ereignisse können hier wiedergegeben werden. Auch das zweifelsfrei nicht immer gleiche Verhalten des Traders selbst läßt sich so nicht akkurat abbilden, da jedes Signal getreu dem Regelwerk des Systems fehlerfrei und in vollem Umfang ausgeführt wird - was in der harten Realität des Tradingalltags nahezu unmöglich ist.

Sie, der Trader, sind ohnehin die empfindlichste Variable Ihres Systems. Da die Systemtests sich in einem 'emotionalen Vakuum' abspielen, ist es natürlich keineswegs gesichert, daß Sie alle Signale des Systems auch wirklich ohne jegliche Abweichung befolgen werden. Und so kann man sagen, daß der größte Verlust nicht in den Märkten entsteht, sondern an der Quelle - weil *Sie* Signale unter Umständen nicht wie notwendig befolgt haben.

Sie werden im Kapitel 8, welches sich mit der Beschaffung optimaler Testdaten befaßt, sehen, daß es möglich ist, Marktbedingungen zu erzeugen, die eine lange Folge von Verlusttrades oder aber einen einzigen, gewaltigen Verlust verursachen. Nur weil die Wahrscheinlichkeit dafür, daß ein solches Ereignis eintritt, extrem gering ist, heißt das nicht, daß es deswegen nicht doch eintreten könnte. Die normale Spannbreite, die ein durchschnittliches Tradingsystem im Bereich der Marktbedingungen abdecken kann, ist vergleichsweise schmal. Und das bedeutet, daß die Wahrscheinlichkeit, daß ungewöhnliche Marktbedingungen auftreten werden, viel größer ist, als Sie anhand dieser normalen Spannbreite vermuten würden. Deswegen unterschätzt ein Trader bisweilen deutlich die tatsächlichen Risiken am Markt, wenn er sich ausschließlich mit den normalen Testergebnissen seines Systems befaßt.

Daher noch einmal: Halten Sie sich beim Design Ihres Tradingsystems immer vor Augen, daß Ihre hypothetischen Ergebnisse keine akkurate Voraussage für die zukünftige Entwicklung Ihrer Gewinne darstellt. Grundsätzlich sollten Sie alle Testergebnisse mit höchster Vorsicht genießen!

Kapitel IV

- Die Konstruktion Ihres eigenen Tradingsystems -

Kapitel IV — Ihr eigenes Tradingsystem

Einleitung

Zählen Sie Ihre Hühner nie, bevor Sie sie eingefangen haben.

Ein Tradingsystem kann immer nur so gut sein, wie Ihr eigenes Gefühl für den Markt. Mit der heute zur Verfügung stehenden Software lassen sich jegliche Arten von Tradingsystemen entwickeln und minutiös testen. Die vorangegangenen Kapitel befassen sich mit den Grundprinzipien dieser Systementwicklung. In diesem Abschnitt wenden wir uns nun einigen 'fertigen' Tradingsystemen zu, um die Bedeutung dieser Basisregeln zu illustrieren.

1. Ein einfaches Trendfolgesystem: das 65sma-3cc-System.

2. Ein Tradingsystem für langfristige Dispositionen: das CB-PB-System.

3. Das ADX-Breakout-System. Ein Tradingmodell, welches die Stärke von Trends zu messen versucht.

4. Ein System mit automatischen Richtungswechseln, das Trend/Antitrend-System.

5. Das Gold/Bond-System: ein Tradingprogramm für korrelierende Märkte.

6. Ein Modell, welches zyklische Tiefs herauszustellen versucht: das Bottom-fishing-Modell.

7. Das Extraordinary Opportunity-Modell - ein System, in dem die Positionsgrößen sukzessive erweitert werden.

Jedes einzelne Beispiel dieses Kapitels illustriert eine ganz unterschiedliche Design-Philosophie. Dabei wird das 65sma-3cc-System außerordentlich detailliert besprochen, da die einzelnen Aspekte der Untersuchung genauso auf die anderen Tradingmodelle angewandt werden können. Dabei werden wir Ihnen langfristige Testergebnisse, basierend auf Endloskontrakten, über jedes System präsentieren.

Es ist hierbei nicht erforderlich, daß Sie diese Systeme wirklich traden. Die Programme weisen alle die übliche Beschränkung hypothetischer Testergebnisse auf. Es handelt sich hierbei ausschließlich um Beispiele, um die erforderliche Kunstfertigkeit zu unterstreichen, welche die Entwicklung eines Tradingprogrammes, das exakt auf Ihren Tradingstil paßt, erfordert.

Die Grundideen von Trendfolgesystemen

Folgende Grundgedanken stehen hinter einem einfachen Trendfolgesystem:

1. Die Märkte bewegen sich langsam auf- und abwärts, Trends halten über einen langen Zeitraum an.

2. Die Überkreuzung eines gleitenden Durchschnitts signalisiert einen Trendwechsel.

3. Dem Trend entgegenlaufende Kursbewegungen sind üblicherweise eher klein.

4. Die Kurse entfernen sich normalerweise nicht sehr weit von ihren mittelfristigen gleitenden Durchschnitten.

5. Fehlsignale sind eher selten und verursachen keine großen Verluste.

6. Signifikante Kursbewegungen dauern zumindest mehrere Wochen, wenn nicht sogar Monate.

7. In den Märkten dominieren die Trendphasen.

Für die Entwicklung eines Regelwerks muß folgendes berücksichtigt werden:

1. Märkte befinden sich oft in Seitwärtstrends mit schnellen, abrupten Richtungswechseln, so daß in diesen Phasen hohe Verluste entstehen können.

2. Es treten große Schwankungen in der Gewinnentwicklung auf, da das System einen großen Anteil der Gewinne wieder abgibt, bevor ein gegenläufiger Trend signalisiert wird.

3. Die Systeme benötigen relativ 'weite' Stops, um die ca. 5% der Trades, welche die wirklich großen Gewinne erwirtschaften, nicht zu verpassen.

4. Die Signale von Trendfolgesystemen werden zumeist in bereits vorhandene starke Kursbewegungen hinein generiert, so daß eine kurze, aber heftige Gegenbewegung bereits zum Ausstoppen des Engagements führen kann.

Ein einfaches Trendfolgesystem weist folgende Vorteile auf:

1. Es wird sichergestellt, daß die Positionen immer in Richtung der großen Trends eingegangen werden.

2. Die Systeme erweisen sich in den verschiedensten Märkten sowie Zeitrahmen von 6 Monaten bis 5 Jahren als profitabel.

3. Die Systeme sind üblicherweise sehr robust.

4. Alle Trendfolgesysteme zeichnen sich durch durchdachte und klar strukturierte Risikokontroll-Parameter aus.

Das 65sma-3cc-Trendfolgesystem

Wir wollen in diesem Abschnitt besprechen, wie man ein einfaches, noch nicht optimiertes Trendfolgesystem entwickelt und testet, welches so wenig Annahmen über Kursbewegungen wie möglich voraussetzt. Um die Trendrichtung anzugeben, benutzen wir hierfür einen willkürlich ausgewählten 65-Tage-GD. Dies ist ein gleitender Durchschnitt eher mittelfristiger Länge, der üblicherweise dem Haupttrend des Marktes folgt.

In Abbildung 4.1 wird deutlich, daß die Kurse oberhalb des 65-Tage-Durchschnitts liegen, wenn der Markt sich in einem Aufwärtstrend befindet und umgekehrt. In Phasen von Seitwärtstrends flukturieren die Notierungen um die Durchschnittlinie, während diese selbst abflacht. Die Vorgehensweise des Tradingsystems läßt sich hieraus einfach ersehen. Das Programm greift den zugrundeliegenden Trend auf und verfolgt ihn (siehe Abbildung 4.2).

Es gibt eine ganze Reihe von Möglichkeiten, um herauszufinden, ob sich ein Trend etabliert hat. Die gängigste Methode ist hierbei, sich eines kurzfristigeren gleitenden Durchschnitts zu bedienen (z.B. eine 10-Tage-GD). Ein Trend ist dann entstanden, wenn der kürzere GD über oder unter einen längeren, mittelfristigen GD gestiegen bzw. gefallen ist. Wenn Sie sich für diese Methode entscheiden, ist die Länge dieses kürzeren gleitenden Durchschnitts von entscheidender Bedeutung für Ihre Tradingergebnisse. Ein wirklicher Schwachpunkt ist dabei, daß sich die Kurse bisweilen schneller als dieser kurze GD bewegen, so daß die Signalgenerierung unter Umständen sehr träge erscheint.

Um die Wahrscheinlichkeit von Fehlsignalen einzugrenzen, fordert das 65sma-3cc-System drei Schlußkurse in Folge (hierfür steht 3cc) ober- oder unterhalb des 65-Tage-GD, um einen Trendwechsel zu bestätigen. Das heißt also, daß sich gemäß dieses Systems erst dann ein Aufwärtstrend etabliert hat, wenn die Kurse dreimal nacheinander oberhalb der 65-Tage-Linie geschlossen haben. Dabei ist, dies soll hier noch einmal unterstrichen werden, die Festlegung dieser Sicherheitszone auf 3 Tage absolut willkürlich. Ebenso könnten hier 10 aufeinanderfolgende Tage oder jede andere Zahl gefordert werden. Allerdings werden die Tradingergebnisse mit der Veränderung dieser Zahl ebenfalls Unterschiede aufweisen.

Wenn Sie sich vor Fehlsignalen, wie sie in Abbildung 4.3 gehäuft auftreten, schützen wollen, so wird die geforderte Anzahl von Schlußkursen über oder unter dem GD wie ein Filter wirken, wobei die Anzahl der Trades reduziert wird, wenn sich diese Zahl erhöht. In schnellen, volatilen Märkten hätte eine hohe Anzahl von Schlußkursen als Filter aber eine deutliche Verspätung bei der Umsetzung von Tradingsignalen zur Folge (siehe Abbildung 4.4). Im Gegenzug:

Kapitel IV Ihr eigenes Tradingsystem

Abbildung 4.1   Der Japanische Yen-Kontrakt, Laufzeit Sept. 1995, mit 65-Tage-GD und den generierten Tradingsignalen

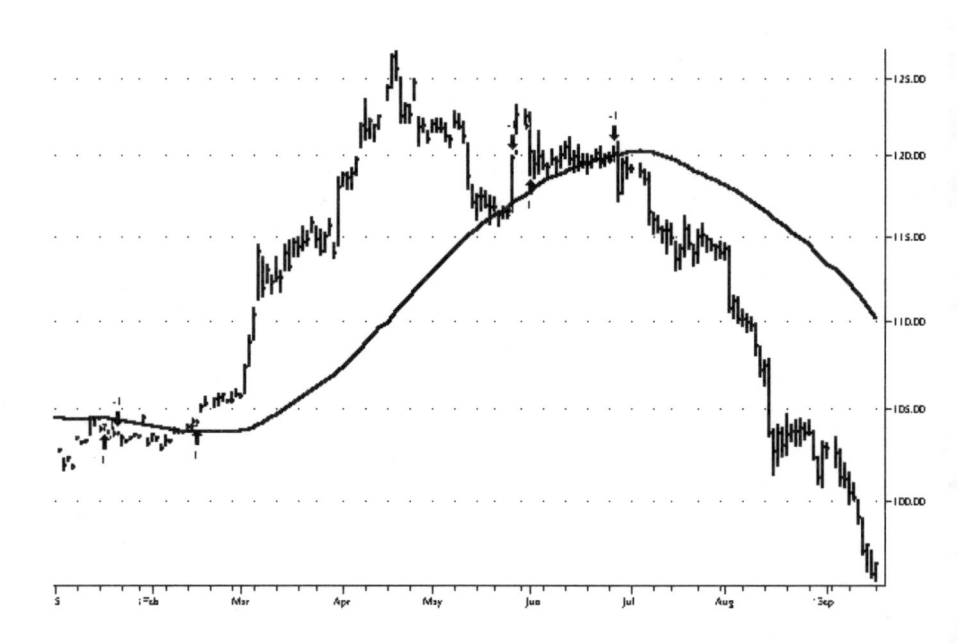

Abbildung 4.2 Das 65sma-3cc-System bleibt während dieses primären Aufwärtstrends des S&P500-Kontraktes unverändert in der Long-Position.

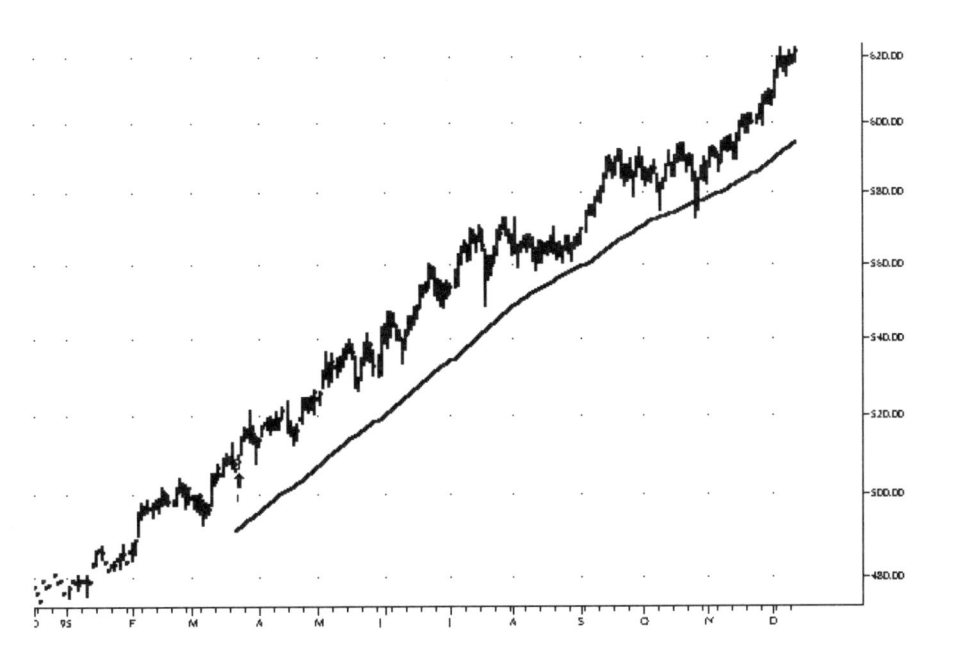

KAPITEL IV IHR EIGENES TRADINGSYSTEM

Abbildung 4.3   Die sprunghaften Kursausschläge des Britischen Pfunds im Dezember 1995 generierten im 65sma-3cc-System eine Folge von Verlusttrades.

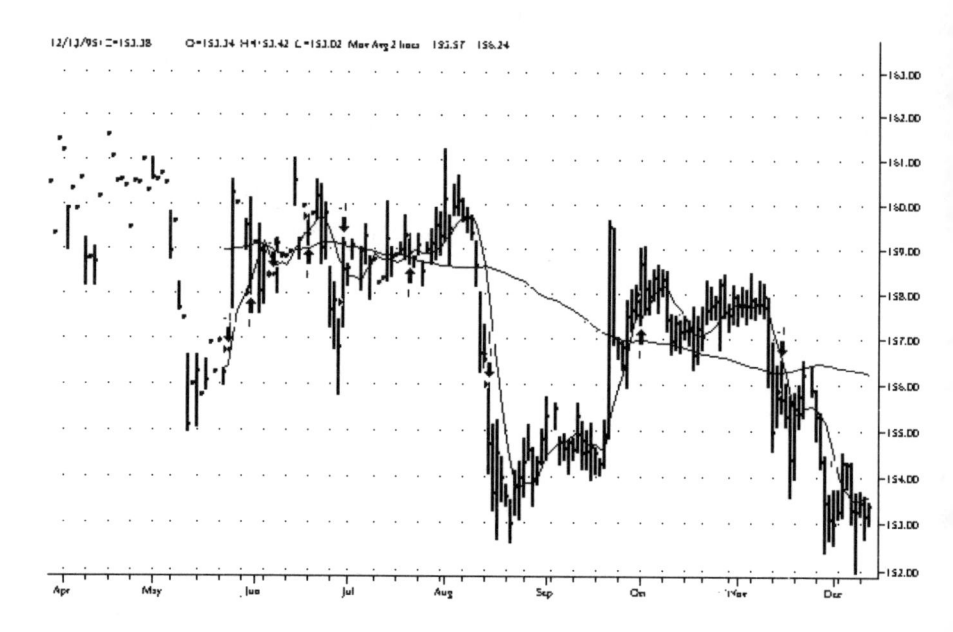

Abbildung 4.4 Die plötzlichen Richtungswechsel beim Rohöl im Dezember 1995 lösten zwar viele Trades aus, brachten aber nur kleine Gewinne, da das 65sma-3cc-System über kein spezifisches Verkaufs-System verfügte.

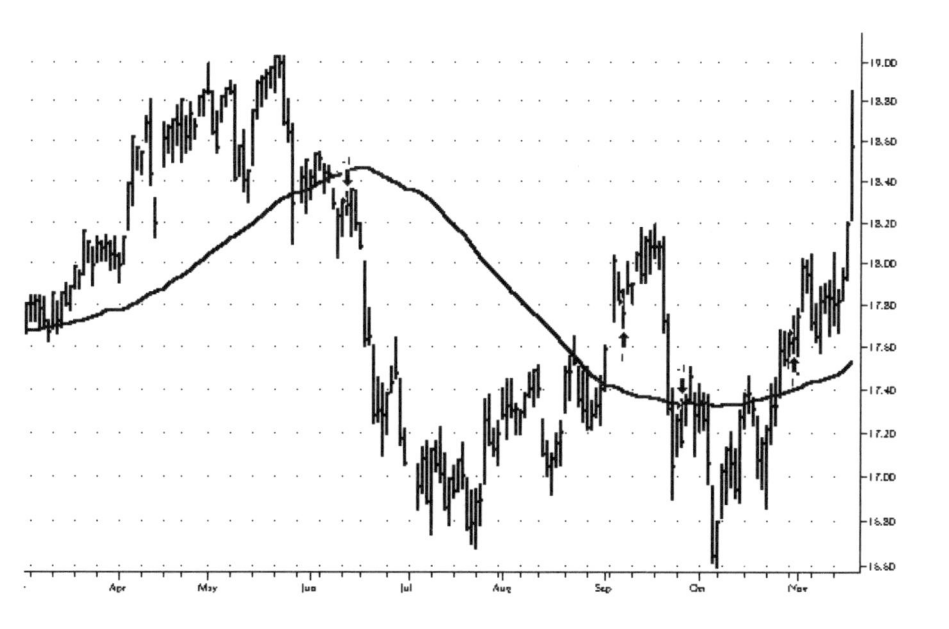

Wenn sich die Kurse nur träge bewegen, würde eine zu geringe Zahl von Schlußkursen in Folge ebenfalls Fehlsignale erzeugen. Dieser Teilaspekt des Tradingsystems ist dementsprechend ausschlaggebend dafür, wie schnell Sie einen Trendwechsel erkennen und entsprechend reagieren können.

Wenn Sie erst einmal einen Trendwechsel diagnostiziert haben, bleibt immer noch die Frage zu klären, auf welche Weise Sie einen Trade etablieren sollten. Empfehlenswert ist hierbei, die Order zur Eröffnung des kommenden Handelstages ausführen zu lassen, um sicherzustellen, daß Sie auf dieses Signal wirklich reagieren können und die Order tatsächlich ausgeführt wird. Wenn also, als Beispiel, das Kriterium der drei aufeinanderfolgenden Schlußkurse bei Handelsschluß am Montag erfüllt wäre, gilt es, zum Dienstag per Markteröffnung zu kaufen. So werden Sie eine Ausführungsbestätigung erhalten, die irgendwo um die Kursspanne der Dienstags-Eröffnung liegt. Dabei ist es natürlich zu erwarten, daß Ihre Abrechnungskurse im Falle einer Kauforder eher am oberen Rand der Kursspanne liegen wird, während sich bei Verkaufsorders die Abrechnungen eher an der unteren Preisspanne orientieren werden. Diese Auf- bzw. Abschläge sollten dabei aber nicht zu sehr ins Gewicht fallen. Wichtig ist einfach, daß Sie auf diese Weise sicherstellen, ein Engagement sofort nach Generierung eines entsprechenden Signals zu etablieren.

Sie haben dabei eine ganze Reihe verschiedener Optionen, wie Sie einen Trade beginnen können. Entweder kaufen Sie billigst, sobald die Voraussetzung für ein Tradingsignal erfüllt ist, oder aber Sie setzen nach einem Kaufsignal eine Stop-Buy-Order für einen Kurs oberhalb des letzten Hochs. Diese Vorgehensweise wird zweifellos einige Einstiegssignale herausfiltern, was aber in manchen Situationen außerordentlich hilfreich sein kann. So kann es vorkommen, daß die Kurse nur ganz kurz über oder unter den 65-Tage-GD kreuzen, um dann wieder zurückzufallen. Derartige Fehlsignale, welche sich bisweilen während langer Trendphasen ereignen, könnten so vermieden werden.

Aber es gibt noch eine dritte Möglichkeit. Sie könnten Ihre Reaktion auf ein Signal um x Tage verzögern, um dann ober- oder unterhalb eines

Kapitel IV   IHR EIGENES TRADINGSYSTEM

n-Tage-Hochs oder -Tiefs zu kaufen. Dies stellt eine weitere Möglichkeit zum Filtern der Tradingsignale mit dem Ziel dar, die profitabelsten herauszufinden. Beachten Sie aber grundsätzlich bei limitierten Orders, daß Sie mit etwas Pech nicht zum Zuge kommen werden, wenn Ihr Limit die tatsächlichen Eröffnungskurse um einige Ticks verfehlt. Es bietet sich daher an, zur Eröffnung des nächsten Handelstages billigst in den Markt zu gehen, um die Partizipation an diesem neuen Trend sicherzustellen.

Bevor wir fortfahren, wollen wir die Signalgenerierung einem kritischen Test unterziehen, um zu überprüfen, ob die 65sma-3cc-Signale besser funktionieren als willkürlich gewählte Alternativen. Entsprechend der Vorgehensweise von Le Beau&Lucas testen wir die Signale mit einem anschließenden Verkauf zum Schlußkurs des n-ten Tages. Dabei werden weder Stopkurse noch Abzüge für Gebühren und Kommissionen einbezogen. Zur Vereinfachung stellen wir in der Tabelle 4.1 ausschließlich die Auswirkung von Long-Signalen dar. Der Anteil der Gewinntrades sollte konstant oberhalb 55% liegen. Der Test deckt die Kurse vom 01. Januar 1975 bis zum 10. Juli 1995 in Form von Endloskontrakten ab und erstreckt sich über 21 verschiedene Märkte. Bisweilen werden auch kürzere Datenreihen verwendet, da 1975 noch nicht alle untersuchten Märkte handelbar waren.

In Tabelle 4.1 läßt sich ablesen, daß durchschnittlich 55% der Long-Signale profitabel waren, was unterstreicht, daß der 65sma-3cc-Ansatz voraussichtlich bessere Ergebnisse als willkürlich generierte Trades erwirtschaften wird. Da das nicht abgebildete Ergebnis für Short-Trades in etwa gleich ist, können Sie davon ausgehen, daß dieses Tradingsystem in der Tat brauchbare Signale erzeugt. Ihre Aufgabe wäre es nun, dieses Tradingmodell mit Risikokontrollmaßnahmen und Verkaufssignalen zu kombinieren, die zu Ihrer Trading-Mentalität passen.

Fassen wir an dieser Stelle einmal die Eckpunkte dieses noch nicht optimierten Systems zusammen: Der Beginn der Trades ist billigst zur Markteröffnung des auf das Tradingsignal folgenden Handelstages vorgesehen. Sie werden festgestellt haben, daß bislang noch keine spezifischen Verkaufsregeln existieren. Dies bedeutet, daß ein Short-Signal

Tabelle 4.1 Test des 65sma-3cc-Systems mit Long-Signalen über 21 verschiedene Märkte und allen vorhandenen Daten zwischen 01.01.1975 und 10.07.1995. Der Verkauf erfolgte zum Handelsschluß des n-ten Tages.

Markt	5 Tage	10 Tage	15 Tage	20 Tage	30 Tage	50 Tage
Britisches Pfund	55	59	60	58	60	60
Kaffee	54	57	56	54	50	51
Kupfer	51	49	50	52	50	46
Mais	53	55	56	57	59	55
Baumwolle	60	61	62	63	64	60
Rohöl	54	53	53	56	58	45
Deutsche Mark	59	59	60	58	59	63
Eurodollar	59	59	61	62	63	62
Gold	54	55	54	49	53	47
Heizöl	53	55	58	56	51	51
Japanischer Yen	55	53	60	61	59	69
Mastschweine	57	57	59	57	55	59
Orangensaft	53	52	52	55	55	45
Silber	48	50	45	46	44	46
Sojabohnen	52	47	51	52	53	51
S&P-500	54	59	58	62	58	69
Zucker	56	56	55	58	57	52
Schweizer Franken	56	56	59	58	63	61
10-jährige Bonds	57	59	59	58	58	56
U.S.-Bonds	55	52	56	50	50	46
Weizen	52	52	51	51	51	51
Durchschnitt	54,62	55	55,95	55,86	55,71	54,52

KAPITEL IV IHR EIGENES TRADINGSYSTEM

gleichzeitig das Verkaufssignal für eine Long-Position darstellt und umgekehrt. In der Praxis bedeutet das, daß Sie, wenn Sie *einen* Long-Kontrakt halten, zwei Kontrakte *verkaufen* müssen, um danach in *einem* Kontrakt Short zu sein - und umgekehrt.

Beachten Sie bitte, daß wir für die folgenden Tests eine Bedingung eingeführt haben, die verhindert, daß zwei gleiche Signale derselben Art direkt nacheinander berücksichtigt werden. Damit wird erreicht, daß nicht gleichzeitig zwei Long-Trades laufen, was dazu führen würde, daß wir bei der Untersuchung der Effekte hinzugefügter Stopkurse bzw. Ausstiegsregeln Äpfel mit Birnen vergleichen. Für Ihr aktuelles Trading ist diese Bedingung dabei aber ohne Belang.

Listen wir nun einmal auf, was dem Tradingsystem zu diesem Zeitpunkt noch fehlt. Bislang existieren keine spezifischen Regeln der Risikokontrolle in Form initialer Stopkurse. Im Bereich des Money-Managements fehlen Regularien, um die maximale bzw. optimale Anzahl von zu tradenden Kontrakten zu bestimmen. Wir werden daher zunächst jeweils nur einen Kontrakt ohne Stopkurs traden, um die Tests zu vereinfachen. Dies ist aber keine Empfehlung dafür, ohne Stops zu arbeiten. Die folgenden Berechnungen sind nur deswegen ohne Stopkurse vorgenommen worden, um andere Punkte deutlicher hervorzuheben. Später werden wir jedoch darlegen, wie sich Risikokontrollmaßnahmen und Money-Management-Regeln in dieses System integrieren lassen.

Das 65sma-3cc-System erzielt seine Profite größtenteils während starker Trendphasen. In Seitwärtstrends oder trendlosen Phasen wird hingegen eher ein Verlust erzielt. Zumindest zwischen 20% bis 50% aller Trades sollten aber einen Gewinn erzielen können. Wir haben dieses System daher in 23 Märkten und anhand einer Datenreihe von 20 Jahren Länge überprüft. Dabei wurde die übliche Höhe von 100$ pro Trade für Gebühren und Kommissionen eingerechnet. Für ein noch nicht optimiertes System handelt es sich dabei um einen relativ harten Test über eine lange Zeitspanne. Die Ergebnisse wurden in Tabelle 4.2 zusammengefaßt.

Tabelle 4.2 Testergebnisse des 65sma-3cc-Systems

Markt	Testzeitraum	theoretischer Gewinn	Gesamtzahl der Trades	Gewinntrades (%)	Durchschnittl. Gewinn/Verlust	Durchschnittstrade	max. Tagesverlust
Britisches Pfund	7/75 - 7/95	125.344	105	34	3,72	1.193	-25.431
Kanadischer Dollar	6/77 - 7/95	-12.344	125	25	2,32	-102	-21.030
Kakao	5/80 - 7/95	-15.370	101	28	1,80	-153	-2.219
Kaffee	5/75 - 7/95	239.096	120	30	5,83	1.993	-36.956
Kupfer	12/88 - 7/95	-7.890	49	34	1,48	-161	-17.355
Mais	5/75 - 7/95	26.081	106	38	2,98	246	-4.331
Baumwolle	5/75 - 7/95	112.490	110	38	4,26	1.023	-8.730
Heizöl	8/83 - 7/95	17.570	74	35	2,58	238	-11.690
Deutsche Mark	7/75 - 7/95	68.575	102	38	2,90	673	-13.250
Eurodollar	6/82 - 7/95	34.175	60	25	3,16	569	-7.150
Gold	5/75 - 7/95	53.770	121	33	3,44	444	-28.440
Rohöl	7/79 - 7/95	56.198	103	32	3,89	545	-18.021
Japanischer Yen	12/76 - 7/95	143.425	87	47	3,80	1.649	-12.963
Mastschweine	5/75 - 7/95	31.971	120	42	2,49	266	-5.863
Orangensaft	5/75 - 7/95	13.018	120	27	3,05	109	-27.950
Silber	5/75 - 7/95	197.305	144	37	6,87	1.370	-51.040
Sojabohnen	5/75 - 7/95	62.406	114	38	2,86	547	-21.768
S&P-500	9/82 - 7/95	-7.260	101	24	3,13	-72	-97.470
Zucker	5/75 - 7/95	49.493	113	37	3,75	438	-10.806
Schweizer Franken	7/75 - 7/95	108.475	100	40	3,28	1.086	-11.638
10-jährige Bonds	9/82 - 7/95	34.219	85	29	3,66	402	-13.743
U.S.-Bonds	1/78 - 7/95	50.143	102	35	2,62	491	-38.819
Weizen	5/75 - 7/95	6.263	138	28	2,78	45	-19.663
Gesamt		1.386.747	2.400				
Durchschnitt		60.293,30	104	34	3,3	558	-22.014
Standardabweichung		66.698,10	22	6	1,17	583	20.342

KAPITEL IV   IHR EIGENES TRADINGSYSTEM

Die Ergebnisse dieses einfachen, noch nicht optimierten Trendfolge-Systems sind durchaus ermutigend. Sie hätten einen Papiergewinn von 1.386.747$ erzielt, obwohl Sie nur einen Kontrakt pro Markt zur selben Zeit getradet hätten. Dazu wären 19 von 23 Märkten profitabel gewesen, obwohl diese einzelnen Marktsegmente extrem unterschiedlicher Natur sind. Das Testbeispiel generierte 2.400 Trades, so daß es sich hierbei um einen sehr aussagekräftigen Test handelte. Ca. 34% der Trades schlossen im Gewinn, eine für Trendfolgesysteme übliche Größenordnung.

Der Wert von 3,3, der bei diesen 2.400 Trades als Verhältnis der durchschnittlichen Gewinn- zu den durchschnittlichen Verlusttrades erreicht wurde, kann als exzellent bezeichnet werden. Diese Zahl ist nützlich, um das Risiko eines Totalverlustes zu errechnen. Dabei ist ein Wert von 2,0 wünschenswert, alles oberhalb von 3 absolut hervorragend. Der im Durchschnitt erreichte Gewinn pro Trade lag bei 558$. Eine durchaus attraktive Zahl, wenn man bedenkt, daß hierbei die Gebühren bereits vorab einberechnet wurden. Es ist üblich, ein Mindestmaß von 250$ für den Durchschnittsgewinn zu fordern. Betrachtet man die in den einzelnen Märkten erzielten Gewinne, so lag hier der Durchschnitt bei 60.293$, nahezu das Dreifache des durchschnittlichen, maximalen Tagesverlustes (22.014$). Dies bedeutet einen erfreulichen 'Erholungsfaktor', welcher die Fähigkeit des Systems beschreibt, die höchsten erzielten Verluste wieder aufzuholen.

Fassen wir also zusammen: Ein einfaches Trendfolgesystem bewährt sich in vielen Märkten und über einen langen Zeitraum, auch ohne viele Regeln und Optimierungen.

Die Testergebnisse legen aber auch einige Schwachpunkte dieses Systems offen. Der durchschnittliche pro Markt erzielte Gewinn liegt bei 90% der Standardabweichung der Durchschnittsgewinne. Dies bedeutet, daß die Profitabilität von Markt zu Markt sehr unterschiedlich ausfällt. Der maximale Tagesverlust lag bei 108% seiner Standardabweichung, was ebenfalls eine große Schwankungsbreite innerhalb der verschiedenen Märkte suggeriert. Die Standardabweichung des Durchschnittstrades deutet ebenfalls darauf hin, daß die Ergebnisse erheblich innerhalb der einzelnen Märkte ebenso wie im Zeitverlauf variieren. Wir können also festhalten, daß das Hauptproblem dieses Tradingprogrammes in der hohen Schwankungsbreite seiner Ergebnisse zu finden ist.

Wenn wir die Stärken und Schwächen zusammen betrachten, so kann man durchaus sagen, daß es sich hier um ein durchaus brauchbares Trendfolgesystem handelt, welches gute Chancen hat, über einen langen Zeitraum und in vielen verschiedenen Märkten profitabel zu sein. Aufgrund der hohen Ergebnisschwankung jedoch empfiehlt sich beim Trading mit diesem System ein relativ behutsames Vorgehen. Vor allem ein ordentliches finanzielles Polster ist geboten, um die teilweise doch recht heftigen, zeitweiligen Kursrückschläge auffangen zu können.

Ein Blick hinter den Vorhang dieses Tradingsystems und eine intensivere Untersuchung der Analyseergebnisse deckt weitere Details des 65sma-3cc-Systems auf. Ein Histogramm aller 2.400 Trades zeigt die Verteilung der Tradinggewinne und -verluste graphisch an (siehe Abb. 4.5 und 4.6). Es wird deutlich, daß im Rahmen der Tradings weitaus mehr große Gewinne als große Verluste erzielt wurden und daß es hierbei eine Vielzahl kleinerer Verluste gab. Vergessen wir nicht, daß diese Ergebnisse erzielt wurden, ohne daß ein initialer Stopkurs verwendet wurde. Die meisten Tradingresultate ballen sich zwischen -300$ und +200$, die höchste Anzahl indes liegt tatsächlich nahe 0. Es gibt nur wenige Verlusttrades, die schlechter als -5.000$ lagen. Diese werden ohnehin durch eine weitaus höhere Anzahl von Positionen ausgeglichen, deren Ergebnis besser als +5.000$ war. Ein anfänglicher Stopkurs würde mit hoher Wahrscheinlichkeit die negative Seite dieses Histogramms deutlich zum Positiven beeinflussen.

Das Histogramm macht offensichtlich, daß das Gros der Profite von einer recht geringen Anzahl von Trades stammt. Wie man in Abbildung 4.6 deutlich erkennen kann, erreichten nur 12,5% aller Trades einen Gewinn oberhalb von 300$. Vor allem ist klar, daß Sie sich unbedingt davor hüten sollten, zu früh aus dem Markt zu gehen. Denn wahrscheinlich werden Sie gerade dann einen dieser 4-%-Mega-Trades verpassen, die das Prinzip der Trendfolge der Mühe wert machen.

Abbildung 4.5 Histogramm aller 2.400 Trades des 65sma-3cc-Systems

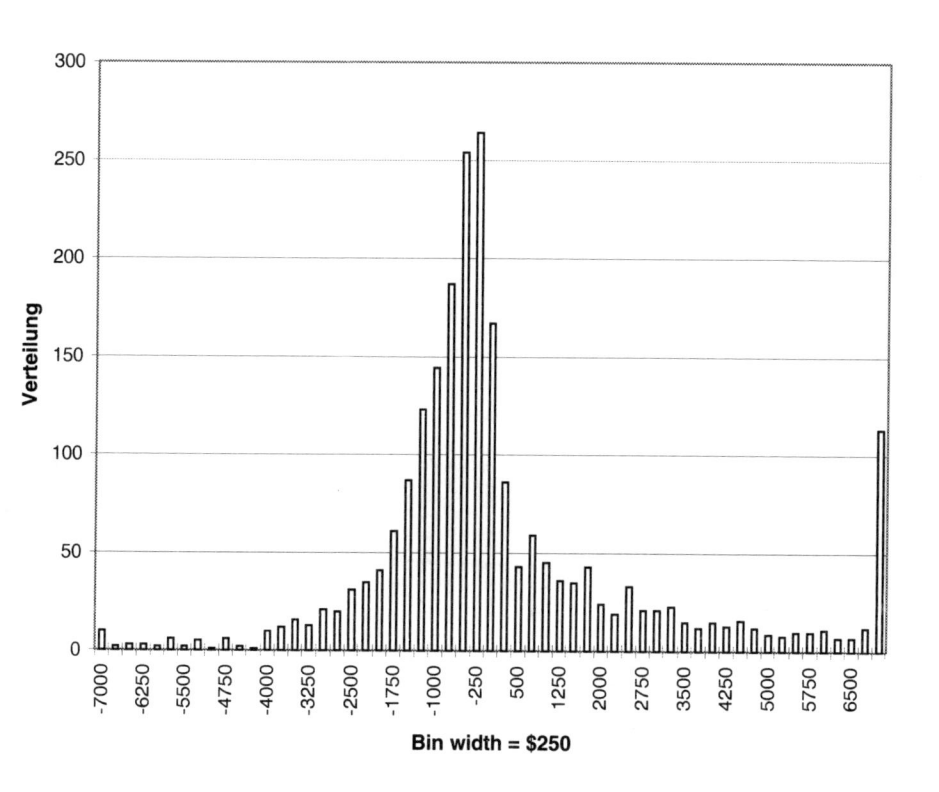

Abbildung 4.6 Ein Histogramm mit engerem Maßstab. Beachten Sie, daß nur eine kleine Anzahl von Trades tatsächlich hohe Gewinne erzielt.

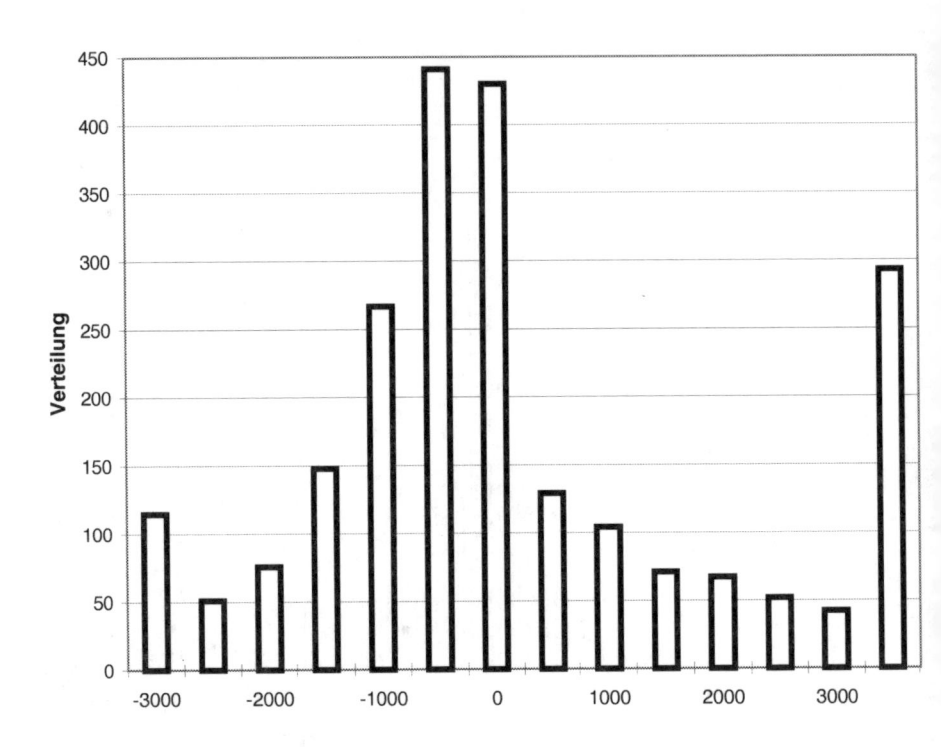

KAPITEL IV   IHR EIGENES TRADINGSYSTEM

Viele Berechnungen folgen einem Prinzip, das standardisierte Normalverteilung genannt wird. Würden Sie beispielsweise den Durchmesser von Wassertropfen messen, so würden die Resultate einer Normalverteilung entsprechen.

Diese Normalverteilung ist eine glockenförmige Kurve, welche die Wahrscheinlichkeit des Auftretens von Ereignissen darstellt. Die Größe 'Standard-Null' ist dabei ein Spezialfall der Normalverteilung mit einem Wert von 0 und einer Standardverteilung gleich 1. Um die Verteilung des 65sma-3cc-Systems in Relation zu 'Standard-Null' festzustellen, müssen zuerst einmal die Maßstäbe standardisiert werden. Der Vergleich wird in Abb. 4.7 dargestellt. Es wird deutlich: Die 65sma-3cc-Kurve weist weitaus schärfere Ausschläge als die Standardkurve auf. Um eine Normalverteilung zu generieren, die zu unseren Testdaten paßt, verwendete ich eine 'Microsoft Excel 5.0'-Grafik und vollzog einen Annäherungsprozeß in Form manueller Wertanpassung. Die angepaßte Normalkurve mit einem Wert von -0,16 und einer Standardabweichung von 0,18 wird in Abbildung 4.8 gezeigt.

Die angepaßte Normalverteilung zeigt, daß die Verteilung des 65sma-3cc-Systems ungewöhnlich hohe Werte in den Randbereichen aufweist. Dies bedeutet einfach, daß eine größere Wahrscheinlichkeit für 'große' Trades besteht, als aus einer Normalverteilung heraus anzunehmen wäre. Oder anders ausgedrückt: Der Chart zeigt, daß ungewöhnlich hohe Gewinne oder aber Verluste eine höhere Wahrscheinlichkeit aufweisen, als üblicherweise zu erwarten wäre.

Auf der Verlustseite liegen Systemverteilung und Normalverteilung recht gut übereinander. Im Bereich der kleineren Gewinntrades besteht dagegen eine offensichtliche Differenz. Dies suggeriert, daß Sie beim Trading mit einem Trendfolge-System nur wenige kleine Gewinntrades erzielen werden. Derart kleinere Trades werden normalerweise während einer breiten Konsolidierungsphase der Kurse auftreten, und eben diese Phasen sind eher selten. Kleinere Verlusttrades sind im Rahmen solcher Konsolidierungen jedoch eher wahrscheinlich, was durch die hohe Übereinstimmung beider Kurven auf der linken Seite der Charts unterstrichen wird.

Kapitel IV   Ihr eigenes Tradingsystem

Abbildung 4.7   Die Verteilungskurve des 65sma-3cc-Systems weist weitaus stärkere Ausschläge als die Standard-Normalverteilung auf.

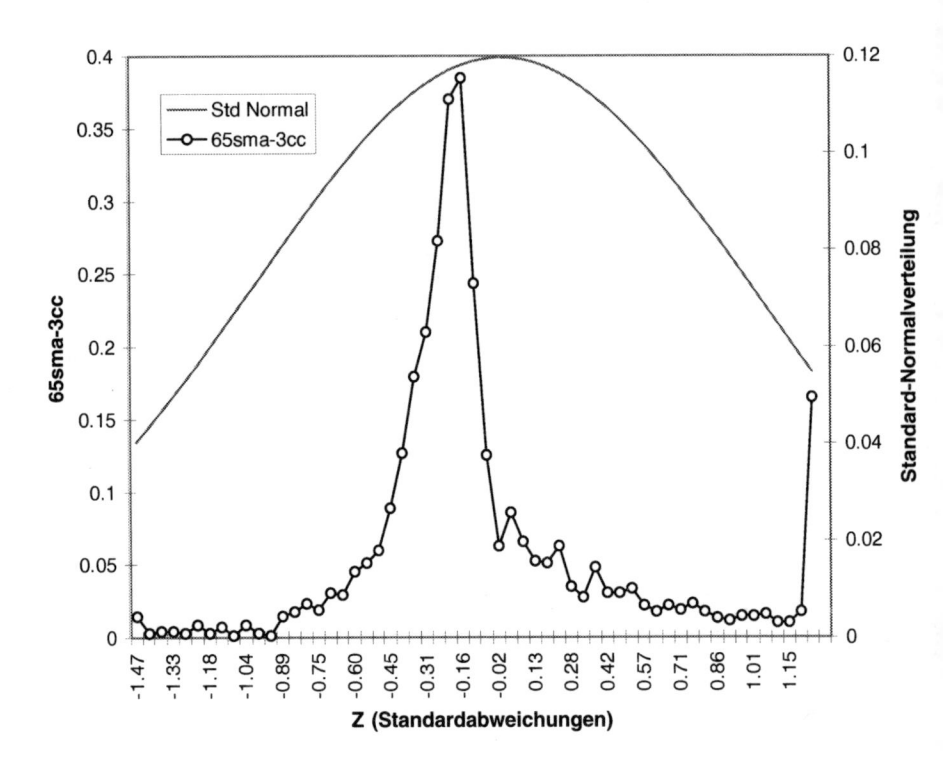

Abbildung 4.8 Eine angepaßte Normalverteilung zeigt, daß die 65sma-3cc-Verteilung stärker ausgeprägte Grenzbereiche aufweist und insbesondere im Bereich der kleinen Gewinntrades steil abfällt.

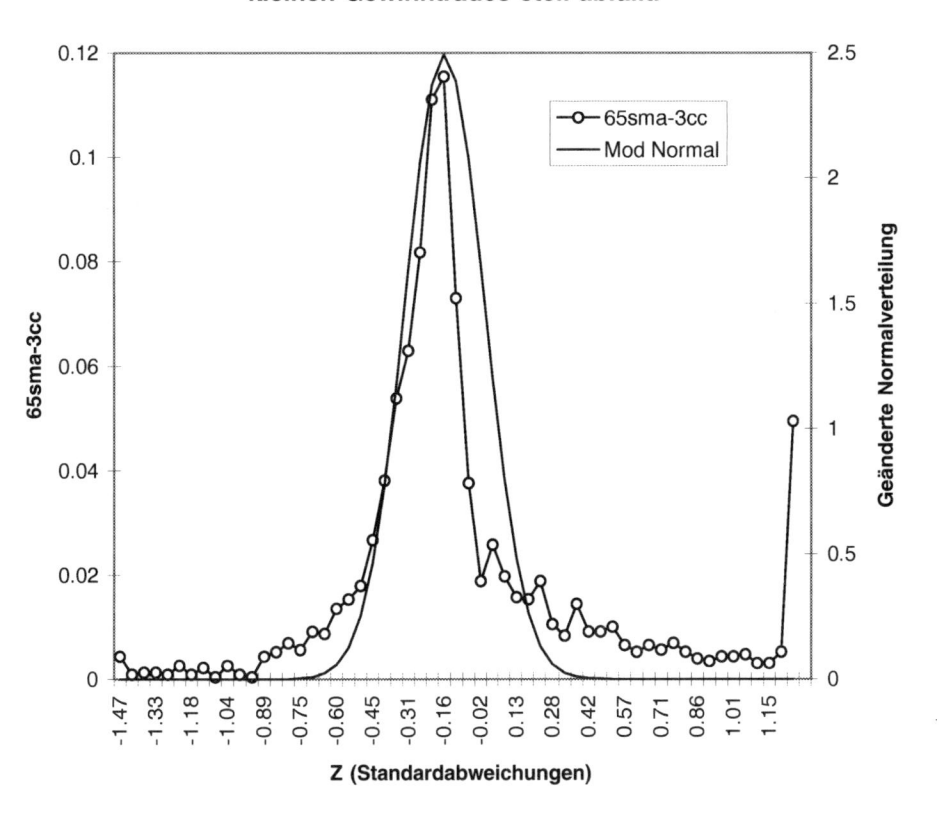

Der extreme Ausschlag an der äußerst rechten Seite der Abbildung 4.6 repräsentiert die 4% 'Mega-Trades', die ein Trendfolgesystem so wertvoll machen. Sie erkennen anhand der Kurve ziemlich deutlich, wie leicht es sein kann, ausgerechnet diese Trades zu verpassen. Wenn das geschieht, wird Ihre Performance deutlich schwächer ausfallen. Daher empfiehlt es sich, daß Sie auch für Ihr eigenes System eine solche Verteilungskurve erstellen, um ein besseres Gefühl für die Performance Ihres Tradingmodells zu erlangen.

Eine genauere Betrachtung der Verlusttrades enthüllt eine weitere Schwachstelle des 65sma-3cc-Systems. Die Abbildung 4.9 stellt die maximale Gewinnverteilung aller 1.565 Trades dar, die mit einem Verlust abgeschlossen haben. Diese Darstellung wird 'maximum favorable excursion' (MFE) genannt. Hier wird eines der größten Probleme dieses Systems offensichtlich. Da es keine bestimmten Verkaufsregeln gibt, werden sogar einige Trades mit zeitweiligen Gewinnen über 300$ mit einem Verlust abgeschlossen. Allerdings sollten wir mit der Entwicklung einer Ausstiegs-Strategie behutsam umgehen. Schließlich waren nur 4% der Trades wirklich 'große' Gewinntrades. Wenn hier nicht ausgesprochen vorsichtig agiert wird, werden wir zweifellos einige Gewinne vormaliger Verlusttrades sicherstellen können, im Gegenzug aber eine Reihe der ganz großen Gewinner zu früh verlieren. Der MFE-Chart bietet darüber hinaus noch weitere Informationen. So läßt sich anhand dieser Grafik ideal feststellen, ab welchem Gewinnlevel der initiale Stop auf den Einstiegskurs nachgezogen werden sollte (Trailing-Stop). So läßt sich z.B. der Stopkurs nach Erreichen einer Gewinnschwelle von 200$ auf den Einstiegskurs anheben und so eine signifikante Zahl von Verlusttrades verhindern.

Des weiteren lassen sich anhand des MFE-Charts auch Gewinnziele für Ihre Positionen festlegen. Wenn Sie beispielsweise 10 Kontrakte traden, so könnten Sie einen Teil davon jeweils an den Gewinnzielen bei 500$, 1.000$ und 3.000$ verkaufen.

Wir setzen nun unsere Analyse fort, indem wir den maximalen Tagesverlust in 777 Gewinntrades nach der 'John-Sweeney-Systematik' untersuchen. Das in Abbildung 4.10 dargestellte Histogramm zeigt einige interessante Einzelheiten. Ungefähr 64% der untersuchten Trades

KAPITEL IV IHR EIGENES TRADINGSYSTEM

Abbildung 4.9 Ein Histogramm der maximalen, zeitweilig in Verlusttrades erzielten Gewinne der 1.565 Verlusttrades des 65sma-3cc-Systems

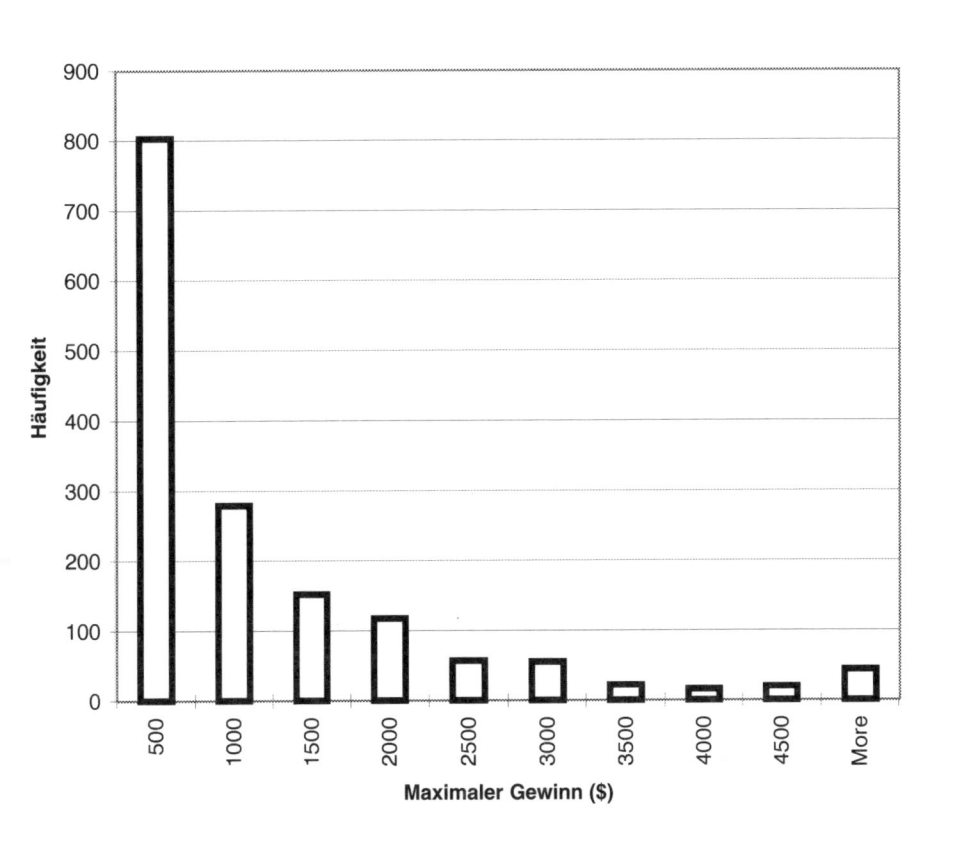

KAPITEL IV   IHR EIGENES TRADINGSYSTEM

Abbildung 4.10   Eine Analyse der Gewinntrades, die den maximalen, zeitweiligen Verlust der 777 Gewinntrades des 65sma-3cc-Systems darstellt.

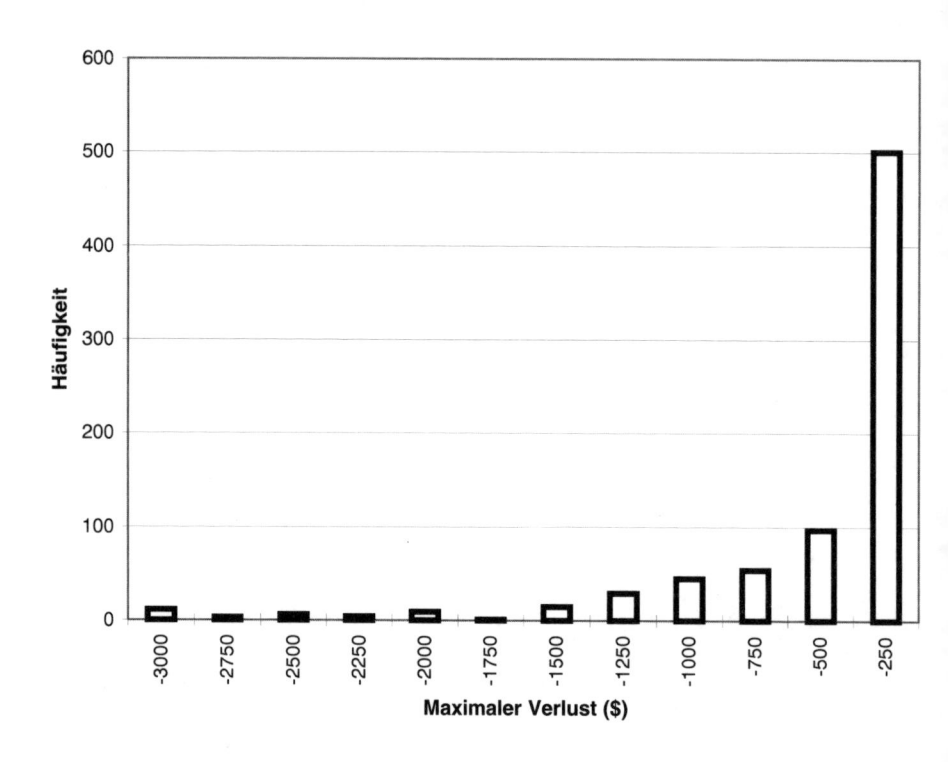

waren von Anfang an profitabel und wiesen während der Tradingdauer Verluste von weniger als 250$ auf. Weitere 100 Trades zeigten 'Drawdowns' von weniger als 500$.

Nur sehr wenige Trades wiesen zeitweilig Verluste von mehr als 1.750$ auf und konnten schließlich doch noch mit einem Gewinn geschlossen werden. Dies legt die Vermutung nahe, daß wir mit einem anfänglichen Stopkurs bei 1.000$ ungefähr 88% der Trades sichern können. Dies ist eine realistische Vorgehensweise, um den idealen Stop für ein Tradingsystem zu bestimmen.

Dieselbe Information läßt sich auch anhand eines kumulativen Verteilungscharts darstellen. Hieran läßt sich leicht ablesen, wieviele Trades ein bestimmtes Gewinnziel erreichen konnten (siehe Abb. 4.11). Auf diese Art und Weise läßt sich mit einem Blick ermessen, welcher Anteil eine MFE von sagen wir 500$ erreicht hat. In Abbildung 4.11 sehen Sie zum Beispiel, daß 50% der Trades ein Gewinnziel von 1.000$ erreichen konnten.

Unter dem Strich läßt sich feststellen, daß das 65sma-3cc-System im Test über eine Zeitspanne von 20 Jahren und in 23 Märkten bewiesen hat, daß es ebenso beständig wie profitabel arbeitet und insbesondere in Trendphasen gute Gewinnaussichten aufweist. Basierend auf der Tatsache, daß wir den Systemtest ohne initialen Stopkurs durchgeführt haben, erschienen in unserer Ergebnisliste auch einige Trades, deren Verlust über 3.000$ betrug. Wir können versuchen, dies durch die Plazierung eines Stops bei 1.000$ zu beheben. Des weiteren ergab eine detailliertere Analyse einige zeitweilig durchaus profitable Trades, die indes mit einem Verlust geschlossen wurden. Wünschenswert ist es, derartige Situationen auf ein Minimum zu reduzieren. Die Analyse ergab auch, daß um die 4% der Trades für die wirklich großen Gewinne verantwortlich waren (oberhalb 5.000$). Es gilt nun, eine Strategie zu finden, die Verkaufsregeln ermöglicht, ohne sich gleichzeitig negativ auf diese 'Mega-Gewinne' auszuwirken.

Abbildung 4.11 Die Verteilung der MFE des 65sma-3cc-Systems. Beachten Sie bitte, daß die horizontale Skalierung nicht linear ist.

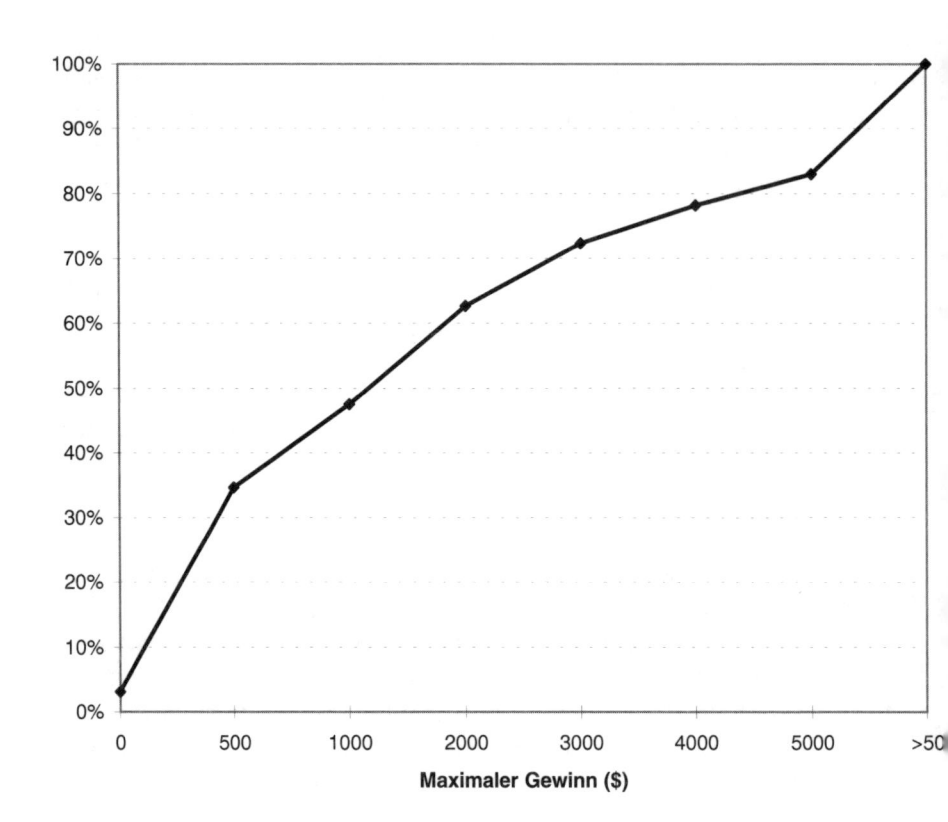

Auswirkungen des initialen Stopkurses

Nachdem der erste Test des 65sma-3cc-Modells vielversprechend verlief, können wir nun weitergehende Tests durchführen. Der erste muß sich dabei natürlich um das Einfügen eines initialen Money-Management-Stops in dieses Modell drehen. Unsere vorangegangene, detaillierte Analyse des MFE zeigte, daß gefahrlos ein Stop von 1.000$, gegebenenfalls 1.750$ gesetzt werden kann, ohne dabei negativ auf die Gewinnentwicklung einzuwirken.

Trotzdem soll zunächst eine weitere Bedingung in das Modell eingefügt werden, bevor die Auswirkungen des initialen Stops überprüft werden. Wenn der Stopkurs zu 'eng' gewählt wird, so werden wir unter Umständen unmittelbar nach dem ersten Signal bereits ausgestoppt. Daraus könnte eine ganze Kette von Trades entstehen, alle in dieselbe Richtung, die ebenfalls in Verlusttrades münden, bevor einer von ihnen den Haupttrend der Kurse exakt 'erwischt'. Auf diese Weise könnte unsere gesamte Analyse zerstört werden. Was wir wollen, ist, dieselben Trades exakt zu wiederholen, die wir ohne initialen Stop vollzogen hatten. Um dies sicherzustellen, müssen Regeln eingefügt werden, die aufeinanderfolgende Trades derselben 'Richtung' verhindern und so sicherstellen, daß wir keine Phalanx gleichlautender Trades initiieren, welche aufgrund des zu frühen Ausstoppens des ersten Signals als Folgeerscheinung entstehen. Der Effekt: Mit dieser neuen Regel müssen wir mit einem neuen Trade so lange warten, bis nach einem Stop ein Signal in die entgegengesetzte Richtung erfolgt. Natürlich gibt es für eine solche Regel im tatsächlichen Trading keine Notwendigkeit.

Das Einfügen eines initialen Stops soll zwei Effekte hervorrufen. Zunächst sollte dadurch der maximale Tagesverlust reduziert werden, da einige potentielle, große Verlusttrades von vornherein ausgestoppt werden. Des weiteren wird sich allerdings genauso die Anzahl der profitablen Trades, und damit zugleich der gesamte theoretische Gewinn reduzieren, da derselbe Stop auch einige potentiell profitable Trades ausbremsen wird. Einige Berechnungen werden erweisen, ob sich diese Annahmen bestätigen.

Die Ergebnisse dieser Berechnungen wurden in Tabelle 4.3 aufgelistet. Vergleichen wir nun diese Resultate mit denen aus Tabelle 4.2. Die Märkte - ebenso wie die Testzeiträume - sind in beiden Tabellen gleich. Ein Stop in Höhe von 1.000$ reduziert die Gesamtgewinne um 21,5%, nämlich von 1.386.747$ auf 1.088.804$. Zeitgleich verringerte sich die Anzahl der Gewinntrades um 17,6%, von zuvor 810 auf jetzt nur noch 689. Wie erwartet, reduzierte sich der durchschnittliche Tagesverlust und dessen Standardabweichung ebenfalls. Hier hatte der Stop den erwünschten Effekt einer Verringerung der Gewinnschwankungen. In Zahlen ausgedrückt lag diese Verringerung in bezug auf den maximalen Tagesverlust bei 18,5%, in der Standardabweichung sogar bei 40%.

Wir hatten den initialen Stop in Höhe von 1.000$ aus dem MFE-Chart ausgewählt. Berechnungen mit einem Stop von nur 500$ ergeben eine noch intensivere Reduktion von Gewinnen, maximalen Verlusten und Volatilität.

Setzen wir unseren Gedankengang fort, indem wir uns den US-Bond-Markt sowie die Deutsche Mark genauer ansehen. Die Analyse der 777 profitablen Trades zeigte, daß nur noch sehr wenige Trades mit einem Gewinn abgeschlossen werden konnten, wenn der Verlust erst einmal 1.750$ überschritten hat. Daher werden wir in dem folgenden Test die Stops von 250$ bis zu 1.750$ variieren, um den Effekt auf die Gesamtzahl der profitablen Trades zu studieren. Die Resultate in Abbildung 4.12 zeigen ganz deutlich, daß die Anzahl der profitablen Trades steigt, sobald der initiale Stop 'weiter' wird. Gleichzeitig wird auch deutlich, daß sich dieser Effekt deutlich verringert, sobald ein gewisses Stopniveau überschritten wird. Dies zeigt, daß der initiale Stop wie ein Filter wirkt. Je weiter der Stopkurs, desto mehr Trades werden diesen Filter passieren können. Wenn dieses Gitternetz indes zu weitmaschig wird, so verringert sich dessen Wirkung, da dann keinerlei Auswirkungen auf die Anzahl der Trades mehr festzustellen sind. Bisher haben wir unseren Stopkurs plaziert, ohne die unterschiedliche Volatilität der einzelnen Märkte zu berücksichtigen. Aber im Kaffeemarkt erscheint ein Stopkurs von 1.000$ zu eng, im Maismarkt hingegen offenbar zu weit. Anders formuliert: Ein vorgegebener Stopkurs wird in manchen Märkten eine Wirkung wie in der linken Seite der Abbildung 4.12 haben, in anderen Märkten wiederum wird derselbe Stopkurs eher einen Effekt wie im rechten Bereich dieser Abbildung aufweisen.

Tabelle 4.3 Die Effekte eines initialen Stops in Höhe von 1.000$ auf die Ergebnisse des 65sma-3cc-Systems

Markt	theoretischer Gewinn	Gewinntrades (Anzahl)	Durchschnitts-trade	max. Tages-verlust 50 Tage
Britisches Pfund	121.325	28	1.155	-18.100
Kanadischer Dollar	-8.490	32	-68	-17.080
Kakao	-9.670	29	-96	-17.110
Kaffee	203.719	23	1.698	-24.953
Kupfer	478	17	10	-9.175
Mais	26.525	41	250	-4.175
Baumwolle	99.695	39	906	-7.810
Heizöl	8.290	24	113	-10.410
Deutsche Mark	69.100	34	677	-6.675
Eurodollar	17.875	21	298	-5.225
Gold	36.850	37	305	-36.960
Rohöl	16.760	24	163	-22.328
Japanischer Yen	106.388	33	1.222	-12.963
Mastschweine	29.970	50	250	-5.609
Orangensaft	20.435	32	170	-22.188
Silber	143.165	29	994	-47.710
Sojabohnen	47.281	38	415	-23.806
S&P-500	29.975	14	297	-47.295
Zucker	32.044	34	283	-8.582
Schweizer Franken	55.638	27	556	-14.975
10-jährige Bonds	30.407	22	358	-8.606
U.S.-Bonds	2.706	22	26	-22.700
Weizen	8.338	39	60	-18.331
Gesamt	1.088.804	689		
Durchschnitt	47.339	30	436	-17.946
Standardabweichung	53.800	9	465	12.301

Abbildung 4.12 Der Effekt eines initialen Stopkurses auf die Anzahl der Gewinntrades. Je enger der Stop gewählt wird, desto weniger profitable Trades werden erzielt. Die obere Linie steht für die Deutsche Mark, die untere für den US-Bond-Markt.

Dieses Problem läßt sich umgehen, indem wir einen volatilitätsabhängigen Stopkurs verwenden. Für unsere Berechnungen können wir zur Bemessung der Volatilität einen Stopkurs verwenden, der ein Mehrfaches des 15-Tage-Durchschnitts der täglichen Kursspanne beträgt. Als Testmarkt dienen die US-Bonds. Wir verwenden für unser Trading einen Stopkurs, der zwischen einem Viertel und dem Dreifachen des 15-Tage-Durchschnitts der täglichen Kursspannen variiert.

In Abbildung 4.13 wird klar erkennbar, daß ein Stopkurs unterhalb des 1,25fachen der durchschnittlichen Volatilität ganz offenbar zu eng ist. Sobald der Stop einen Wert von 2 überschreitet, steigt der Gewinn, während gleichzeitig der maximale Tagesverlust sinkt. Diese Verlustrate hat ihr Minimum bei einem Wert von 1,5. Das bedeutet, daß sich hier die Balance zwischen 'zu eng' und 'zu weit' befindet. Vergleichbare Ergebnisse lassen sich im Markt für Mastschweine in Abbildung 4.14 ausmachen.

Es ist zu erwarten, daß das Niveau des höchsten Verlusttrades ansteigt, wenn der initiale Stopkurs gelockert wird. Dies ist allein darauf zurückzuführen, daß sich der Stop immer weiter und weiter vom Kaufkurs entfernt. Dies läßt sich besonders gut in der Abbildung 4.15 erkennen, in der ein Test des Zuckermarktes abgebildet wird, der sich über dieselbe Zeitspanne wie in der Tabelle 4.1 erstreckte. Weitergehende, nicht abgebildete Berechnungen belegen, daß der Betrag des höchsten Gewinntrades nur marginal durch den initialen Stop beeinflußt wird. Dies ist sicherlich mit Masse darauf zurückzuführen, daß derartige Trades normalerweise von Anfang an in der Gewinnzone liegen. Wenn Sie sich bei der Auswahl Ihres Stopkurses unter anderem auf die Marktvolatilität stützen, so wird dieser Stopkurs in Dollar in jedem Markt einen anderen Betrag ausmachen. Sie müssen daher sicherstellen, daß sich dieser Stopkurs mit Ihren rein nominal in Dollar ausgedrückten Limits für die Risikokontrolle vereinbaren läßt.

Es bietet sich an dieser Stelle an, einen wichtigen Eckpunkt in bezug auf die Festlegung des initialen Stopkurses anzusprechen. In aller Regel sollte der Betrag des Stops höher als die momentane, tägliche Kursspanne liegen. Denn vergessen Sie nicht, daß Ihre Software nicht feststellen kann, ob dieser Stopkurs nicht durch die täglichen

Abbildung 4.13 Die Gewinne (obere Linie) steigen an, wenn der initiale Stop erweitert wird. Doch ab einem bestimmten Niveau ist der Stop offenbar zu weit gewählt, da die Gewinne nicht weiter ansteigen. Die untere Linie zeigt die jeweiligen, maximalen Tagesverluste.

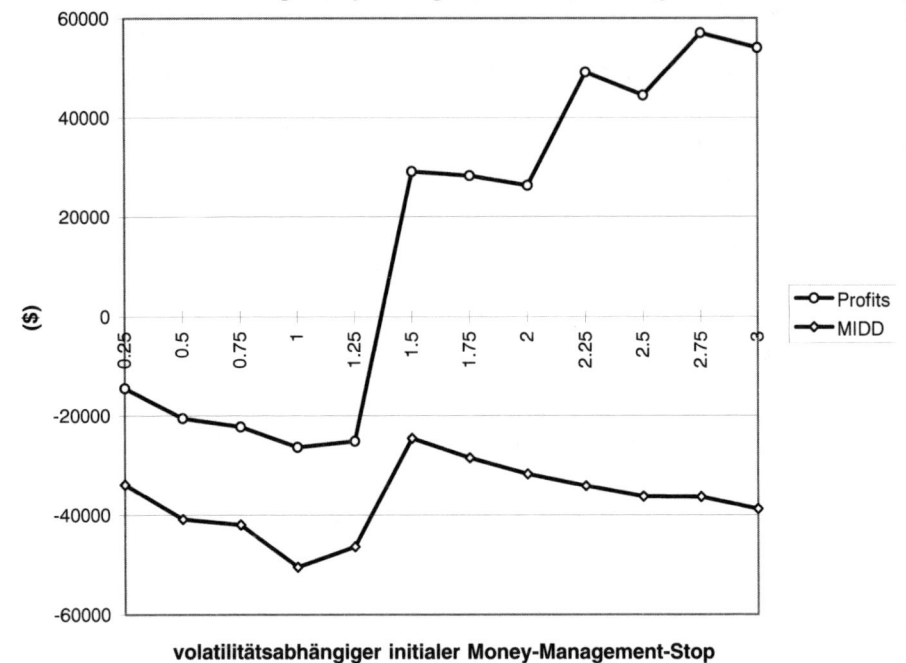

Abbildung 4.14 Die Gewinne, dargestellt durch die obere Linie, steigen an, sobald der initiale Stop gelockert wird. Die untere Linie bezeichnet die maximalen Tagesverluste. Die Daten beziehen sich auf den Markt für Mastschweine.

volatilitätsabhängiger initialer Money-Management-Stop

Abbildung 4.15 Der höchste Verlusttrade fällt bei Anwendung des 65sma-3cc-Systems im Zucker-Markt höher aus, wenn der volatilitätsabhängige Stop erweitert wird.

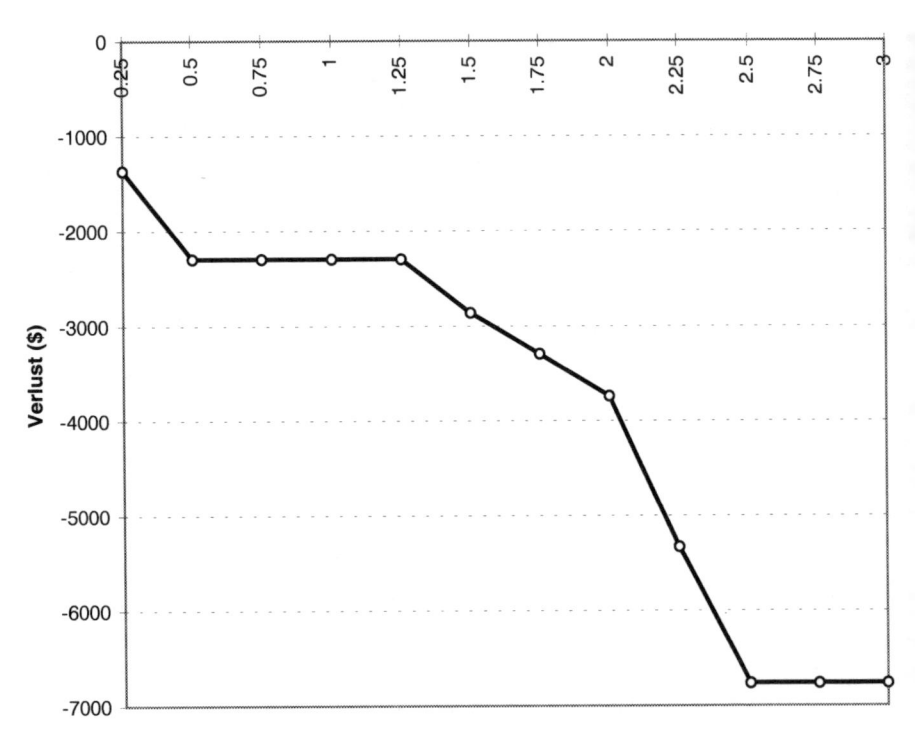

volatilitätsabhängiger initialer Money-Management-Stop für Zucker

Kursbewegungen tangiert werden könnte. Demzufolge ist es auch wünschenswert, daß Sie über 'Intraday-Daten' verfügen. Denn nur so können Sie die Stops für Ihr Day-Trading auch effektiv testen.

Zusammenfassend läßt sich folgendes sagen: Die Einbeziehung eines initialen Stops in Ihr Tradingsystem ist aus dem Blickwinkel der Risikokontrolle nachhaltig sinnvoll, denn hiermit wird der Betrag des höchsten Verlusttrades ebenso wie der maximale Tagesverlust reduziert. Allerdings werden dadurch einige potentielle Gewinntrades ausgestoppt, wodurch sich auf lange Sicht die Gesamtgewinne reduzieren können. Sie haben dabei immer die Wahl zwischen einem nominal gleichbleibenden, fixen Stop oder einem volatilitätsbezogenen Stopkurs. Grundsätzlich müssen aber beide vernünftigen Auswahlkriterien entsprechen.

Das Hinzufügen von Filtern zum 65sma-3cc-System

Bis jetzt hat unser Tradingsystem Signale generiert, die unsererseits in keinster Weise gefiltert wurden. Wie wir bereits feststellen mußten, generiert dieses Tradingprogramm viele kurzlebige oder falsche Signale, wenn sich der Markt in einer Konsolidierungsphase befindet. Ein Filter ist nichts anderes als ein Paket von Tradingregeln mit dem Ziel, die Signalgenerierung zu verbessern. Rein vom Design her ist dieses System im Augenblick grundsätzlich im Markt. Erinnern Sie sich diesbezüglich, daß wir bislang nicht über eine spezielle Strategie für Verkaufssignale verfügen und ein Kaufsignal für die Longseite dementsprechend zugleich das Verkaufssignal für die Shortposition darstellt. Zu diesem Zeitpunkt der Systemanalyse ist das einzige Ziel eines Filters, die Signalgenerierung während Seitwärtstrends zu reduzieren.

Es lassen sich eine ganze Reihe sehr unterschiedlicher Filter entwickeln. In diesem Fall wollen wir einen Filter verwenden, der auf dem Momentum-Faktor basiert. Hierzu bedienen wir uns des 'Range Action Verification Index', kurz RAVI, den wir bereits früher ausführlich beschrieben hatten. Der RAVI stellt die absolute, in Prozent ausgedrückte Differenz zwischen dem 7-Tage- und dem 65-Tage-Durchschnitt der täglichen Schlußkurse dar. In Seitwärtstrends werden diese beiden Durchschnittslinien nahe beieinander liegen. Im Gegenzug wird sich der Abstand sukzessive vergrößern, je intensiver die dem Markt zugrundeliegende Trendphase ist.

Ebensogut können Sie Wilders ADX (Average Directional Index) als Filter für Trend- bzw. Trendlos-Phasen benutzen. Solange der ADX fällt und/oder unter 20 notiert, bewegt sich der Markt nicht in einer Trendphase. Auch eine Hoch-Tief-Spanne der letzten x Tage oder andere Momentum-Oszillatoren eignen sich zur Diagnose der Trendverhältnisse. Vergessen Sie dabei aber bitte nie, daß kein Indikator immer perfekte Ergebnisse liefern wird.

Rufen wir uns zunächst die Performance des 65sma-3cc-Tradingsystems während Seitwärtstrends in Erinnerung. Sobald die Kurse beginnen, sich in einer engen Tradingrange und ohne klare Richtung zu bewegen, flacht zugleich der 65-Tage-Durchschnitt ab. Die Preise oszillieren in einer engen Spanne um diese Durchschnittslinie. Daher entstehen in solchen Situationen lange Ketten kurz aufeinanderfolgender Long- und Shortsignale, welche ja nach drei Schlußkursen in Folge oberhalb oder unterhalb dieser Durchschnittslinie generiert werden.

In gewisser Weise entsteht so ein sich selbst korrigierender Prozeß, denn die jeweiligen Kaufsignale liegen im Kurs recht nahe beieinander. Daher werden die Kursverluste, selbst wenn Sie eine ganze Reihe von Verlusttrades in Folge erleiden, relativ gering ausfallen. Es ist aber auch vorstellbar, daß ein Markt in einigen Fällen innerhalb einer breiteren Tradingrange verläuft und dabei scharfe und schnelle Kursbewegungen in beide Richtungen aufweist. Insbesondere der US-Bond-Markt hat die Tendenz, derartige Bewegungen zu vollziehen. Dies ist das negativste aller möglichen Szenarien für das 65sma-3cc-System. Kurzlebige Tradingsignale verursachen hier relativ hohe Verluste, da der Markt sich sprunghaft bewegt und demzufolge die Tradingrange in relativ kurzer Zeit durchläuft. Im folgenden zeigen wir Ihnen Beispiele für derartige Kursbewegungen.

In der Abbildung 4.16 sehen Sie den Kursverlauf der US-Bonds im Jahr 1994 zu einem Zeitpunkt, indem er die Kursverluste des mittlerweile berühmt gewordenen Bear-Marktes konsolidiert. Alleine in dieser kurzen Zeitspanne lassen sich sechs Fehlsignale des Systems ausmachen. Da sich der Markt in einer breiten Tradingrange befand und die Kurse zugleich mal über und mal unter der Durchschnittslinie verliefen, waren diese Fehlsignale auf Basis bislang vorhandener Tradingregeln unseres Systems unvermeidbar. Dies ist übrigens eine gute Illustration einer ebenso alten wie zutreffenden Regel: Welche Bedingungen Sie auch immer vorgeben, der Markt wird trotzdem immer eine Möglichkeit finden, Fehlsignale zu generieren.

Abbildung 4.17 zeigt die Ergebnisse des Tradingsystems, nachdem ein Filter etabliert wurde. Hier wurden nur noch zwei Tradingsignale innerhalb der Konsolidierungszone generiert. Der RAVI ist unterhalb der Kurse abgebildet, wodurch sich leicht erkennen läßt, daß eben diese Signale ausgelöst wurden, als der RAVI einen Wert oberhalb von eins aufwies. Da das Tradingmodell zum Zeitpunkt des Beginns dieser Abbildung bereits im Short-Modus war, ist der erste generierte Trade ein Long-Signal. Das nun mit einem Filter ausgestattete Tradingsystem kann nur dann ein Kaufsignal auslösen, wenn der RAVI einen Wert über eins aufweist und zugleich zumindest drei Schlußkurse in Folge oberhalb des 65-Tage-Durchschnittes lagen.

Unmittelbar im Anschluß an dieses Kaufsignal verharrten die Notierungen in einer engen Kursspanne, wodurch der RAVI unter eins zurückfiel. Hierdurch wurden die nächsten beiden, im alten System noch erfolgten Signale herausgefiltert. Auch im Juni fielen dem Filter bereits ein Kauf- und ein Verkaufssignal zum Opfer. Das letzte Verkaufssignal entstand, als der RAVI über eins stieg und der Kurs dreimal nacheinander unterhalb des 65-Tage-Durchschnitts schloß. Unter dem Strich ist zu erkennen, daß sich der RAVI zur Eliminierung von Fehlsignalen eignet.

Nun stellt sich die Frage, welchen Grenzwert wir für den RAVI festlegen wollen, um Signale herauszufiltern. Hierfür gibt es natürlich keine 'idealtypische' Antwort; der Trader wird um das System von 'Versuch und Irrtum' nicht herumkommen. Das Anheben des RAVI-Grenzwerts auf 1,5 bewirkt eine weitere Intensivierung des Filtereffekts. In Abbildung 4.18

Abbildung 4.16 Das 65sma-3cc-System generierte eine Reihe von Kaufsignalen, als der US-Bond-Markt nach seinem berühmten Kurssturz konsolidierte. Die Kreise zeigen diese sechs Signale, drei Long- und drei Short-Signale, innerhalb dieser breiten Konsolidierungs-Kursspanne.

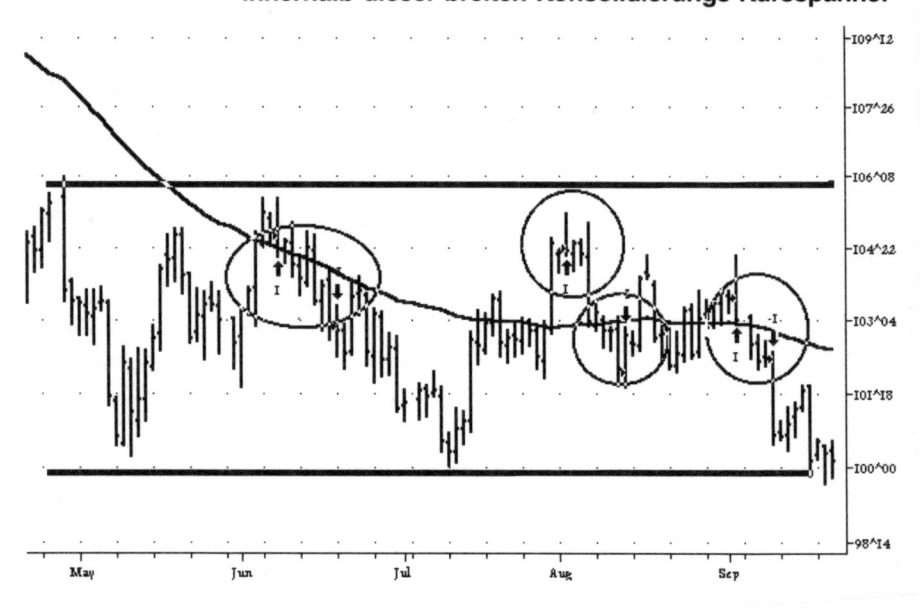

KAPITEL IV IHR EIGENES TRADINGSYSTEM

Abbildung 4.17   Durch das Integrieren eines RAVI-Filters mit Grenzwert 1 werden vier der sechs Fehlsignale eliminiert.

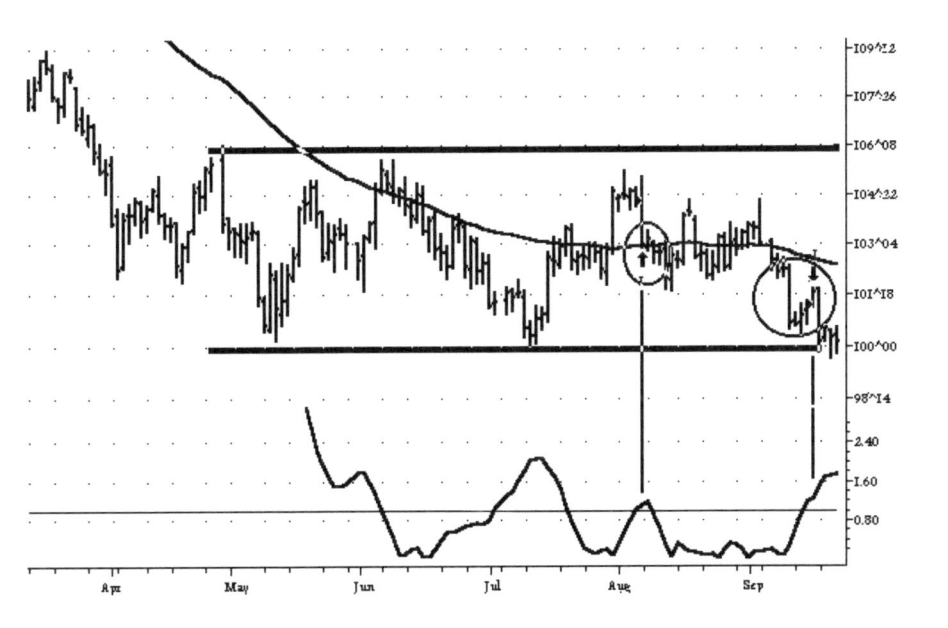

Kapitel IV Ihr eigenes Tradingsystem

Abbildung 4.18 Durch das Anheben des RAVI-Grenzwertes auf 1,5 werden noch weitere Trades eliminiert.

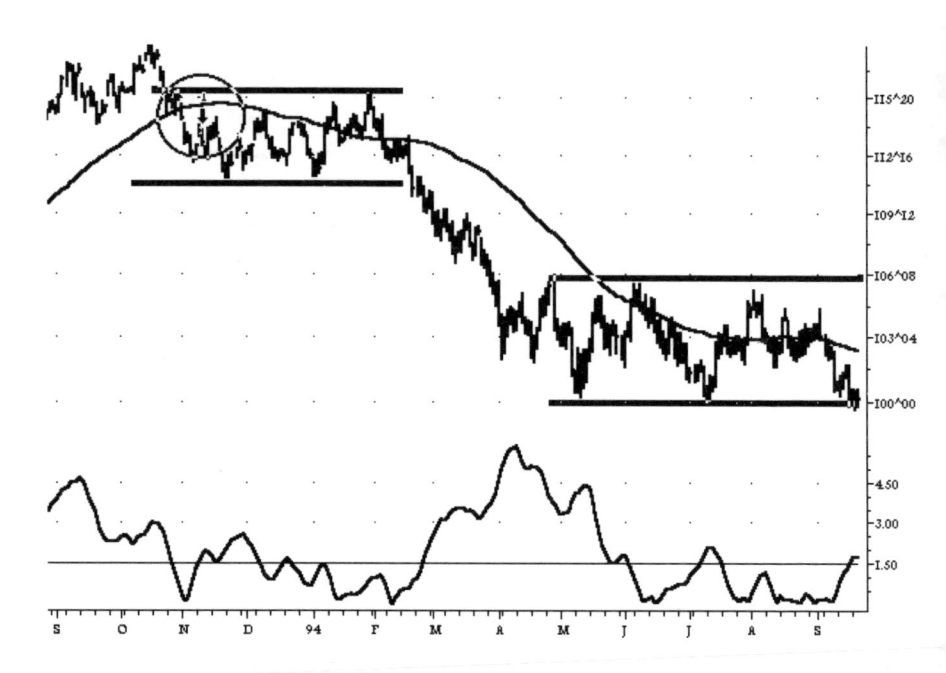

wird diesbezüglich deutlich, daß ein Filter von 1,5 alle Tradingsignale von Oktober 1993 bis zum Ende der Testphase im September 1994 herausgefiltert hätte. Da zuvor ein Shortsignal erfolgt war, wäre hieraus ein Profit von 13.696$ entstanden. Beachten Sie hierbei bitte, wie deutlich der RAVI über 1 anstieg, als der Abwärtstrend an Dynamik gewann und unmittelbar vor Beginn der rechten Konsolidierungsphase wieder nach unten abdrehte.

Die Abbildungen illustrieren, daß ein Filter zur Reduktion der Tradingzahl im Rahmen eines Trendfolge-Systems geeignet ist. Dabei lassen sich problemlos ganz unterschiedliche Filter verwenden, auch die Grenzwerte der einzelnen Filter selbst lassen sich beliebig variieren. Zur Erinnerung: Noch ist dieses Tradingsystem permanent im Markt - entweder Long oder Short!

Unterstreichen wir nun noch einmal die Vorteile, die das Etablieren eines Filters mit sich bringt:

1. Eine Reihe von Fehlsignalen kann hierdurch vermieden werden.

2. Der maximale Tagesverlust verringert sich.

3. Der Gewinnfaktor eines Systems kann gesteigert werden, d.h., die Relation von Gesamtgewinnen zu Gesamtverlusten innerhalb der Testperiode verbessert sich.

4. Auch der Wert des Durchschnittstrades erhöht sich üblicherweise.

5. Die Dauer des durchschnittlichen Gewinntrades wird dadurch verlängert.

Die einzelnen Ergebnisse hängen dabei von der Auswahl des Filters als solchem ebenso wie von der Bestimmung des entsprechenden Grenzwertes ab.

Die vorstehenden Punkte können durch weitere Daten belegt werden. Tabelle 4.4 zeigt die Resultate eines Systemtests, bei dem ein RAVI-

KAPITEL IV   IHR EIGENES TRADINGSYSTEM

Filter mit Grenzwert 0,5 zum 65sma-3cc-Modell hinzugefügt wurde. Zugleich verwendeten wir einen initialen Stop in Höhe von 1.000$ und kalkulierten 100$ für Gebühren und Kommissionen pro Trade mit ein. Die für diesen Test ausgewählten 14 Märkte stellen einen repräsentativen Querschnitt aller unterschiedlichen, handelbaren Marktsegmente dar. Sie können diese Ergebnisse mit denen aus Tabelle 4.2 vergleichen, um ein Gefühl für die vormalige Performance ohne Stops und Filter zu entwickeln.

Die Tabelle 4.5 macht den Effekt des RAVI-Filters auf den Wert des Durchschnittstrades deutlich. Das gefilterte System weist einen höheren Durchschnittsgewinn pro Trade auf, was als direktes Ergebnis der besseren Qualität der Signalgenerierung zu werten ist.

Fassen wir diesen Abschnitt noch einmal zusammen: Wir testeten das 65sma-3cc-Trendfolgesystem über einen Zeitraum von 20 Jahren in 23 verschiedenen Märkten. Die genauere Analyse der Gewinn- und Verlusttrades führte zur Auswahl eines initialen Money-Management-Stops. Darüber hinaus wurde ein Filter eingebaut, der die Anzahl der Tradingsignale reduzierte. Das Modell wurde als 'One-way'-Modell konzipiert, wodurch mehrere Long- oder Shorttrades in Folge vermieden wurden. Der Hauptvorteil dieses 'One-Way'-Systems ist die Tatsache, daß hierdurch eine leichtere Beobachtung der Effekte von Regeländerungen möglich wird. Für das tatsächliche Trading ist eine solche Restriktion indes nicht erforderlich.

Bislang haben wir auf Money-Management-Regeln verzichtet, welche auf die Gewinnentwicklung direkt einwirken. Dementsprechend konnte das System zur Erlangung maximaler Gewinne uneingeschränkt arbeiten. Es bleibt festzustellen, daß das Tradingprogramm grundsätzlich eine Position im Markt hält. Dies kann durch die zukünftige Verwendung einer 'neutralen Zone' verhindert werden. Darüber hinaus wäre die Schaffung von einer oder mehreren Verkaufsregeln wünschenswert, alleine um eine gleichmäßigere Gewinnentwicklung zu erhalten. Mit etwas Glück führt eine solche Verkaufsstrategie automatisch zur Etablierung von 'neutralen Zonen'.

Tabelle 4.4 Die Auswirkungen eines RAVI-Filters mit Grenzwert 0,5 auf das 65sma-3cc-System. Der Filter reduziert die Anzahl der generierten Trades.

Markt	Testzeitraum	Gewinn	Anzahl der Trades (gefiltert)	Anzahl der Gewinntrades (gefiltert)	Anzahl der Trades (ohne Filter)	Anzahl der Gewinntrades (ohne Filter)
Britisches Pfund	2/75 - 7/95	111.106	80	10	102	13
Mais	2/75 - 7/95	26.613	81	35	105	41
Rohöl	3/83 - 7/97	2.150	63	18	73	22
Deutsche Mark	2/75 - 7/95	49.613	81	28	103	34
Eurodollar	2/82 - 7/95	11.775	14	3	60	20
Gold	2/75 - 7/95	36.690	95	30	120	38
Silber	2/75 - 7/95	152.585	107	23	143	28
S&P-500	4/82 - 7/95	59.310	80	10	102	13
U.S.-Bonds	8/77 - 7/95	31.588	71	19	102	22
10-jährige Bonds	5/82 - 7/95	16.750	50	12	85	21
Weizen	2/75 - 7/95	-2.040	111	36	137	38

Kapitel IV — Ihr eigenes Tradingsystem

Tabelle 4.5   Das Hinzufügen eines Filters erhöht den Wert des Durchschnittstrades.

Markt	Durchschnittstrade ohne Filter	Durchschnittstrade mit Filter
Britisches Pfund	1.269	1.543
Mais	231	329
Kaffee	2.783	3.488
Rohöl	-66	34
Deutsche Mark	699	613
Eurodollar	221	841
Gold	323	389
Silber	1.014	1.426
S&P-500	406	741
Zucker	253	284
U.S.-Bonds	56	449

Die Einbeziehung von Verkaufsregeln in das 65sma-3cc-System

Die Integration von allgemeingültigen und funktionsfähigen Verkaufsregeln in ein Tradingsystem ist eine recht schwierige Aufgabe, denn der Markt weist außerordentlich vielschichtige Kursbewegungen auf. Eine sehr leicht zu integrierende Form einer Verkaufsregel ist der initiale Stopkurs. Wenn der Stop verletzt wird, schließen Sie ohne Wenn und Aber Ihren Trade. Gewinnmitnahmen nach Erreichen vorgegebener Kursziele sind eine andere Möglichkeit. Hierbei müssen Sie allerdings Regeln für den Wiedereinstieg festlegen, falls sich ein Trend nach Erreichen Ihres Kursziels fortsetzt.

Die bisherige Regelung des 65sma-3cc-Systems, die Kaufsignale zugleich als Verkaufssignale zu nutzen, erfaßt durchaus große Trendbewegungen. Allerdings geschieht dies auf Kosten hoher, wenngleich auch nur zeitweiliger Rückschläge in Ihrer Gewinnentwicklung. Die Einbeziehung von Verkaufssignalen bewirkt hierbei eine deutliche Glättung. Wenn möglich, sollten Sie dabei mit mehreren Kontrakten zugleich pro Markt traden und jeden oder jeweils eine Gruppe der Kontrakte mit einer eigenen Verkaufsregel verbinden. Dies bietet Ihnen den 'Luxus', nicht nur *eine* 'beste' Exit-Strategie zu besitzen.

Die möglichen Varianten für Verkaufsregeln sind vielfältig. Eine eher einfache Variation ist die Verwendung eines sich regelmäßig der Gewinnentwicklung anpassenden Stopkurses (Trailing-Stop), dessen nominaler Betrag immer gleich bleibt. In diesem Fall könnten Sie beispielsweise einen Stop wählen, der grundsätzlich 1.500$ unterhalb des höchsten im Verlauf des Trades erzielten Gewinns liegt. Anstatt eines derart fixierten Stops ließe sich indes auch eine volatilitätsabhängige Variante wählen. Es wäre auch ein zeitabhängiger Stopkurs wählbar, welcher sich an den höchsten bzw. tiefsten Kursen der letzten n Tage orientiert. Und zuletzt ist es ebenso denkbar, zu einem zuvor festgelegten n-ten Tag nach Beginn des Trades wieder auszusteigen. Dieser Ansatz funktioniert insbesondere dann sehr gut, wenn Sie die Möglichkeit haben, mehrere Kontrakte zu handeln und den Ausstieg so zu arrangieren, daß er sich vom beispielsweise fünften bis hin zum 25. Tag erstreckt, d.h. zeitlich gestaffelt Gewinne mitgenommen werden.

Wenn Sie Ausstiegsregeln verwenden, ohne sich zugleich eine effektive Strategie für den Wiedereinstieg zurechtgelegt zu haben, werden Sie die ganz großen Trends verpassen. Es macht schließlich wenig Sinn, eine Trendfolge-Strategie zu verfolgen, nur um permanent wegen übersensibler Verkaufsregeln ausgestoppt zu werden. Exit-Strategien bieten eine weites Betätigungsfeld für instinktive Vorgehensweise. Sofern Sie also den intuitiven Aspekt in Ihrem Trading berücksichtigen möchten, sollten Sie den Schwerpunkt dabei auf diese Verkaufsregeln legen.

Ein Beispiel für die Effekte einer Ausstiegsregel auf unser 65sma-3cc-Modell finden Sie in Tabelle 4.6. Zudem wurden hier ein 0,5-%-RAVI-Filter und ein initialer Stop von 1.000$ verwendet. Das System verkauft automatisch, wenn die Kursspanne der letzten 14 Handelstage entgegengesetzt zur Tradingrichtung verlassen wird. Wenn Sie also z.B. Long sind, generiert das System ein Verkaufssignal, wenn die Kurse unterhalb des tiefsten Kurses der vergangenen 14 Tage schließen. Dies ist eine typisch trendfolgende Ausstiegsregel mit dem Ziel, nahe am Endpunkt großer Trends auszusteigen.

Tabelle 4.6 zeigt, daß das Einbeziehen dieser Regeln die durchschnittliche Tradingdauer um 45% reduziert. Gleichzeitig zeigt sich indes, daß nicht nur der maximale Tagesverlust, sondern auch die Profitabilität zurückgeht. Das heißt: Je restriktiver das System, desto eingeschränkter die Gewinne. In bezug auf Ausstiegsregeln haben Sie also die Wahl zwischen *maximaler* Gewinnentwicklung und *berechenbarer* Gewinnentwicklung.

'Breakouts' und 'Pull-Backs'

In diesem Abschnitt wollen wir ein Tradingsystem besprechen, welches auf einem Phänomen basiert, das insbesondere in Märkten mit hohem Anteil institutioneller Investoren zu beobachten ist. In diesen Märkten weisen die großen Akteure offenbar die Neigung auf, sich den Markttrends entgegenzustellen. Das bedeutet, daß sie sich Aufwärtsbewegungen entgegenstellen und im Gegenzug bei Kursschwäche

KAPITEL IV IHR EIGENES TRADINGSYSTEM

Tabelle 4.6   Der Effekt einer Verkaufsregel auf die durchschnittliche Tradingdauer

Markt	Gewinn	maximaler Tagesverlust	Gesamtdauer aller Trades (mit Exit)	Gesamtdauer aller Trades (ohne Exit)
Britisches Pfund	38.788	-12.350	1.070	2.609
Kaffee	227.610	-29.500	880	1.609
Mais	8.125	-4.544	2.086	4.790
Rohöl	8.250	-7.680	1.446	2.718
Deutsche Mark	25.887	-7.275	1.851	3.863
Eurodollar	-2.450	-7.874	335	2.000
Gold	24.130	-7.080	2.034	4.170
Silber	44.970	-32.410	1.506	3.459
S&P-500	2.490	-29.640	460	1.290
Zucker	10.386	-7.854	1.991	4.591
U.S.-Bonds	17.925	-20.887	1.218	1.689
Durchschnitt	36.919	-15.190	1.352	2.988

Kapitel IV — Ihr eigenes Tradingsystem

stützend wirken. Wenn ein Markt beispielsweise ein neues 20-Tage-Hoch erzielt, werden viele große Marktteilnehmer massiv Short gehen, um die Notierungen auf diese Weise wieder in die alte Kursspanne zurückzudrücken. Wenn die fundamentalen Kräfte jedoch stark sind, wird der Aufwärtstrend nach einer kurzen Konsolidierung fortgesetzt werden. Ein Tradingsystem, welches ausschließlich auf der Long-Seite agiert, indem es während des 'Pull-Backs' nach einem 20-Tage-Hoch ein Kaufsignal generiert, wird 'channel-breakout/pull-back'-System (CB-PB) genannt.

Beginnen wir mit einigen Beispielen, die illustrieren, wie das CB-PB-System arbeitet. Danach werden wir dieses Prinzip einem Test in 22 Märkten unterziehen, um zu prüfen, ob dieser theoretische Ansatz eine grundsätzliche Anwendbarkeit aufweist. Im Anschluß untersuchen wir drei verschiedene Ausstiegsregeln und zeigen Ihnen, wie sich diese Strategie in völlig unterschiedliche Tradingsysteme integrieren läßt. Diese Systeme variieren dabei von einem kurzfristigen Tradingansatz, der nur zwischen sieben und neun Tagen im Markt ist, bis hin zu einem langfristigen, trendfolgenden System. Im Anschluß prüfen wir die Auswirkungen eines engen Stops in Höhe von 1.500$ und eines weiten Stops von 500$. Die Analyse konzentriert sich dabei vor allem auf folgende Märkte: Kaffee, Eurodollar, Japanischer Yen, Schweizer Franken, S&P500, 10jährige Bonds und US-Bonds.

Das CB-PB-System ist ausschließlich für Long-Trades geeignet. Die dem System zugrundeliegenden Annahmen lauten wie folgt:

1. Nach Erreichen eines neuen 20-Tage-Hochs wird der Markt konsolidieren, um im Anschluß einen neuen Aufwärtstrend zu beginnen.

2. Der Einstieg während dieser Konsolidierungsphase ist mit geringen Risiken verbunden.

3. Mögliche Verkaufspunkte finden sich entweder nahe des 20-Tage-Hochs durch die Verwendung von Trailing-Stops oder durch den automatischen Verkauf nach x Tagen im Markt.

Natürlich sieht die Realität bisweilen anders aus. Kurse können ihre Konsolidierung verlängern oder im Anschluß an diese 20-Tage-Hochs sogar die untere Begrenzung dieser Kursspanne wieder durchbrechen. Dementsprechend könnte ein Einstieg auf der Long-Seite nur in 50% bis 70% der Fälle die richtige Entscheidung sein. Zudem ist es nicht leicht, sinnvolle Verkaufsregeln zu kreieren, da die Märkte nicht immer nach demselben Schema verlaufen. Und zuletzt muß geklärt werden, wo der initiale Stopkurs gesetzt werden sollte. Denn wenn der Markt dreht und wider Erwarten einen neuen Abwärtstrend beginnt, so ist der initiale Stop der ausschlaggebende Faktor für die Risikokontrolle.

Das erste Beispiel des CB-PB-Systems betrifft den Deutsche-Mark-Kontrakt, Laufzeit März 1995. Die Abbildung 4.19 zeigt die täglichen Kursbalken und ober- und unterhalb der Balken die Tradingrange der letzten 20 Börsentage. Diese 20-Tage-Ranges verfügen über eine 13-Tage-Grenze, die beiden Linien hinzuaddiert wird, um Fehlsignale herauszufiltern. Im Chart ist zu erkennen, daß die Deutsche Mark im Dezember 1995 über ihre 20-Tage-Kursrange gestiegen ist und im Anschluß für 7 Tage konsolidierte, bevor sich der Kursanstieg fortsetzte. Nach einem kurzen weiteren Anstieg markierte der Kontrakt ein neues Top, um direkt danach erneut zu korrigieren.

Der ideale Kaufzeitpunkt wäre ein Zeitraum während der Konsolidierung. Aber wir wissen ja nicht, wie lange dieser Pull-Back dauern wird. Dabei tritt zunächst das Problem auf, wie überhaupt feststellbar ist, daß ein solcher Pull-Back aufgetreten ist. Hierzu: Während derartiger Korrekturen markieren die Kurse oft neue 5-Tage-Tiefs. Dementsprechend können wir diese CB-PB-Regel wie folgt formulieren: Der Kurs muß ein neues 20-Tage-Hoch erreichen und danach innerhalb der folgenden sieben Handelstage ein 5-Tage-Tief erreichen. Sobald dieses 5-Tage-Tief erreicht ist, gilt es, zur Eröffnung des nächsten Handelstages zu kaufen. Dabei sind die genauen Zahlenwerte frei wählbar, so daß Sie mit diesen Größen durchaus experimentieren können. Ebensogut ließe es sich auch zum Schlußkurs anstatt zur Eröffnung des Handelstages kaufen, der auf ein neues 5-Tage-Tief folgt.

Abbildung 4.19 Die Deutsche Mark vollzieht ein Pull-Back nach Erreichen eines neuen 20-Tage-Hochs. Das Ziel lautet, in Anschluß an dieses Pull-Back zu kaufen. Zur optischen Vereinfachung wurde zudem der Kanal der 20-Tage-Kursspanne abgebildet.

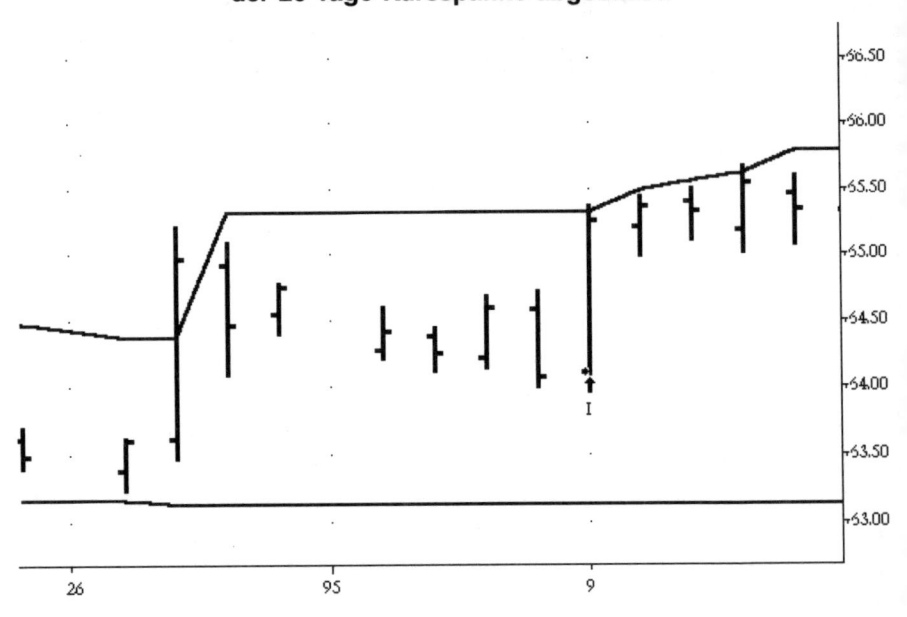

Kapitel IV Ihr eigenes Tradingsystem

Um diese Einstiegsregel funktionsfähig zu machen, benötigen wir nun eine entsprechende Verkaufsregel. Um diesen Bereich so einfach wie möglich zu gestalten, werden wir zum Handelsende des x-ten Tages verkaufen. X entspricht dabei 5 Tagen in kurzfristigen Systemen, sowie 50 Tagen in mittelfristig orientierten Programmen. Aber auch diese numerischen Größen sind natürlich frei variierbar.

Wenn Sie den 'Omega Research TradeStation Power Editor' verwenden, würden diese Tradingregeln - zumindest in Auszügen - folgendermaßen formuliert:

Input: Xdays (14)
If Highest Bar (High,20) [1] < 7 and Low < Lowest
  (Low,5) [1]
then buy tomorrow on the open;
If Bars Since Entry = Xdays then exitlong at the close;

Die erste Zeile definiert 'Xdays' als Eingabevariable mit einem frei wählbaren Wert (in diesem Fall 14 Tage). Dieser Wert kann während der Testphase verändert werden. Die Funktion 'Highest Bar' errechnet die Anzahl von Tradingtagen seit dem letzten 20-Tage-Hoch. Dabei wird in der zweiten Zeile zunächst geprüft, ob sieben oder weniger Tage seit dem neuen 20-Tage-Hoch vergangen sind. Danach wird festgestellt, ob das heutige Tief unterhalb dem tiefsten Kurs der letzten 5 Tage notiert. Wenn beide Bedingungen erfüllt sind, gilt für den nächsten Tag zur Markteröffnung ein Kaufsignal. Pro Tradingsignal kauft dieses System jeweils einen Kontrakt. Die letzte Zeile stellt die dazugehörige Verkaufsregel dar, die besagt, daß der Long-Trade billigst zum Handelsschluß verkauft werden soll, wenn heute der x-te Tag seit dem Erwerb des Kontraktes ist.

Es existiert eine Besonderheit in der Art und Weise, wie diese 'Highest-Bar'-Regel arbeitet. Die Formel zählt 20 Handelstage vom jeweils getesteten Tag an rückwärts. Dementsprechend kann ein Signal generiert werden, das nicht vom höchsten Kurs ausgeht, wie es ursprünglich vorgesehen war. Um wirklich den Höchstkurs der letzten 20 relevanten Tage zu betrachten, müßte die Formel heißen: 'Highest Bar(High,27)[1]'.

Der Grund: Zu diesen 20 Tagen müssen ja noch die maximal sieben Tage hinzugerechnet werden, in denen die Kurse bei einer Korrektur das 5-Tage-Tief erreichen. Allerdings sollte sich dieser Unterschied auf lange Sicht kaum in den Ergebnissen bemerkbar machen.

Die Abbildung 4.20 zeigt, daß unser Beispiel der Deutschen Mark mit einer 14-Tage-Verkaufsregel gute Ergebnisse zeigt. Nach dem ersten Ausbruch am 28. Dezember 1994 erfolgt das Kaufsignal auf ein Pull-Back hin am 09. Januar 1995 mit einem Eröffnungskurs von 64,11. Dieser Kurs war das exakte Tief für die darauffolgenden 14 Tage. Der Verkauf der Position erfolgte zum Handelsschluß des 30. Januar 1995 zu einem Kurs von 66,52$. Hieraus errechnet sich nach Abzug von 100$ für Gebühren ein Gewinn von 2.913$. Das nächste Kaufsignal erfolgte am 01. Februar 1995 zum Eröffnungskurs von 65,65$. Dieser Trade hatte seinen maximalen Verlust vier Tage später, als der Kontrakt beim Kurs von 65,07 um 725$ im Minus lag. Der Verkauf erfolgte am 23. Februar 1995 zum Kurs von 68,19$. Der Gewinn betrug hierbei 3.075$.

Sie erkennen: Das CB-PB-System generiert Kaufsignale mit geringem Risiko in einem beginnenden Aufwärtstrend des Deutsche-Mark-Kontraktes. Dabei stellte die Wahl des Verkaufs am 14. Tradingtag für diesen Kursverlauf eine ideale Wahl dar. Nichtsdestotrotz ist diese Zahl gemäß ihrer individuellen Präferenzen frei wählbar.

Beachten Sie hierbei bitte, daß die Kauf- ebenso wie die Verkaufsregeln willkürlich gewählt wurden, ohne speziell auf das Kursverhalten der D-Mark einzugehen. Dennoch war die Wahl der einzelnen Parameter korrekt. Hätten Sie Ihre Positionen bereits nach dem fünften Handelstag verkauft, wären die Gewinne deutlich geringer ausgefallen. Es ist festzuhalten, daß das CB-PB-System eine relativ risikoarme Einstiegsmethode bietet. Dabei läßt es sich ebenso als kurzfristiges wie langfristiges System verwenden, indem einfach die Verkaufsregeln entsprechend angepaßt werden.

Bisher entsprach unsere Verkaufsstrategie dem Trendfolge-Prinzip, die Variationen beschränkten sich ausschließlich auf den expliziten Verkaufszeitpunkt. So läßt sich der Verkaufszeitpunkt ohne weiteres zwischen

Abbildung 4.20 Die CB-PB-Strategie ermöglicht profitable Trades mit risikoarmen Einstiegspunkten.

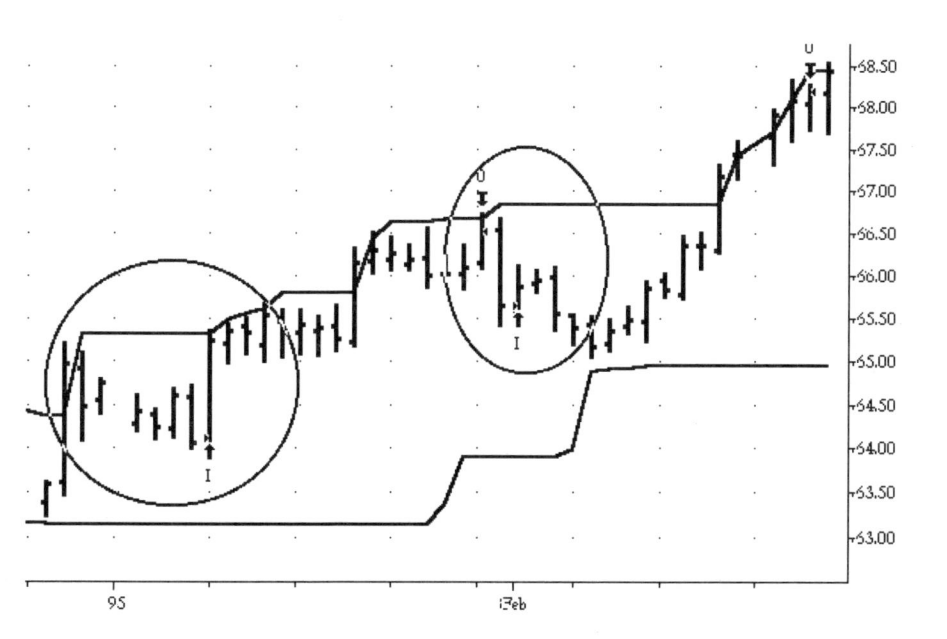

KAPITEL IV IHR EIGENES TRADINGSYSTEM

5 und 50 Tagen variieren, wobei sich selbstverständlich völlig unterschiedliche Resultate ergeben. Dabei werden wir niemals die 'perfekte' Tradingdauer von x Tagen erwischen. Aber wir können die Kursbewegungen auf eine andere Art und Weise antizipieren, die sich nicht des Zeitfaktors als Verkaufssignal bedient. So können wir beispielsweise ein Kursziel in Form eines Kurses wählen, der bereits bekannt ist. Da wir unsere Position in eine Korrektur hinein erwerben, ist es plausibel anzunehmen, daß der Markt die kürzlich erreichten 20-Tage-Hochs erneut testen wird. Daraus läßt sich ein Verkaufssignal formulieren, das während eines Pull-Backs kauft und beim erneuten Erreichen des letzten Tops verkauft. Diese neue Systemvariante würde im 'TradeStation'-System wie folgt aussehen:

If Highest Bar (High,20)[1] < 7 and Low < Lowest
(Low,5)[1]
then buy tomorrow on the open;
Exitlong at highest (h,20)[1] limit;

Während der erste Teil des CB-PB-Programmes unverändert blieb, spezifiziert die letzte Zeile die neue Verkaufsregel. Demzufolge wird von vornherein eine Verkaufsorder mit Limit des zuletzt erreichten 20-Tage-Hochs plaziert. Dieses System stellt sich als 'perfektes' Modell für den S&P500-Kontrakt Laufzeit Dezember 1995 dar. Hier wurden 12 Gewinntrades in Folge erzielt, wobei ein Gesamtgewinn von 50.000$ erreicht wurde (siehe Abbildung 4.21).

Der bemerkenswerte Aspekt hierbei ist, daß wir unser System mit sehr allgemein gehaltenen Regeln begonnen haben und nun bei einem faszinierendem, kurzfristigem Tradingsystem angekommen sind, das außerordentlich gute Ergebnisse in kräftigen Aufwärtstrends zeigt. Dabei haben wir keine speziellen Anpassungen an bestimmte Märkte vorgenommen, sondern uns ausschließlich auf allgemeine Verhaltensweisen der Kurse gestützt, wie sie auch zukünftig in jedem Markt zu beobachten sein werden. Es bleibt festzuhalten: Das CB-PB-System mit Verkaufszeitpunkt zum letzten Hoch zeigt in Konsolidierungsphasen gute Resultate.

KAPITEL IV — IHR EIGENES TRADINGSYSTEM

Abbildung 4.21 Das CB-PB-Modell mit Verkaufszeitpunkt auf Höhe der vorangegangenen 20-Tage-Hochs erzielte 12 Gewinntrades in Folge mit einem nominalen Gewinn von 50.000$.

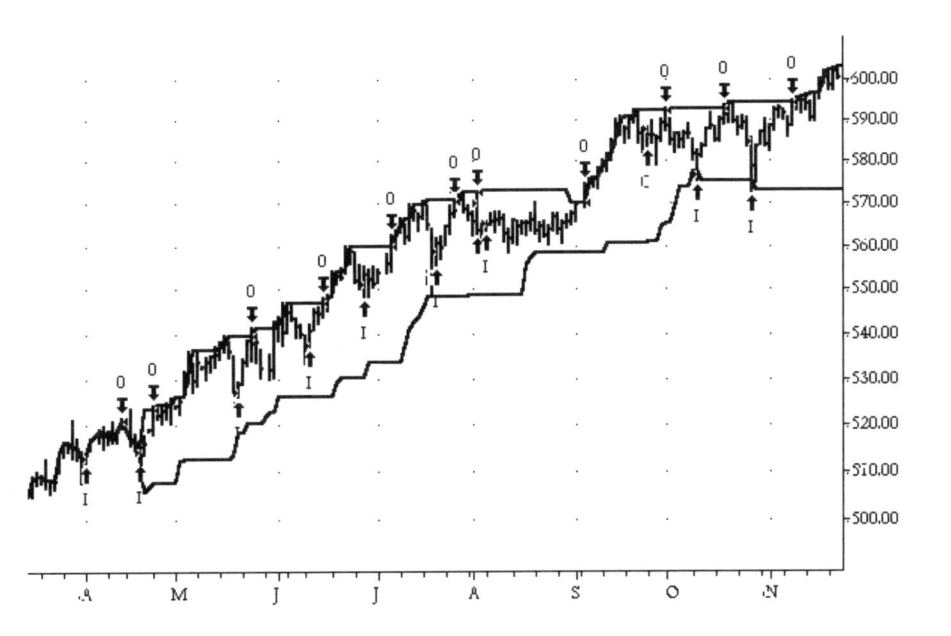

Kapitel IV Ihr eigenes Tradingsystem

Eine andere Verkaufsstrategie beinhaltet einen Trailing-Stop, dessen Spannweite indes so gewählt ist, daß der vorzeitige Ausstieg aus langfristigen Trends verhindert wird. Hierfür wurde als Stop das Unterschreiten des tiefsten Kurses der letzten 40 Tage gewählt. Hierdurch verwandelt sich das CB-PB-System in ein langfristig orientiertes, trendfolgendes Tradingsystem.

If Highest Bar (High,20)[1] < 7 and Low < Lowest
(Low,5)[1]
then buy tomorrow on the open;
exitlong at lowest (low,40)[1] - 1 point stop;

Die Einstiegsregel des Systems bleibt erneut unangetastet. Der zweite Teil des Programms löst einen Verkauf aus, wenn die Notierungen unter dem tiefsten Kurs der letzten 40 Tage schließen sollten. Damit sind die Voraussetzungen für ein der Trendfolge angepaßtes Verkaufsprinzip gegeben. Wird unser Trade nicht durch den initialen Stop beendet, wird durch diese Regel sichergestellt, daß die Position auch während kleinerer Korrekturphasen erhalten bleibt.

Beachten Sie bitte, daß wir bislang subjektive Einschätzungen von Kursverläufen in bisher drei verschiedene Verkaufsregeln einfließen ließen, um so bestimmte Trading-Präferenzen zu erfüllen. So läßt sich das CB-PB-System als kurzfristiges Tradingprogramm nutzen, wenn der Verkaufszeitpunkt auf Höhe des letzten Hochs liegt. Für kurz- und mittelfristig orientiertes Trading eignet sich der Verkauf zum Schlußkurs des n-ten Tages seit Erwerb der Position. Für die langfristige Perspektive eignet sich hingegen der Trailing-Stop. Und so entsteht aus den verschiedenen Verkaufssignalen jeweils ein ganz unterschiedliches System, welches aber trotzdem auf ein und demselben Kaufsignal aufbaut. Anhand des Charts für die Kurse des US-Bond-Kontraktes Laufzeit März 1995 (Abbildung 4.22) können wir die Unterschiede der drei verschiedenen Verkaufsstrategien verdeutlichen.

Werfen wir nun einen Blick auf das Kaufsignal, um zu überprüfen, ob es eine bessere Methode als dieses willkürlich ausgewählte System gibt. Indem wir den Überlegungen von Le Beau und Lucas folgen, wollen wir versuchen, die Effekte des CB-PB-Kaufsignals zu isolieren.

KAPITEL IV   IHR EIGENES TRADINGSYSTEM

Wir testen das Signal nun unter folgenden Parametern: Verkauf zum Handelsschluß des n-ten Tages (n = 5, 10, 15 und 20), kein initialer Stopkurs bzw. Berechnung von Gebühren und Kommissionen. Gemäß der Einschätzung von Le Beau und Lucas ist ein Kaufsignal dann einem willkürlichen Einstieg vorzuziehen, wenn es zumindest 55% profitable Trades über eine große Spanne verschiedener Märkte erreichen kann. Diese Analysten testeten allerdings nur einen Zeitraum von sechs Jahren in sechs verschiedenen Märkten, um die Fähigkeit einer Einstiegsregel zu überprüfen, den Durchschnitt zu überbieten. Wir hingegen verwenden 22 unterschiedliche Märkte sowie Endloskontrakte, welche sich über einen Zeitraum vom 01.Januar 1975 bis zum 10. Juli 1995 erstrecken. Dies stellt in der Tat einen 'Härtetest' für unser Kaufsignal dar. Das Ziel lautet zu überprüfen, ob dieses Signal in mehr als 55% der Fälle profitabel sein kann.

Die Tabelle 4.7 zeigt, daß tatsächlich ca. 55% aller CB-PB-Signale einen Gewinn erwirtschaften konnten. Sie können daher mit hoher Sicherheit davon ausgehen, daß das CB-PB-Signal bessere Ergebnisse als ein willkürlicher Einstieg erzielt. Und so können Sie nun dieses Kaufsignal mit einer Vielzahl von Risikokontrollmaßnahmen und Verkaufsstrategien verbinden, um ein Tradingsystem zu konstruieren, das Ihrer persönlichen Trading-Mentalität entspricht.

Das erste von uns überprüfte Verkaufssignal ist der Ausstieg zum Handelsschluß des n-ten Tages seit Beginn des Trades. Als Arbeitshypothese nehmen wir dabei an, daß der Markt nach Generierung des Kaufsignals eine Trendbewegung beginnt. Das CB-PB-System wird in diesem Test mit einem initialen Stop in Höhe von 1.500$ ausgestattet, darüber hinaus berechnen wir 100$ für Gebühren und Kommissionen pro Trade. Wie wir bereits zu Beginn dieses Abschnittes angekündigt haben, konzentrieren wir uns hier insbesondere auf besonders liquide Märkte. Als Verkaufssignal dient im ersten Test der Ausstieg aus dem Long-Trade zum Handelsschluß des fünften Tages.

Die Ergebnisse dieser Verkaufsregel waren nicht gerade beeindruckend, wie Sie in Tabelle 4.8 erkennen können. Da wir während einer Konsolidierungsphase in den Markt eingestiegen sind, wiesen die Kurse in den

Tabelle 4.7 Prozentualer Anteil der Gewinntrades im CB-PB-System im Zeitraum 01.01.1975 bis 10.07.1995

Markt	Tradingdauer 5 Tage	Tradingdauer 10 Tage	Tradingdauer 15 Tage	Tradingdauer 20 Tage
Britisches Pfund	55	52	55	54
Kanadischer Dollar	54	48	52	45
Kaffee	52	56	45	46
Kupfer	51	48	52	56
Mais	57	52	50	46
Baumwolle	57	62	55	58
Rohöl	57	55	62	58
Deutsche Mark	55	55	54	55
Eurodollar	60	58	60	60
Gold	55	52	53	53
Heizöl	52	53	55	54
Japanischer Yen	56	49	50	55
Mastschweine	56	51	53	51
Orangensaft	54	54	50	50
Silber	54	53	56	48
Sojabohnen	56	58	53	46
S&P-500	64	54	56	61
Zucker	57	53	57	48
Schweizer Franken	48	50	52	53
10-jährige Bonds	63	57	60	57
U.S.-Bonds	56	53	52	52
Weizen	63	52	51	47

Tabelle 4.8 Die Ergebnisse der CB-PB-Trades mit Verkauf der Position nach dem fünften Tag und einem initialen Stop von 1.500$

Markt	Gewinn	Anzahl der Trades	Prozentsatz der Gewinner	Durchschnitts-trade	maximaler Tagesverlust	Gewinn-faktor
Eurodollar	6.050	99	54	61	-4.350	1,27
Japanischer Yen	27.450	96	51	286	-9.863	1,63
Kaffee	-11.273	122	54	-94	-23.500	0,86
S&P-500	69.330	185	42	375	-19.640	1,42
Schweizer Franken	-4.988	120	45	-42	-17.913	0,94
10-jährige Bonds	18.831	122	58	154	-8.756	1,39
U.S.-Bonds	27.306	126	52	217	-13.219	1,45
Durchschnitt	18.958	124	51	280	-13.892	1,28

ersten fünf Tagen des Trades zumeist nur geringe Bewegungen auf. Wir schließen daraus, daß eine längere Tradingdauer in diesem Fall angeraten ist.

Prüfen wir also, was geschieht, wenn wir die Trades über einen Zeitraum von 50 Tagen im Depot belassen. Die Rahmenbedingungen für diesen Test sind dieselben wie in Tabelle 4.8. Die Resultate, abgebildet in Tabelle 4.9, zeigen, daß bei n = 50 Tagen eine dramatische Verbesserung der Tradingergebnisse auftritt. Der Durchschnittsgewinn pro Markt hat sich verdreifacht, während der Gewinnfaktor um ganze 46% angestiegen ist. Zugleich wird klar: Unsere dem Test zugrundeliegende Annahme, daß die Kurse nach einer Korrekturphase in eine Trendphase überwechseln, hat sich in immerhin ca. 39% der Fälle bestätigt. Und schon hat sich unser ursprünglich eher schwaches, kurzfristiges Tradingsystem in ein interessantes, mittelfristiges System verwandelt, nur indem wir die Tradingdauer auf 50 Tage erweitert haben.

Wir haben bereits zuvor festgestellt, daß die Höhe des initialen Stops von der aktuellen Marktvolatilität abhängen sollte. So könnte zum Beispiel der Stop von 1.500$ für die vorhandene Volatilität des S&P500-Marktes zu 'eng' sein. Jedoch: Erweitern wir den Stop des CB-PB-Systems auf 5.000$ (anstatt zuvor 1.500$), so verringern sich die in Tabelle 4.9 dargestellten Gewinne in allen Märkten - außer beim S&P500. Die Gewinne beim S&P500 erhöhten sich auf 141.840$ in nur 55 Trades. Davon waren 56% Gewinntrades, woraus sich ein Durchschnittstrade von +2.579$ errechnet. Der maximale Tagesverlust betrug dabei 24.795$, der Gewinnfaktor erhöhte sich von 1,62 auf 2,29. So ist erneut bewiesen: Der initiale Stop beeinflußt die gesamte Systemperformance.

Die langfristige Verwendbarkeit dieses Kaufsignals untersuchen wir, indem wir einen Trailing-Stop verwenden. Wir wissen ja bereits aus vorangegangenen Testphasen, daß ein Trailing-Stop dienlich ist, um an langfristigen Trendbewegungen voll partizipieren zu können. Wählen wir hierfür zunächst willkürlich einen Stop, der den Verkauf veranlaßt, sobald der tiefste Kurs der letzten 40 Handelstage unterschritten wird. Auf diese Weise versuchen wir, das mittelfristige Tradingsystem

KAPITEL IV   IHR EIGENES TRADINGSYSTEM

Abbildung 4.22   Das CB-PB-System ermöglichte einen risikoarmen Einstieg in den neu etablierten Trend des März1995-Bond-Kontrakts.

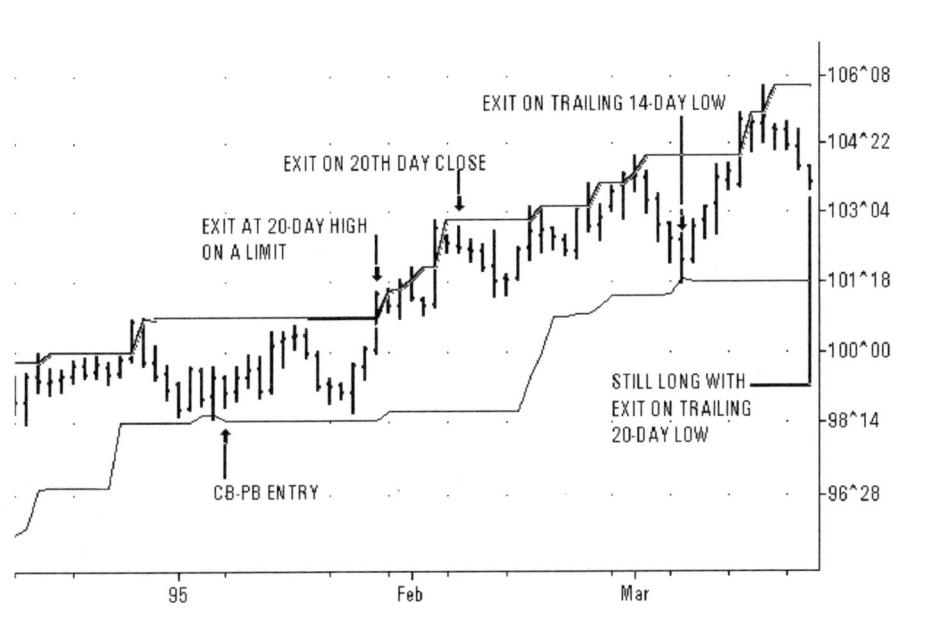

in ein langfristiges Programm umzuwandeln. Wie bereits zuvor lautet der initiale Stop auf 1.500$, für Gebühren und Kommissionen werden 100$ berechnet.

Tabelle 4.10 zeigt, daß die Langfrist-Performance einen Durchschnittstrade von 1.082$ und einen Gewinnfaktor von nahezu 3 erreicht. Die Relation der Nettogewinne zum maximalen Tagesverlust beträgt über 4,5. Diese Zahlen belegen, daß sich dieses System tatsächlich mit unveränderter Einstiegsregel in ein profitables, langfristiges Trendfolge-System umwandeln läßt.

Verbinden wir nun die bewährte Einstiegsregel mit einem Verkaufszeitpunkt zum letzten 20-Tage-Hoch. Es ist ja durchaus zu erwarten, daß die Kurse die zuletzt erreichten 20-Tage-Hochs im Zuge des Auf und Ab der Konsolidierungsphase erneut testen. Eine Zusammenfassung dieses Tests finden Sie in Tabelle 4.11.

Es stellt sich heraus, daß diese Verkaufsregel für das CB-PB-System nur für den Eurodollar, den S&P500, die 10jährigen Notes und den US-Bond-Markt interessant ist. Hier macht vor allem der hohe Anteil an Gewinntrades diese Ausstiegsregel attraktiv. Beachten Sie hierbei bitte, daß die durchschnittliche Länge der Gewinntrades nur 9 Tage betrug.

Es lassen sich durchaus noch weitere Variationen dieser Strategie entwickeln. Ein wichtiger Aspekt im Design des CB-PB-Systems ist die Suche nach einem möglichst risikoarmen Einstiegszeitpunkt für die Long-Trades. Weitere Möglichkeiten wären beispielsweise die Etablierung von Filtern, um die Anzahl der Trades zu reduzieren.

Es bleibt festzuhalten: Das CB-PB-System verfügt über ein flexibles Einstiegssystem, das den verschiedensten Tradingstilen gerecht wird. Eine mittel- bzw. langfristige Strategie schneidet bezüglich der Profitabilität indes weitaus besser ab. Der kurzfristige Ansatz beschränkt sich in seiner Anwendbarkeit nur auf einige wenige, aktive Märkte. Bemerkenswert bleibt hierbei vor allem, daß sich - basierend auf derselben Einstiegsregel - unterschiedliche Systeme entwickeln lassen, indem ausschließlich die Verkaufsstrategie angepaßt wird.

Tabelle 4.9 CB-PB-Trades mit Verkaufszeitpunkt zum fünfzigsten Tag des jeweiligen Trades und initialem Stop bei 1.500$

Markt	Gewinn	Anzahl der Trades	Prozentsatz der Gewinner	Durchschnittstrade	maximaler Tagesverlust	Gewinnfaktor
Eurodollar	21.875	45	56	485	-8.525	1,74
Japanischer Yen	76.613	52	46	1.473	-11.525	2,69
Kaffee	27.434	71	27	387	-18.719	1,33
S&P-500	86.085	102	22	781	-26.475	1,62
Schweizer Franken	52.889	63	37	839	-13.900	1,81
10-jährige Bonds	49.799	58	47	831	-9.575	1,98
U.S.-Bonds	63.094	66	37	923	-14.169	1,95
Durchschnitt	53.970	65	39	817	-14.698	1,87

Tabelle 4.10 CB-PB-Long-Trades mit Verkaufsstrategie mittels eines Trailing-Stops auf Höhe des 40-Tage-Tiefs und einem initialen 1.500$-Stop

Markt	Gewinn	Anzahl der Trades	Prozentsatz der Gewinner	Durchschnitts-trade	maximaler Tagesverlust	Gewinn-faktor
Eurodollar	32.200	37	35	870	-3.375	3,65
Japanischer Yen	70.419	34	38	2.063	-7.112	4,39
Kaffee	53.928	59	14	914	-24.020	2
S&P-500	85.200	70	14	510	-25.480	1,41
Schweizer Franken	55.200	59	20	936	-11.550	2,42
10-jährige Bonds	57.250	51	28	1.123	-8.038	3,39
U.S.-Bonds	62.513	54	24	1.158	-11.475	2,13
Durchschnitt	59.530	52	25	1.082	-13.007	2,77

Tabelle 4.11 CB-PB-Long-Trades mit Verkaufsstrategie mittels Limit-Verkauf auf Höhe des letzten 20-Tage-Hochs und einem initialen 1.500$-Stop

Markt	Gewinn	Anzahl der Trades	Prozentsatz Gewinner	Durchschnitts-trade	maximaler Tagesverlust	Anzahl der Gewinntage	Gewinn-faktor
Eurodollar	7.250	98	72	74	-8.750	9	1,24
Japanischer Yen	17.200	93	54	185	-11.225	13	1,3
Kaffee	-7.751	117	43	-66	-24.463	11	0,93
S&P-500	48.860	185	36	264	-25.070	6	1,25
Schweizer Franken	-5.963	116	50	-51	-16.625	7	0,97
10-jährige Bonds	26.781	120	65	223	-8.388	9	1,42
U.S.-Bonds	37.306	126	60	296	-10.856	8	1,47
Durchschnitt	17.669	122	54	132	-17.377	9	1,22

Das ADX-Breakout-System

Während der Testphasen für das 65sma-3cc-System und das CB-PB-System haben wir unterstellt, daß sich der Markt in einer Trendphase befindet. Diese grundlegende Annahme ließ sich bislang aber nicht überprüfen, da die Existenz einer Trendbewegung nur schwierig meßbar ist. Bereits in Kapitel 3 haben wir dargelegt, daß das Momentum des Marktes oft eine brauchbare Meßgröße für die Überprüfung der Trendintensität darstellt. Bedauerlicherweise ist ein gewisses Maß an Glättung für die Aussagekraft des Indikators unumgänglich, aber eben diese Glättung verursacht unerwünschte Zeitverzögerungen in der Signalgenerierung des Indikators.

Die Abbildung 4.23 zeigt den US-Bond-Kontrakt in einer Aufwärts-Trendphase von Dezember 1992 bis März 1993. Der unter den Kursdaten abgebildete Indikator ist der 18-Tage-ADX (Average Directional Movement-Index). Der ADX mißt die Stärke der Kursbewegung über einen vorgegebenen Zeitraum, wobei eine ansteigende ADX-Linie das Vorhandensein einer Trendbewegung anzeigt. Normalerweise wird ein Trend unterstellt, wenn der ADX einen Wert oberhalb 20 erreicht. Da dieser Indikator aber unter Zeitverzögerung reagiert, sollte dem nominalen Wert hier nur geringe Bedeutung zugemessen werden.

Der ADX ist ähnlich strukturiert wie ein doppelt geglättetes, absolutes Momentum und reagiert ebenso wie letzteres bisweilen erstaunlich träge. Sehr oft zeigt der ADX eine Trendbewegung zu spät an, wodurch sich die Kursrichtung in volatilen Märkten bereits wieder geändert haben kann, ohne daß dies seitens des ADX indiziert würde.

Starke Kursbewegung in Richtung des Trends können eine tägliche Veränderung des ADX-Wertes von mehr als einem ganzen Punkt verursachen. Ein solches Phänomen wird als ADX-Breakout bezeichnet. Die Abbildung 4.24 zeigt den US-Bond-Kontrakt mit einem Histogramm des ADX-Breakouts und zugleich der bereits vorher gezeigten, normalen ADX-Linie. Mit Intensivierung des Trends steigt die tägliche Veränderung des ADX über 1. Die relativ hohen Balken signalisieren die dort vorhandene ADX-Breakout-Aktivität. Hieraus läßt sich nun ein Tradingsystem entwickeln, dessen generierte Kaufsignale in Abbildung 4.25 durch Kreise gekennzeichnet sind.

Es wird deutlich, daß der ADX-Breakout-Indikator ein anziehendes Momentum indiziert. Dementsprechend hat sich die Design-Philosophie geändert, denn nun beginnen wir zunächst damit, die Erfolgsaussichten einer trendfolgenden Strategie zu überprüfen. Bemerkenswert hierbei ist, daß der ADX-Breakout *selbst* einen Trade indiziert und nicht wie zuvor der ADX als Filter verwendet wird. Bereits Lucas und Le Beau haben ein vergleichbares System entwickelt. Unser Ziel lautet sicherzustellen, daß unsere Trades in Richtung des kurzfristigen Trends begonnen werden. Dieser Trend ist aufwärts gerichtet, wenn der 3-Tage-Durchschnitt über dem 12-Tage-Durchschnitt liegt und umgekehrt. In Tabelle 4.12 sehen Sie die Ergebnisse unter Verwendung einer einfachen 20-Tage-Verkaufsstrategie und Einberechnung von 100$ für die Tradinggebühren. Der getestete Zeitraum erstreckte sich vom 01. Januar 1975 bis zum 10. Juli 1995.

Bereits am relativ hohen Gewinnfaktor läßt sich erkennen, daß die Regeln zur Generierung von Kaufsignalen in der Tat imstande sind, profitable Tradingmöglichkeiten auszunutzen. Der ADX-Breakout ist demnach eine gute Möglichkeit, in starke Trendbewegungen hinein zu kaufen. Allerdings ist der Gewinnfaktor hier zu einem gewissen Grad zu optimistisch, da bei diesem Test die Daten von Endloskontrakten verwendet wurden. Natürlich können diese Gewinne durch den Einsatz mehrerer Kontrakte erhöht werden, zudem ließe sich hier eine ganze Vielzahl anderer Verkaufsstrategien ausprobieren.

Wenn Sie die Anzahl der Trades mit denen des 65sma-3cc-Systems vergleichen, werden Sie feststellen, daß hier deutlich weniger Kaufsignale generiert wurden. Dies zeigt, daß der ADX-Breakout gleichzeitig als Kaufsignal wie auch als Filter fungiert. So war dieses System nur zu ca. 35% bis 45% der Zeit im Markt, was belegt, daß das Programm eine relativ große 'neutrale Zone' besitzt. Ein Tradingsystem mit einer 'neutralen Zone' ist solange neutral, bis die zur Generierung von Kaufsignalen vorgesehenen Indikatoren über einen vorab festgelegten Grenzwert steigen.

Abbildung 4.23 Ein ansteigender 18-Tage-ADX kann als guter Indikator für Trendphasen dienen.

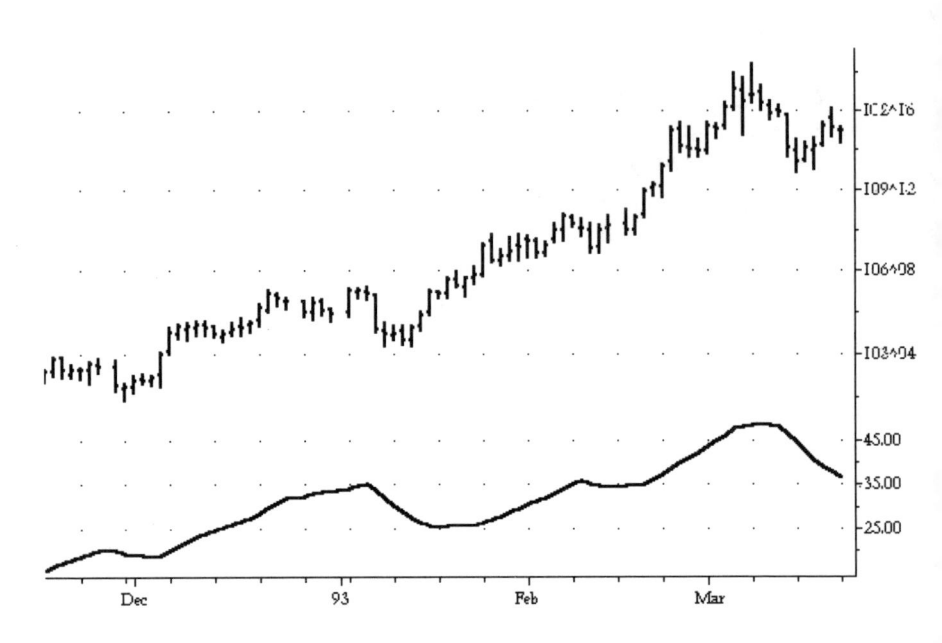

Abbildung 4.24 Das Histogramm des ADX-Breakout-Momentums bildet tägliche Veränderungen ab, die einen Wert höher als 1 aufweisen.

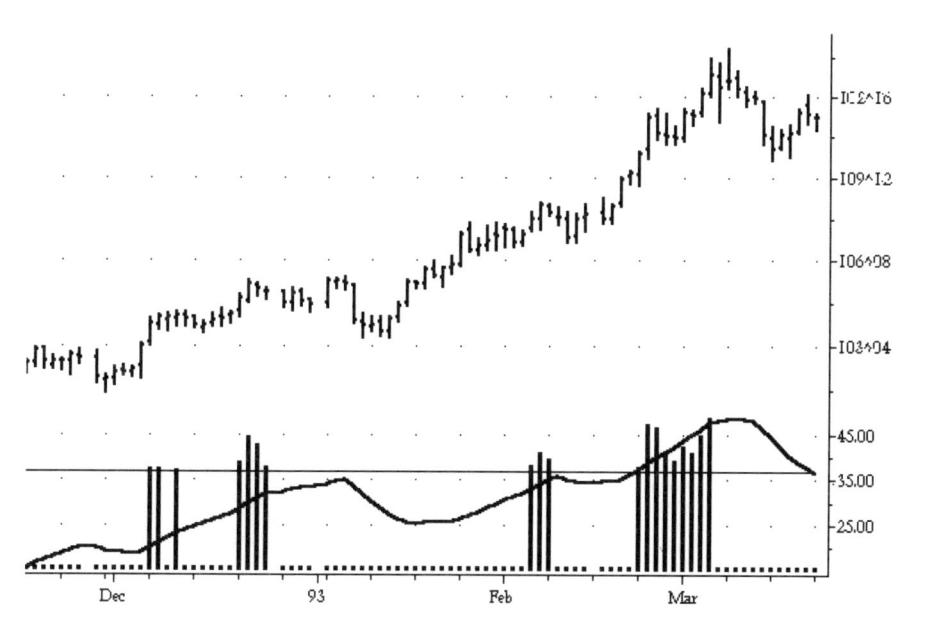

Abbildung 4.25 Ein Tradingsystem, welches seine Signale durch einen ADX-Breakout-Wert oberhalb 1 erhält.

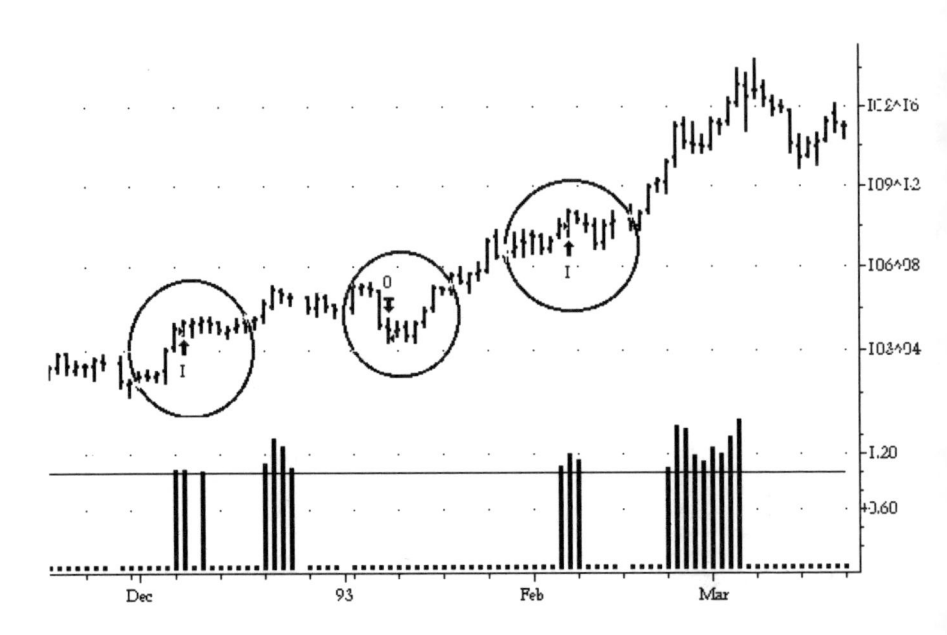

KAPITEL IV IHR EIGENES TRADINGSYSTEM

Tabelle 4.12 Performance des ADX-Breakout-Systems mit initialem Stop 5.000$

Markt	Gewinn	Gewinntrades/ Gesamtzahl Trades/ Prozentsatz Gewinner	Gewinnfaktor	Durchschnitts- trade	maximaler Tagesverlust
Britisches Pfund	40.531	34/75/45	1,39	540	-25.113
Kanadischer Dollar	6.830	20/56/36	1,28	122	-7.060
Kaffee	137.014	29/75/39	3,86	1.826	-21.225
Kupfer	4.770	15/25/60	1,29	191	-5.970
Mais	22.269	37/70/53	2,58	319	-3.356
Baumwolle	72.770	32/64/50	3,49	1.138	-4.860
Rohöl	10.590	21/54/38	1,44	196	-13.400
Deutsche Mark	63.300	40/73/55	3,49	867	-8.675
Gold	4.770	31/84/37	1,04	30	-27.450
Heizöl	52.469	30/56/54	2,61	937	-7.850
Japanischer Yen	63.450	37/69/54	2,35	920	-18.050
Mastschweine	20.080	36/75/48	1,65	268	-6.140
Orangensaft	25.013	29/80/36	1,63	313	-12.692
Sojabohnen	38.606	31/73/42	1,81	529	-10.713
S&P-500	-28.650	20/55/36	0,79	-520	-65.815
Schweizer Franken	76.238	35/68/51	2,75	-1.121	-8.075
U.S.-Bonds	54.531	27/60/45	2,56	909	-11.306
Durchschnitt	39.093		2,12		

Und so war das 65sma-3cc-System grundsätzlich investiert, während das ADX-Breakout-System in 55 bis 65% der Zeit neutral bleibt.

Bei diesen Kalkulationen haben wir einen 'weiten' initialen Stop von 5.000$ benutzt, um die Performance des Systems besser herausstellen zu können. Die Tabelle 4.13 hingegen zeigt die Ergebnisse einiger ausgewählter Märkte mit einem 'engeren' Stop von 1.500$. Indes: Die Gewinnentwicklung dieser beiden unterschiedlicher Stops erwies sich als im großen und ganzen gleich.

Einer der Haken am ADX-Breakout-System ist, daß die Kaufsignale oft zu spät erfolgen, so daß der Einstieg bisweilen an Hoch- oder Tiefpunkten kurzfristiger Kursbewegungen erfolgt (siehe hierzu Abbildung 4.26). Derartige kurze, aber intensive Kursbewegungen generieren Kaufsignale, ohne daß die Kurse im weiteren Verlauf einen Trend in die angezeigte Richtung beginnen. Daher ist es grundsätzlich angeraten, ein Tradingsystem mit eingebauter, vorgegebener Stop-Loss-Order zu verwenden.

Fassen wir also zusammen: Das ADX-Breakout-System ermöglicht den Einstieg in die Märkte während starker Trendphasen. Die Testergebnisse haben gezeigt, daß sich dieses System in vielen verschiedenen Märkten ebenso wie über längere Zeiträume bewährt. Das ADX-Breakout-System verfügt dabei über eine ausgedehnte neutrale Zone, so daß es nur 35 bis 45% der Zeit im Markt ist. Hier unterscheidet es sich zum Beispiel vom 65sma-3cc-System, welches nicht über einen Trendfilter verfügt und dementsprechend grundsätzlich investiert ist. Das System läßt sich zur Generierung von Kaufsignalen, aber auch als Indikation zur Erweiterung bereits bestehender Marktpositionen verwenden. Variationen sind durch Veränderung der Parameter oder der Verkaufsregeln möglich.

Ein Trend/Antitrend-Tradingsystem

In diesem Abschnitt befassen wir uns mit dem Trend/Antitrend-System (T/AT), welches speziell dafür entwickelt wurde, zwischen einem Antitrend- und einem Trendfolge-Modus zu wechseln. Ein solches

Tabelle 4.13   Performance des ADX-Breakout-Systems mit initialem Stop von nur 1.500$

Markt	Gewinn	Anzahl der Trades	Prozentsatz Gewinner	Durchschnitts-trade	maximaler Tagesverlust	Gewinn-faktor
Britisches Pfund	64.438	82	39	744	-18.719	1,82
Kaffee	148.584	85	33	1.749	-13.851	3,07
Baumwolle	66.800	66	48	1.012	-6.015	2,95
Rohöl	6.070	55	38	110	-13.440	1,24
Deutsche Mark	62.088	73	55	851	-8.457	3,34
S&P-500	19.160	68	25	282	-33.675	1,24
Schweizer Franken	61.575	72	44	855	-9.125	2,88
U.S.-Bonds	40.556	66	36	615	-12.944	1,74

Abbildung 4.26 Der US-Bond-Kontrakt Juni 1990 bricht nach unten aus einer Tradingrange aus und markiert ein dynamisches, neues Tief. Das System dreht auf eine Short-Position, während die Kurse zügig wieder anziehen und in die vormalige Kursspanne zurückkehren.

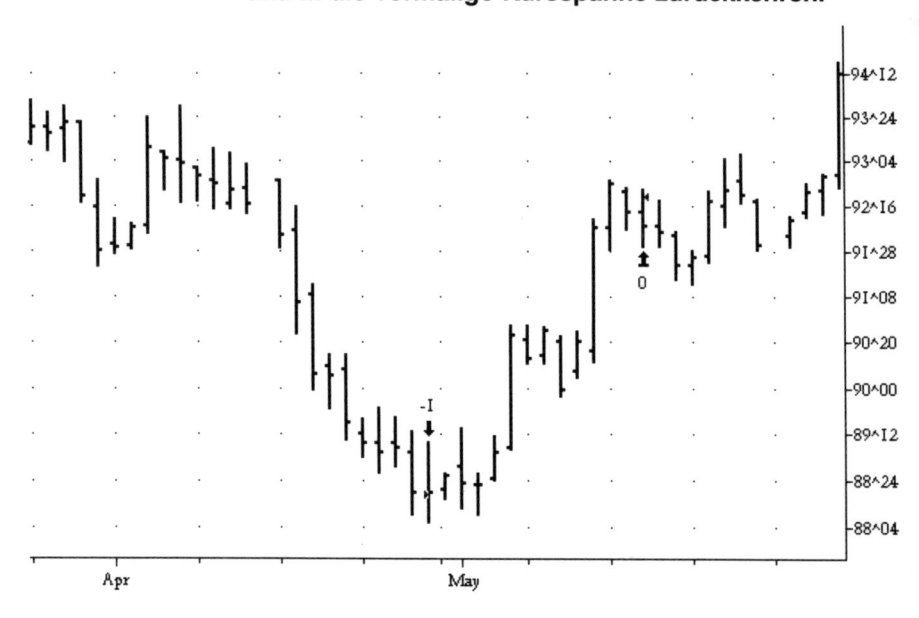

Kapitel IV   Ihr eigenes Tradingsystem

System wird Ihnen liegen, wenn Sie gerne kurzfristig und aggressiv gegen den Trend agieren, gleichzeitig aber auch ohne Probleme eine dem Trend entsprechende Position einnehmen, wenn dies erforderlich ist. Dieses System wird Ihnen zeigen, daß die Trendfolge nicht die einzige Möglichkeit ist, im Markt zu traden. Insbesondere viele institutionelle Anleger und Money-Manager mit ihrem großen Kapitalpolster, ebenso großen Positionen, niedrigen Transaktionskosten und direktem Kontakt zum Markt nutzen gerne die kurzfristigen Bewegungen der Märkte aus. Diese Profis verkaufen bei neuen Hochs, um bei neuen Tiefstkursen wieder einzusteigen. Zum normalen Privatanleger besteht allerdings ein großer Unterschied: der Zeithorizont. Diese Profis sind bereits ein Dutzend Mal in den Markt hinein- und hinausgegangen, bevor die meisten von uns sich überhaupt zu ihrem ersten Trade entschließen konnten.

Wir werden für dieses System einen 18-Tage-ADX verwenden, um die Trendintensität des Marktes zu messen. Der 18-Tage-Durchschnitt dieses ADX dient dabei als Signalgeber. Wenn der ADX über diese Durchschnittslinie kreuzt, unterstellen wir dem Markt eine Trendphase. In diesem Fall werden wir bei neuen Hochs kaufen, bei neuen Tiefstkursen auf die Verkaufsseite gehen. Notiert der ADX hingegen unterhalb seines 18-Tage-Durchschnitts, gilt es, bei neuen Höchstkursen Short, bei neuen Tiefkursen Long zu gehen.

Da wir in diesem Fall gegen den kurzfristigen Trend traden, müssen wir unbedingt mit einem initialen Stop arbeiten, um mögliche Verluste in erträglichem Rahmen zu halten. Vorher muß aber noch entschieden werden, auf welche Weise wir die Kaufsignale befolgen wollen. Der Einfachheit halber vollziehen wir die Käufe zur Markteröffnung des nächsten Handelstages. Zur Berücksichtigung der Trendfolgeaspekte wird ein Stopkurs etabliert, der bei Long-Positionen verkauft, wenn der tiefste Kurs der vergangenen 20 Handelstage unterschritten wird bzw. die Short-Positionen glattstellt, wenn der höchste Kurs der letzten 20 Tage nach oben durchbrochen wird. Weitere, spezifische Verkaufsregeln werden wir zunächst der Einfachheit halber nicht verwenden, so daß Kaufsignale zugleich als Verkaufssignal der vorherigen Position gelten.

Die Arbeitsweise dieses Tradingsystems können Sie in Abbildung 4.27 erkennen, hier für den US-Bond-Markt. Die Kurse markierten während einer Konsolidierungsphase ein Tief und zogen im Anschluß deutlich an, von einer kurzen Seitwärtsbewegung einmal abgesehen. Beachten Sie, wie schnell dieses Tradingmodell auf neue Hochs reagiert, indem es blitzschnell in die Richtung des neuen Trends wechselt. Das Programm vermochte den Hochpunkt sowie das Tief der Konsolidierungsphase im April und Mai hervorragend zu bestimmen. Und so war das System bereits Long, als die Kursrallye - ausgehend von den Mai-Tiefs - begann. Danach setzte das Programm zweimal auf die Gegenrichtung (im Juni und August), kehrte jedoch schnell wieder auf die Seite des zugrundeliegenden Aufwärtstrends zurück.

Die Abbildung 4.27 unterstreicht, daß das T/AT-System einige Wendepunkte hervorragend erkennen konnte. Natürlich werden darüber hinaus auch potentielle Wendepunkte identifiziert, welche sich im nachhinein als irrelevant herausstellen. Ebenso wird es Hochs oder Tiefs geben, die von diesem System schlichtweg übersehen werden. Hieraus läßt sich auch der große Nachteil des T/AT-Systems ableiten: Ein zu häufiges, fruchtloses Hin und Her zwischen Antitrend- und Trendfolge-Modus birgt das Potential hoher Verluste.

Dieses einfache T/AT-System zeigte hervorragende Resultate im Dezember-1995-Kontrakt für die D-Mark (siehe Abbildung 4.28). Die D-Mark etablierte eine breite Konsolidierungszone nach einem Abwärtstrend. Beachten Sie, wie schnell das T/AT-System von der Long- in die Short-Seite wechselte, nachdem die Notierungen im September erneut zurückfielen. Die nachfolgenden Auf- und Abwärtszyklen wurden fehlerfrei erkannt. Dies ist ein außerordentlich bemerkenswertes Ergebnis für ein mechanisches System, das ausschließlich über *eine* Trenderkennungs-Regel verfügt.

Dennoch sind für dieses System gute Risikokontrollmaßnahmen unumgänglich, da sich die Notierungen sehr schnell in einer starken Gegenbewegung gegen Sie wenden können. Der D-Mark-Kontrakt Juni 1995 bietet hierfür ein gutes Beispiel (siehe Abbildung 4.29). Das T/AT-System generierte einen perfekten Short-Trade, nur einen Tag nach dem

KAPITEL IV   IHR EIGENES TRADINGSYSTEM

Abbildung 4.27 Das T/AT-System in Aktion beim US-Bond-Kontrakt September 1993. Beachten Sie, wie gut das System die Wendepunkte während der Konsolidierung erkannte. Dazu wurden zwei Wendepunkte im Aufwärtstrend signalisiert, es erfolgte indes ein zügiger Schwenk zurück in die trendkonforme Longposition.

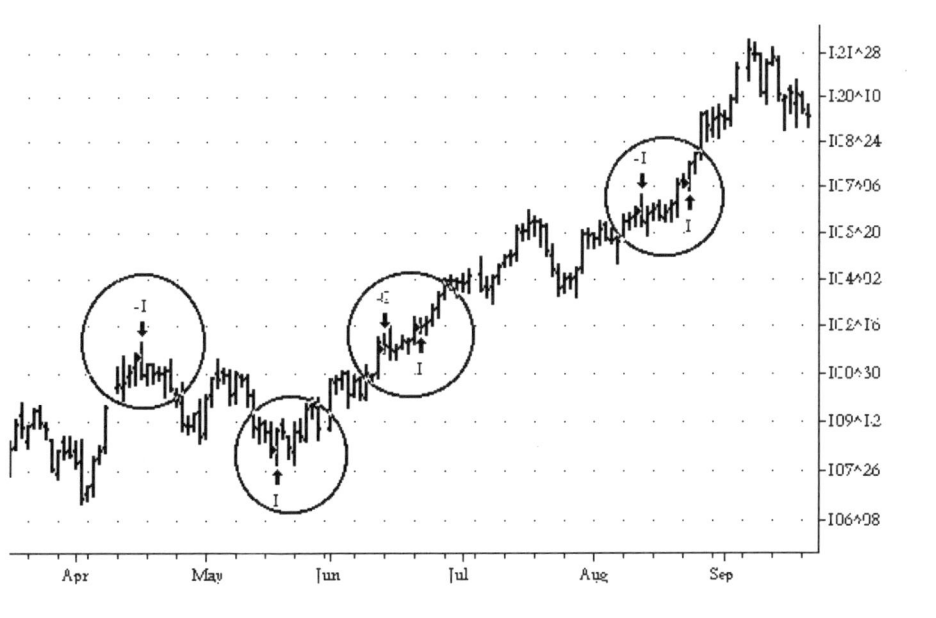

KAPITEL IV   IHR EIGENES TRADINGSYSTEM

Abbildung 4.28 Das T/AT-System vermochte die Wendepunkte im DM-Kontrakt Dezember 1985 fehlerfrei zu erkennen. Beachten Sie, wie schnell in den Trendfolge-Modus gewechselt wurde, als die Kurse im September weiter nachgaben.

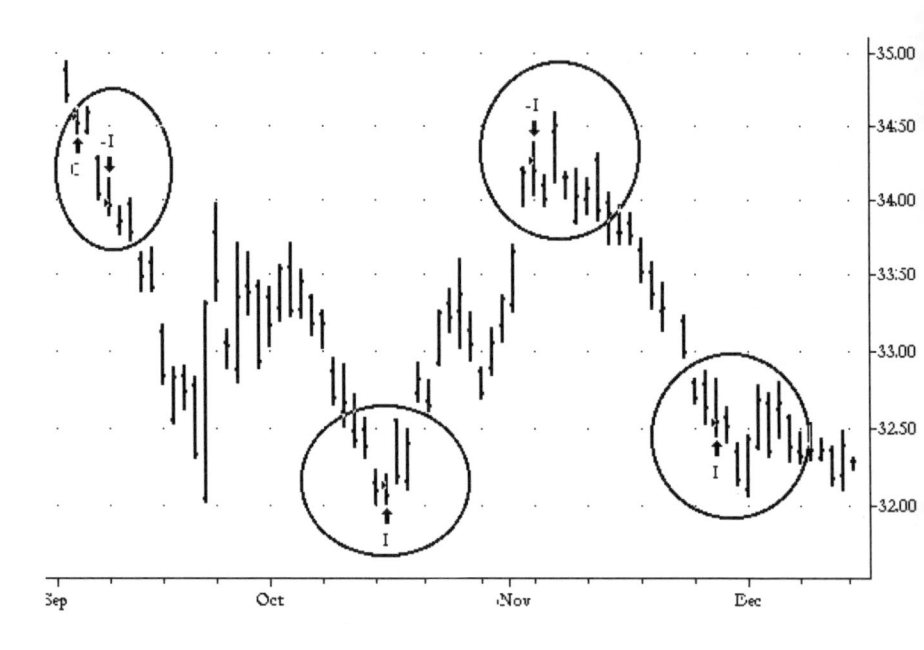

zwischenzeitlichen Kontrakthoch. Auch der darauffolgende Tiefpunkt der rasanten Abwärtsbewegung wurde korrekt erkannt. Dann aber wechselte das System während der kurzen Konsolidierungsphase auf die Shortseite und hielt die Position auch während des sprunghaften Kursanstiegs Ende Mai. Das Trend/Antitrend-Tradingsystem erfordert ein großes Vertrauen in das System selbst sowie eine rigide Risikokontrolle - allerdings mit dem Lohn einer zumeist exzellenten Chance/Risiko-Relation!

Der D-Mark-Kontrakt illustriert darüber hinaus die Schwierigkeit, den stark geglätteten ADX-Indikator in volatilen Märkten anzuwenden. Denn dieselbe Glättung, welche den ADX vor Fehlsignalen schützt, arbeitet gegen Sie, wenn der Markt einen schwachen Trend, im Gegenzug aber hohe Volatiliät aufweist.

Ein weiteres Problem des T/AT-Systems ist die bisweilen extrem langsame Generierung von Tradingsignalen, wenn der Markt nur schwache Trendbewegungen aufweist. Ein Beispiel hierfür ist der Baumwolle-Kontrakt für Dezember 1993 im Anschluß an das Hoch im Juni. Die Abbildung 4.30 zeigt, daß das T/AT-System das erste Tief im Oktober korrekt erkannte, danach aber keine Signale mehr generierte, bis die Kurse nach Ausbildung eines Doppeltiefs im November endlich anzogen. Und erneut generierte das Programm Anfang November zunächst ein Fehlsignal, um dann aber schnell in Richtung des mittelfristigen Trends zu wechseln.

Lassen Sie uns kurz einen Blick auf das Programm als solches werfen, wie es mit dem Power Editor von 'Omega Research´s TradeStation' geschrieben wurde. Die einzige Variable innerhalb des Programms ist die Länge der zu messenden Breakout-Periode, welche eine Normeinstellung von 25 Tagen hat. Das Antitrend-Kaufsignal nach einem neuen 25-Tage-Hoch ist wie folgt formuliert: Wenn das heutige Hoch den höchsten Kurs der vorangegangenen 25 Tage darstellt, der 18-Tage-ADX aber unter seinem 18-Tage-Durchschnitt notiert, so verkaufen Sie morgen zur Markteröffnung. Das Antitrend-Kaufsignal ist entsprechend umgekehrt formuliert.

Abbildung 4.29 Der DM-Kontrakt Juni 1995 illustriert, wie das T/AT-System durch eine volatile Gegenbewegung 'auf dem falschen Fuß' erwischt werden kann.

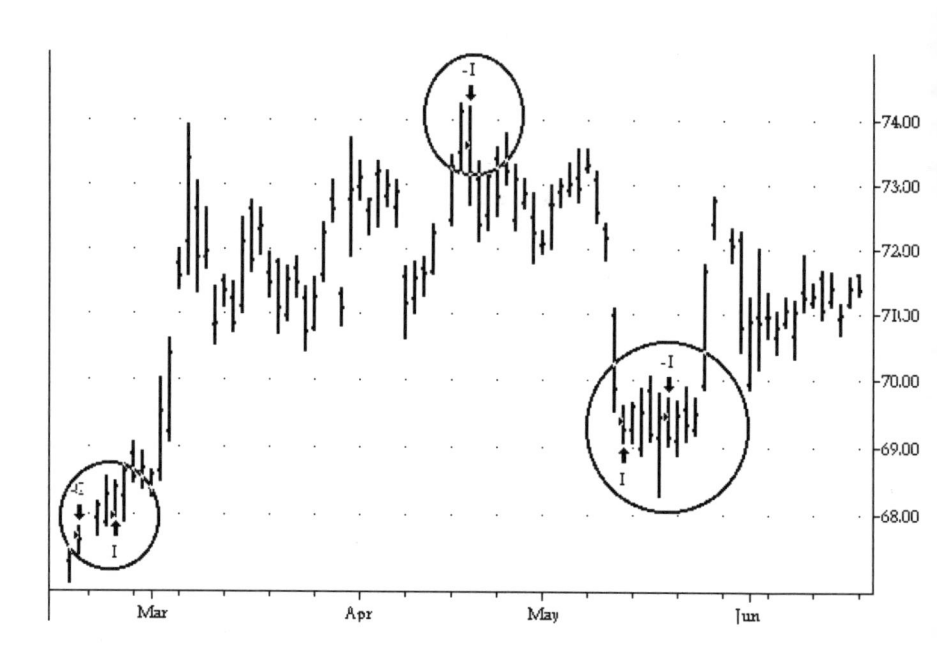

KAPITEL IV IHR EIGENES TRADINGSYSTEM

Abbildung 4.30 Das T/AT-System reagierte nur langsam auf die Abwärtsentwicklung im Sommer beim Baumwolle-Kontrakt Dezember 1993. Dafür erkannte es korrekt das erste Tief eines möglichen Doppelbodens.

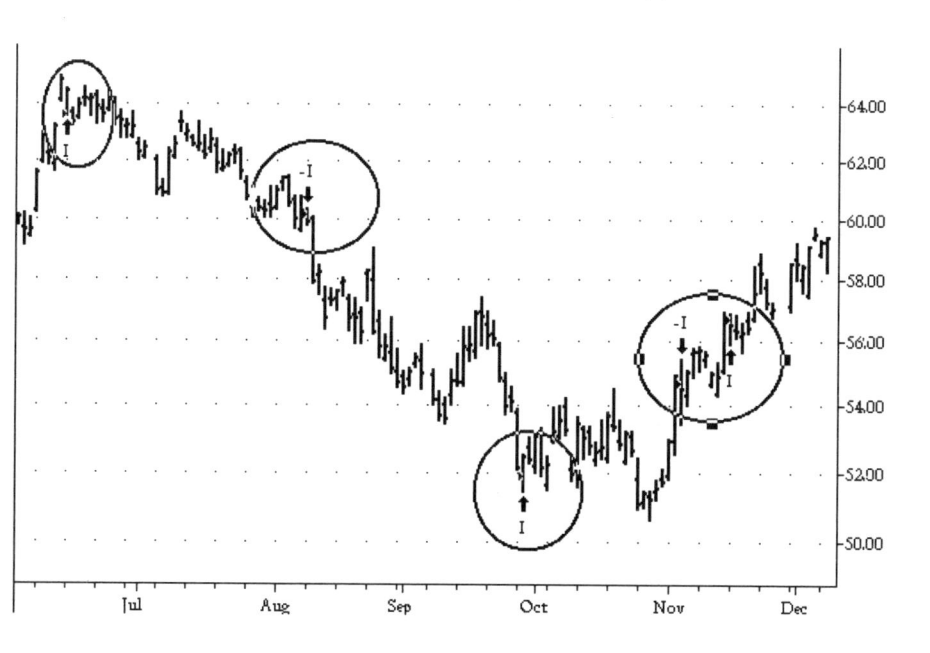

*If high > highest (H,25) [1] and ADX (18) < average
(adx (18),18) then sell
tomorrow on the open.*

*If low < lowest (L,25) [1] and ADX (18) < average
(adx (18),18) then buy
tomorrow on the open.*

Diese Vorgehensweise garantiert 'symmetrische' Long- und Short-Signale auf Antitrend-Basis. Nehmen wir einmal an, Sie halten eine Long-Position nahe eines potentiellen Tiefs. Der Markt zieht auch für einige wenige Tage an, um dann jedoch nach unten abzudrehen und einen starken Abwärtstrend zu beginnen. In dieser Situation wünschen Sie, daß das System in eine trendfolgende Short-Position wechselt - *aber nur, wenn es zuvor Long war.* Genauso wäre ein neues 25-Tage-Hoch mit zugleich anziehendem Momentum Ihr Signal, in eine Long-Position zu wechseln - wenn Sie zuvor eine Short-Position hielten. Dementsprechend sind die trendfolgenden Kaufsignale mit den Antitrend-Signalen vergleichbar, aber das System prüft zusätzlich vorab, ob zuvor eine Long- oder Short-Position gehalten wurde.

*If MARKETPOSITION (0) = 1 and low < lowest (L,25) [1] and
ADX (18) >
average (ADX(18),18) then sell tomorrow on the open.*

*If MARKETPOSITION (O) = - 1 and high > highest (H,25) [1]
and ADX (18) >
average (ADX (18), 8) then buy tomorrow on the open.*

Der Begriff 'MARKETPOSITION' ist eine spezielle ins Programm integrierte Funktion, die bei einer Longposition den Wert 1, bei einer Shortposition den Wert -1 annimmt. Auch hier sehen Sie die 'symmetrischen' Bedingungen für den Wiedereinstieg auf der Longseite. Wenn wir bei einem neuen 25-Tage-Hoch auf die Verkaufsseite gingen, der Markt jedoch immer weitere 25-Tage-Hochs markiert, wechselt das T/AT-System sofort auf die Longseite. Eine vergleichbare Bedingung besteht für den Wiedereinstieg in eine Shortposition.

KAPITEL IV IHR EIGENES TRADINGSYSTEM

Das Design des T/AT-Systems ist dergestalt ausgerichtet, daß zunächst der Einstieg im Antitrend-Modus versucht wird, um erst im Anschluß ggf. wieder in die Trendfolge-Sequenz zu wechseln. Damit wird klar, daß dieses System grundsätzlich Verluste produziert, wenn es sich auf der Suche nach Neueinstiegs-Möglichkeiten befindet. Wenn der nachfolgende Trend aber entsprechend lang ist, werden die zeitweilig aufgetretenen Verluste entsprechend irrelevant sein.

Wenn Ihnen dieser Denkansatz zusagt, können Sie eine ganze Reihe von Variationen ausprobieren. So können Sie beispielsweise nicht bereits zu Marktbeginn, sondern erst zum Handelsschluß im Anschluß an ein mehrtägiges Hoch oder Tief in den Markt gehen. Auch eine deutlich reagiblere Regel für den Wiedereinstieg wäre denkbar, die sich dann nicht auf die Bedingungen des eher trägen ADX stützt.

Die Tabelle 4.14 zeigt die Ergebnisse eines Langfristtests mit einer Datenreihe von 20 Jahren, einem initialen Stop von 5.000$ und der Einberechnung von 100$ für Gebühren und Kommissionen. Abgebildet wurden hier nur diejenigen Märkte, in denen positive Resultate erzielt werden konnten, da diese Strategie aktive Marktbedingungen erfordert. Die Tabelle 4.14 stellt heraus, wo die Stärken und Schwächen des T/AT-Systems liegen. Zunächst einmal funktioniert dieser Ansatz nicht in allen Märkten, zweitens generiert das System eine Unmenge von Trades. Dementsprechend ist die praktische Anwendung dieses Programms mit hohen Kosten verbunden, was zudem durch die eher hohen Zahlen des maximalen Tagesverlusts belegt wird. Auch der initiale Stop muß mit 5.000$ relativ 'weit' gesetzt werden, um der Antitrend-Komponente ein Polster zu erlauben, welches für deren Funktionieren unumgänglich ist. Im Gegenzug muß jedoch der Gewinnfaktor ebenso wie der Wert des Durchschnittstrades außerordentlich günstig angesehen werden. Das T/AT-System scheint also in ausgereiften, aktiven Märkten gut zu arbeiten. Allerdings erfordert diese Strategie eine exzellente Risikokontrolle und absolute Disziplin bei der Ausführung. Nun können Sie Variationen dieses Systems entwickeln, um diesen Systemansatz an Ihre persönlichen Trading-Präferenzen anzugleichen.

Tabelle 4.14 Langzeit-Performance des T/AT-Systems zwischen 1975 und 1995 mit Stop in Höhe von 5.000$

Markt	Gewinn	Anzahl der Trades	Gewinn-faktor	maximaler Tagesverlust	Durchschnitts-trade
Britisches Pfund	46.956	207	1,17	-42.163	226
Kaffee	29.005	203	1,08	-101.753	145
Kupfer	17.563	57	1,55	-7.333	308
Baumwolle	91.585	194	1,77	-12.300	467
Rohöl	26.260	103	1,45	-17.310	255
Deutsche Mark	69.775	175	1,53	-11.975	399
Gold	22.060	168	1,16	-19.050	131
S&P-500	92.435	141	1,34	-56.030	656
Schweizer Franken	103.850	188	1,58	-16.475	552
U.S.-Bonds	106.269	172	1,68	-20.281	617

Die Abbildung 4.31 zeigt eine Verteilungskurve von 1.311 Trades, die vom T/AT-System generiert wurden. Es wird deutlich, daß die Verteilung weitaus breiter als diejenige des 65sma-3cc-Systems aus Abbildung 4.5 gefächert ist. Dabei ist der hohe Ausschlag im Bereich des Stops von 5.000$ natürlich nicht verwunderlich. Genauso wie bei der Verteilung des 65sma-3cc-Systems ist auch hier ein hoher Ausschlag bei denjenigen Trades gegeben, die die 'ganz großen Gewinne' brachten. In Abbildung 4.32 sehen Sie dieselbe Verteilung in Liniendarstellung, unterlegt mit einer Standard-Normalverteilungskurve. Es wird auf den ersten Blick klar, daß die T/AT-Verteilung in Relation zu dieser Normalverteilungskurve einen hohen Anteil von Extremwerten besitzt. Das bedeutet, daß das Resultat deutlich außerhalb der Mitte liegt und weitaus höher ist als in einer Normalverteilung. Aus dieser Kurve läßt sich auch die Zuverlässigkeit der Kaufsignale ablesen, da die Werte auf der Gewinnseite weitaus höher als diejenigen auf der Verlustseite liegen. Dabei läßt sich gut erkennen, wie der initiale Stop die Verlusttrades begrenzt. Der hohe Ausschlag am rechten Rand der Verteilung ist logisch, da es auf der Gewinnseite keine derartige Beschränkung gibt. Diese Performance entspricht dem 'TOPS COLA'-Prinzip, welches wir in Kapitel 1 als Voraussetzung für ein praktikables Tradingsystem vorgestellt haben.

Wir fassen zusammen: Das T/AT-System illustriert, wie sich ein System entwickeln läßt, welches sich automatisch an veränderte Marktbedingungen anpaßt. Es unterscheidet sich in dieser Hinsicht deutlich vom 65sma-3cc-System, vor allem weil es in der Lage ist, eine Antitrend-Position einzunehmen. Ändern sich die Bedingungen, wechselt das T/AT-System vom Antitrend- zum Trendfolge-Modus. Unter der Voraussetzung objektiv gegenläufiger Bedingungen ist so die Positionierung in Richtung des Haupttrends sichergestellt, wodurch Ihnen die Möglichkeit gegeben wird, aus allen möglichen Marktbedingungen Vorteil zu ziehen.

Das Gold/Bond-Intermarket-System

In dieser Sektion sprechen wir über Intermarket-Trading-Systeme, die das Handeln in negativ oder positiv korrelierten Märkten erlauben.

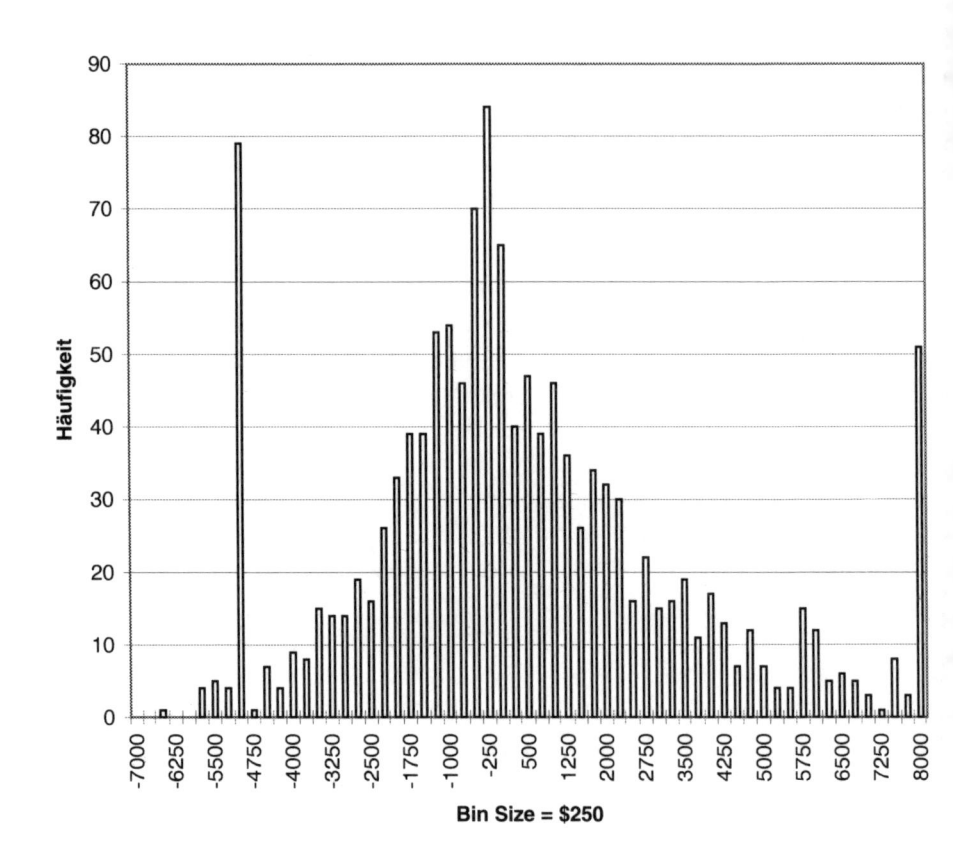

Abbildung 4.31 Die Verteilungskurve der T/AT-Trades zeigt eine Aktivitätszunahme auf Höhe des Stops bei 5.000$ und bei Gewinntrades größer als 8.000$.

Bin Size = $250

KAPITEL IV IHR EIGENES TRADINGSYSTEM

Abbildung 4.32 Die Verteilungskurve der T/AT-Trades im Vergleich zu einer angepaßten Normalverteilung

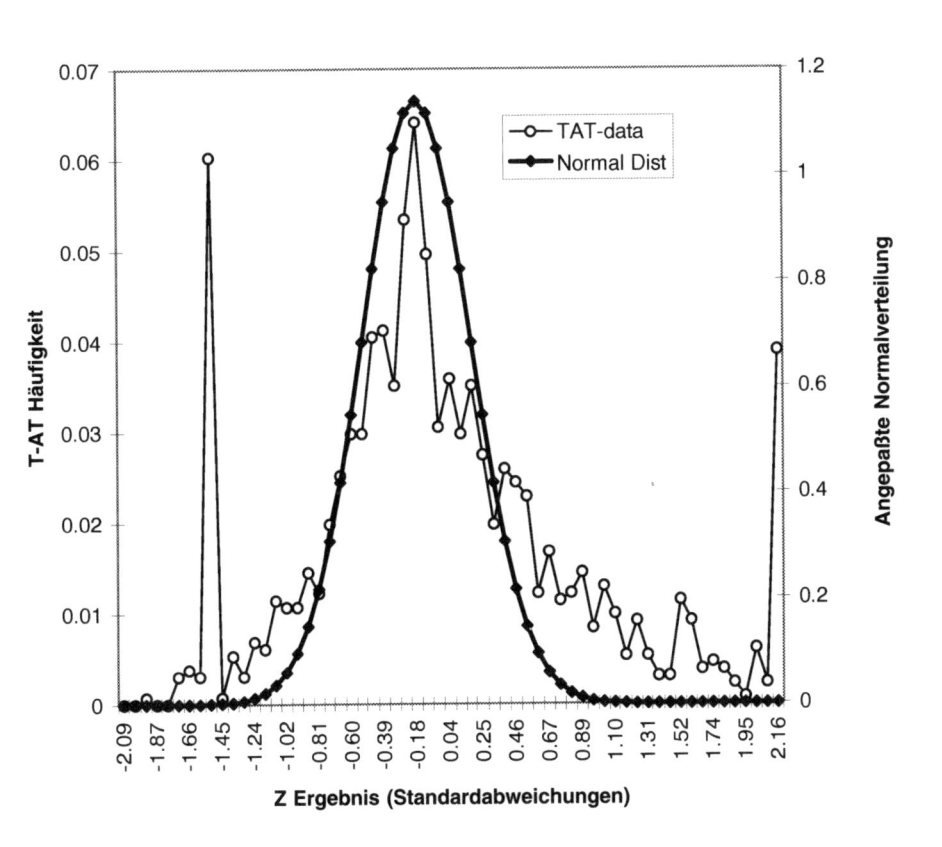

Kapitel IV — Ihr eigenes Tradingsystem

Beginnen wir dazu mit einer kurzen Rückschau auf die Probleme, die sich bei der Entwicklung von Intermarket-Systemen ergeben. Das Gold/Bond-System wird hierzu für korrelierende Märkte beschrieben, darüber hinaus aber auch in anderen Marktkombinationen getestet. Als Beispiel zeigen wir Ihnen dabei die Anwendung des Systems in drei Märkten zur Intermarket-Analyse. Am Ende dieses Abschnittes werden wir das Gold/Bond-System so modifizieren, daß es auf positiv korrelierende Märkte ausgerichtet ist. Sie werden erkennen, daß es möglich ist, interessante Intermarket-Systeme zu entwickeln. Denn die Anwendung derartiger Programme erfordert durchaus ein hohes Vertrauen in das System, weil grundsätzlich Probleme bei der Nachvollziehbarkeit der Ursache-/Wirkung-Zusammenhänge ganz unterschiedlicher Märkte bestehen. Aber Sie werden sehen: Intermarket-Systeme sind immer ein Zugewinn für Ihre Palette analytischer Werkzeuge.

Viele Analysten haben bereits Intermarket-Verbindungen lokalisiert, die sich logisch nicht hundertprozentig nachvollziehen lassen. So beginnen beispielsweise die Bond-Preise zu sinken, wenn die Inflation anzieht - was wiederum üblicherweise zu einem steigenden Goldpreis führt. Aus diesem Grund ist zu erwarten, daß sich Goldkurs und Bond-Preise in entgegengesetzte Richtungen bewegen (siehe Abbildung 4.33). Als gute Meßgröße für die Inflationsentwicklung dienen auch Preise für Industriemetalle wie Kupfer oder Aluminium. Der Grundgedanke dazu: Ansteigende wirtschaftliche Aktivität führt grundsätzlich zu anziehenden Kupferpreisen, die damit einen Vorboten einer erhöhten Inflationsrate darstellen. Und so ist dementsprechend zu erwarten, daß sich auch der Kurs des Kupfers und die Bond-Preise in gegenläufige Richtungen entwickeln (siehe Abbildung 4.34).

Andere Intermarket-Relationen weisen eine positive Korrelation auf. Anders formuliert: In diesem Fall steigen und fallen die Kurse im Gleichschritt. Ein Beispiel: Anziehende Ölpreise suggerieren potentielle Inflation und so ist auch ein gleichzeitig steigender Goldkurs zu erwarten.

Aber auch im Bereich der Devisenmärkte lassen sich gute Beispiele für korrelierende Märkte finden. Wechselkurse reflektieren langfristige, fundamentale Wirtschaftsfaktoren wie Inflation oder Zinsentwicklung.

Abbildung 4.33 Bondkurse (oben) und der Goldpreis (unten) bewegen sich generell - aber nicht immer - gegenläufig. Daher sind Intermarket-Relationen oft unvollkommen.

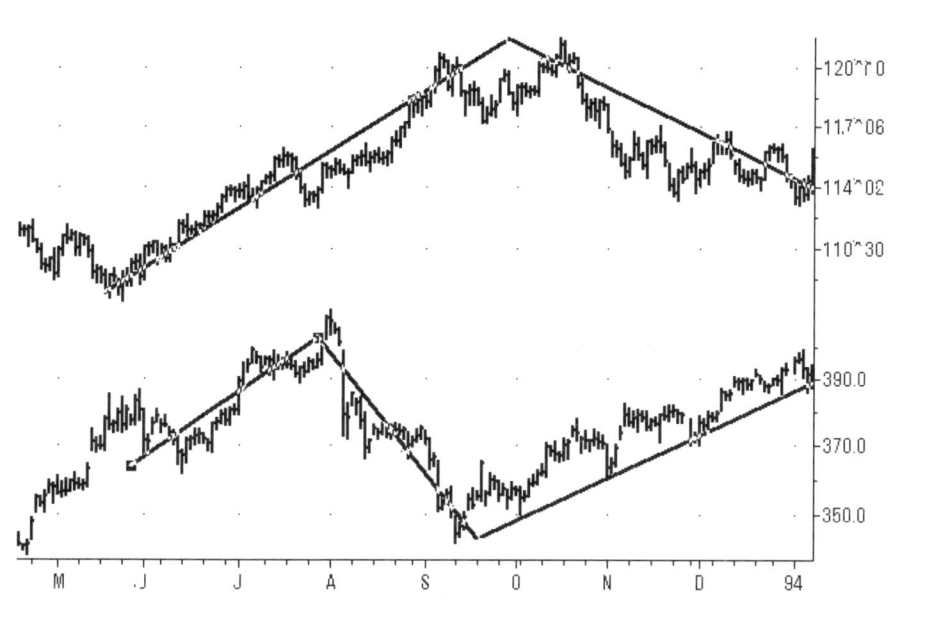

Abbildung 4.34 Die grundsätzlich inverse Relation zwischen den wöchentlichen Bond- (oben) und Kupferpreisen (unten).

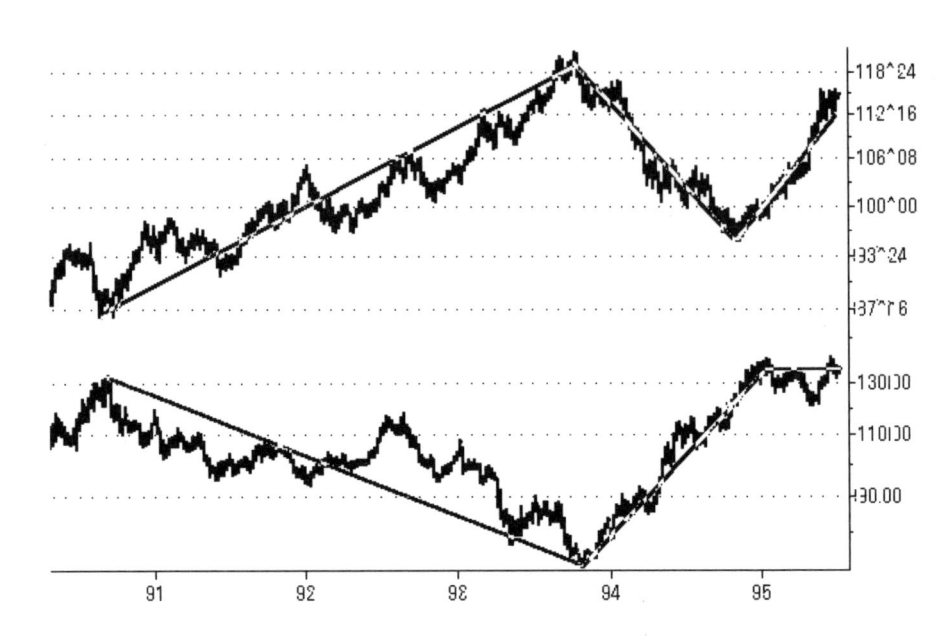

Daher könnte man davon ausgehen, daß der US-Dollar nahezu gleichzeitig gegenüber anderen Devisen steigt oder fällt (z.B. zeitgleich zu japanischem Yen und Deutscher Mark). Die Ableitung hieraus: Japanischer Yen und Deutsche Mark weisen in dieser Hinsicht eine Korrelation auf. Es sollte also möglich sein, Kauf- oder Verkaufssignale von einem Markt auf den anderen zu übertragen.

Bei dem Versuch, die Verbindungen verschiedener Märkte zueinander auszunutzen, stößt man auf eine Reihe von Schwierigkeiten. Erstens: Wenn die Intermarket-Relationen fundamental nur schwach unterlegt sind, treten erhebliche Zeitverschiebungen auf. Der Kupferpreis kann beispielsweise bereits seit mehreren Monaten anziehen, bevor die Bond-Kurse zu fallen beginnen. Dieser Unterschied im Timing zwischen den jeweiligen Hochs und Tiefs korrelierender Märkte wird 'Time lag' genannt. Der Punkt ist: Diese Time lags sind weder konstant noch beständig.

Eine zweite Schwierigkeit liegt darin begründet, daß jeder Markt seine eigenen Nachfrage- und Angebotskräfte besitzt. Hierdurch kann die übliche Korrelation bisweilen erheblich beeinträchtigt werden. Grundsätzlich würden wir erwarten, daß sich der Preis von Kupfer und Gold ungefähr zeitgleich nach oben oder unten entwickelt. Dennoch gab es Zeiträume, in denen sich Gold und Kupfer in entgegengesetzte Richtungen bewegten (Abbildung 4.35). Bereits hier wird deutlich: Egal, welcher Art Ihr Intermarket-System auch sein mag, es kann niemals zu jeder Zeit richtig liegen.

Ein weiteres Problem tritt zusätzlich auf: die interne markttechnische Verfassung der einzelnen Märkte. Jeder Markt kann zu ganz unterschiedlichen Zeiten einen überkauften oder überverkauften Status erreichen. Die üblichen Intermarket-Trends sind zumindest mittelfristiger Natur und entwickeln sich daher über mehrere Monate. In der kurzfristigen Betrachtung sind jedoch Kursbewegungen möglich, die sich entgegengesetzt zur längerfristigen Korrelation entwickeln. Durch solche Bewegungen können in bezug auf ihre Signalgenerierung erhebliche Schwierigkeiten auftreten, wenn beispielsweise ein Stopkurs tangiert wird, ohne daß sich der zugrundeliegende Trend verändert hätte.

Abbildung 4.35 Ein Beispiel für die gegenläufige Kursentwicklung von Kupfer und Gold zur Jahreswende 1994/1995

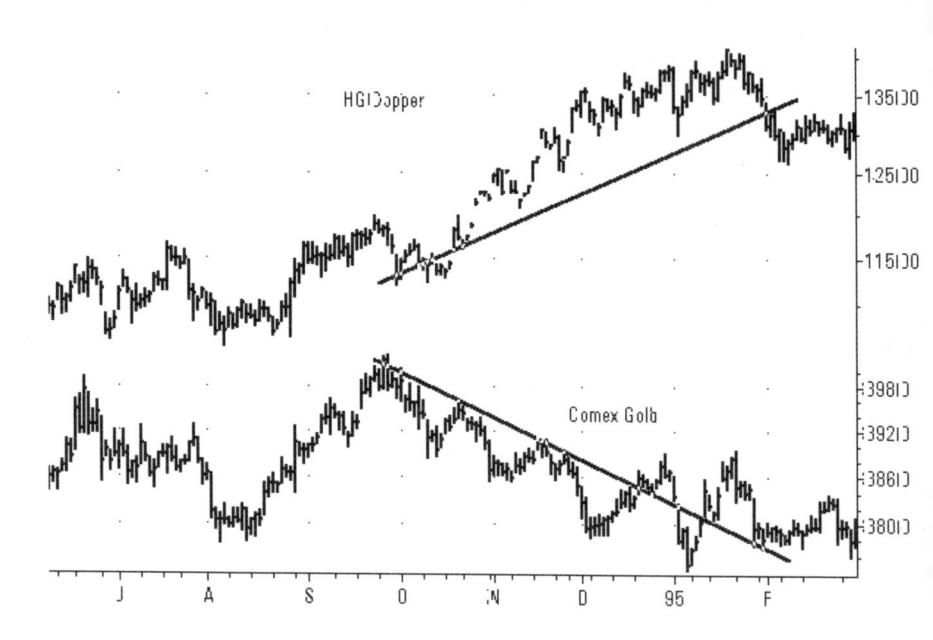

KAPITEL IV — IHR EIGENES TRADINGSYSTEM

All diese Aspekte beeinflussen die Art und Weise der Verbindung, die Sie für Ihr Tradingsystem ausgewählt haben. Hinzu kommt schließlich, daß Sie vorab entscheiden sollten, ob Sie mit einer Verbindung von zwei oder aber von mehreren Märkten arbeiten möchten.

Das Gold/Bond-System, das eine gegenläufige Kursentwicklung von Bonds und Gold voraussetzt, läßt sich als einfaches, aber effektives Beispiel für die Entwicklung eines Intermarket-Tradingsystems verwenden. Das System geht davon aus, daß ein anziehender Goldkurs ein Signal für potentielle Inflation darstellt und dies wiederum den Bond-Markt beeinflußt. Zur Signalgenerierung verwenden wir ein duales MAXO-System mit willkürlich ausgewähltem 10- und 50-Tage-GD als Basis der Signalgenerierung. Die Regeln lauten wie folgt:

1. Wenn der 10-Tage-GD des Goldes über den 50-Tage-Durchschnitt steigt, verkaufen wir einen T-Bond-Kontrakt zur Markteröffnung des folgenden Handelstages.

2. Im Gegenzug: Fällt der 10-Tage-GD des Goldes unter seinen 50-Tage-Durchschnitt, kaufen wir einen T-Bond-Futures-Kontrakt zur morgigen Markteröffnung.

Die Regeln besagen, daß eine Überkreuzung der gleitenden Durchschnitte nach oben einen steigenden Goldpreis signalisiert und dadurch zugleich ein nachgebender Bondpreis zu erwarten ist. Wir haben in diesem Fall keine Filter zur Messung der Trends im Goldmarkt eingebaut, Sie können aber selbstverständlich hierfür den ADX-Indikator nutzen. Um den ADX als Filter benutzen zu können, lautet die einzige Bedingung, daß der 14-Tage-ADX ansteigt. Die Richtung des kurzfristigen Trends läßt sich durch die Lage des 3-Tage-GD und des 20-Tage-GD zueinander feststellen. Die spezifischen Regeln für das durch den ADX gefilterte System lauten wie folgt:

1. Weist der 14-Tage-ADX einen höheren Wert als 14 Handelstage zuvor auf, und notiert der 3-Tage-GD unter dem 20-Tage-GD (immer bezogen auf den Goldkurs), so kaufen Sie einen Bond-Future zur morgigen Markteröffnung.

2. Liegt der 14-Tage-ADX oberhalb des Wertes 14 Tage zuvor, und notiert der 3-Tage-GD des Goldes oberhalb des 20-Tage-GD, so verkaufen Sie morgen zu Handelsbeginn einen Futureskontrakt auf Bonds.

Wir unterzogen beide Modelle mit den Märkten US-Bonds und Comex Gold einer Testphase, deren Datenreihen sich vom 23. August 1977 bis hin zum 01. Juli 1995 erstreckten. Der initiale Stop wurde bei 5.000$ plaziert, 100$ für Gebühren und Kommissionen wurden jeweils mit einbezogen. Wie bereits zuvor angesprochen, können die kurzfristigen Trendbewegungen im Markt ein Problem für den Einstieg in die Trades darstellen. Die Ergebnisse haben wir in Tabelle 4.15 zusammengefaßt.

Die Ergebnisse legen dar, daß in der Tat eine breite, inverse Relation zwischen Gold und Bonds existiert. Aus der Perspektive der Trades selbst muß indes eingeräumt werden, daß nur ungefähr 50% der Signale profitabel waren. Dabei erwies sich das per ADX gefilterte Gold/Bond-System als weitaus funktionsfähiger als das System mit den beiden überkreuzenden gleitenden Durchschnitten. Aber wenngleich die Tests unterstrichen, daß dieses System als solches nicht für das tatsächliche Trading geeignet ist, so kann es doch als Indikator dafür dienen, wann das 'Trading-Umfeld' anziehende Bondpreise begünstigt.

Wir wissen bereits, daß es in den Kursbewegungen zwischen den einzelnen Märkten Zeitverzögerungen gibt. Da Hinweise auf Inflation eine ganze Vielzahl verschiedener Märkte beeinflussen können, werden wir unser Basis-Gold/Bond-System nun einmal in anderen Marktkombinationen überprüfen. Hierzu wählen wir die Korrelationen Sojabohnen/Bonds, Kupfer/Bonds und Deutsche Mark/Bonds. Gerade in den Getreidemärkten lassen sich erste Inflationsanzeichen früh erkennen, und stellvertretend hierfür wählen wir den Markt für Sojabohnen aus.

Auch der Kupfermarkt ist inflationssensibel, denn er folgt der Stärke der Industrieproduktion, deren Anziehen wiederum den Vorläufer für Preiserhöhungen darstellt. Und zuletzt fiel die Wahl auf die Deutsche Mark, denn die Devisenmärkte werden stark durch Zinsveränderungen beeinflußt, mit denen auf inflationäre Entwicklungen reagiert wird.

Kapitel IV — Ihr eigenes Tradingsystem

Tabelle 4.15 Die Testergebnisse des Gold/Bond-Systems vom 21.08.1977 bis zum 10.07.1995

	Duales GD-Gold/ Bond-System	ADX-Gold/ Bond-System
Nettogewinn	38.675	92.488
Gewinnfaktor	1,24	1,62
Anzahl Trades	122	152
Prozentsatz Gewinner	48	52
Gewinn/Verlust Relation	1,37	1,5
Durchschnittstrade	317	608
maximaler Tagesverlust	-34.724	-16.506

Tabelle 4.16 Die Ergebnisse der Tests des Gold/Bond-Systems in anderen Kombinationen

	Sojabohnen/ Bond	Kupfer/ Bond	Deutsche Mark/ Bond
Testzeitraum	21.08.77 - 10.07.95	28.07.88 - 10.07.95	21.08.77 - 10.07.95
Nettogewinn	34.556	41.269	42.950
Gewinnfaktor	1,23	2,27	1,39
Anzahl Trades	122	42	88
Prozentsatz Gewinntrades	52	57	53
Gewinn/Verlust-Relation	1,15	1,7	1,21
Durchschnittstrade	282	983	488
maximaler Tagesverlust	-16.100	-12.694	-28.006

Für den Test verwendeten wir das Gold/Bond-System für negativ korrelierende Märkte mit unverändertem Stop von 5.000$ und 100$ Gebühren pro Trade. Das Ziel lautete: Generierung von Kauf- und Verkaufssignalen für den Bondmarkt durch Signalgenerierung der anderen, inflationsreagiblen Märkte.

Die Ergebnisse in Tabelle 4.16 bestätigen, daß Trendwechsel in den anderen Märkten als Basis für das Trading im Bondmarkt verwendet werden können. Dabei scheint der Kupfermarkt von allen getesteten Kombinationen die besten Signale zu generieren. Doch in jedem Fall erwies sich nur gut die Hälfte der generierten Tradingsignale als profitabel. Es scheint, als ob diese Systeme dem wohlbekannten Prinzip der ökonomischen Voraussagen folgen: Wenn Sie schon Vorhersagen treffen müssen, dann tun Sie es so oft wie möglich, damit Sie wenigstens manchmal richtig liegen.

Bisher verwendeten wir immer jeweils nur einen einzigen Markt, um Tradingsignale für die Bonds zu erhalten. Aber dieses Prinzip läßt sich genauso gut mit mehreren Märkten zugleich durchführen. Wir testeten eine Kombination des Gold- und des Sojabohnenmarkts als Basis für Tradingsignale im Bondmarkt. Wir haben eben diese Kombination gewählt, da hier offenbar keine Verbindung der Angebots- und Nachfragekräfte zueinander existiert. Der Vollständigkeit halber testeten wir dazu die Kombination Gold, Kupfer und Bonds.

Die Erweiterung unseres Basissystems auf drei Märkte erfolgte unter folgenden Bedingungen: Gold und Sojabohnen müssen entweder beide aufwärts oder beide abwärts tendieren, um ein gegenläufiges Signal für die Bonds erzeugen zu können. Liegt also der 10-Tage-GD für Gold und Sojabohnen zugleich unterhalb deren 50-Tage-GDs, würde dies ein Kaufsignal für Bonds auslösen. Die Testergebnisse für dieses kombinierte System erwiesen sich als besser als die zuvor überprüften Einzelkombinationen (Gold/Bond, Sojabohnen/Bonds). Wie üblich lautete der Stop auf 5.000$, die Gebühren auf 100$.

Die Testergebnisse der Tabelle 4.17 unterstreichen, daß durch Verwendung dreier Märkte eine deutliche Reduzierung in der Anzahl der generierten Trades auftritt, was indes auch zu erwarten war. So wurden durch das Gold/Bond-System und das Sojabohnen/Bond-System 122 Trades begonnen, während das Gold/Sojabohnen/Bond-Trio nur die Auslösung von 77 Trades generierte. Auch der Gewinnfaktor erhöhte sich bei der Verwendung von drei Märkten. Dies ist allerdings durch die automatische Filterung der Signale auch kein Wunder. Die Gold/Kupfer/Bond-Kombination weist einen beeindruckenden Gewinnfaktor von 2,53 auf. Zugleich wurden nahezu dieselben Gewinne wie in der Kupfer/Bond-Kombination erwirtschaftet, wozu jedoch 35% weniger Trades vonnöten waren. Dieser Test belegt, daß Sie die Effektivität eines Intermarket-Systems durch die Verwendung von drei oder mehr Märkten deutlich erhöhen können, da hierbei gleichzeitig eine Filterung der Signale erfolgt. Beachten Sie aber bitte, daß eine zu hohe Anzahl kombinierter Märkte zumeist einen Rückgang der Effektivität zur Folge hat, da die kurzzeitigen Interferenzen der einzelnen Marktsegmente dann nur noch selten zu einer Signalgenerierung führen.

Das Basissystem (Gold/Bond) versucht, die schwache negative Korrelation zwischen diesen beiden Märkten zu erfassen. Aber derartige Verbindungen existieren aber auch in anderen Märkten. Die meisten bisher vorgestellten Trendfolgesysteme wiesen im Rohölmarkt sehr negative Ergebnisse auf, bisweilen wurden mehr als 40.000$ verloren. Aber es existiert eine negative Korrelation zwischen Rohöl und Mais (Abbildung 4.36) und zwischen Rohöl und kurzfristigen Zinsen. Stellvertretend für die kurzfristige Zinsentwicklung läßt sich hier der Eurodollar-Markt verwenden. Die Resultate der Anwendung des Gold/Bond-Systems auf die Korrelationen Mais/Rohöl und Eurodollar/Rohöl wurden in Tabelle 4.18 aufgezeichnet. In diesem Test wurden Trendwechsel-Signale von Mais und Eurodollar verwendet, um Tradingsignale für Rohöl zu generieren.

Es zeigt sich, daß sich mit dem Gold/Bond-System zumindest kleine Gewinne im Rohölmarkt erzielen lassen, wenn wir als Signalquelle den Mais- bzw. Eurodollar-Markt verwenden. Dies ist immerhin eine deutliche Verbesserung gegenüber den Resultaten typischer Trendfolgesysteme im Bereich des Rohöls.

Tabelle 4.17   Das Gold/Bond-System, erweitert auf drei Märkte

	Gold-Bond-System Erweiterung auf 3 Märkte: Gold, Sojabohnen, Bonds	Gold-Bond-System Erweiterung auf 3 Märkte: Gold, Kupfer, Bonds
Testzeitraum	02.01.75 - 10.07.95	28.07.88 - 10.07.95
Nettogewinn	69.706	42.206
Gewinnfaktor	1,56	2,53
Anzahl Trades	77	27
Prozentsatz Gewinner	47	56
Gewinn/Verlust-Relation	1,78	2,02
Durchschnittstrade	905	1.563
maximaler Tagesverlust	-30.600	-12.388

Tabelle 4.18   Das Gold/Bond-System im Test für die Kombinationen Mais/Rohöl und Eurodollar/Rohöl

	Gold-Bond-System im Weizen/Rohöl-Markt	Gold-Bond-System im Eurodollar/Rohöl-Markt
Testzeitraum	30.03.83 - 10.07.95	01.02.82 - 10.07.95
Nettogewinn	11.550	16.320
Gewinnfaktor	1,25	1,36
Anzahl Trades	57	57
Prozentsatz Gewinner	53	53
Gewinn/Verlust-Relation	1,13	1,22
Durchschnittstrade	203	286
maximaler Tagesverlust	-11.390	-20.020

Abbbildung 4.36   Die näherungsweise, inverse Relation zwischen Rohöl und Mais

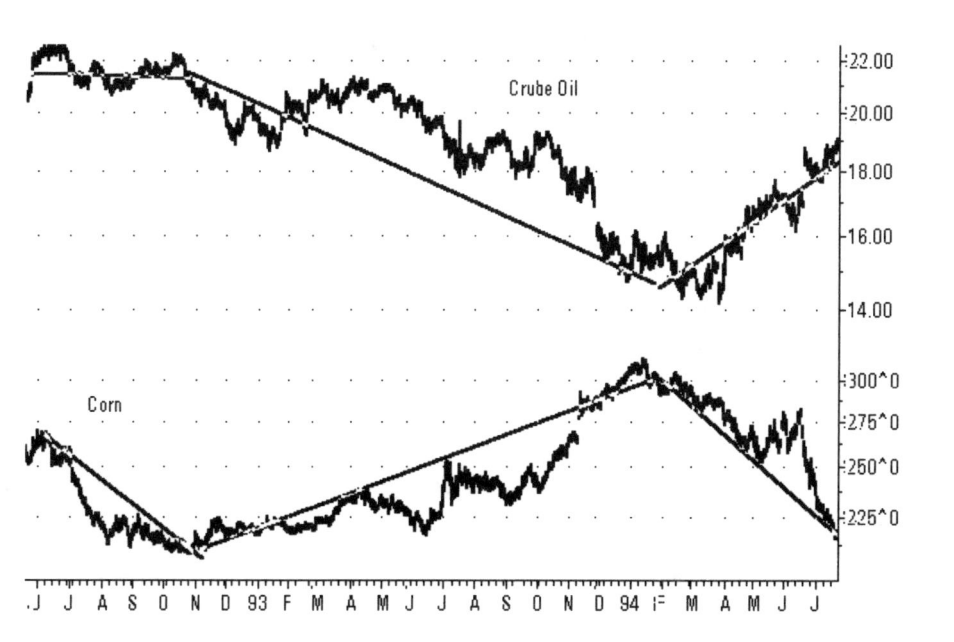

Wir haben also festgestellt, daß das Gold/Bond-System geeignet ist, schwache negative Korrelationen einzelner Märkte zu traden. Die negative Korrelation zwischen Rohöl und Mais ist dabei nicht offensichtlich - es könnte hierbei einen Zusammenhang aufgrund anziehender Transportkosten bei steigendem Ölpreis geben. Die inverse Relation zwischen anziehenden Rohölpreisen und kurzfristigen Zinsen begründet sich auf die Furcht vor zukünftig steigender Inflation.

Bislang haben alle von uns besprochenen Intermarket-Systeme die negative bzw. inverse Preisrelation zwischen den einzelnen Märkten genutzt. Doch dieser Grundgedanke läßt sich zweifellos auch auf positiv korrelierende Märkte ausdehnen, in welchen ein ansteigender Trend des einen Marktes zugleich ein Kaufsignal für einen anderen Markt darstellt. Die Japanischer Yen/Deutsche Mark-Kombination verwendet Trendwechsel im Yen zur Generierung von Tradingsignalen für die Deutsche Mark. Die Mais/Mastschweine-Kombination nutzt hingegen Trendwechsel im Mais, um Signale für Mastschweine zu erzeugen. Da der Mais an Mastschweine verfüttert wird, verursachen ansteigende Maispreise eine Erhöhung in den Produktionskosten für Mastschweine (siehe Abbildung 4.37). Um das Gold/Bond-System in diesen korrelierenden Märkten zu testen, wird der übliche Stop von 5.000$ in den Devisenmärkten, jedoch ein weitaus engerer Stop von 1.000$ für den Mastschweine-Markt verwendet, da letzterer über eine relativ geringe Volatilität verfügt. Wie üblich werden pro Trade 100$ für Gebühren und Kommissionen hinzugerechnet (siehe Tabelle 4.19).

Zusammenfassend zeigen die Ergebnisse, daß die Nutzung korrelierender Märkte zur Erzeugung von Tradingsignalen durchaus sinnvoll ist. Dabei werden Sie sich insbesondere bei denjenigen Intermarket-Systemen sicherer fühlen, die über einen längeren Zeitraum positive Testergebnisse erzielt haben, denn bisweilen kann die geringe logische Korrelation den Trader hindern, diese Marktkombinationen tatsächlich zu verwenden. Zumindest sind Intermarket-Systeme dienlich, um 'Hintergrundinformationen' zu erhalten, die als Teilsegment Ihres Money-Managements in ein Tradingsystem einfließen. So läßt sich beispielsweise das Tradingsignal eines Intermarket-Systems als Auslöser für die Erweiterung bestehender Positionen verwenden. Gleichfalls ließe sich ein solches Signal als Verkaufsregel für konventionelle Tradingsysteme nutzen.

Abbildung 4.37   Die Relation zwischen den Mais- und den Mastschweinepreisen

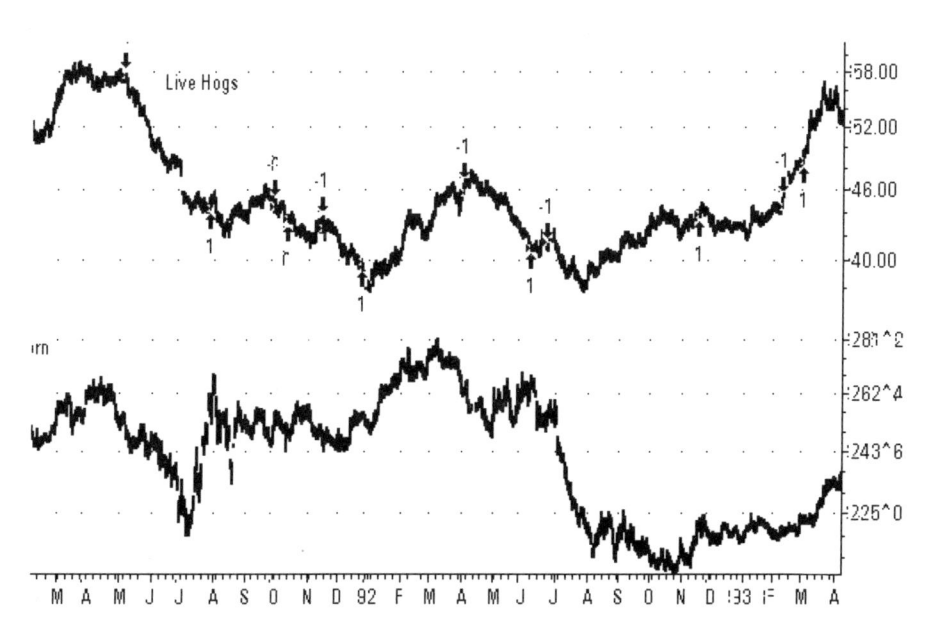

Tabelle 4.19   Die Erweiterung des Gold/Bond-Systems auf korrelierende Märkte, hier: japanischer Yen/DM und Mais/Mastschweine

	Gold-Bond-System in korrelierenden Märkten: Japanischer Yen/Deutsche Mark	Gold-Bond-System in korrelierenden Märkten: Mais/Mastschweine
Testzeitraum	13.02.75 - 10.07.95	02.01.75 - 10.07.95
Nettogewinn	51.188	34.052
Gewinnfaktor	1,53	1,64
Anzahl Trades	99	105
Prozentsatz Gewinner	46	44
Gewinn/Verlust-Relation	1,77	2,11
Durchschnittstrade	517	324
maximaler Tagesverlust	-12.800	-12.184

'Bottom-Fishing'

Marktspezifische Tradingsysteme zeigen grundsätzlich in demjenigen Markt die besten Ergebnisse, für den sie entwickelt wurden. Der Grund: Zumeist werden im System einige ganz spezielle Eigenheiten oder Aspekte des jeweiligen Marktes berücksichtigt, die auf andere Marktsegmente nicht zutreffen. Es ist schwierig, darüber zu spekulieren, warum einige Märkte ihre ganz besondere 'Handschrift' haben. Auf diese Eigenheiten muß bei der Entwicklung eines Systems besonders geachtet werden, da gerade diese ungewöhnlichen Aspekte eines jeweiligen Marktes sehr schnell tiefgreifenden Änderungen unterworfen sein können.

Der S&P500-Futures-Kontrakt kann als Beispiel für einen modellbezogenen Designansatz herangezogen werden. Wir beginnen mit einer Datenreihe vom 21. April 1982 bis zum 10. Juli 1995. Als Regelwerk dient das Standard-MAXO-System mit einem 10-Tage- und 11-Tage-GD. Wir verwenden einen relativ weiten Stop in Höhe von 2.000$ und die üblichen 100$ für Gebühren und Kommissionen.

Das 10- und 11-Tage-MAXO-System erwirtschaftete mit 530 Trades einen Verlust von 181.005$. Nur 178 Trades, also 34%, waren profitabel, der maximale Tagesverlust betrug ganze 189.370$. Ein interessanter Aspekt hierbei war, daß nahezu der gesamte Verlust (185.545$) durch Short-Trades verursacht wurde. Dies läßt sich allerdings daraus erklären, daß der Markt seit 1982 nahezu ausnahmslos nach oben tendierte. Trotzdem ist es frappierend, daß dieses einfache Trendfolge-System trotz dieses extrem langen Aufwärtstrends so kläglich versagt. Also: Der S&P500-Futures-Markt ist nicht gerade der siebte Himmel eines Trendfolgers.

Da die gesamten Verluste im vormaligen Test auf der Shortseite auftraten, macht es Sinn, dieses einfache MAXO-System im Antitrend-Modus zu testen. Die Regeln hierfür lauten wie folgt:

1. Kaufen Sie, wenn der 10-Tage-GD unter den 11-Tage-GD fällt.

2. Verkaufen Sie, wenn der 10-Tage-GD über den 11-Tage-GD steigt.

Für diesen neuen Test ließen wir sämtliche vormaligen Rahmenbedingungen unverändert. Der Anstieg der Gewinne unter Verwendung der Antitrend-Regeln war absolut bemerkenswert. Das Antitrend-System erzielte einen Profit von 55.920$. Gegenüber den vormaligen Verlusten macht dies einen Unterschied von 240.925$ aus. Von den 531 generierten Trades waren volle 48% oder 254 Trades profitabel. Der maximale Tagesverlust betrug nur 32.735$.

Die Resultate des Antitrend-Ansatzes sind nicht als spektakulär zu bezeichnen. Dennoch unterstreichen sie den ungewöhnlichen Charakter des S&P500-Markts. Sie zeigen auch, daß die Entwicklung marktspezifischer Systeme möglich ist, die allerdings in anderen Märkten keine Chance haben. So verlor eben diese Antitrend-Strategie beim Test im Schweizer Franken über denselben Zeitraum hinweg 56.775$, während der Trendfolge-Ansatz immerhin nur 13.088$ Verlust zu verbuchen hatte.

Im folgenden demonstrieren wir Ihnen ein treffendes Beispiel dafür, wie die vorherige Kenntnis der Kursentwicklung bei Systemtests das Design eines Tradingprogramms beeinflussen kann. Da der Chart des S&P500 eine Vielzahl von V-Formationen aufweist, wird versucht, eine Strategie des 'Bottom-Fishings' zu entwickeln. Anders formuliert: Es wird ein System kreiert, welches Kaufsignale zu diesen jeweiligen Kurstiefs generieren soll. Theoretisch sollte dieser Ansatz funktionieren, da es sich hierbei ja um einen Antitrend-Modus handelt. Die Regeln für dieses 'Bottom-Fishing'-System lauten folgendermaßen:

1. Innerhalb der letzten 5 Handelstage hat sich ein 20-Tage-Tief ausgebildet.

2. Die heutige Hoch-Tief-Spanne > X; X = 4 für konservative Trades; X = 1 für aggressive Trades (jeder Punkt lautet hierbei nicht auf einen Tick, sondern auf einen vollen Indexpunkt = 500$).

3. Die heutige Spanne zwischen Schlußkurs und Eröffnungskurs > Y; Y = 3 für konservative Trades; Y = 0 für aggressive Trades.

4. Wenn die Regeln 1, 2 und 3 zutreffen, kaufen Sie zum morgigen Handelsschluß.

5. Verkaufen Sie zum Handelsschluß des zwanzigsten Tradingtages.

6. Initialer Stop = 2.000$ per Kontrakt.

Sie erkennen, daß sich der 'Bottom-Fishing'-Ansatz voll automatisieren läßt. Wir haben auch keine Probleme mit dem Einstieg, da wir erst zum Handelsschluß des auf das Tradingsignal folgenden Tages kaufen. Auf diese Weise fällt auch die Anwendung eines mechanischen Systems leichter, da die Analyse in aller Ruhe nach Handelsschluß vollzogen werden kann und sich die entsprechende Order bereits vor Handelsbeginn plazieren läßt.

Bei diesem System verfügen wir über eine konservative, aber auch eine aggressive Kombination von Kaufsignalen. Der konservative Ansatz generiert hier bei deutlich weniger Trades. Diese Grundkonstellation läßt sich auf viele Weisen modifizieren. Am offensichtlichsten ist die mögliche Veränderung der Verkaufsregeln. So könnte beispielsweise ein Verkaufslimit auf Höhe des vormaligen 20-Tage-Hochs setzen.

Dieses Tradingprogramm wurde mit Hilfe des 'System Writer Plus'-Programms und den aktuellen Kursen des S&P500 getestet. Der Wechsel in die nächstfolgende Laufzeit erfolgte am zwanzigsten Tag des Monats, der dem Kontraktende voranging. Die Testresultate mußten in zwei Teilabschnitten abgebildet werden, da das 'System Writer'-System nur 30 Kontrakte gleichzeitig abwickeln kann (siehe Tabelle 4.20). Der Anwender kann entweder die konservative oder aggressive Version der Variablen X und Y wählen. Beide Kombinationen waren in beiden Datenblocks erfolgreich.

Die Abbildungen 4.38 sowie 4.39 zeigen die Gewinnentwicklung der jeweiligen Optionen. Die Wertentwicklung der konservativen Version präsentiert sich deutlich gleichmäßiger als bei der aggressiven Variante. Letztere kann auch deutlich höhere maximale Tagesverluste nach sich ziehen als die 'vorsichtige' Version des Programms.

In Abbildung 4.40 sehen Sie den dem Systemtest zugrundeliegenden Chart des S&P500 mit den als Pfeil abgebildeten Tradingsignalen der konservativen Version unseres Programmes. Die Abbildung 4.41 stellt denselben Chart mit eingezeichneten Kauf-/Verkaufssignalen der aggressiven Version dar. Sie erkennen, daß das Programm die Tiefpunkte recht gut lokalisieren konnte. Es bleibt daher festzuhalten, daß ein modellspezifisches Antitrend-System mit einem 'Bottom-Fishing'-Ansatz für den S&P500-Markt gute Ergebnisse gewährleistet.

In bezug auf Verkaufsregeln ergeben sich hier eine Vielzahl von Möglichkeiten. Anstatt des Verkaufs am zwanzigsten Tag (Fall 1) können Sie auch einen 'Trailing-Stop' verwenden, welcher nach den ersten 1.000$ Gewinn im jeweiligen Trade auf das letzte 5-Tage-Tief angepaßt wird (Fall 2). Fall 2 mit initialem Stop von 2.000$ in der aggressiven Version erzielte vom 12. Februar 1988 bis zum 10. Juli 1995 einen Gewinn von 59.025$ in 44 Trades. 45% der Trades waren Gewinner, der maximale Tagesverlust betrug nur 7.625$. Vergleichen Sie diese Resultate bitte einmal mit der zweiten Hälfte der Tabelle 4.20 (Fall 1). Die neue Verkaufs-Strategie erwirtschaftete nahezu dieselben Gewinne, der prozentuale Anteil der Gewinntrades lag aber dabei höher, der maximale Tagesverlust niedriger. Die Kurven der Wertentwicklung für die Fälle 1 und 2 haben wir in Abbildung 4.42 dargestellt. Es wird deutlich, daß Fall 2 nachhaltig geringfügigere zeitweilige Kurseinbrüche verkraften muß als Fall 1.

Um die grundsätzliche Nutzbarkeit des 'Bottom-Fishing'-Systems in anderen Märkten zu überprüfen, müssen die einzelnen Variablen geringfügig verändert werden, um Allgemeingültigkeit zu erhalten. Für die Variable X wurde ein Wert von 0,1, für Y von 0 gewählt, um weitere Märkte hiermit zu testen. Da bei weitem nicht alle Märkte eine solche Dynamik wie der S&P500 aufweisen, haben wir einen trendfolgenden Ausstieg gewählt, in dem das Unterschreiten des tiefsten Kurses der letzten 20 Handelstage die Glattstellung der Position auslöst. Der Einstieg in die Positionen wurde auf einen Limitkauf oberhalb des Tops des Signal-Tages geändert, um die Anzahl der Signale während Abwärtstrends zu reduzieren. Der initiale Stop soll 2.000$ betragen;

Tabelle 4.20 Ergebnisse des Bottom-Fishing-Systems mit initialem Stop 2.000$ und Verkauf zum Handelsschluß des zwanzigsten Tradingtages. Es wurden S&P500-Kontrakte mit 'Rollen' verwendet.

Variable	Testzeitraum	Nettogewinn	Anzahl Trades; Prozentsatz Gewinner	Gewinn/Verlust-Relation	Durchschnitts-trade	maximaler Tagesverlust	Gewinn-faktor
X=4, Y=3	9/82 - 2/88	40.900	18;44	3,8	2.272	-6.300	3,04
X=4, Y=3	2/88 - 7/95	60.650	46;39	3,25	1.319	-13.675	2,09
X=1, Y=0	9/82 - 2/88	58.625	57;45	2,45	1.029	-11.425	2,06
X=1, Y=0	2/88 - 7/95	70.600	93;35	2,81	759	-27.125	1,54

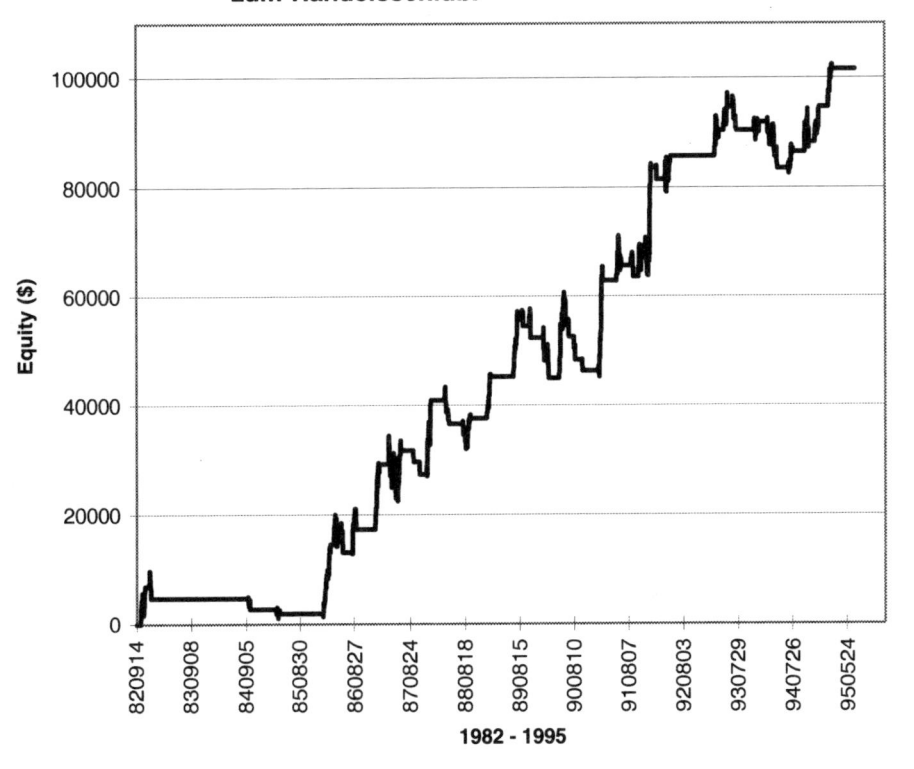

Abbildung 4.38 Wertentwicklung des Bottom-Fishing-Modells in konservativer Ausrichtung für den S&P500. Wertentwicklung mit Variante A = 4, Variante B = 3, Stopkurs 2.000 $, Verkauf am 20. Tag zum Handelsschluß.

Abbildung 4.39 Die Wertentwicklung des Bottom-Fishing-Modells in aggressiver Ausrichtung

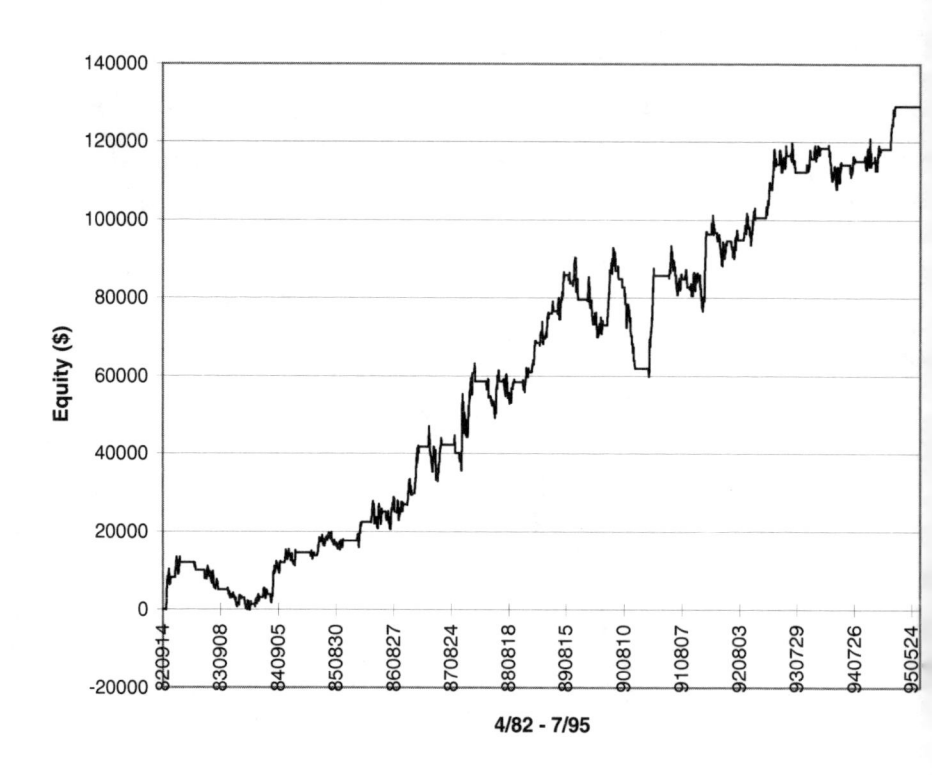

Abbildung 4.40 Die Einstellung X = 4 und Y = 3 erkannte das wichtige Tief im Dezember 1994

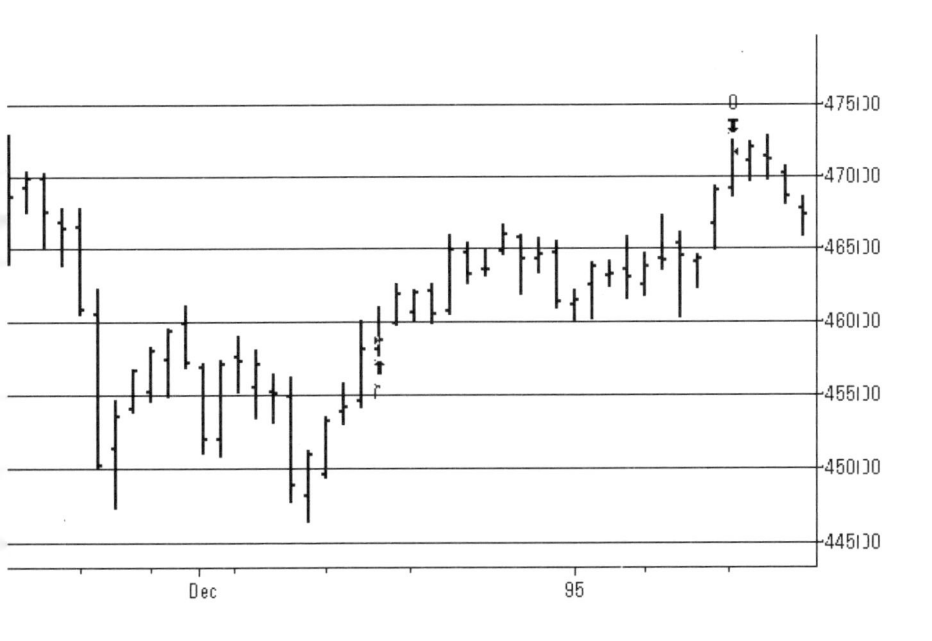

Abbildung 4.41   Die Einstellung X = 1 und Y = 0 konnte das Einstiegssignal jedoch noch näher am Dezember94-Tief plazieren

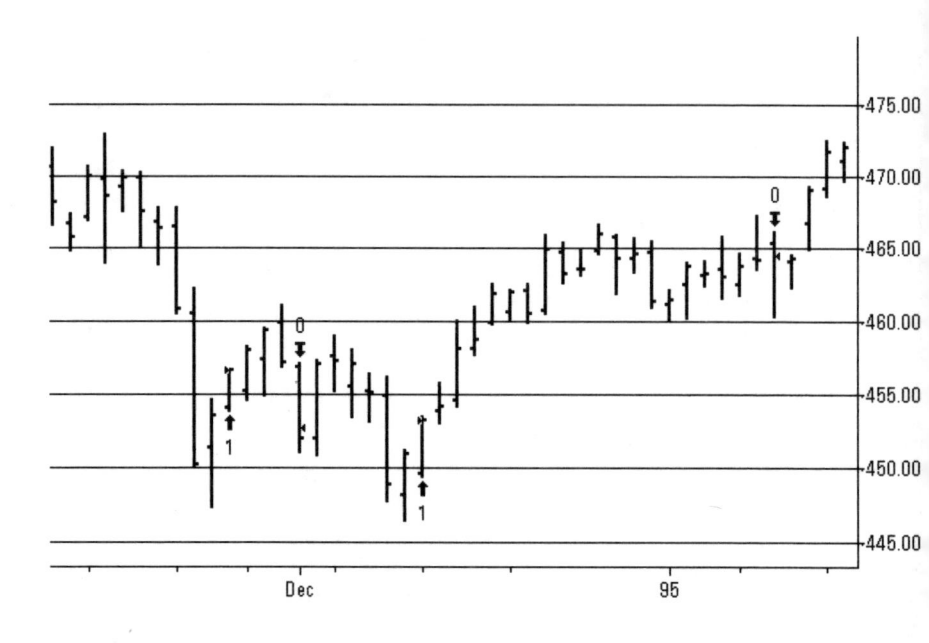

Abbildung 4.42 Gewinnkurve für die Fälle 1 und 2

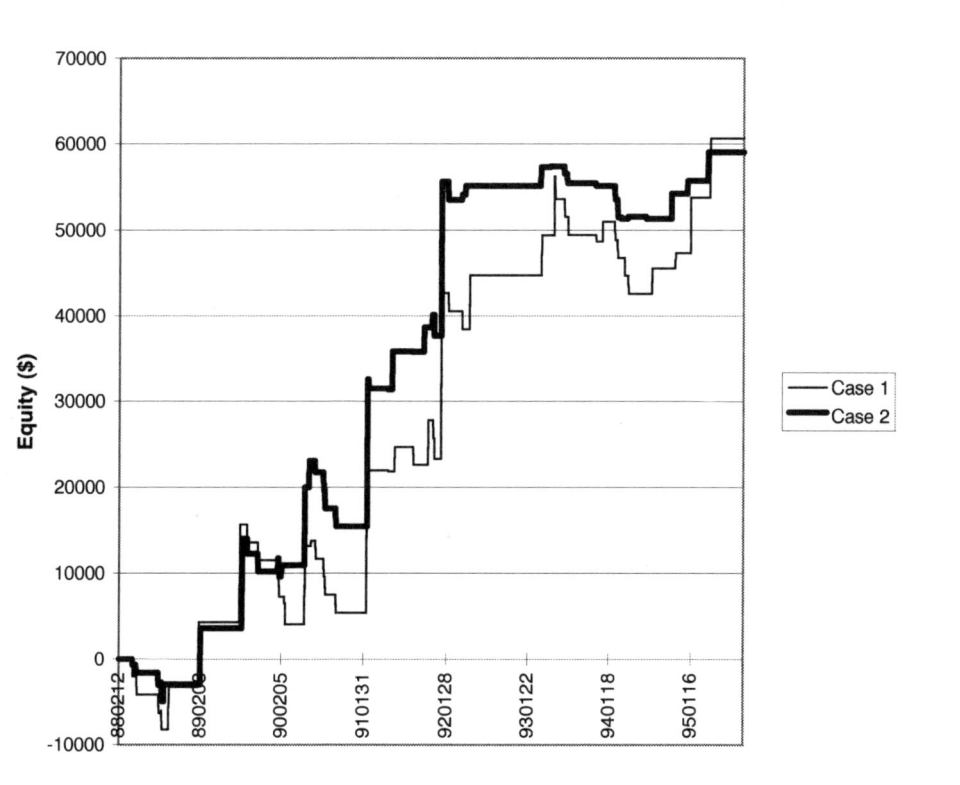

wie üblich werden 100$ für Gebühren pro Trade einbezogen. Der Testzeitraum erstreckt sich von Januar 1975 bis Juli 1995 sowie über Endloskontrakte von 17 verschiedenen Märkten. Die Ergebnisse gelten für die Voraussetzung, daß immer nur ein Kontrakt getradet wurde.

In 11 dieser 17 Märkte konnte mit der verallgemeinerten 'Bottom-Fishing'-Systematik ein Profit erwirtschaftet werden. Dieser Ansatz scheint also auch in Märkten mit starken Trends oder intensiven Auf-/Abwärtsbewegungen zu funktionieren. Die Resultate werden in Tabelle 4.21 aufgeführt. Die Daten suggerieren, daß der 'Bottom-Fishing'-Ansatz einen wichtigen Aspekt für das Trading dieser Märkte abdeckt. Die lange Testperiode und die Gewinne in einer Vielzahl verschiedener Märkte deuten darauf hin, daß dieser Grundgedanke durchaus beständig sein kann. Die unterschiedliche Art der Kursbewegungen bei gleichbleibenden Variablen dürfte dabei für die unterschiedliche Performance der einzelnen Märkte verantwortlich zeichnen.

Die Performance dieses Systems über unterschiedliche Zeiträume hinweg wird verdeutlicht, indem wir die Tests auf den Bereich der Aktien erweitern. Die Abbildungen 4.43 (Wochendaten) und 4.44 (Monatsdaten) illustrieren die Arbeitsweise des 'Bottom-Fishing'-Systems. Die Wochenkurse für die Aktien von Union Carbide zeigen, wie das Modell die Tiefpunkte von 1990 und 1991 lokalisiert. Das Modell behielt über den gesamten Aufwärtstrend hinweg seine Longposition bei. Für Wochenkurse von Aktien scheint dieses System also durchaus geeignet zu sein. In Abbildung 4.44 sehen Sie die Monatskurse der Caterpillar-Aktie. Das Tradingsystem reagierte auf das Tief von 1992 und blieb während des ganzen Kursanstiegs im Markt.

Zusammenfassung: Das 'Bottom-Fishing'-System stellt ein gutes Beispiel für ein marktspezifisches Tradingprogramm dar. Sie können es als Basismodell für die Entwicklung anderer, ähnlicher Systeme verwenden. Die spezifischen Variablen können, wenn sie verallgemeinert werden, auch in anderen Märkten - beispielsweise in Aktien - erfolgreich sein. Das System bewährt sich auch in unterschiedlichen Zeithorizonten wie Tages-, Wochen- oder Monatsdaten. Daraus kann gefolgert werden, daß der 'Bottom-Fishing'-Ansatz einen wichtigen Aspekt der Kursentwicklung abdeckt.

KAPITEL IV — IHR EIGENES TRADINGSYSTEM

Tabelle 4.21   Die Resultate der Tests des Bottom-Fishing-Modells in anderen Märkten

Markt	Gewinn	Anzahl Trades	Prozentsatz Gewinner	maximaler Tagesverlust	Gewinn-faktor
Britisches Pfund	-17.694	195	21	-6.403	0,92
Kaffee	86.740	200	20	-62.251	1,36
Rohöl	-35.660	117	22	-38.000	1,43
Eurodollar	20.650	45	36	-5.825	1,71
Gold	7.510	187	25	-40.000	1,06
Heizöl	-19.687	158	23	-50.124	0,88
Japanischer Yen	98.513	138	30	-15.188	1,95
lebende Rinder	-17.853	201	22	-22.176	0,83
Orangensaft	12.653	194	21	-11.978	1,16
Silber	121.970	189	23	-54.550	1,81
Sojabohnen	-17.869	193	25	-35.719	0,86
S&P-500	127.925	111	30	-43.065	1,64
Zucker	-23.660	175	25	-34.166	0,75
Schweizer Franken	64.450	162	27	-28.387	1,48

Kapitel IV IHR EIGENES TRADINGSYSTEM

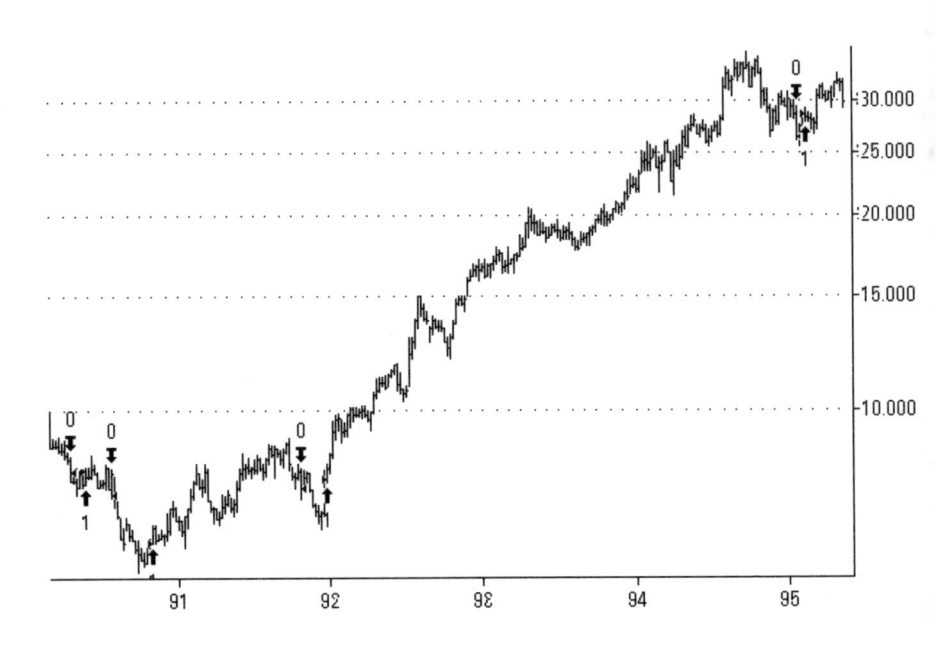

Abbildung 4.43 Beispiel für die Tradingsignale eines verallgemeinerten Bottom-Fishing-Systems in Wochendaten einer Aktie

KAPITEL IV IHR EIGENES TRADINGSYSTEM

Abbildung 4.44   Beispiel für die Tradingsignale eines verallgemeinerten Bottom-Fishing-Systems in Aktienkursen auf Monatsbasis

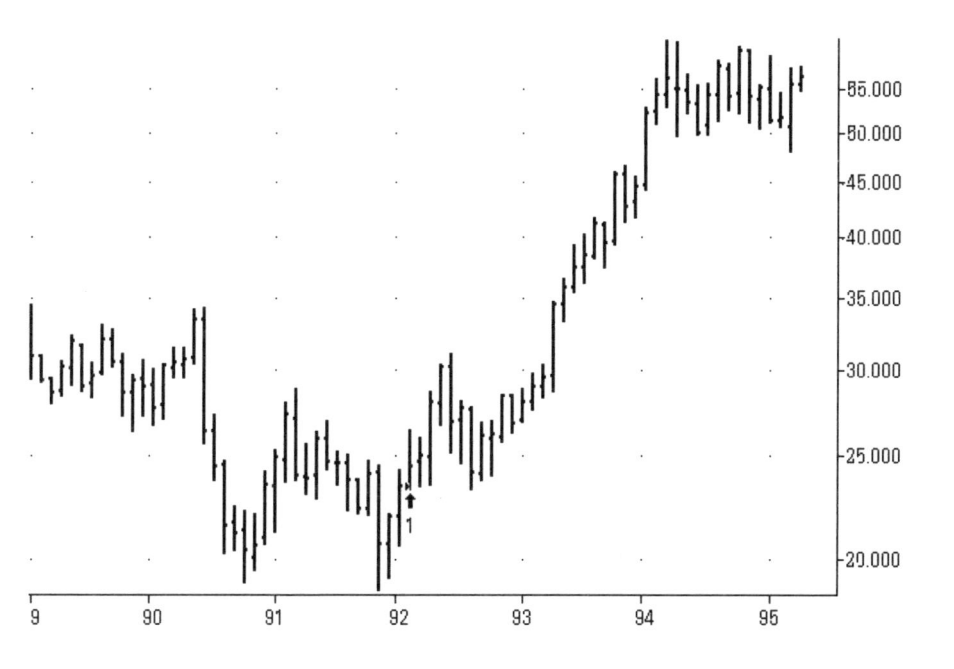

Das Erkennen außergewöhnlicher Gewinnchancen

Ein- oder zweimal pro Jahr bietet der Futuresmarkt ungewöhnliche Gelegenheiten für ebenso außergewöhnliche Gewinne. Wenn es Ihnen gelingt, an diesen Chancen zu partizipieren, wird sich die Performance Ihres Tradingkontos signifikant verbessern. Im Idealfall sollte man dabei die Größe der Position erhöhen. Dabei können Sie sich auf Ihre Instinkte verlassen - oder aber eine entsprechende Formel verwenden.

Eine dieser seltenen, besonderen Gewinnchancen findet sich im Yen-Chart in Abbildung 4.45. Wenn Sie Ihre Position im japanischen Yen während dieser beiden beeindruckenden Kursbewegungen verdreifacht hätten, hätten Sie einen zusätzlichen Gewinn von 40.000$ mit nur geringfügig erhöhtem Risiko erzielt. Bei solchen Gelegenheiten heißt es einfach, Mut zu beweisen.

Die Aufgabe des Systemdesigns ist, eine stabile, allgemeingültige Definition für 'außergewöhnliche Gewinnchancen' zu finden. Wenn Sie erst einmal eine brauchbare Definition haben, können Sie mit der Arbeit beginnen. Grundsätzlich läßt sich die Anpassung der Positionsgröße an die besonderen Kurschancen auch ohne ein spezifisches System durchführen.

Unsere Definition einer solchen 'Chance' ist sehr einfach. Nehmen Sie einen 50-Tage-Durchschnitt und ziehen ein 3-Prozent-Tradingband um diese Leitlinie herum. Wenn der 7-Tage-Durchschnitt diese vorgegebene Bandbreite nach oben oder unten verläßt, liegt eine ungewöhnliche Marktsituation vor (siehe Abbildung 4.45). Das optimale Szenario liegt dann vor, wenn der Markt hierbei seiner bereits vorher etablierten Trendrichtung folgt, die Kursentwicklung jedoch intensiviert. Im schlimmsten Fall allerdings ärgert der Markt Sie für ein oder zwei Tage, bevor die Kurse wieder in die vorgegebene Bandbreite zurückfallen. In diesem Fall sollte ein initialer Stop den Trade zügig beenden.

Sie sollten wissen, daß ein Markt mehrfach derartige Signale für Long- und Short-Trades innerhalb weniger Monate generieren kann. Bisweilen dient ein kurzlebiges Long-Signal als Vorläufer einer starken

Abbildung 4.45 Durch den Ausbruch des 7-Tage-GD aus dem Drei-Prozent-Band um den 50-Tage-GD wird eine außergewöhnliche Gewinnchance identifiziert

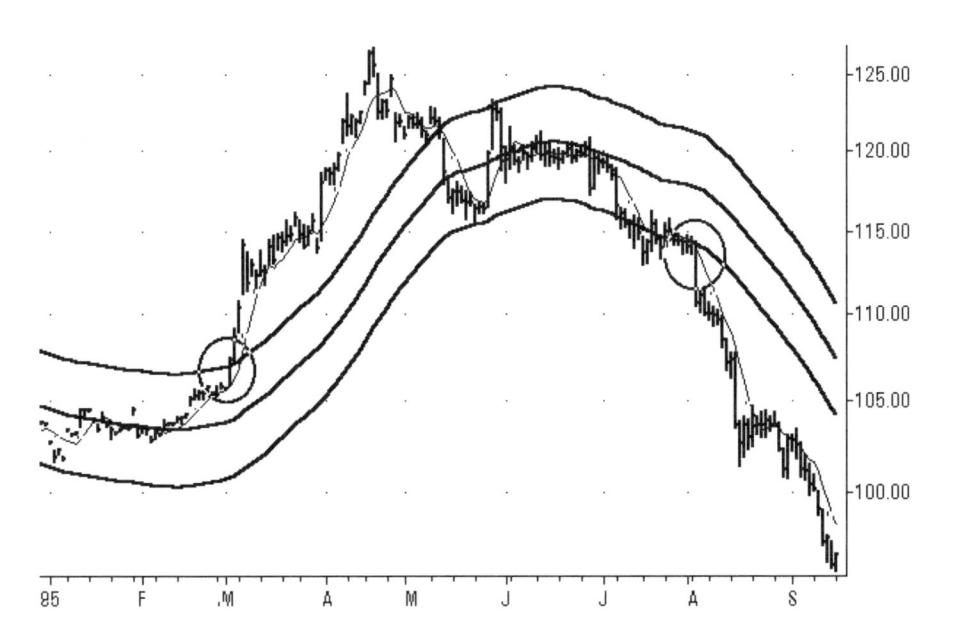

KAPITEL IV IHR EIGENES TRADINGSYSTEM

Abwärtsbewegung. Ein Beispiel hierfür ist der S&P-500 im Jahre 1987 (siehe Abbildung 4.46). Seien Sie also auf der Hut, wenn Sie ein derartiges Signal für eine außergewöhnliche Kurschance erhalten.

Die nächste wichtige Aufgabe, der wir uns zuwenden sollten, ist eine Verkaufsstrategie. Die einfache Vorgehensweise, am 20. Tag des Trades zu verkaufen, hat sich durchaus bewährt. Eine andere Möglichkeit ist die Glattstellung der Position, wenn der 7-Tage-Durchschnitt in das Tradingband zurückläuft. Aber auch eine ganze Reihe anderer Möglichkeiten sind denkbar - ich ermutige Sie, so viele als möglich davon auszuprobieren.

Die Tabelle 4.22 stellt die Testergebnisse dieses Systems für außergewöhnliche Gewinnchancen anhand einer Datenreihe vom 01. Januar 1975 bis zum 30. Juni 1995 für verschiedene Märkte dar. Die Berechnungen kombinierten den bereits dargelegten Ausbruch aus einer 20-Tage-Kursspanne mit den Voraussetzungen einer besonderen Marktchance. Das Einstiegssignal für eine Longposition erfordert dabei, daß der 7-Tage-GD mindestens drei Prozent oberhalb des 50-Tage-GD notiert, bevor exakt oberhalb des höchsten Kurses der letzten 20 Handelstage gekauft werden soll. Die exakt umgekehrten Bedingungen sind für den Einstieg in einen Short-Trade zu fordern. Der Verkauf erfolgte am Ende des 20. Handelstages, und wie üblich haben wir einen initialen Stop von 3.000$ sowie 100$ für Gebühren und Kommissionen einbezogen.

Die außerordentlich lange Testperiode (in einigen Fällen 20 Jahre), die weite Diversifikation der Märkte und der relativ hohe Prozentsatz von Gewinntrades suggeriert, daß diese Strategie einen brauchbaren Ansatz zur Identifikation außergewöhnlicher Marktchancen darstellt. Die Zahlen für die maximalen Tagesverluste zeigen jedoch, daß die Verkaufsstrategie die 'Achillesferse' für den Erfolg des Systems darstellt. Ein Beispiel für die Veränderung dieser Konditionen sehen Sie in Tabelle 4.23. Hier wurde ein 'Trailing-Stop' eingebaut sowie die zur Signalgenerierung relevante Kursspanne verkleinert.

In unserer Diskussion über das Risiko eines Totalverlustes forderten wir folgende, konstante Parameter: Erwartung der Profitabilität und

KAPITEL IV   IHR EIGENES TRADINGSYSTEM

Abbildung 4.46   **Ein Markt kann außergewöhnliche Gewinnchancen innerhalb einer kurzen Zeitspanne auf der Long - wie auf der Shortseite generieren**

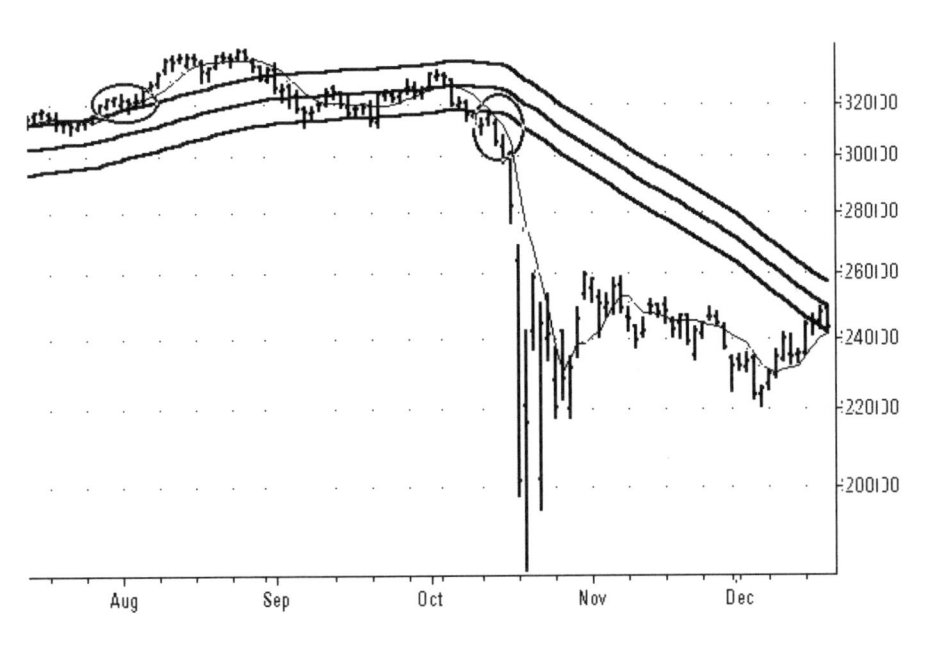

Tabelle 4.22 Performance mit Drei-Prozent-Trading-Band und Verkauf zum Schluß des zwanzigsten Handelstages

Markt	Gewinn	Gewinner; Anzahl Trades	Prozentsatz Gewinner	Gewinn/Verlust Relation	Gewinnfaktor	maximaler Tagesverlust
Britisches Pfund	38.125	37:62	60	1,08	1,6	-11.756
Kaffee	122.273	69:157	44	1,94	1,52	-34.683
Baumwolle	48.255	66:123	54	1,33	1,55	-11.505
Rohöl	12.610	40:73	55	1,08	1,31	-7.800
Deutsche Mark	9.963	36:71	51	1,15	1,19	-10.688
Gold	46.310	42:85	49	1,75	1,71	-21.520
Heizöl	19.220	59:117	50	1,18	1,2	-17.822
Japanischer Yen	18.225	34:71	48	1,42	1,31	-16.638
Mastschweine	10.805	82:149	55	0,94	1,15	-11.832
Sojabohnen	25.756	49:107	46	1,5	1,26	-25.675
S&P-500	28.040	22:58	38	2,08	1,27	-27.932
Schweizer Franken	19.187	44:85	52	1,14	1,22	-15.050
10-jährige Bonds	3.918	88:18	44	1,53	1,23	-7.506
U.S.-Bonds	3.468	34:65	54	0,89	1,04	-27.932
Durchschnitt	29.011		50	1,36	1,33	-17.739

positive 'Payoff-ratio'. Im tatsächlichen Trading verändern sich diese Größen jedoch permanent. Dementsprechend sollten Sie den Anteil des eingesetzten Kapitals, insbesondere bei einer besonderen Kurschance, den Gegebenheiten anpassen können.

Die in diesem Kapitel aufgeführten Testergebnisse basieren auf der Performance jeweils eines einzelnen Kontrakts. Hier jedoch bietet sich eine Gelegenheit, auf Basis von Überlegung und Vernunft eine Erweiterung der Marktposition zu vollziehen. Auf diese Weise erfährt die hier abgebildete Performance des Systems natürlich eine nachhaltige Veränderung. Dazu haben Sie die Möglichkeit, selbständig Ausstiegspunkte zu wählen beziehungsweise diese auf Basis kurzfristigerer Daten - z.B. Stundencharts - festzulegen.

Denken Sie daran, daß eine Überprüfung fundamentaler Daten zur Bestätigung des Vorhandenseins einer außergewöhnlichen Gewinnchance durchaus geeignet ist. So könnten zum Beispiel ungewöhnliche Wetterverhältnisse, politische Spannungen oder ein Ernteausfall Ursache für diese ungewöhnlichen Kursbewegungen sein. Aus dem Blickwinkel der rein technischen Analyse heraus ist eine solche Bestätigung seitens der fundamentalen Daten aber nicht erforderlich. Wenn jedoch derartige Informationen existieren, können diese Ihnen Hinweise auf die mögliche Dauer und voraussichtliche Stärke der erwarteten Marktbewegungen geben und Ihnen so bei der Anpassung Ihrer Positionsgröße an die jeweilige Situation hilfreich sein.

Zusammenfassung

In diesem Kapitel untersuchten wir sieben verschiedene Tradingsysteme, die jeweils einen ganz unterschiedlichen Denkansatz verfolgten. Das 65sma-3cc-System war ein einfaches, trendfolgendes System mit solider Gewinnentwicklung. Wir überprüften dieses Tradingprogramm außerordentlich detailliert. Eine derartig umfangreiche Analyse sollte grundsätzlich auch bei Ihren eigenen Systemen vorangehen. Im Rahmen dieser Untersuchungen verfolgten wir eine Vielzahl interessanter Ideen, wie z.B. maximale Kursausschläge, Verteilungskurve der Trades

Tabelle 4.23 Die Ergebnisse unter Verwendung eines Ein-Prozent-Trading-Bandes und einem 20-Tage-Trailing-Stop

Markt	Gewinn	Gewinner; Anzahl Trades	Prozentsatz Gewinner	Gewinn/Verlust Relation	Gewinn-faktor	maximaler Tagesverlust
Britisches Pfund	146.544	47;93	51	2,39	2,44	-17.319
Kaffee	242.119	47;118	40	3,84	2,49	-26.970
Baumwolle	58.135	46;100	46	2,21	1,56	-19.160
Rohöl	4.740	28;69	39	0,73	1,11	-8.020
Deutsche Mark	69.526	48;94	51	1,9	1,98	-10.425
Gold	29.360	41;112	37	2,29	1,32	-27.170
Heizöl	44.177	42;101	42	2,11	1,5	-26.879
Japanischer Yen	99.400	46;87	53	2,32	2,6	-11.338
Mastschweine	53.768	57;108	53	1,88	2,1	-9.376
Sojabohnen	45.688	44;116	38	2,58	1,57	-19.275
S&P-500	-25.955	25;105	23	2,44	0,73	-79.710
Schweizer Franken	80.338	50;101	50	1,97	1,93	-9.188
10-jährige Bonds	37.768	22;58	38	2,6	1,65	-5.206
U.S.-Bonds	57.100	35;90	39	2,28	1,5	-16.075
Durchschnitt	67.336		43	2,25	1,75	-20.437

KAPITEL IV — IHR EIGENES TRADINGSYSTEM

oder die Effekte eines volatilitätsabhängigen Stopkurses. Sie sollten bemüht sein, diese Gedankengänge nachzuvollziehen und regelmäßig zu verwenden. Unter dem Strich stellte das 65sma-3cc-System ein robustes und profitables Tradingsystem dar, das sich insbesondere in Trendphasen als profitabel erwies. Dabei waren ca. 4% der initiierten Trades die 'ganz großen' Gewinner. Daher sollten Sie Ihre Verkaufsstrategie sorgsam auswählen, um zu vermeiden, gerade diese besonders profitablen Trades vorzeitig auszustoppen.

Das 'Channel-Breakout/Pull-Back'-System (CB-PB) war unser erstes variablenabhängiges System für Long-Trades. Das Programm lieferte zuverlässige Kaufsignale, was die Profitabilität von über 55% belegte. Die Tests mit unterschiedlichen Verkaufsstrategien machten klar, daß das CB-PB-System risikoarme Einstiegsmöglichkeiten bietet und zugleich ohne großen Aufwand an unterschiedlichste Trading-Stile angepaßt werden kann. Das CB-PB-System tat sich insbesondere in der kurz- bis mittelfristigen Anwendung in aktiv gehandelten Märkten hervor. Dadurch konnten wir zeigen, wie sich ganz unterschiedliche Tradingsysteme auf Basis ein und desselben Kaufsignals konstruieren lassen.

Das ADX-Breakout-System verwendete einen Filter, der sich auf die Intensität des Trends bezog. So vermochte dieses Programm erfolgreiche Einstiege in starke Trendphasen zu garantieren. Das System verfügt über eine breite 'neutrale Zone', so daß es sich nur zu 35% bis 45% der Zeit im Markt befand.

Wir beschäftigten uns danach mit dem Trend/Antitrend-System (T/AT), welches automatisch zwischen einem Trendfolge- und einem Antitrend-Modus wechselte. Durch dieses System gelang der jeweilige Einstieg an Kursspitzen und Tiefpunkten mit überraschender Präzision. Für ein derartiges System ist eine gute Risikokontrolle von extremer Wichtigkeit, da Sie bei hoher Volatilität des Marktes durchaus 'auf dem falschen Fuß' erwischt werden können.

Das Gold/Bond-System erlaubte uns eine Analyse von positiv oder negativ verbundenen Märkten. Das System versuchte, Intermarket-Verbindungen zu isolieren. Wir stellten fest, daß das Programm mit und ohne Trendfilter funktionstüchtig war. Dabei entdeckten wir einige interessante Verbindungen zwischen dem US-Bond-Markt und den Märkten für Gold, Kupfer, Sojabohnen und Devisen. Wir erweiterten daraufhin das Gold/Bond-System, um andere, korrelierende Märkte wie Deutsche Mark/Japanischer Yen und Mais/Mastschweine zu testen. Auch wenn die Tradingergebnisse in keiner Weise berauschend waren, so eignet sich dieses System doch zumindest zur Überprüfung der Rahmenbedingungen Ihres Tradings.

Das 'Bottom-Fishing'-System stellte ein marktspezifisches Programm für das Trading im S&P500-Markt dar. Wir konnten aber feststellen, daß die relevanten Variablen so verallgemeinert werden konnten, daß andere Märkte ebenso wie einzelne Aktien mit diesem System handelbar wurden. Ebenso erkannten wir, daß das System in verschiedenen Zeitrahmen gleichbleibend gute Ergebnisse erzielen konnte.

Zuletzt besprachen wir ein Programm, das außergewöhnliche Gewinnchancen im Kursverlauf lokalisieren sollte. Der primäre Nutzen des Systems lag in der Generierung von Hinweisen auf die Veränderung der Positionsgröße. Dennoch ist es auf seine Weise ein effektives Trendfolge-System. Der Grundgedanke des Programms ist die Annahme, daß ein erheblicher Anteil einer primären Trendbewegung sich außerhalb einer ein- bzw. dreiprozentigen Tradingrange um den 50-Tage-Durchschnitt abspielt.

Sie werden bemerkt haben, daß wir nicht der üblichen Praxis gefolgt sind, die Testzeiträume in zwei oder mehr Intervalle zu unterteilen. Vielmehr versuchten wir, die Programme in einem einzigen Zeitintervall zu perfektionieren, um sie danach in aktuellen Datenrahmen testen zu können. Diese Prozedur setzt das System 'neuen' Daten aus. Hierdurch kann überprüft werden, ob dessen Performance auch zukünftig mit den Ergebnissen der Systemtests mithalten kann. Wenn Sie verschiedene Kombinationen von Parametern testen, versuchen Sie, die stabilste Kombination herauszubekommen. Stabilität bedeutet hierbei, daß sich das System über den größten Teil der Testdaten als profitabel erweist und diese Ergebnisse sich nicht bereits bei kleinen Veränderungen der

KAPITEL IV IHR EIGENES TRADINGSYSTEM

Testbedingungen deutlich verändern. Eine detaillierte Diskussion dieses Gedankenganges findet sich bei Babcock, Chande und Kroll, Pardo und Schwager und vielen anderen.

Anstatt sich ausschließlich auf die Tests zu verlassen, haben wir uns bislang auf die Grundideen konzentriert, die den einzelnen Tradingstrategien zugrunde liegen. Wir testeten die einzelnen Systeme mit Datenreihen über 20 Jahre und ohne vorherige Optimierung. Danach unterzogen wir die Systeme einem Härtetest, indem wir prüften, ob die Systemkonfiguration geeignet war, unterschiedlichsten Marktbedingungen standzuhalten und so auch zukünftig Gewinne erwirtschaften zu können. All die bisher besprochenen Programme sind Beispiele für die Kunst, neue Tradingstrategien um einen interessanten Grundgedanken herum zu errichten. Im nächsten Kapitel wenden wir uns der Möglichkeit zu, wie bekannte, erwiesenermaßen funktionierende Ideen modifiziert werden können, um nützliche Varianten für Ihre Sammlung von Trading-Systemen zu schaffen.

Kapitel V

- Die Entwicklung von Systemvarianten -

KAPITEL V — DIE ENTWICKLUNG VON SYSTEMVARIANTEN

Einleitung

'Sogar die Veränderungen verändern sich'.

In diesem Kapitel wollen wir untersuchen, wie sich bereits vorhandene Tradingsysteme in Variationen wandeln lassen, die zu Ihrem ganz persönlichen Tradingstil passen. Auf diese Weise können Sie nämlich eine große Anzahl unterschiedlicher Systeme kreieren, die verschiedensten Zielsetzungen genügen. Jeder Trader hat seine eigenen Überzeugungen, Zeithorizonte, finanziellen Rahmen, Gewinnerwartungen. Und nicht zuletzt unterscheidet sich vor allem das Vertrauen der einzelnen Trader in sich selbst und ihr System. Aus diesem Grund verfolgen auch nur sehr wenige Trader die exakt selbe Strategie. Das bedeutet übrigens im Umkehrschluß, daß Sie auch mit wohlbekannten Systemen problemlos traden können, ohne fürchten zu müssen, daß jedermann dasselbe tut. Trotzdem können Sie Akzente setzen, in denen Sie Ihre eigenen Variationen wohlbekannter Grundgedanken entwickeln. Wie üblich dient dies nicht als Empfehlung spezifischer Tradingideen, sondern vielmehr als Versuch, Ihre Kreativität zu stimulieren. Die Fragestellung lautet: Inwieweit beeinflussen Variationen die Struktur des Tradingsystem und wie intensiv stellen sich die Auswirkungen bei der Systemperformance dar.

Wir werden uns zunächst mit dem 20-Tage-Breakout-System befassen, wahrscheinlich eines der ältesten, computergesteuerten Tradingsysteme im Börsengeschäft. Als Arbeitsgrundlage betrachten wir die Ergebnisse des 20-Tage-Breakouts auf Basis der Schlußkurse und unter Verwendung zweier unterschiedlicher Verkaufsstrategien. Die eine Strategie ist ein einfacher X-Tage 'Trailing exit', die andere jedoch ist eine weitaus komplexere, volatilitätsabhängige Verkaufsstrategie. Während Variante eins ein festgelegtes Kursband oberhalb der 20-Tage-Spanne verwendet, benutzen wir in Variante zwei als nächsten, logischen Schritt ein variables bzw. volatilitätsabhängiges Kursband.

Wir versuchen dabei eine ungewöhnliche Variante, indem wir diese volatilitätsabhängige Kursspanne vom 20-Tage-Kanal abziehen, anstatt sie - wie gewohnt - hinzuzufügen. Danach werden wir die statistische Bedeutung dieser Variationen überprüfen. All diese Abwandlungen sollen Sie davon überzeugen, daß es möglich ist, eine bewährte Idee an Ihre eigenen Bedürfnisse bzw. Ihren persönlichen Tradingstil anzupassen.

Im weiteren Verlauf des Kapitels befassen wir uns dann mit zwei Tradingmodellen, die als Basis den ADX-Indikator verwenden. Der ADX mißt, wie Sie bereits wissen, die Stärke von Kurstrends. Sie werden erkennen, daß der stark geglättete ADX die Anzahl der Trades reduziert, ohne aber 'große' Trendbewegungen zu verpassen. Zunächst testen wir die Auswirkungen eines vorgegebenen ADX zur Signalgenerierung, danach werden wir diese Vorgabe verschärfen, indem wir fordern, daß der ADX darüber hinaus ansteigen muß. Sie werden feststellen, daß das absolute Level des ADX bei weitem nicht so bedeutend ist wie dessen Trendrichtung.

Sie haben zweifellos schon von der alten Tradingregel gehört: 'Kaufen Sie nach einem Pull-Back auf Höhe einer Unterstützungszone.' Dieser Rat allein ist nicht ausreichend, um daraus ein Tradingsystem zu entwickeln, aber wir werden solche Pull-Back-Systeme behandeln, welche in Aufwärts- sowie in Abwärtstrends funktionieren.

Wir beschließen das Kapitel dann mit einem parameterabhängigen System, das sich ausschließlich auf Long-Signale beschränkt. Ein weiter Pass in die Tiefe des Raumes aus dem Fußball inspirierte das 'Long Bomb'-System. Mit diesem Programm lassen sich nützliche Chartformationen in Ihren bevorzugten Märkten lokalisieren.

Wir werden diese Systeme ohne Optimierungen testen. Die einzelnen Parameter werden willkürlich und vor Testbeginn ausgewählt, so daß diese nicht durch die Ergebnisse der Tests selbst beeinflußt werden. Alle Testphasen werden mit denselben Datenreihen durchgeführt, damit Sie das subtile Zusammenwirken zwischen Systemregeln und Kursbewegungen leicht nachvollziehen können. Sie sollten versuchen, Ihre eigenen Variationen weit verbreiteter Ideen zu entwickeln, um diejenigen besonderen Kombinationen zu finden, die Ihrem persönlichen Tradingstil entsprechen.

KAPITEL V   DIE ENTWICKLUNG VON SYSTEMVARIANTEN

Tabelle 5.1   Übersicht über die in diesem Kapitel verwendeten Märkte und Testzeiträume

Markt	Test-Periode
Britisches Pfund	2/75 - 7/95
Kaffee	1/75 - 7/95
Rohöl	1/83 - 7/95
Baumwolle	1/75 - 7/95
Deutsche Mark	2/75 - 7/95
Eurodollar	2/82 - 7/95
Gold	1/75 - 7/95
Japanischer Yen	8/76 - 7/95
U.S.-Bonds	8/77 - 7/95
Weizen	1/75 - 7/95

KAPITEL V DIE ENTWICKLUNG VON SYSTEMVARIANTEN

Die in Tabelle 5.1 abgebildeten Märkte wurden nur deswegen für die Tests ausgewählt, weil sie eine sehr diversifizierte Gruppe darstellen, die in der Vergangenheit starke Trendphasen, Zeiten hoher Volatilität und eine Vielzahl an Konsolidierungen aufwies. Grundsätzlich verwendeten wir für die Tests einen initialen Stop von 1.500$ und 100$ pro Trade für Gebühren und Kommissionen.

Das Breakout-System mit Trailing Stops

Wir beginnen unsere Untersuchungen, indem wir den Effekt eines Trailing Stops auf das normale Breakout-System überprüfen. Unser Ziel ist, die Idee des Channel-Breakouts in ein kurzfristiges Tradingsystem zu integrieren. Die Grundgedanken des Channel Breakouts sind Ihnen bereits bekannt. Die 'symmetrischen' Voraussetzungen für Long- und Short-Signale lauten wie folgt:

1. Liegt der heutige Schlußkurs oberhalb des höchsten Kurses der letzten 20 Tage, so kaufen Sie zum heutigen Handelsschluß.

2. Wenn der heutige Schlußkurs unterhalb des tiefsten Kurses der letzten 20 Tage liegt, so verkaufen Sie zum Handelsschluß.

Die Verkaufsbedingung wird durch einen einfachen Trailing Stop dargestellt, welcher am höchsten bzw. tiefsten Kurs der letzten Handelstage plaziert wird. In unserem Fall entscheiden wir uns für einen 5-Tage Trailing Stop. Die Regeln lauten folgendermaßen:

3. Verkaufen Sie die Long-Position mit Unterschreiten des Stopkurses, welcher jeweils am tiefsten Kurs der letzten 5 Handelstage liegt.

4. Verkaufen Sie die Short-Position, wenn der Stopkurs, welcher am höchsten Kurs der letzten 5 Handelstage plaziert wird, überschritten wird.

Wir gehen davon aus, daß der Markt eine schnelle, zielgerichtete Kursbewegung vollziehen wird, sobald er erst einmal aus seiner 20-Tage-

KAPITEL V DIE ENTWICKLUNG VON SYSTEMVARIANTEN

Kursspanne ausgebrochen ist. Wir folgern daraus, daß wir einen relativ 'engen' Trailing Stop verwenden können, um den Großteil unserer Gewinne zu schützen. Ein 'enger' Stopkurs hat sich in Märkten mit starken Kursbewegungen bewährt. In mittel- bis langfristigen Trends erweist sich ein derartig 'enger' Stopkurs jedoch als Nachteil, die Positionen zumeist zu früh glattgestellt werden. Sie werden daher während langer Trendphasen grundsätzlich mehrere Trades beobachten können, da das System jedesmal einen neuen Trade initiiert, wenn ein weiterer Breakout aus der vorgegebenen Kursspanne stattfindet. In Tabelle 5.2 sehen Sie die Resultate der Testphase unter Anwendung eines initialen Stops von 1.500$, dem Erwerb jeweils eines Kontrakts pro Signal und der üblichen Einbeziehung von 100$ für Gebühren und Kommissionen.

Das einfache 20-Tage Breakout-System ist ein typisches, trendfolgendes Tradingprogramm, welches in diesem Fall 36 Prozent profitable Trades aufwies und eine durchschnittliche Gewinn-Ratio > 2 aufweist. 63% der Gewinne stammen hierbei allein aus dem Kaffeemarkt. Der durchschnittliche Gewinnfaktor (die Relation von Gesamtgewinnen zu Gesamtverlusten) beträgt 1,19. Hieraus läßt sich ablesen, daß das System nur marginal mehr Gewinn als Verlust erwirtschaftet. Der Durchschnittstrade ist mit einem Betrag von 112$ gerade noch akzeptabel, wobei diese Zahl sicherlich zum Teil auf die kurze Haltedauer der einzelnen Trades zurückgeführt werden muß.

Die 2.195 insgesamt durchgeführten Trades suggerieren, daß der Faktor Gebühren und Kommissionen in der Gesamtperformance dieses Systems eine bezeichnende Rolle spielt. Auch die Tatsache, daß in vier von zehn getesteten Märkten Verluste anfielen, sollte zur Besorgnis Anlaß geben. Der durchschnittliche Gewinn ist nicht sehr viel größer als der durchschnittliche maximale Tagesverlust - auch dies könnte zu Problemen führen.

In diesem Test verwendeten wir als Verkaufsmarke entweder den höchsten oder den tiefsten Kurs der letzten fünf Handelstage. Diese Strategie setzt voraus, daß die Kurse nach Erreichen eines neuen 20-Tage-Hochs/-Tiefs sofort eine starke Kursbewegung beginnen. Die beiden im

KAPITEL V   DIE ENTWICKLUNG VON SYSTEMVARIANTEN

folgenden besprochenen Fälle zeigen, wie sich diese Verkaufsstrategie in der Praxis bewährt. Im Falle des Weizens (siehe Abbildung 5.1) befand sich der Markt in einem moderaten Aufwärtstrend. Ein solch 'moderater' Aufwärtstrend ist nicht besonders vorteilhaft, da der Markt sehr oft direkt nach dem Erreichen neuer Hochpunkte konsolidiert. Dadurch werden die Trades in diesem Markt sofort in der Konsolidierungszone ausgestoppt, die auf die neuen Tops folgte. Der schwache Aufwärtstrend der Weizenkurse verursachte für dieses System eine ganze Reihe dementsprechend kurzlebiger Trades.

Der zweite, in Abbildung 5.2 gezeigte Fall liefert die idealen Voraussetzungen für die momentan verwendete Verkaufs-Strategie. Der Kaffeemarkt vollzog eine starke Aufwärtsbewegung, nachdem der Ausbruch aus der 20-Tage-Kursspanne gelang. Die erste, signifikante Korrektur löste dann sofort unseren Trailing-Stop (tiefster Kurs der letzten fünf Handelstage unterschritten) aus. Wenn wir diese beiden Beispiele vergleichen, stellen wir fest, daß der Trailing-Stop bei starken Kursausschlägen die besten Resultate liefert. Wenn Sie in starken Trends computerunabhängige Stops verwenden wollen, sollten Sie sich an diese Strategie erinnern!

Der Umstand, daß der Trader im Vorfeld bereits festlegen muß, wie viele Tage in bezug auf den Trailing-Stop als Bezugsgröße anzusetzen sind, ist zweifellos nicht ideal. Im nächsten Abschnitt werden wir sehen, wie ein volatilitätsbezogener Stop diese Einschränkungen überwinden kann.

Das Breakout-System mit volatilitätsbezogenem Stopkurs

Bisweilen kann eine Konsolidierung mit Kursrichtung entgegen des etablierten Trends eine sehr große Kursspanne ausmachen. Anhand von Volatilitätskriterien lassen sich derartige starke Kursschwankungen entgegen des Trends ausnutzen. Wir versuchen, einen Trailing Stop festzulegen, für den wir keinen festzulegenden Zeithorizont benötigen. Aus diesem Grund entwickeln wir einen Trailing Stop, dessen Meßgröße die Volatilität darstellen soll.

261

Kapitel V — Die Entwicklung von Systemvarianten

Tabelle 5.2 Die historische Performance des 20-Tage-Breakout-Systems mit Verkauf zum 5-Tage-Hoch oder -Tief

Markt	Gewinn	Anzahl Trades	Prozentsatz Gewinner	Gewinn/Verlust-Relation	Durchschnitts-trades	maximaler Tagesverlust	Gewinn-faktor
Britisches Pfund	38.869	259	34	2,35	150	-21.338	1,21
Kaffee	177.438	255	38	3,26	696	-24.414	2,03
Baumwolle	-1.300	260	35	1,81	-5	-23.275	0,99
Rohöl	-43.230	157	29	1,1	-275	-44.230	0,44
Deutsche Mark	38.575	229	43	1,86	168	-12.800	1,42
Eurodollar	14.225	142	45	1,71	100	-5.175	1,4
Gold	19.180	222	31	2,67	86	-36.870	1,18
Japanischer Yen	64.913	201	44	2,01	323	-11.388	1,56
U.S.-Bonds	-5.013	222	36	1,71	-23	-35.994	0,96
Weizen	-24.169	248	29	1,61	-97	-32.475	0,67
Gesamt	279.488	2.195					
Durchschnitt	27.949	220	36	2,01	112	-24.796	1,19

KAPITEL V   DIE ENTWICKLUNG VON SYSTEMVARIANTEN

Abbildung 5.1 Die Schlußkurse an 5-Tage-Hochs oder -Tiefs bieten im sprunghaften Aufwärtstrend des Weizenmarktes regelmäßig günstige Ausstiegsmöglichkeiten.

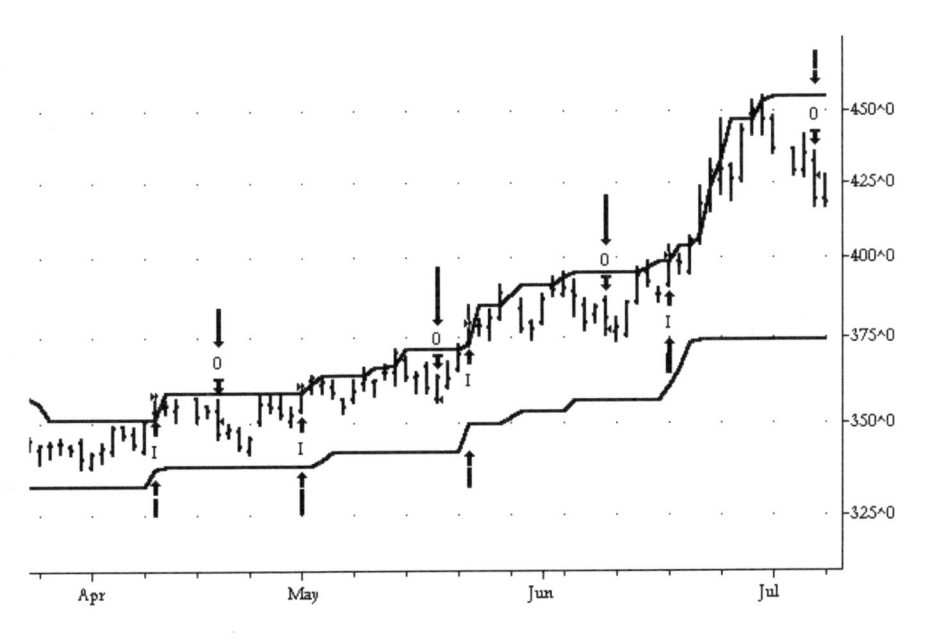

KAPITEL V DIE ENTWICKLUNG VON SYSTEMVARIANTEN

Abbildung 5.2 Der Kaffeemarkt zeigt ideale Bedingungen für einen 5-Tage-Trailing-Exit, welcher sich am besten in Märkten mit schnellen Kursrallyes nach Breakouts bewährt.

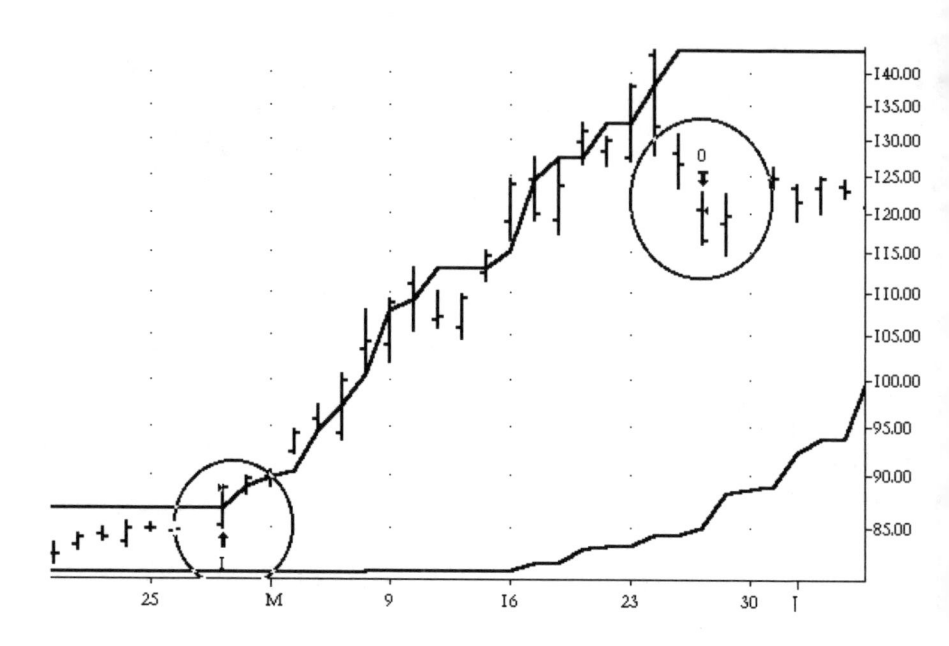

KAPITEL V DIE ENTWICKLUNG VON SYSTEMVARIANTEN

Es gibt eine ganze Vielzahl unterschiedlicher, volatilitätsbezogener Ausstiegsmöglichkeiten. So könnten Sie zum Beispiel einen einfachen 10-Tage-Durchschnitt der täglichen Hoch-Tief-Kursspanne verwenden, um eben diese Volatilität zu messen. Wenn die Kurse sich nur in einer engen Kursspanne bewegen, verringert sich der Wert des 10-Tage-Durchschnitts und dementsprechend die Volatilität. Sobald die Kurse aber innerhalb eines Tages größere Spannweiten aufweisen, steigt auch diese Indikation gleichzeitig an. Gerade zum Ende von Trendbewegungen pflegen die Kurse des öfteren eine sehr breite Hoch-Tief-Spanne aufzuweisen. Der volatilitätsbezogene Stop stellt einen Trade glatt, wenn eine solche, volatile Kursbewegung entgegen der Trendrichtung auftritt.

Eine große, tägliche Kursspanne definiert sich aus dem dreifachen der aktuellen, durchschnittlichen Volatilität. Diese große Kursbewegung wird bei Short-Trades zum letzten 20-Tage-Tief hinzuaddiert bzw. vom letzten 20-Tage-Hoch abgezogen, sofern es sich um einen Long-Trade handelt. Hieraus ergibt sich ein Kurswert, auf den der Stopkurs plaziert wird. Ein Beispiel für diese volatilitätsabhängigen Stops sehen Sie in Abbildung 5.3.

Wir sind nun imstande, das Breakout-System mit volatilitätsbezogenem Stop präzise zu formulieren. Die hierfür erforderlichen Regeln gleichen dem üblichen Breakout-System.

1. Wenn der heutige Schlußkurs oberhalb des höchsten Kurses der letzten 20 Tage liegt, kaufen Sie zum Handelsschluß.

2. Stellen Sie den Long-Trade glatt, wenn ein Kurswert unterschritten wird, der sich aus dem höchsten Kurs der letzten 20 Tage abzüglich des Dreifachen des 10-Tage-Durchschnitts der täglichen Kursspannen errechnet.

3. Wenn der heutige Schlußkurs tiefer als der niedrigste Kurs der letzten 20 Handelstage liegt, so etablieren Sie zum Handelsschluß eine Short-Position.

Kapitel V   Die Entwicklung von Systemvarianten

Abbildung 5.3   Der volatilitätsabhängige Stop für Short-Trades läuft den Kursen quasi 'hinterher', bis eine starke Gegenreaktion oder eine Trendwende die Linie überwindet und den Trade dadurch beendet.

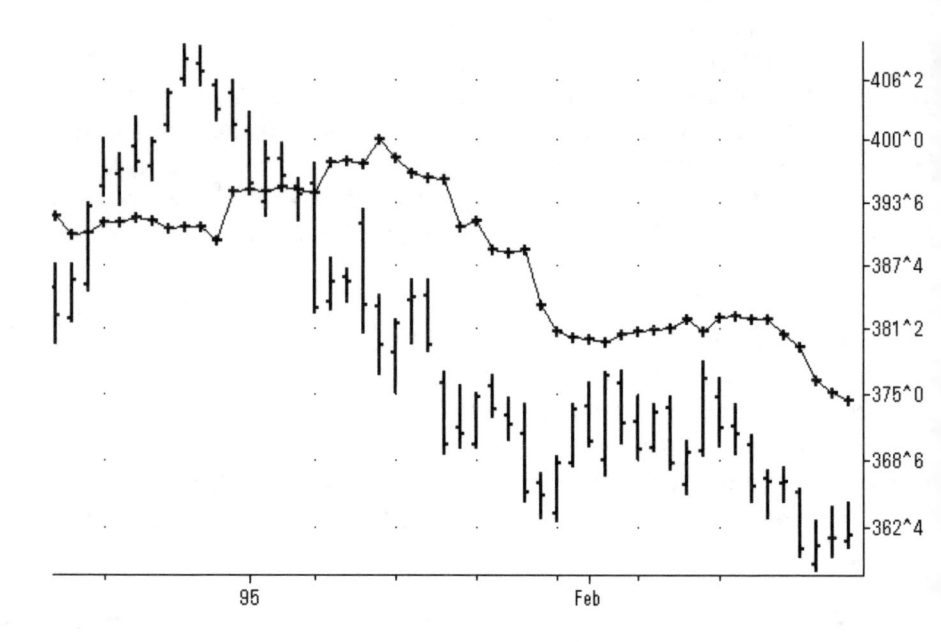

Kapitel V Die Entwicklung von Systemvarianten

4. Stellen Sie diesen Short-Trade glatt, wenn ein Kurswert erreicht wird, der sich aus dem tiefsten Kurs der letzten 20 Handelstage plus des Dreifachen des 10-Tage-Durchschnitts der täglichen Kursspannen errechnet.

Für unsere Tests verwenden wir einen anfänglichen Stop in Höhe von 1.500$ und traden pro Signal ausschließlich einen Kontrakt. Natürlich werden, wie üblich, 100$ für Gebühren und Kommissionen pro Trade eingerechnet. Abbildung 5.4 zeigt den volatilen Aufwärtstrend im August 1995 Rohöl-Kontrakt auf. Das System kaufte einen Long-Kontrakt, nachdem die übliche 20-Tage-Kursspanne nach oben verlassen wurde. Eine scharfe Gegenreaktion der Kurse verursachte einen deutlichen Kurseinbruch, den Sie in der Mitte des Charts erkennen können. Hier schlossen die Notierungen unterhalb der Schlußkurse der vergangenen zwei Tage. Nachfolgende Verkäufe am nächsten Handelstag lösten dann den volatilitätsbezogenen Stopkurs aus, so daß die Position glattgestellt wurde.

Das System etablierte eine neue Long-Position, nachdem wiederum ein 20-Tage-Hoch erreicht wurde. Im weiteren Verlauf konnten die Notierungen ein vormaliges Hoch nicht wieder überschreiten, der darauffolgende scharfe Kurseinbruch löste dann ein weiteres Mal die Glattstellung unserer Position aus. Wir erinnern uns, daß sich das Ausstiegslevel aus den Komponenten 20-Tage-Hoch und 10-Tage-Durchschnitt der täglichen Kursspannen zusammensetzt. Ein Markt kann diesen Stop während volatiler Kursbewegungen blitzschnell erreichen oder aber langsam in Richtung dieses Stops abdriften. Die erstgenannten, schnelleren Reversals treten zumeist nahe am Ende eines Trends oder zu Beginn einer Konsolidierungsphase auf.

Plötzliche Marktbewegungen mit einer deutlich erweiterten, täglichen Kursspanne treten beispielsweise auf, wenn alle Trader auf derselben Seite stehen. Wenn diese Akteure alle gleichzeitig eine Adjustierung ihrer Position vornehmen müssen, kommen derartige, starke Kursbewegungen innerhalb einer Sitzung zustande. Bisweilen allerdings gibt es weder Nachrichten noch relevante Informationen, die den Markt bewegen könnten. Die Notierungen können dann in kleinsten Schritten in Richtung des Stopkurses abdriften.

KAPITEL V   DIE ENTWICKLUNG VON SYSTEMVARIANTEN

Abbildung 5.4   Im Beispiel des Rohöl-Marktes beendet der volatilitätsabhängige Stop zwei Long-Trades nach heftigen Kurseinbrüchen.

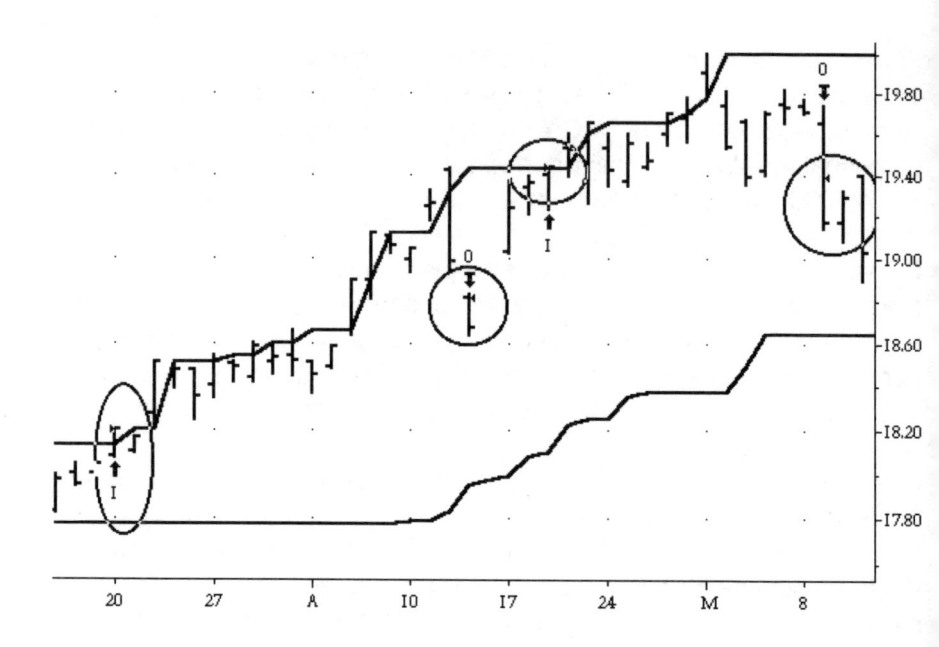

KAPITEL V DIE ENTWICKLUNG VON SYSTEMVARIANTEN

Abbildung 5.5 Der volatilitätsbezogene Stop umfaßt oft auch sehr lange Trends, ohne diese zu beeinträchtigen.

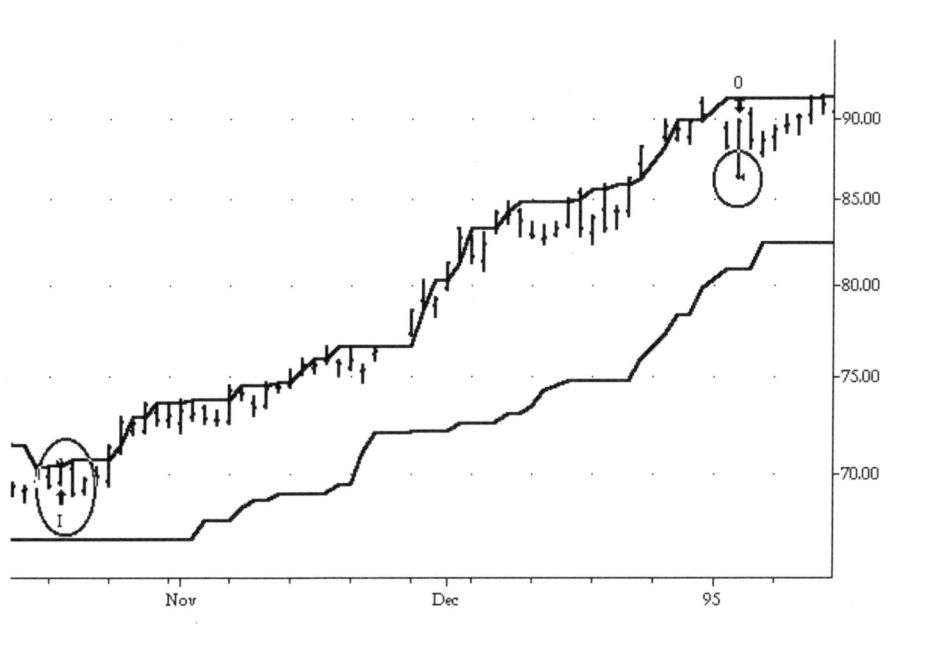

Tabelle 5.3 Die Resultate des 20-Tage-Breakout-Systems mit volatilitätsbezogener Verkaufsregel.

Markt	Gewinn	Anzahl Trades	Prozentsatz Gewinner	Gewinn/Verlust-Relation	Durchschnitts-trades	maximaler Tagesverlust	Gewinn-faktor
Britisches Pfund	29.650	242	40	1,75	123	-27.331	1,17
Kaffee	187.210	222	38	3,15	843	-21.405	2,02
Baumwolle	27.565	194	35	2,28	143	-18.690	1,23
Rohöl	-45.210	158	32	0,99	-286	-44.970	0,46
Deutsche Mark	51.275	201	45	1,89	255	-9.813	1,56
Eurodollar	20.925	115	41	2,42	182	-4.775	1,67
Gold	31.170	199	33	2,66	157	-31.430	1,29
Japanischer Yen	59.350	209	43	2,06	284	12.500	1,53
U.S.-Bonds	-1.669	182	33	2,01	-10	-28.838	0,99
Weizen	-12.069	187	30	2	-54	-19.306	0,85
Gesamt	348.197	1.909					
Durchschnitt	34.820	191	37	2,12	164	-21.906	1,28

KAPITEL V DIE ENTWICKLUNG VON SYSTEMVARIANTEN

Der Hauptvorteil eines volatilitätsbezogenen Stops ist dessen automatische Anpassung an das Verhalten des Marktes (siehe Abbildung 5.5). Natürlich laufen beide Varianten auf dasselbe Ergebnis hinaus: Sie werden den Trade glattstellen, wenn die Kurse durch Ihren Stop fallen.

In Tabelle 5.3 wird wiedergegeben, wie sich dieser Stop in unserem Test bewährt hat. Die Resultate sind ein wenig besser als die vormaligen Tests, welche einen Trailing-Stop auf Höhe des letzten 5-Tage-Hochs/Tiefs verwendeten (siehe Tabelle 5.2). Unter Anwendung des Volatilitäts-Stops erhöhen sich die Gewinne um 25 Prozent, obwohl hierzu 13 Prozent weniger Trades initiiert wurden. Auch im Bereich des Gewinnfaktors und des maximalen Tagesverlustes sind leichte Verbesserungen erkennbar. Die Ergebnisse sind nicht gerade dramatisch unterschiedlich, aber sie weisen nichtsdestotrotz einen bemerkenswerten Trend zu weniger Trades und höheren Gewinnen auf.

Bisher haben wir automatisch einen Trade begonnen, wenn die 20-Tage-Kursspanne überschritten wurde. Die Anzahl der Trades läßt sich aber hervorragend reduzieren, wenn zu dem Überschreiten dieser Kursrange ein zusätzlicher Anstieg der Notierungen um weitere 20 Ticks gefordert wird.

Das Breakout-System mit 20-Tick-Filter

Bislang reichte es zur Generierung eines Trades aus, wenn das Breakout-System signalisierte, daß der Schlußkurs nur einen einzigen Tick oberhalb des letzten 20-Tage-Hochs lag. Auch dieser eine Tick ist nichts anderes als ein Filter oberhalb der 20-Tage-Kursspanne. Die Abbildung 5.6 verwendet einen Filter, der 20 Ticks beträgt. Die Höhe dieses Parameters ist dabei willkürlich gewählt worden, Sie können selbstverständlich auch andere Werte einem Test unterziehen. In diesem Fall führte der eindeutige Anstieg über die 20-Tick-Barriere zu einer starken Kursrallye.

Tabelle 5.4 liefert eine Übersicht über die Testergebnisse dieses Ansatzes. Die Verkaufsregel des volatilitätsbezogenen Stops wurde aus Gründen der Kontinuität beibehalten. Der initiale Stop betrug ebenso 1.500$, 100$ wurden für Gebühren und Kommissionen berechnet.

Kapitel V Die Entwicklung von Systemvarianten

Der Nettogewinn lag im großen und ganzen gegenüber dem vorangegangenen 20-Tage Breakout-System mit volatilitätsbezogenem Stop unverändert (siehe Tabelle 5.3). Aber diese Gewinne wurden mit einer Anzahl von Trades erreicht, die um 26 Prozent niedriger lag (141 gegen zuvor 191). Und so stieg der durchschnittliche Gewinn pro Trade um 21 Prozent - wie aus der geringeren Tradinganzahl logischerweise zu erwarten war. Demzufolge ergibt sich der Hauptvorteil eines Filters in diesem Fall in der Reduktion der Tradinganzahl ohne negative Beeinflussung der Profitabilität.

Beachten Sie, wie die Resultate für den US-Bond-Markt von einem Verlust hin zu einem Gewinn anstiegen, nachdem wir diese 20-Tick-Barriere eingeführt haben. Dies suggeriert, daß in diesem Bereich viele große Akteure nach 1- bis 10-Tick-Breakouts eine Gegenposition einzunehmen pflegen. Das bedeutet, daß starke Verkäufe auftreten, wenn die Kurse einige wenige Ticks über das vormalige Tageshoch ansteigen, und im Gegenzug viele Käufer an den Markt kommen, wenn die Notierungen nur einige Ticks unterhalb des zuletzt aufgetretenen Tiefstkurses liegen. Daher müssen die Notierungen erst einmal durch diese kritische Zone hindurch steigen bzw. fallen, bevor eine Kursbewegung signifikant wird.

In Tabelle 5.5 sehen Sie die Resultate des 20-Tick Breakout-Systems ohne jegliche Verkaufsregel. Und hier wird nun ein anderer Aspekt dieses Systems deutlich. Sie erinnern sich: Das Weglassen jeglicher Ausstiegsregeln verwandelt dieses System in ein pures Trendfolge-Programm mit symmetrischen Kauf- und Verkaufsregeln. Das heißt: Das 20-Tage-Breakout Long-Signal ist gleichzeitig das Verkaufssignal einer Short-Position und umgekehrt.

Die Nettogewinne mit Filter, aber ohne Verkaufsregel, liegen 50 Prozent höher, wofür indes 37 Prozent weniger Trades vonnöten waren (vergleichen Sie hierzu bitte Tabelle 5.4). Zweifellos erscheint diese einfache, trendfolgende Strategie recht attraktiv. Und so ist es berechtigt zu fragen, warum wir *überhaupt* Verkaufsregeln in dieses Breakout-System einfügen. Die Antwort liegt in der unterschiedlichen Länge der einzelnen Trades und der daraus resultierenden Erhöhung des potentiellen Risikos.

KAPITEL V — DIE ENTWICKLUNG VON SYSTEMVARIANTEN

Abbildung 5.6 Der 20-Tick-Filter für den US-Bond-Kontrakt März 1986. Die dickere Linie markiert das jeweilige 20-Tage-Hoch, die dünne Linie ist die 20-Tick-Barriere.

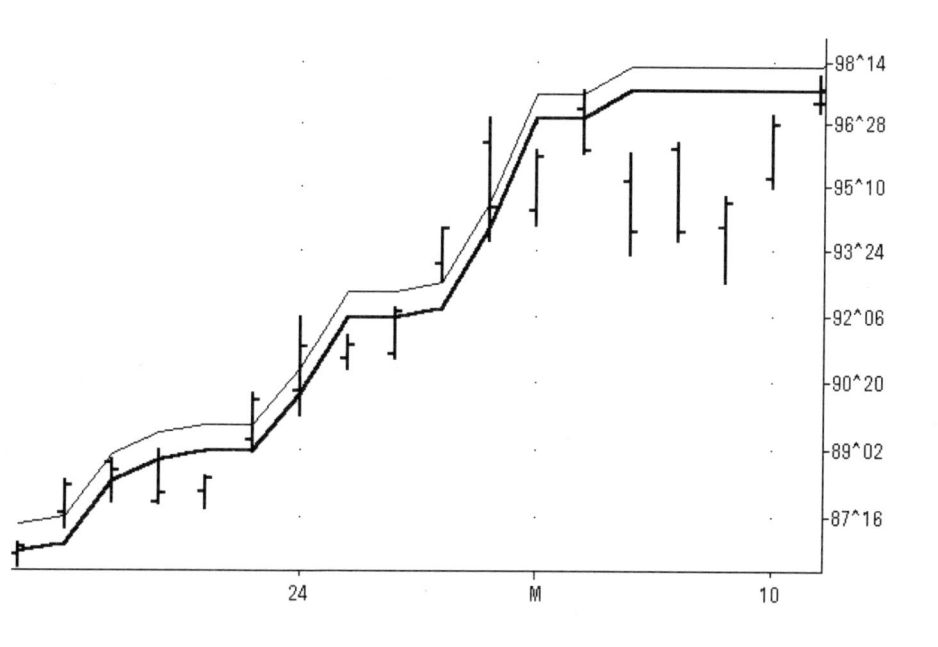

Kapitel V — Die Entwicklung von Systemvarianten

Tabelle 5.4 Die Ergebnisse des Breakout-Systems mit 20-Tick-Filter und volatilitätsabhängigem Stop

Markt	Gewinn	Anzahl Trades	Prozentsatz Gewinner	Gewinn/Verlust-Relation	Durchschnitts-trades	maximaler Tagesverlust	Gewinn-faktor
Britisches Pfund	24.588	222	41	1,69	110	-26.888	1,15
Kaffee	175.631	213	39	3,04	825	-22.605	1,98
Baumwolle	27.430	178	35	2,28	154	-18.595	1,25
Rohöl	-40.630	111	28	1,04	-366	-42.130	0,4
Deutsche Mark	33.275	152	39	2,23	219	-7.813	1,46
Eurodollar	2.250	17	41	1,92	132	-2.900	1,34
Gold	31.610	142	32	2,87	222	-25.640	1,38
Japanischer Yen	53.950	161	43	2,08	335	-9.550	1,6
U.S.-Bonds	29.925	77	38	2,46	388	-20.113	1,49
Weizen	-5.250	137	29	2,17	-38	-15.660	0,89
Gesamt	332.779	1.410					
Durchschnitt	33.278	141	37	2,18	198	-19.188	1,29

KAPITEL V   DIE ENTWICKLUNG VON SYSTEMVARIANTEN

Tabelle 5.5   **Ergebnisse des 20-Tage Breakout-Systems mit 20-Tick-Filter, aber ohne Verkaufsstrategie**

Markt	Gewinn	Anzahl Trades	Prozentsatz Gewinner	Gewinn/Verlust-Relation	Durchschnitts-trades	maximaler Tagesverlust	Gewinn-faktor
Britisches Pfund	101.644	135	31	3,75	753	-25.544	1,69
Kaffee	220.100	144	30	5,46	1.5808	-25.224	2,37
Baumwolle	43.345	114	37	2,94	380	-15.310	1,41
Rohöl	-17.320	55	33	1,4	-315	-29.020	0,68
Deutsche Mark	49.900	89	38	2,66	561	-10.163	1,64
Eurodollar	2.150	10	30	2,78	215	-7.225	1,19
Gold	-6.320	100	30	2,14	-83	-56.940	0,92
Japanischer Yen	74.575	95	35	3,4	785	-12.813	1,81
U.S.-Bonds	44.400	55	27	4,5	800	-19.825	1,69
Weizen	-12.581	88	30	1,87	-143	-29.494	0,79
Gesamt	499.893	885					
Durchschnitt	49.989	89	32	3,09	446	-23.156	1,42

KAPITEL V   DIE ENTWICKLUNG VON SYSTEMVARIANTEN

Wenn wir keine Verkaufsstrategie haben, ist das 20-Tage Breakout-System immer im Markt. Unter Hinzufügen einer Verkaufsstrategie wird indes eine zeitweilige, neutrale Phase ermöglicht. Je öfter das System nicht im Markt ist, desto höher ist die erwartete Reduzierung des Risikos.

Tabelle 5.6 faßt zusammen, wie lange das 20-Tage Breakout-System mit bzw. ohne Stop im Markt ist. Die Erweiterung des Systems um die volatilitätsbezogene Verkaufsstrategie reduziert die Marktpräsenz um ganze 58 Prozent. Neben der Reduktion der Risiken hat diese Systematik auch noch den Vorteil, daß das nicht eingesetzte Kapital während der neutralen Phasen zinsbringend angelegt werden kann. Diese Zinseinnahmen werden zusätzlich zu einer Glättung Ihrer Gewinnentwicklung beitragen. Bitte beachten Sie, daß der durchschnittliche maximale Tagesverlust unter Anwendung des volatilitätsbezogenen Stops bei 19.188$ liegt, ohne Stopmarken aber immerhin bei 23.156$. Es liegt hier also eine 17prozentige Reduzierung des durchschnittlichen Tagesverlustes vor. Dies kann durchaus auf die Einbeziehung einer Stop-Strategie zurückzuführen sein, ebensogut aber auch ausschließlich zufälliger Natur sein. Aber in jedem Fall liegt der Hauptvorteil einer erweiterten Barriere in der Verringerung der Zeitspanne, in welcher sich das System im Markt befindet.

Im Idealfall sollte sich die Breite dieser Barriere an der aktuellen Marktvolatilität ausrichten. Eine fixe Kursspanne könnte zu weit sein, um Trades innerhalb der üblichen, täglichen Volatilität auszulösen. So ist zum Beispiel die bisher verwendete 20-Tick-Barriere für den Eurodollar-Markt zu weit gewählt. Unter Einbeziehung der Volatilität jedoch wird die Barriere den aktuellen Marktverhältnissen deutlich gerechter und verspricht damit zugleich weitaus beständigere Filterfunktion über viele, unterschiedliche Märkte hinweg. Der nächste Abschnitt beschäftigt sich mit den Auswirkungen eines derartigen, volatilitätsbezogenen Filters, der hierfür mit einer 'starren' Barriere verglichen wird.

KAPITEL V   DIE ENTWICKLUNG VON SYSTEMVARIANTEN

Tabelle 5.6   Das Hinzufügen einer Verkaufsregel verringert die Marktpräsenz eines Systems.

	Tage im Markt ohne Stop	Tage im Markt volatilitätsbezogener Stop	prozentualer Unterschied
Britisches Pfund	4.028	2.322	-42
Kaffee	2.945	1.932	-34
Baumwolle	4.568	2.948	-35
Rohöl	2.732	883	-68
Deutsche Mark	4.605	1.904	-59
Eurodollar	1.643	279	-83
Gold	4.110	1.713	-83
Japanischer Yen	3.838	1.645	-58
U.S.-Bonds	3.005	1.196	-57
Weizen	4.816	2.287	-60
Durchschnitt	3.629	1.711	-58

Das Breakout-System mit eingebautem, volatilitätsabhängigem Filter

Im vorherigen Abschnitt untersuchten wir die Effekte eines 20-Tick-Filters, der um die übliche 20-Tage-Spanne herumgelegt wurde. Diese Kursspanne wurde hierdurch deutlich erweitert, was zu einer Reduktion der generierten Tradingsignale führte. Im Fall des Eurodollar-Markts lag diese 20-Tick-Spanne deutlich oberhalb der normalen Volatilität des Marktes. Daher konnten mit diesem Filter nur 10 Trades ausgelöst werden, wodurch die Gewinne und vor allem die Tradingchancen deutlich verringert wurden.

In diesem Abschnitt werden wir Ihnen zeigen, wie sich ein volatilitätsbezogener Filter installieren läßt. Zunächst beginnen wir mit einem interessanten Versuch, indem wir diese Barriere *innerhalb* der 20-Tage-Kursspanne plazieren (siehe Abbildung 5.7). Wir werden dadurch selbstredend deutlich mehr Tradingsignale erhalten, da der Kurskanal durch diese Maßnahme erheblich schmäler wird. Noch einmal: Die Breite der Barriere dient als ein Filter, welcher die Anzahl der Trades reduziert. Sie müssen die Zusammenhänge zwischen der Volatilität und dieser Spannweite unbedingt nachvollziehen können. Ist die Volatilität niedrig, so wird die Breite des Kurskanals - relativ gesehen - weiter. Wenn die Volatilität aber hoch ist, so verringert sich diese Spannweite. Daraus folgt: Wenn die Volatilität ansteigt, wird dieses System mehr Trades generieren können.

Die Volatilität definiert sich hier aus dem 10-Tage-Durchschnitt der täglichen Kursspanne. Diese tägliche Kursspanne ist einfach die Differenz zwischen dem täglichen Höchst- und Tiefstkurs. Das heißt: Die obere Begrenzung der Barriere errechnet sich aus dem höchsten Kurs der letzten 20 Handelstage abzüglich der aktuellen Volatilität. Im Gegenzug liegt die untere Barrieren-Begrenzung beim tiefsten Kurs der letzten 20 Handelstage plus die momentane Volatilität. Wir werden zum Handelsschluß eine Long-Position etablieren, wenn dieser Schlußkurs oberhalb dieser Barriere liegen sollte; eine Short-Position wird erworben, wenn der Schlußkurs unter dem unteren Rand der Barriere notiert. Als Verkaufsregel verwenden wir einen volatilitätsbezogenen Stop, welcher sich aus dem Dreifachen des 10-Tage-Durchschnitts der täglichen Kursspanne errechnet.

KAPITEL V   DIE ENTWICKLUNG VON SYSTEMVARIANTEN

Abbildung 5.7   Die innere Volatilitäts-Barriere, über den 20-Tage-Kurskanal gelegt, generiert einen Long-Trade im US-Bond-Kontrakt Dez.1995.

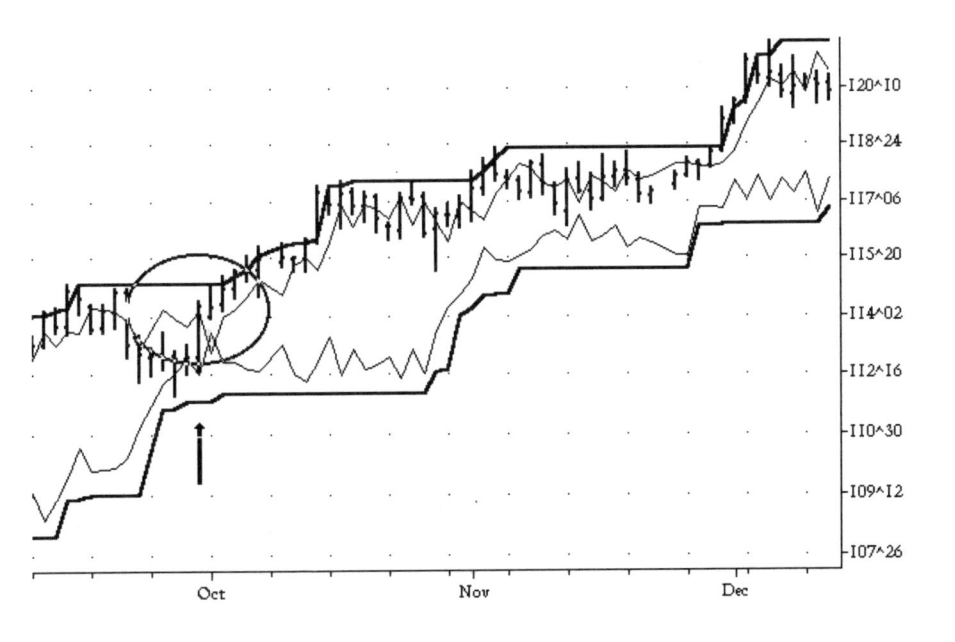

Kapitel V Die Entwicklung von Systemvarianten

Abbildung 5.8 Die inneren Volatilitäts-Barrieren nähern sich einander während Konsolidierungen deutlich an und erhöhen so die Trading-Frequenz.

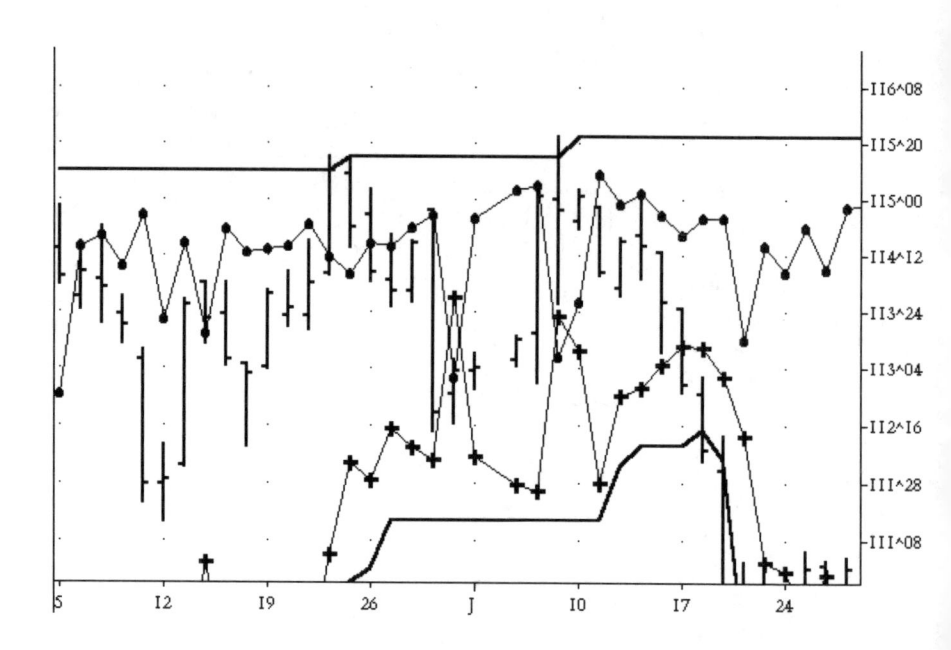

Abbildung 5.8 zeigt ein detaillierteres Bild davon, wie diese innere Barriere arbeitet. Die aktuelle Breite dieses Kursbandes ist schmäler, jedoch unterliegt diese Spannweite der täglichen Veränderung. Die Anzahl der Trades steigt an, da diese innere Barriere eine deutlich geringere Breite als der 20-Tage-Kurskanal aufweist. Die Abbildung 5.8 zeigt, daß die obere und untere Begrenzung dieser Barriere im Zuge enger Konsolidierungsphasen deutlich näher zusammenrücken, sich bisweilen sogar überkreuzen. Je näher sich diese beiden Begrenzungen kommen, desto höher ist die Anzahl der generierten Trades. Daraus folgt, daß auf Basis dieses Systems im Rahmen einer Kurskonsolidierung eine Vielzahl kurzlebiger Trades eingegangen wird.

Die während Konsolidierungsphasen durch das 'innere Barriere'-System ausgelöste, erhöhte Tradingfrequenz mag Ihnen mißfallen. Denn eine der Stärken des üblichen Breakout-Systems ist ja, daß es während Konsolidierungsphasen üblicherweise weniger Trades generiert. Dementsprechend wird dieses System der 'inneren Barriere' nicht allen Tradern liegen können.

Tabelle 5.7 zeigt eine Zusammenfassung der Tests über verschiedene Märkte hinweg. Sie werden feststellen, daß die Gesamtgewinne um 35 Prozent gegenüber dem '20-Tick Barriere-System' mit volatilitätsbezogenem Stop angestiegen sind (vergleichen Sie hierzu bitte Tabelle 5.4). Aber die Gesamtzahl der Trades hat sich gleichzeitig mehr als verdoppelt (294). Diese höhere Trading-Frequenz kann Ihnen nur dann dienlich sein, wenn Ihre Nebenkosten und Gebühren beim Trading sehr niedrig liegen.

Die statistische Relevanz der Breakout-Variationen

Eine der Schlüsselfragen bei der Betrachtung der Systemvarianten lautet: Haben diese Veränderungen auch tatsächlich statistische Bedeutung für die Systemperformance? Es gibt viele Möglichkeiten zur Differenzierung von Systemen, die weit über die alleinigen Vergleiche der Nettogewinne hinausgehen. So mag ein System beispielsweise weniger Trades generieren, ein anderes dafür aber über deutlich geringere maximale Tagesverluste verfügen.

Kapitel V Die Entwicklung von Systemvarianten

Tabelle 5.7 Die Resultate für das 20-Tage Breakout-System mit innerer Volatilitäts-Barriere und volatilitätsbezogener Verkaufs-Strategie

Markt	Gewinn	Anzahl Trades	Prozentsatz Gewinner	Gewinn/Verlust-Relation	Durchschnitts-trades	maximaler Tagesverlust	Gewinn-faktor
Britisches Pfund	49.394	356	37	2,01	139	-27.719	1,2
Kaffee	235.774	355	33	2,58	664	-29.451	1,79
Baumwolle	21.050	281	33	2,31	153	-18.395	1,13
Rohöl	-57.300	249	32	1,11	-230	-57.720	0,52
Deutsche Mark	48.700	318	39	2,12	153	14.213	1,34
Eurodollar	26.975	184	41	2,25	147	-6.600	1,55
Gold	47.900	323	32	2,91	148	-23.620	1,34
Japanischer Yen	63.588	329	35	2,56	148	-19.550	1,36
U.S.-Bonds	28.875	265	34	2,19	109	-22.875	1,15
Weizen	-17.638	279	32	1,73	-63	-30.719	0,81
Gesamt	447.318						
Durchschnitt	44.732	294	35	2,18	137	-25.086	1,22

Tabelle 5.8   **Die historischen Ergebnisse des 20-Tage Breakout-Systems ohne Verkaufsstrategie**

Markt	Gewinn	Anzahl Trades	Prozentsatz Gewinner	Gewinn/Verlust-Relation	Durchschnitts-trades	maximaler Tagesverlust	Gewinn-faktor
Britisches Pfund	92.494	149	30	3,76	621	-29.250	1,58
Kaffee	222.042	152	30	5,21	1.461	-26.083	2,34
Baumwolle	35.870	77	31	1,55	276	-20.270	1,29
Rohöl	-12.740	130	34	2,91	-165	-27.400	0,7
Deutsche Mark	72.000	109	44	2,44	661	-9.975	1,92
Eurodollar	25.825	63	44	2,16	410	-10.275	1,73
Gold	29.920	124	35	2,36	241	-39.520	1,3
Japanischer Yen	64.388	212	38	2,61	532	-17.563	1,6
U.S.-Bonds	-1.956	133	30	2,29	-15	-32.629	0,99
Weizen	-11.463	125	33	1,73	-92	-27.775	0,85
Gesamt	516.380	1.183					
Durchschnitt	51.638	118	35	2,7	393	-24.074	1,43

Kapitel V Die Entwicklung von Systemvarianten

Wieder andere Systeme weisen einen höheren Prozentsatz an profitablen Trades auf. Eine Veränderung des Systems mag insbesondere dann von Vorteil sein, wenn es danach besser zu Ihrem persönlichen Tradingstil paßt.

Ein parallel laufender T-Test vergleicht die Bedeutung zweier Systemvariablen anhand derselben Datenreihen. Diese Art Test wird Ihnen verraten, ob die verglichenen Systemvarianten tatsächlich in einem statistisch signifikanten Maße unterschiedlich sind. Eine detaillierte Beschreibung der T-Tests finden Sie in Büchern über statistische Grundlagen. Für unsere Zwecke liefert ein solcher Test zwei relevante Zahlen: den Wert T-Statistik für die Daten und einen dazugehörigen Referenzwert (T-critical). Wenn T-Statistik größer als T-critical ist, so weist die Performance tatsächlich eine statistisch relevante Veränderung auf. Das 'Microsoft Exel 5.0'-Datenblatt verfügt über einen eingebauten T-Test im Tools Menü der Sektion Datenanalyse.

Bevor der T-Test eingesetzt werden kann, benötigen wir ein Referenz- bzw. Standard-System als Vergleichsbasis. Hierfür benutzen wir das 20-Tage Breakout-System ohne Verkaufsstrategie. Ohne diese spezifischen Verkaufsregeln stellt dieses System ein immer im Markt befindliches Programm dar, das heißt, Kaufsignale für die Long-Seite sind zugleich Verkaufssignale für Short-Positionen. Dementsprechend sind die durch das Hinzufügen von Verkaufsregeln auftretenden Effekte gegenüber diesem Basis-System leicht meßbar. In Tabelle 5.8 wurden die Ergebnisse des 20-Tage Breakout-Systems ohne Verkaufsregeln anhand historischer Daten aufgezeichnet. Wie üblich gilt hierbei ein initialer Stop von 1.500$ und eine Pauschale von 100$ für Gebühren und Kommissionen.

Lassen Sie uns überprüfen, welche Effekte das Hinzufügen eines 5-Tage-Hoch/Tief Trailing-Stops zum Referenzsystem hat (siehe Tabelle 5.2). Vergleichen wir die Nettogewinne beider Systeme, so lautet die T-Statistik-Zahl 2,224, das T-critical lag bei 2,262 mit einem Toleranzgrad von 9. T-Statistik ist also niedriger als die Referenzgröße T-critical. Der Durchschnittsgewinn des Referenzsystems liegt bei 51.368$ gegenüber 27.949$ mit einem Trailing-Stop. Diese Differenz ist in ihrer Signifikanz absolut eindeutig. Das bedeutet, daß das Hinzufügen

KAPITEL V — DIE ENTWICKLUNG VON SYSTEMVARIANTEN

Tabelle 5.9 Zusammenfassung des T-Tests, der das Referenzsystem mit dem CHBOC-System mit 5-Tage Trailing-Stop vergleicht

t-Test: Paired two samle for means	Referencesystem	5-Dax Exit
Mean	51.638	27.948,80
Variance	$4{,}85 \times 10^{8}$	$3{,}77 \times 10^{9}$
Observations	10	10
Pears on correlation	1,875	
Hypothesized mean difference	0	
df	9	
tStat	2.224	
P(t<=t) one-tail	0,027	
t Critical one-tail	1,833	
P(t<=t) two-tail	0,053	
t Critcal two-tail	2,262	

Tabelle 5.10 T-Test zum Vergleich zwischen Referenzsystem und CHBOC-System mit 5-Tage Verkaufsregel

t-Test: Paired two samle for means	5-Day Exit	Reference System
Mean	220	118,00
Variance	1736,72	818,455
Observations	1	1
Pears on correlation	0,41	
Hypothesized mean difference		
df		
tStat	8,055	
P(t<=t) one-tail	1,05	
t Critical one-tail	1,833	
P(t<=t) two-tail	2,1	
t Critcal two-tail	2,262	

Kapitel V — Die Entwicklung von Systemvarianten

dieser Verkaufs-Strategie eine Reduktion der Durchschnittsgewinne verursacht, die als signifikant zu bezeichnen ist. Die Datenblatt-Berechnungen finden Sie in Tabelle 5.9.

Die Tabelle 5.10 vergleicht die Anzahl der Trades eines jeden Systems. Unter Verwendung des Trailing-Exit lag die Trade-Zahl bei 220, beim Referenzsystem indes nur bei 118. Die T-Statistik für diese Zahl von Trades liegt bei 8,05. T-critical beträgt 2,262, was zeigt, daß der Anstieg in der Tradinganzahl statistisch relevant ist. Die Ergebnisse dieser beiden Vergleiche lassen sich nun miteinander verbinden. Die Resultate sagen aus, daß das Hinzufügen eines Trailing-Exits eine signifikante Reduktion der Gewinne um 30 Prozent bei gleichzeitiger Erhöhung der generierten Trades um 76 Prozent verursacht. Nun können Sie entscheiden, ob diese Veränderungen Ihrem Tradingstil entsprechen.

Jetzt wollen wir überprüfen, welche Effekte das Hinzufügen eines volatilitätsbezogenen Stops zum Referenzsystem hat (siehe hierzu die Ergebnisse aus Tabelle 5.3). Hier liegt eine statistisch signifikante Verringerung der Durchschnittsgewinne von 51.638$ auf 34.820$ vor (T-Statistik: 2,54 > T-critical: 2,26). Dazu geht diese 33prozentige Profitreduktion zusammen mit einer ebenso signifikanten 61prozentigen Erhöhung der Tradingzahl (T-Statistik: 8,82 > T-critical: 2,26). Schlußfolgerung: Der volatilitätsbezogene Stop verringert die Gewinne und erhöht die Trading-Frequenz. Allerdings entsteht hierdurch auch eine neutrale Zone, welche die gesamte Marktpräsenz des Systems verringert. Diese Verkaufsregel wird Ihnen vielleicht dennoch zusagen, da sie auf gängige Verkaufssituationen wie z.B. starke, dem Trend entgegengesetzte Kursbewegungen anspricht. Andere Trader wiederum würden die Kurve der Gewinnentwicklung dieses Systems gegenüber der Gewinnentwicklung des Referenzsystems bevorzugen. Oder wieder andere mögen diese höhere Trading-Frequenz, da sie ein aktives Trading vorziehen.

Die Verwendung einer 20-Tick-Barriere verursachte keine statistisch relevanten Veränderungen in bezug auf die Nettogewinne (siehe hierzu auch Tabelle 5.5). Der Durchschnittsgewinn lag bei 51.638$ im Referenzsystem und bei 49.989$ im 20-Tick Barriere-System. Die Einbeziehung

KAPITEL V   DIE ENTWICKLUNG VON SYSTEMVARIANTEN

eines solchen Filters hatte also keine signifikant positiven oder negativen Auswirkungen auf die Gewinne. Aber es erfolgte hierdurch eine in der Tat statistisch relevante Reduzierung der Tradinganzahl um ca. 25 Prozent (T-Statistik: 4,71, T-critical = 2,62). Hierdurch wird bestätigt, daß diese Barriere ein effektiver Filter ist.

Auch das Hinzufügen des volatilitätsbezogenen Stops zu dieser 20-Tick-Barriere (Tabelle 5.4) hatte keine statistische Signifikanz in bezug auf die Nettogewinne. Aber die Anzahl der Trades lag hierbei signifikant höher. Daher sollte man sich die Kurven der Gewinnentwicklung beider Systeme genauestens betrachten, um zu entscheiden, ob das Hinzufügen dieser Verkaufsstrategie für Sie von Vorteil sein könnte.

Auch der Vergleich zwischen dem Referenzsystem und dem Breakout-System mit innerer, volatilitätsabhängiger Barriere (Tabelle 5.7) wies keinen signifikanten Unterschied in der Performance auf. Der Durchschnittsgewinn lag bei 44.732$ gegenüber den 51.638$ des Referenzsystems. Aber ohne Verwendung dieser inneren Barriere lag die Anzahl der Trades um ganze 60 Prozent niedriger. Hier ist also durchaus von einem statistisch signifikanten Unterschied auszugehen. Wer indes gerne und oft tradet, findet in diesem 'Innere-Barriere'-System ein Medium, bei welchem trotz allem keine größeren Nachteile in bezug auf die Systemperformance hingenommen werden müssen.

Die Analysen dieses Abschnitts zeigen, daß ein statistischer Test zur Verifikation der Unterschiede verschiedener Systemvarianten durchaus sinnvoll ist. Hierzu können Sie die Datenblätter der statistischen Analyse verwenden oder auch eigene, spezielle Software einsetzen. Sie sollten dabei sorgfältig beobachten, wie Veränderungen der Verkaufsstrategien die Gewinnentwicklung, die Tradingfrequenz oder die zeitweiligen Verlustphasen beeinflussen.

Zwei ADX-Variationen

Der ADX ist eine weit verbreitete Methode zur Trendmessung. Ein Test zweier kleiner Variationen dieses Indikators zeigt dabei, daß der abso-

KAPITEL V   DIE ENTWICKLUNG VON SYSTEMVARIANTEN

lute Wert des ADX keine besondere Bedeutung hat. Bei diesem Test verwendeten wir einen initialen Stop von 1.500$ und bezogen die üblichen Gebühren von 100$ pro Trade mit ein. Zur Verifikation der obigen Aussage überprüften wir folgende Märkte: Britisches Pfund, Kaffee, Baumwolle, Heizöl, Deutsche Mark, Eurodollar, Gold, Japanischer Yen, US-Bonds und Weizen. Die Datenreihe erstreckte sich vom 01. Januar 1975 bis zum 10. Juli 1995.

Das erste getestete System generierte ein Long- bzw. Short-Signal, wenn der 14-Tage-ADX einen Wert von über 30 erreicht. Ein Longsignal zur morgigen Markteröffnung wird dann generiert, wenn der 3-Tage-GD über den 20-Tage-GD steigt. Im Gegenzug wird eine Shortposition etabliert, wenn dieser 3-Tage-GD unter die 20-Tage-Durchschnittslinie fällt. Als Verkaufssignal bedienten wir uns eines Trailing-Stops in Höhe des höchsten bzw. des tiefsten Kurses der letzten 20 Handelstage.

Die zweite Variante bezieht sich nicht auf den absoluten Wert des ADX, sondern fordert ausschließlich, daß der Indikator ansteigende Werte präsentiert. Dabei wird dem ADX ein Ansteigen unterstellt, wenn dessen Wert höher ist als derjenige vor 28 Tagen. Darüber hinaus sind die Regeln dieser beiden Systemvarianten identisch. Die Ergebnisse haben wir in Tabelle 5.11 und 5.12 zusammengefaßt. Das System mit ansteigendem ADX ist deutlich profitabler als das ADX > 30-System. Ein T-Test stellt heraus, daß dieser Unterschied in der Tat statistisch signifikant ist, denn T-Statistik betrug 2,76 und war damit größer als T-Critical mit einem Wert von 2,26.

Die Ergebnisse unterstreichen, daß der Trend des ADX von deutlich höherer Relevanz ist als dessen absoluter Wert. Andererseits ist die Verwendung der Bedingung ADX > 30 eine restriktive Kondition, welche die Anzahl der Trades signifikant reduziert. Das ADX > 30-System ist nur für 40 bis 45 Prozent der Zeit aktiv, in welcher sich die andere Systemvariante im Markt befindet. Dementsprechend sind natürlich die Verluste beim ADX > 30-System geringer. Und so haben beide Varianten ihre Stärken und Schwächen, so daß Sie die Entscheidung zugunsten eines dieser beiden Systeme durchaus Ihren persönlichen Trading-Präferenzen überlassen können.

KAPITEL V   DIE ENTWICKLUNG VON SYSTEMVARIANTEN

Tabelle 5.11   Die Ergebnisse des ADX > 30-Systems

Markt	Gewinn	Anzahl Trades	Prozentsatz Gewinner	Gewinn/Verlust-Relation	Durchschnitts-trades	maximaler Tagesverlust	Gewinn-faktor
Britisches Pfund	66.188	51	41	3,72	1.298	-8.869	2,61
Kaffee	112.531	64	33	5,76	1.758	-13.065	2,81
Baumwolle	68.795	50	50	4,09	1.376	-8.355	4,09
Rohöl	17.780	22	50	2,93	808	-3.550	2,93
Deutsche Mark	21.338	57	44	2	374	-7.238	1,54
Eurodollar	18.675	36	53	2,13	519	-3.350	2,38
Gold	-1.860	50	34	1,85	-37	-25.180	0,95
Japanischer Yen	42.125	47	47	2,56	896	-9.887	2,25
U.S.-Bonds	2.525	56	34	2,05	-45	-14.588	1,05
Weizen	5.675	48	44	1,65	118	-6.950	1,28
Gesamt	355.632						
Durchschnitt	43.745	47	43	2,87	323	-10.103	2,19

289

Kapitel V Die Entwicklung von Systemvarianten

Tabelle 5.12 Ergebnisse des ADX (steigend) - Systems

Markt	Gewinn	Anzahl Trades	Prozentsatz Gewinner	Gewinn/Verlust-Relation	Durchschnitts-trades	maximaler Tagesverlust	Gewinn-faktor
Britisches Pfund	131.469	180	35	3,43	73	-24.850	1,85
Kaffee	217.465	213	28	5,28	1.021	-19.824	2,08
Baumwolle	57.495	173	35	2,9	332	-17.745	1,54
Rohöl	-1.590	121	32	2,05	-13	-14.620	0,97
Deutsche Mark	74.888	141	49	2,07	531	-10.475	1,99
Eurodollar	38.600	96	43	3,45	402	-4.000	2,57
Gold	33.150	182	35	2,46	182	-24.120	1,33
Japanischer Yen	71.850	164	36	2,94	438	-16.763	1,65
U.S.-Bonds	60.163	164	37	2,52	367	-12.188	1,49
Weizen	5.105	151	52	1,98	15	-24.131	1,04
Gesamt	690.185						
Durchschnitt	85.635	159	37	2,91	323	-16.872	1,65

KAPITEL V   DIE ENTWICKLUNG VON SYSTEMVARIANTEN

Die Abbildungen 5.9 und 5.10 stellen graphisch dar, wie die beiden Systeme arbeiten. Abbildung 5.9 zeigt dabei ein Kaufsignal, das durch einen ansteigenden ADX im Kontrakt für Orangensaft generiert wurde. Der ADX-Indikator selbst mit einem Referenzlevel von 30 ist in der unteren Hälfte des Charts dargestellt. Zum Zeitpunkt des Kaufsignals erscheint es, als ob der ADX eine Abwärtswende vollzogen hat - aber er steigt in bezug auf die vorgesehene, längerfristige Zeitspanne von 28 Tagen. Die Abbildung 5.10 zeigt den Zeitpunkt des Kaufs, nachdem der ADX das Niveau von 30 überwand. Das Kaufsignal des ADX > 30-Systems erfolgte ganze drei Monate *nach* dem Signal des ansteigenden ADX! Derartige Verzögerungen sind bei diesem Programm zu erwarten, da der ADX ein extrem stark geglätteter Indikator ist. Aber ausschließlich Ihr persönlicher Tradingstil ist ausschlaggebend dafür, für welche Methode Sie sich entscheiden.

Der Grundgedanke des ADX besteht aus der Suche nach Bestätigung über das Vorhandensein einer starken Trendbewegung. Die Signalgenerierung kann dabei durchaus erst nach einer größeren Bewegung erfolgen, da der stark geglättete ADX einige Tage benötigt, um auf veränderte Kurse reagieren zu können. Manche Trader mögen es nicht, in Stärke hinein zu kaufen oder in fallende Kurse hinein zu verkaufen. Sie bevorzugen den risikoärmeren Einstieg nach einem Pullback oder den Verkauf nach einer kurzen Erholung der Notierungen. Im nächsten Abschnitt beschäftigen wir uns daher mit einer Systemvariation, welche die Pullbacks in den Kursen zu traden versucht.

Das Pullback-System

Eine alte Börsenregel sagt: 'Kaufen Sie, wenn ein Pullback an eine Unterstützungszone führt.' Der Einstieg in einen solchen Rücksetzer der Kurse hinein wird von vielen Tradern bevorzugt, da er sehr oft einen Einstieg mit relativ geringem Risiko ermöglicht. Dies stellt einen Kontrast zur Philosophie des ADX-Systems dar, welches in Stärke hinein kauft bzw. in Schwäche hinein verkauft. Die Maxime des Pullbacks allein ist indes noch keine präzise Formulierung für ein Tradingsystem.

KAPITEL V DIE ENTWICKLUNG VON SYSTEMVARIANTEN

Abbildung 5.9   Das durch das ADX (steigend) - System generierte Kaufsignal im Orangensaftkontrakt für November 1995.

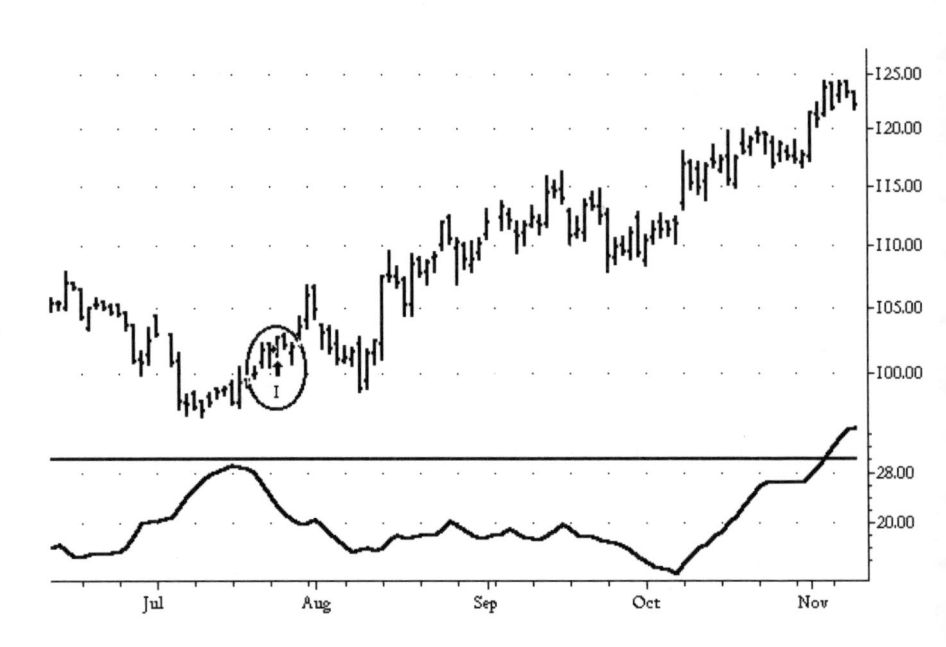

KAPITEL V　　　　DIE ENTWICKLUNG VON SYSTEMVARIANTEN

Abbildung 5.10　Beachten Sie, daß das ADX > 30-System den Einstieg erst ganze drei Monate nach dem Beispiel in Abb. 5.9 generiert.

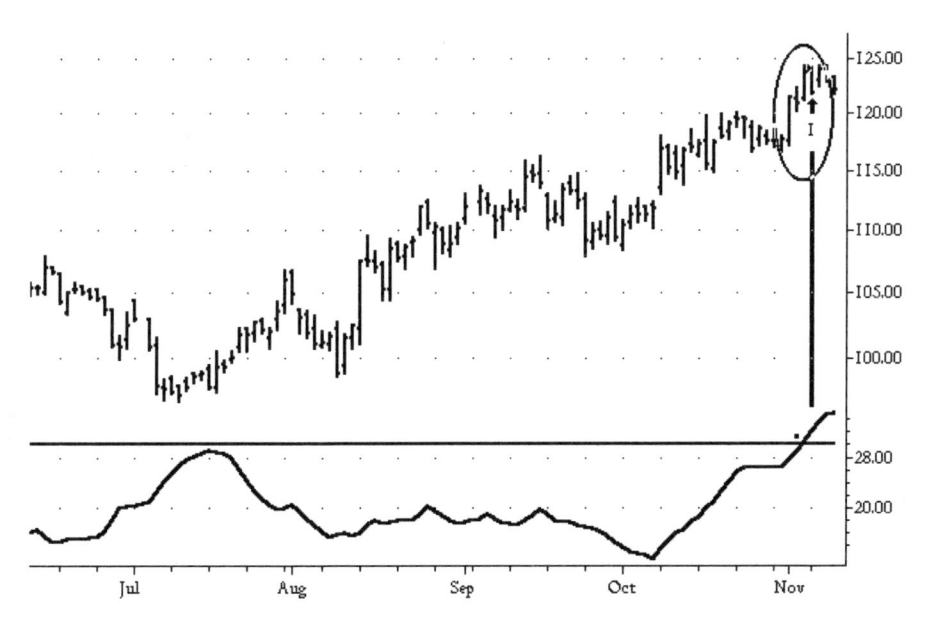

Kapitel V   Die Entwicklung von Systemvarianten

Wir müssen daher zunächst definieren, was ein Pullback tatsächlich bedeutet und wie sich eine Unterstützung zusammensetzt. Das Tradingsystem ist eine Variante des CB-PB-Systems, welches wir in Kapitel 4 besprochen hatten. Hier jedoch definieren wir den Pullback in Relation zu einem gleitenden Durchschnitt, nicht wie vormals nach dem Ausbruch aus einer 20-Tage-Kursspanne.

Ein Pullback ist nichts anderes als eine kleinere Korrektur innerhalb eines Aufwärtstrends. Das Pullback als solches kann dabei aber in vielerlei Gestalt auftreten. So läßt sich ein Pullback beispielsweise durch drei aufeinanderfolgende Tage mit Kursrückgängen definieren. Aber vielleicht läßt sich ein solcher Rücksetzer auch als Rückkehr zu der 'Unterstützung' eines gleitenden Durchschnittes betrachten. Hierfür können Sie aus einer Vielzahl unterschiedlicher gleitender Durchschnitte auswählen. Die Formulierung 'Rückkehr zur Unterstützung' ist jedoch sehr vage - es bleibt offen, ob die Kurse hierbei den gleitenden Durchschnitt berühren müssen, ihn nach unten durchbrechen oder aber bis auf ein Prozent des Kurswertes in die Nähe dieses Durchschnitts laufen müssen. Wenn Sie sich darüber im klaren sind, was Sie als Pullback und Unterstützung ansehen, gilt es zu entscheiden, an welchem Punkt Sie Ihre Kauforder plazieren wollen. Sie können beispielsweise zur Eröffnung des nächsten Handelstages kaufen, ein Limit auf den höchsten Kurs des nächsten Tages setzen oder aber dieses Limit auf den höchsten Kurs der vergangenen fünf Handelstage plazieren. Sie sehen: Unter der Voraussetzung präziser Definitionen haben Sie die Möglichkeit, eine Vielfalt von Varianten dieses Systems zu entwickeln.

Wir möchten ein System kreieren, daß derartige Kursrücksetzer - aber auch Abwärtstrends - erkennt. Dazu definieren wir ein Pullback als ein neues 5-Tage-Tief innerhalb eines Aufwärtstrends bzw. ein neues 5-Tage-Hoch im Rahmen eines Abwärtstrends.

Es gilt nun, den Begriff Trend zu definieren. Wir unterstellen dazu, daß der Trend dann aufwärtsgerichtet ist, wenn der Markt ein neues 5-Tage-Tief markiert, dieses aber immer noch *oberhalb* des d-Tage-GD bleibt. Für einen Abwärtstrend gilt dies spiegelverkehrt, das heißt der Kurs muß bei ei-

Kapitel V Die Entwicklung von Systemvarianten

nem neuen 5-Tage-Hoch immer noch *unterhalb* des d-Tage-GD verbleiben. Wir wählen hierzu zunächst - willkürlich - den 50-Tage-GD als Referenz, weil die Kurse in starken Trendphasen üblicherweise oberhalb bzw. unterhalb dieser Durchschnittslinie verharren. Das heißt: Ein Aufwärtstrend definiert sich, wenn der Markt zwar ein neues 5-Tage-Tief markiert, dieses aber oberhalb des 50-Tage-Durchschnitts verbleibt (siehe Abbildung 5.11). Die ausschlaggebende Bedingung für einen Abwärtstrend ist, daß ein neues 5-Tage-Hoch unter dem 50-Tage-Durchschnitt notiert.

Es lassen sich auch andere Varianten eines solchen Systems vorstellen. So können Sie beispielsweise den ADX als Trendfilter hinzufügen. Connors und Raschke empfehlen die Verwendung eines 14-Tage-ADX, der einen Wert oberhalb von 20 haben soll, sowie einen exponentiellen 20-Tage-Gleitenden-Durchschnitt. Eine andere Option wäre die Anwendung des 14-Tage-RSI oder eines Stochastic Oszillators, um nach derartigen Kursrücksetzern zu suchen. So könnten Sie zum Beispiel einen Wiederanstieg des Stochastic Oszillators über den Wert von 20 verwenden, um Ihren Kaufzeitpunkt festzulegen.

Die Testergebnisse des Pullback-Systems sind in Tabelle 5.13 festgehalten. Wir verwenden hierzu dieselben Datenreihen und Rahmenbedingungen wie in den Systemtests zuvor. Als Verkaufsbedingung wählten wir einen Trailing-Stop am letzten 20-Tage-Hoch bzw. -Tief. Der Grundgedanke des Pullback-Systems erscheint für das Trading brauchbar zu sein, wenn Sie einen Blick auf die Profitabilität des Systems über die Vielzahl der getesteten Märkte hinweg werfen. Die über 20 Jahre währende Testperiode läßt zudem erwarten, daß das Pullback-System auch zukünftig profitable Trades hervorbringen wird.

Der Prozentsatz der Gewinntrades liegt relativ niedrig (um 20 bis 30 Prozent). Doch dieser niedrige Wert wird durch ein hohes Gewinn/Verlust-Verhältnis ausgeglichen. Die zeitweiligen Verluste (drawdowns) sind im Vergleich zu den bisher untersuchten Systemen sehr moderat ausgefallen. Das Pullback-System arbeitet offenbar am besten in Märkten, welche normale Konsolidierungen innerhalb sprunghafter Trends aufweisen. Ebenso bewährt sich dieses System in Märkten, die über starke Auf- und Abwärtsbewegungen verfügen.

Kapitel V Die Entwicklung von Systemvarianten

Abbildung 5.11 Das Pullback-System weist viele Kaufsignale im starken Aufwärtstrend des US-Bond-Kontraktes Juni 1995 auf. Die durchgezogene Linie markiert das gleitende 20-Tage-Tief. Der 50-Tage-GD wird mittels der gepunkteten Linie dargestellt.

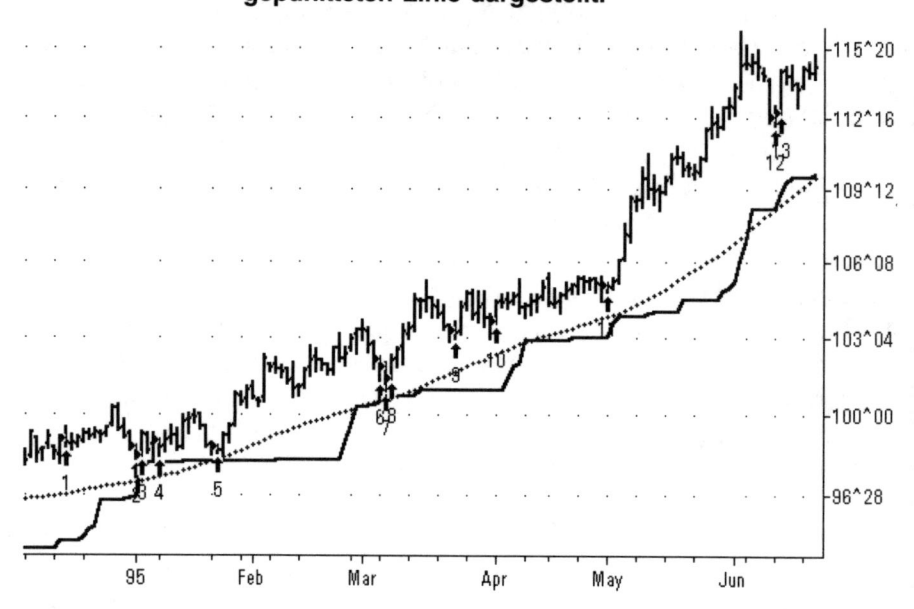

KAPITEL V DIE ENTWICKLUNG VON SYSTEMVARIANTEN

Tabelle 5.13 Die Ergebnisse des Pullback-Systems: neues 5-Tage-Tief oberhalb des 50-Tage-GD oder neues 5-Tage-Hoch unterhalb des 50-Tage-GD, Verkauf unter/über gleitendem 20-Tage-Hoch/-Tief, initialer Stop 1.500$

Markt	Gewinn	Anzahl Trades	Prozentsatz Gewinner	Gewinn/Verlust-Relation	Durchschnitts-trades	maximaler Tagesverlust	Gewinn-faktor
Britisches Pfund	122.269	149	28	5,62	821	-16.569	2,21
Kaffee	205.035	174	21	9,34	1.178	-26.063	2,52
Baumwolle	46.630	132	30	3,96	353	-10.360	1,72
Rohöl	1.840	90	32	2,21	20	-12.070	1,05
Deutsche Mark	30.725	129	34	2,82	238	-14.963	1,46
Eurodollar	16.575	82	29	4,01	302	-4.200	1,66
Gold	34.320	139	27	4,04	247	-25.430	1,47
Japanischer Yen	27.575	135	31	3,03	204	-14.925	1,37
U.S.-Bonds	35.850	129	31	3,84	278	-15.400	1,43
Weizen	-7.588	134	24	2,7	-56	-21.131	0,85
Gesamt	513.231						
Durchschnitt	57.869	129	29	4,16	359	-16.111	1,65

KAPITEL V DIE ENTWICKLUNG VON SYSTEMVARIANTEN

Beachten Sie in diesem Zusammenhang bitte den nur geringen Verlust im Rohöl-Markt und den kleinen, erzielten Gewinn bei den US-Bonds. Die anderen, bisher behandelten Trendfolge-Systeme in diesem Buch haben in diesen Märkten, welche des öfteren sprunghafte Trendphasen aufweisen, versagt.

Wie dementsprechend zu erwarten war, ist auch der Wert des maximalen Tagesverlustes erheblich niedriger als in anderen Trendfolge-Systemen. Dennoch sind die Ergebnisse der Tabelle 5.13 nicht so attraktiv wie bei einigen anderen Systemen, welche bereits getestet wurden. Der Grund dafür wird in dem Chart für Mastschweine (Abbildung 5.12) offenbar. Die Notierungen vermochten keine profitable Kursbewegung aus dem Test des 50-Tage-Durchschnitts zu entwickeln. Daher ist Ihre Verkaufs-Strategie in solchen Märkten, die nur geringfügig auf die Penetrierung des 50-Tage-Durchschnitts reagieren, von besonderer Bedeutung. Sie können hier mit Ihren bevorzugten Verkaufsregeln experimentieren oder aber persönliche Erfahrungswerte verwenden.

Bislang haben wir noch keinen Vorteil aus dem Hauptaspekt des Systems gezogen. Wenn wir im Anschluß an ein Pullback kaufen oder verkaufen, hoffen wir, einen risikoarmen Kaufzeitpunkt gewählt zu haben. Ein derartig gewählter Einstiegszeitpunkt ist ideal für die Verwendung der Money-Management-Strategie variabler Kontraktgrößen. Sofern Sie 10.000$ pro generiertem Signal einsetzen können, sollten Sie bis zu einem Maximum von 10 Kontrakten traden und als Meßgröße der Volatilität die 5-Tage Hoch/Tief-Spanne der Kurse verwenden. In Tabelle 5.14 arbeiteten wir mit einem neuen 5-Tage-Hoch oder -Tief sowie dem 50-Tage-Durchschnitt. Der Stop wurde auf ein 20-Tage Trailing-Hoch bzw. -Tief plaziert, darüber hinaus verwendeten wir einen initialen Stop von 1.500$ und bezogen die üblichen 100$ für Gebühren und Kommissionen mit ein.

Natürlich liegt ein gewaltiger Unterschied zwischen der Performance des Ein-Kontrakt-Systems und der Strategie variabler Kontraktgrößen mit einem Limit von 10 Kontrakten. Die Gewinne letzterer Strategie waren mehr als sechsfach größer. Trotzdem erhöhte sich der zeitweilige maximale Verlust um nahezu das Achtfache im Durchschnitt, so daß diese Gewinne auch mit entsprechenden Risiken bezahlt werden mußten.

KAPITEL V DIE ENTWICKLUNG VON SYSTEMVARIANTEN

Abbildung 5.12 Der sprunghafte Trend des Mastschweine-Kontraktes touchiert die Signalpunkte des Systems, hieraus entstehen aber keine signifikanten Trendbewegungen. Dies ist ein bekanntes Problem in derartigen Märkten und hebt die Wichtigkeit einer gut funktionierenden Verkaufsstrategie hervor.

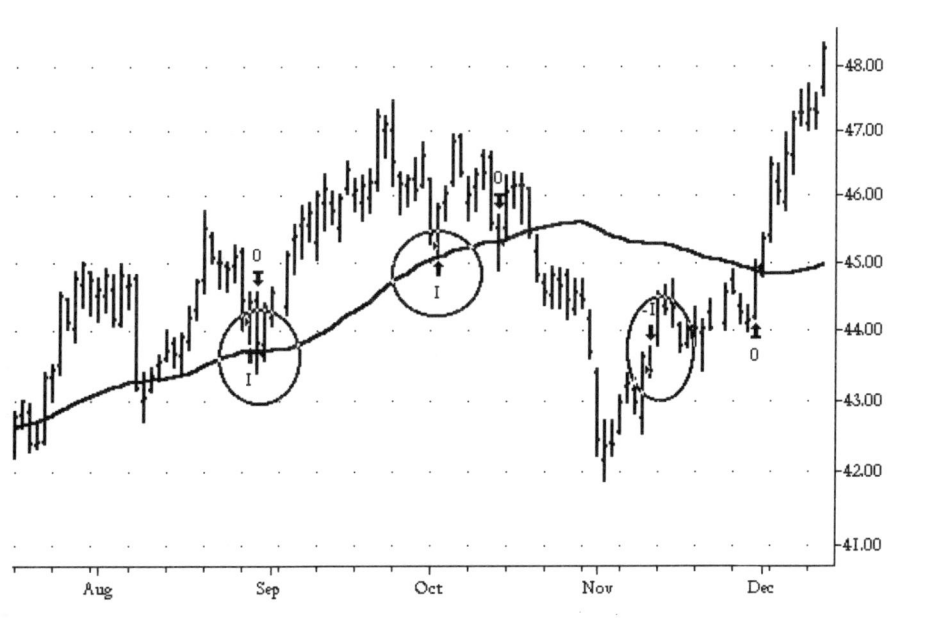

Kapitel V — Die Entwicklung von Systemvarianten

Tabelle 5.14 Die Ergebnisse des Pullback-Systems mit einem Maximum von zehn Kontrakten

Markt	Gewinn	Anzahl Trades	Prozentsatz Gewinner	Gewinn/Verlust-Relation	Durchschnitts-trades	maximaler Tagesverlust	Gewinn-faktor
Britisches Pfund	871.719	126	32	5,89	6.919	-67.419	2,74
Kaffee	794.998	155	24	6,68	5.039	-174.663	2,11
Baumwolle	406.250	134	28	4,63	3.031	-100.755	1,83
Rohöl	33.360	91	24	3,54	367	-68.100	1,13
Deutsche Mark	297.975	135	29	3,79	2.207	-126.825	1,54
Eurodollar	237.850	68	38	3,79	3.498	-35.750	2,34
Gold	129.290	135	24	3,99	958	-226.310	1,24
Japanischer Yen	86.288	128	26	3,26	674	-135.263	1,1
U.S.-Bonds	316.050	140	22	4,82	2.258	-133.200	1,65
Weizen	19.419	126	23	3,22	154	-162.260	1,06
Gesamt	3.193.199						
Durchschnitt	352.642	122	27	4,36	2.511	-123.054	1,74

Beachten Sie, daß die Verluste immer noch geringer sind, als wenn man grundsätzlich 10 Kontrakte getradet hätte. Dementsprechend erweist sich die Strategie variabler Kontraktgrößen als deutlich sinnvoller im Vergleich zum Trading mit fixen Kontraktgrößen. Sie können darüber hinaus andere Strategien zum Trading variabler Kontraktgrößen ausprobieren, welche Ihren persönlichen Präferenzen besser entsprechen.

Zusammenfassend läßt sich feststellen, daß der Grundgedanke des Pullback-Systems in der Tat ein sinnvoller Tradingansatz ist. Durchschnittstrade und Gewinn/Verlust-Relation liegen hier relativ hoch. Zur Verbesserung der Systemperformance lassen sich Filter hinzufügen. Zur effektiven Ausnutzung der risikoarmen Einstiegspunkte sollten Sie erwägen, eine Money-Management-Strategie mit variabler Kontraktgröße zu verwenden.

Das 'Long Bomb' - Ein parameterabhängiges System

Gedeih und Verderben so manchen Footballteams hing vom 'Long Bomb' ab. Im American Football ist dies ein langer Paß mit dem Ziel, weit in den gegnerischen Spielraum hinein vorzudringen. Ist solch ein 'Long Bomb' erfolgreich, führt dies zu einer Demoralisierung des Gegners, zu gesteigertem Enthusiasmus der eigenen Mannschaft und bisweilen auch zu schnellen, wertvollen Punkten, wenn die Zeit knapp wird. Es handelt sich hierbei um einen kraftvollen Spielzug, der aber nicht ohne Risiken ist. Dieser Abschnitt bespricht ein parameterabhängiges System, das von der Philosophie des 'Long Bomb' inspiriert wurde. Tradingsysteme, welche sich auf Chartformationen stützen, ermöglichen blitzschnelle Reaktionen auf das Marktgeschehen. Allerdings treten derartige Formationen nicht sehr oft auf, und die Kurse reagieren nach Vollendung der Formationen nicht immer so, wie sie es sollten. Sicherheitshalber sollte man daher beim Test eines solchen Systems eine ausreichend lange Datenreihe verwenden.

Das 'Long Bomb' ist eine Sequenz von 5 Kursbalken (Stunden, Tage oder Wochen), welche sich typischerweise im Rahmen einer Bodenbildung vollzieht. Sie ist speziell auf die Kursbewegungen in der Nähe von Doppeltief-Formationen abgehoben. Wenn die Kurse eine Bodenbildung beginnen, vollzieht sich üblicherweise folgendes: Wenn große Marktteilnehmer ein Tief erahnen, kaufen sie massiv und verursachen dadurch eine scharfe Kursrallye. Andere Trader sehen dies als ideale Gelegenheit, Short zu gehen, wodurch die momentane Rallye durch diese Short-Verkäufe wieder gestoppt wird. Als Ergebnis testen die Kurse üblicherweise den vormaligen Tiefpunkt. Tritt auf diesem Niveau kein signifikanter Verkaufsdruck auf, sind die Kurse bereit, eine erneute Aufwärtsbewegung zu beginnen und tun dies gemeinhin mit einem kräftigen Kurssprung. Die 'Long Bomb'-Strategie versucht, in eine solche Aufwärtsrallye einzusteigen - eine eigentlich ganz simple Idee. Im Zuge einer idealtypischen Doppeltief-Rallye steigen die Notierungen über das einige Tage zuvor erreichte Hoch hinaus an. Daher: Wenn die folgenden Bedingungen erfüllt sind, kaufen Sie mit Limit direkt oberhalb des heutigen Tageshochs:

1. Der heutige Schlußkurs ist höher als das Tageshoch vor 2 Handelstagen.

2. Der gestrige Schlußkurs liegt oberhalb des höchsten Kurses drei Handelstage zuvor.

3. Der Schlußkurs 2 Handelstage zuvor liegt höher als der höchste Kurs vor 4 Handelstagen.

Diese Bedingungen sind absolut allgemein gehalten und weisen keinerlei marktspezifische Anpassungen auf. Darüber hinaus bedarf es keiner Optimierung dieses Systems. Die folgende, zusätzliche Bedingung macht das System dabei besonders interessant: Wir unterstellen nämlich, daß in diesem Fall mehrere Kontrakte bis zu einem maximalen Einsatz von 10.000$ pro Trade erworben werden. Berechnen Sie hierzu die Differenz zwischen dem aktuellen Schlußkurs und dem 5-Tage-Tief, übertragen diese 'Spanne' in Dollar und errechnen daraus die Anzahl der Kontrakte. Beispiel: Beträgt die 'Spanne' 2.000$, so kaufen Sie fünf Kontrakte und verwenden einen 'Hard-Stop' von 10.000$ für diese Position. Und darüber hinaus arbeiten wir nun mit einer weiteren Variante: Der Verkauf erfolgt mittels eines Trailing-Stops in Form des letzten 50-Tage-Tiefs bzw. -Hochs, um aus diesem Programm ein langfristiges System zu machen.

KAPITEL V DIE ENTWICKLUNG VON SYSTEMVARIANTEN

Aus vorstehendem wird klar, warum der Name dieses Systems 'Long Bomb' ist. Durch den Kauf mehrerer Kontrakte unter Verwendung eines sehr 'weiten' Stops folgen wir der bereits bekannten 'TOPS COLA'-Strategie und gehen, um in der Football-Sprache zu bleiben, 'in die vollen'.

Die Formel dieses Systems im 'Omega Research's TradeStation'-Programm lautet wie folgt:

```
input : dx (50);
Vars: Numc (0);
if C - lowest (low,5) <> 0 then
Num C - intportion (10000/((C-lowest(low,5))*Big
Pointvalue)) else NumC - 1;
Condition1 - c>h[2];
Condition2 - c[1] >h[3];
Condition3 - c[2] >h[4];
If Condition1 and Condition2 and Condition3 then buy
("123 Signal") NumC
contracts at high + 1 point stop;
ExitLong at Lowest (low,dx)[1] - 1 point stop;
```

Die Variable dx, welche die Anzahl der Tage für die Verkaufstrategie festlegt, erlaubt uns, mit der Ausstiegsregel zu experimentieren. Bevor wir die zu erwerbende Anzahl der Kontrakte berechnen, sollten wir uns zweifach versichern, daß der heutige Schlußkurs oberhalb des letzten 5-Tage-Tiefs liegt, um eine Division durch 0 zu vermeiden. Die vorab besprochenen drei Bedingungen, welche die zugrundeliegende Chartformation beschreiben, sind in dieser Formel als Konstante vermerkt. Sind diese Bedingungen zum heutigen Schlußkurs erfüllt, so gilt es, am darauffolgenden Handelstag einen Punkt oberhalb des heutigen Höchstkurses via Stop-buy zu kaufen. Dies kann zweifellos einiges an Gebühren kosten, wenn der Markt bereits oberhalb unseres Kauflimits eröffnet, doch diese Begrenzung funktioniert als Filter und reduziert dadurch die Anzahl der Trades.

Die Abbildung 5.13 zeigt, wie sich diese Kaufbedingung in einem tatsächlichen Chart darstellt. Hierfür verwendeten wir den Eurodollar-

KAPITEL V DIE ENTWICKLUNG VON SYSTEMVARIANTEN

Abbildung 5.13 Das 'Long Bomb'-System generiert ein Kaufsignal, als der Eurodollar sein mittelfristiges Tief überwindet.

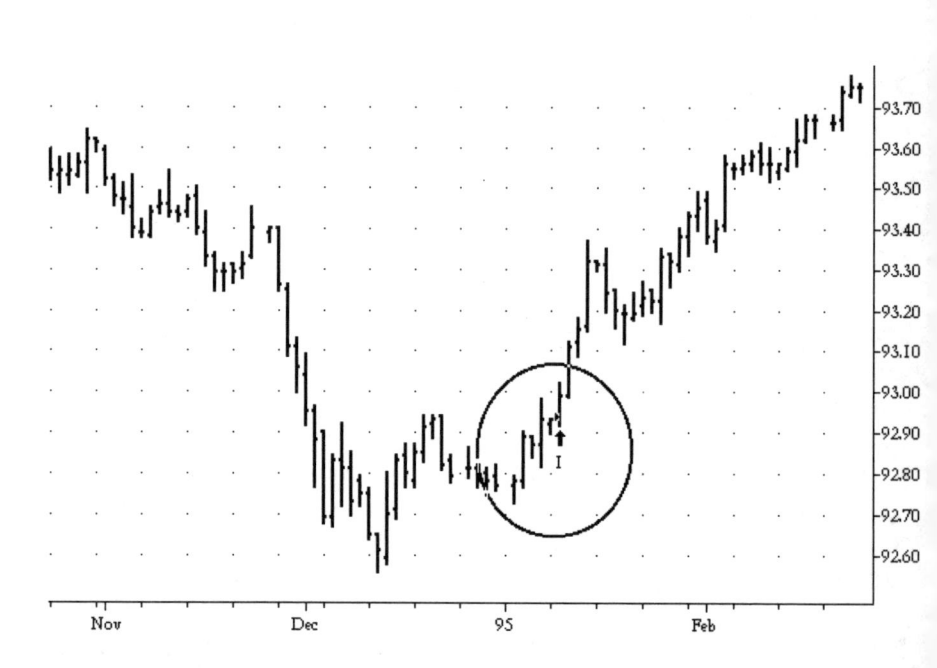

Kapitel V   Die Entwicklung von Systemvarianten

Kontrakt unmittelbar im Anschluß an ein signifikantes Tief. Das 'Long-Bomb'-System etablierte unmittelbar nach einem Test des vormaligen Tiefs eine Long-Position. Beachten Sie, daß in diesem Fall nach dem Kauf der Position keine Konsolidierung erfolgte - wie der dem System den Namen verleihende, lange Paß gingen die Kurse auf und davon. Eine vergleichbare Situation wird in Abbildung 5.14 für den Dezember 1995 Heizöl-Kontrakt dargestellt.

So seltsam es auch erscheinen mag, Sie werden feststellen, daß diese 'Long-Bomb'-Formation recht oft im Bereich von Kurstiefs auftritt. Die Tabelle 5.15 liefert die Ergebnisse von Langfrist-Tests in 10 verschiedenen Märkten. Die Testperiode reichte vom 01. Januar 1982 bis zum 10. Juli 1995, eine vierzehnjährige Periode, die eine ganze Vielfalt unterschiedlicher Marktbedingungen umspannt. Die Ergebnisse wären sogar noch besser gewesen, wenn wir eine längere Testperiode gewählt hätten. Verwendet wurde zudem ein Stop von 1.500$ und die üblichen 100$ für Gebühren und Kommissionen. Die Verkaufsregel war das bereits erwähnte 50-Tage-Tief. Wie ebenfalls vorab erwähnt, wurde die Höhe des Investments mit 10.000$ angesetzt, was bedeutete, daß wir zumeist mehrere Kontrakte zugleich getradet haben.

Tabelle 5.15 gibt den Umstand nicht wieder, daß das durchschnittliche Gewinn/Verlust-Verhältnis für die meisten getesteten Märkte deutlich oberhalb von drei lag. Die Tabelle zeigt indes, daß dieses System durchaus profitabel war, allerdings zugleich auch respekteinflößende, maximale Tagesverluste aufwies. Auf Basis der Einstiegsregel lassen sich hier eine ganze Reihe unterschiedlicher Verkaufsstrategien testen. Aber darüber hinaus lassen sich auch noch Variationen durch die Veränderung der Formationslänge vorstellen, wie zum Beispiel 3-Tage-Formationen oder 20-Tage-Formationen.

Beachten Sie, daß wir in jedem Markt ca. 30 Trades vollzogen haben. Wenn wir unterstellen, daß alle Märkte in etwa gleich sind, errechnen sich daraus allein in Tabelle 5.15 330 Trades, was ausreicht, um der Performance dieser Tests zukünftige Vergleichbarkeit zu unterstellen. Die 330 Trades vollzogen sich über einen Zeitraum von 14 Jahren, woraus sich durchschnittlich 24 Trades pro Jahr bzw. zwei pro Monat errechnen.

Abbildung 5.14 Das 'Long Bomb'-System im Dezember 95-Heizöl-Kontrakt. Nach dem Einstiegssignal zogen die Kurse ohne größere Rücksetzer weiter an.

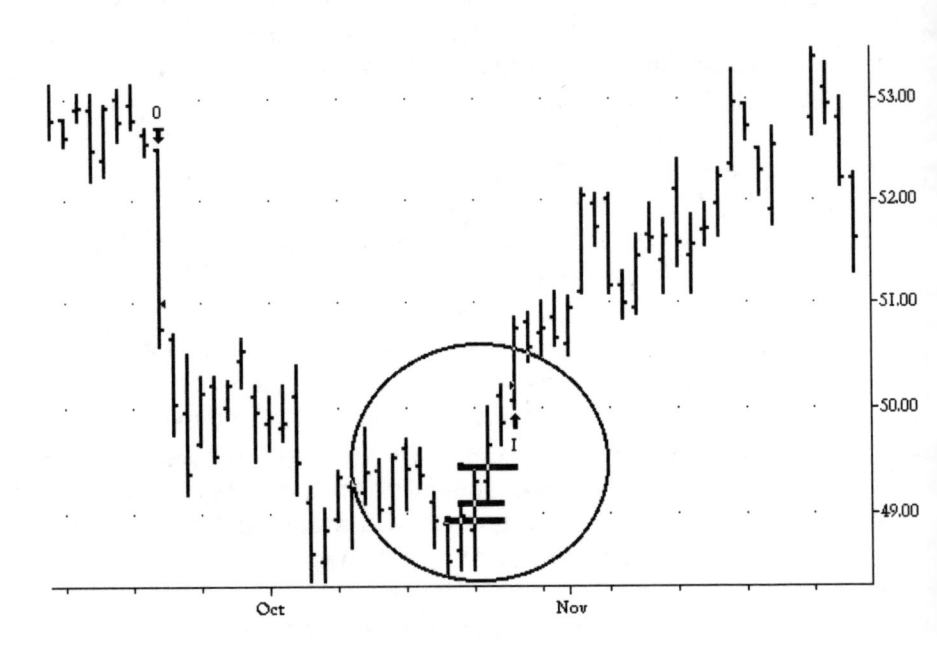

KAPITEL V DIE ENTWICKLUNG VON SYSTEMVARIANTEN

Tabelle 5.15 Langzeit-Ergebnisse des 'Long Bomb'-Tradingsystems

Markt	Gewinn	Gewinnfaktor	Anzahl der Gewinner Trades insgesamt Anteil der Gewinntrades in Prozent	maximale Kontraktzahl	maximaler Tagesverlust
Britisches Pfund	114.313	1,54	12;35;34	9	-96.407
Kaffee	417.770	3,03	9;34;26	5	-49.660
Baumwolle	222.590	1,98	10;31;32	25	-136.040
Deutsche Mark	234.263	2,17	10;31;32	22	-60.725
Eurodollar	142.825	1,76	12;29;41	57	-72.200
Heizöl	25.544	1,07	12;45;27	22	-135.565
Japanischer Yen	779.324	5,93	11;24;46	17	-38.000
Sojabohnen	62.018	1,2	11;42;26	28	-120.695
Schweizer Franken	256.453	2,7	10;26;38	15	-42.310
U.S-Bonds	272.363	2,41	12;33;36	9	-63.400

Das mag für die meisten Trading-Programme eine relativ geringe Zahl sein. Doch dies läßt sich kompensieren, indem Sie entweder eine größere Anzahl von Märkten traden oder aber weitere Chartformationen in dieses System einbeziehen, so daß Ihre durchschnittliche, monatliche Tradingzahl Werte um 10 erreicht. Das Testen solcher Formationen mag interessant sein, muß aber äußerst sorgfältig durchgeführt werden. So gibt es zum Beispiel im Bereich der 'Candlestick Charts' eine Vielzahl faszinierender Formationen mit blumigen Namen und umgangsreichen Beschreibungen. Doch sehr oft bestehen diese Chartformationen die Testphasen nicht. Das 'Long-Bomb'-System zeigt, daß es zum Erreichen Ihrer Ziele nicht unbedingt der Komplexität bedarf, sondern vielleicht nur eines besonderen Verständnisses für die Märkte.

Zusammenfassung

In diesem Kapitel haben wir untersucht, wie sich aus einem Grundgedanken eine Vielfalt von Variationen entwickeln läßt. Wir haben dabei überprüft, wie sich Gewinne, Trading-Frequenz oder Verluste mit den unterschiedlichen Verkaufs-Strategien des Breakout-Systems veränderten. Haben Sie erst einmal eine Systemvariante gefunden, die Ihren Vorstellungen entspricht, so können Sie statistische Tests verwenden, um sicherzustellen, daß die von Ihnen vorgenommenen Veränderungen auch in bezug auf die System-Performance signifikant sind. Danach erarbeiteten wir zwei Varianten des ADX-Systems. Während der Tests stellen wir fest, daß der Trend des ADX-Indikators für das Design von Tradingsystemen deutlich höhere Bedeutung besitzt als dessen aktueller Wert. Danach betrachteten wir eine Variante des CB-PB-Systems, welche Long- und Short-Trades ermöglichte. In diesem Fall wurde das Pullback nicht auf eine 20-Tage-Kursspanne, sondern auf einen gleitenden Durchschnitt bezogen. Und zuletzt ging es um eine Bodenbildungs-Formation, welche eine Variante der üblichen Doppeltief-Variation darstellt. Dieses Beispiel illustrierte, wie man sich weit verbreiteter Chartformationen zur Entwicklung eigener Systemvarianten bedienen kann.

Dieses Kapitel hat Ihnen vermittelt, wie man auf einfache Art Variationen weit verbreiteter Ideen entwickeln kann. Wenn Sie erst einmal wis-

KAPITEL V — DIE ENTWICKLUNG VON SYSTEMVARIANTEN

sen, daß die Ergebnisse dieser Varianten statistische Signifikanz besitzen, können Sie sich damit befassen, diese an Ihren persönlichen Tradingstil anzupassen. Auf diese Weise ist es Ihnen möglich, eine umfangreiche Kollektion von Tradingsystemen aufzubauen.

Kapitel VI

– Performance-Analyse –

Kapitel VI Performance-Analyse

Einleitung

Der heilige Gral des Systemdesigns ist eine absolut gleichmäßige Gewinnentwicklung.

Eine vollständige und dauerhafte Darstellung Ihrer Systemperformance kann ausschließlich durch die Kurve der Gewinnentwicklung dargestellt werden. Die üblichen Testzusammenfassungen sagen wenig über die Veränderungen der Performance aus, die durch Ihre Design-Maßnahmen auf Tagesbasis auftreten. Ihre Systementwicklung ist daher so lange nicht vollständig, wie Sie nicht die Wirkung Ihrer Entscheidungen auf die Gewinnentwicklung nachvollziehen können. In diesem Kapitel untersuchen wir detailliert, wie sich die Gleichmäßigkeit der Gewinnentwicklung anhand der Standardabweichung (SE) aus der linearen Regressionsanalyse messen läßt. Kurz: Je größer die SE, desto unregelmäßiger die Gewinnentwicklung. Wir werden prüfen, wie sich die Performance des 65sma-3cc-Systems durch unterschiedliche Verkaufsstrategien verändert. Sie werden dadurch ein Gefühl dafür entwickeln, wie sich die Maßnahmen Ihres Systemdesigns in Veränderungen der Gewinnentwicklung niederschlagen.

Im weiteren Verlauf des Kapitels werden wir untersuchen, wie sich die SE verändert, wenn Sie zwei Systeme im selben Markt miteinander kombinieren. Allgemein wird angenommen, daß sich die Gewinnentwicklung regelmäßiger gestaltet, wenn Sie viele verschiedene Märkte gleichzeitig traden. Wir werden dies überprüfen, indem wir zwei positiv korrelierende Märkte miteinander kombinieren.

Darüber hinaus widmen wir uns den monatlichen Veränderungen der Wertentwicklung, indem wir die Performance des 65sma-3cc-Systems über unterschiedlich lange Monatsintervalle anhand des Deutsche-Mark-Kontraktes untersuchen. Derartige Größenordnungen werden Gewinnentwicklungs-Intervalle genannt. Das Ziel dabei ist zu überprüfen, wie sich ein System über alle einmonatigen, dreimonatigen oder sechsmonatigen Intervalle eines Testzeitraumes bewährt. Durch diese

KAPITEL VI   PERFORMANCE-ANALYSE

Vorgehensweise wird das Verständnis der Effekte beispielsweise eines Trailing-Stops oder einer veränderten Verkaufsstrategie erleichtert.

Diese Tests werden unterstreichen, daß Verkaufsstrategien allein nicht ausreichen, um die Regelmäßigkeit der Gewinnentwicklung sicherzustellen (gleichbedeutend mit Reduzierung der Standardabweichung). Wir werden uns daher Veränderungen im Systemdesign zuwenden und hierbei das übliche Breakout-System mit einem Filter versehen, um die Kurve der Gewinnentwicklung entsprechend zu glätten.

Die übliche Zusammenfassung der Performance liefern hierüber keinerlei Informationen. Die zu gewinnenden neuen Erkenntnisse der kommenden Analyse werden für uns von daher von großem Wert sein. Nach der Lektüre dieses Kapitels werden Sie folgende Lerninhalte beherrschen:

1. Sie werden die Gleichmäßigkeit einer Gewinnentwicklungs-Kurve messen können.

2. Sie werden die Bedeutung und den Einfluß des Systemdesigns hinsichtlich Veränderungen der Gewinnentwicklung beurteilen können.

3. Sie werden sich des Effekts der Diversifikation auf die Gewinnentwicklung bewußt sein.

4. Sie werden die Vorteile der Verwendung von Filtern im Systemdesign kennen und schätzen.

Wie messe ich die Gleichmäßigkeit einer Gewinnkurve?

Dieser Abschnitt soll zeigen, wie sich die lineare Regressions-Analyse zur Messung der Gleichmäßigkeit der Gewinnentwicklung verwenden läßt. Für diese Berechnungen werden wir zunächst künstliche Daten verwenden. Das Ziel ist, Ihnen die Verwendung der Standardabweichung und die Berechnung der Chance/Risiko-Relation näher zu bringen. In späteren Abschnitten dieses Kapitels werden wir diese Erkenntnisse anhand von Marktdaten und Berechnungen einzelner Tradingsysteme anwenden. Der Hauptvorteil der Verwendung linearer Regressionsanalyse ist in ihrer beständigen Struktur zu sehen, wodurch die Analysen der Gewinnentwicklung unterschiedlicher Tradingsysteme vergleichbar werden.

Die Kurve der Gewinnentwicklung Ihres Tradingkontos bzw. Systems ist nichts anderes als deren jeweiliger täglicher Wert. Dieser tägliche Wert ist die Summe aus ihrem Startkapital plus der bislang erzielten Gewinne bzw. abzüglich der erlittenen Verluste aller bislang abgeschlossenen Trades - sowie Gewinn oder Verlust der momentan noch aktiven Trades. Im Idealfall steigt diese Gewinnkurve stetig im Zeitverlauf an, wie es für hypothetische Daten in Abbildung 6.1 dargestellt wird. Der Steigungswinkel dieser Gewinnentwicklung beträgt 100$ pro Tag, wodurch alle Punkte exakt auf einer geraden Linie durch den Nullpunkt liegen - was bedeutet, daß die Standardabweichung hier Null beträgt. Anders formuliert: Diese Linie zeigt ein Konto, dessen Wert pro Tag um exakt 100$ ansteigt.

Da wir alle bisweilen Trades haben, die im Verlust enden, kann die Kurve der Gewinnentwicklung niemals eine absolut gerade Linie sein. Wenn Sie damit beginnen, die Gewinnkurven verschiedener Tradingsysteme miteinander zu vergleichen, brauchen Sie eine Möglichkeit, deren Gleichmäßigkeit zu messen. Wenn Sie zwei Systeme mit ähnlicher Performance vergleichen, so sollte dasjenige System bevorzugt werden, welches eine regelmäßigere Gewinnentwicklung vorweisen kann. Wir setzen hierbei voraus, daß Sie die Performance zweier Systeme mit denselben Zeitrahmen (z.B. Tage) und gleicher Testlänge (Monate bzw. Jahre) vergleichen. Sie können zwar auch Systeme mit unterschiedlichen Zeithorizonten und Tradinglängen vergleichen, müssen sich aber dann darüber klar werden, daß unter Umständen Äpfel mit Birnen verglichen werden.

Um die Gleichmäßigkeit dieser Kurven zu messen, verwenden wir die lineare Regressionsanalyse. Ein wichtiger, durch die lineare Regressionsanalyse gewonnener Wert ist der RSS. Der RSS ist die Summe der quadrierten, vertikalen Distanz zwischen den aktuellen Daten und der angepaßten Regressionskurve. Um die Standardabweichung zu berechnen, muß der RSS durch die Anzahl der Datenpunkte minus zwei dividiert

KAPITEL VI PERFORMANCE-ANALYSE

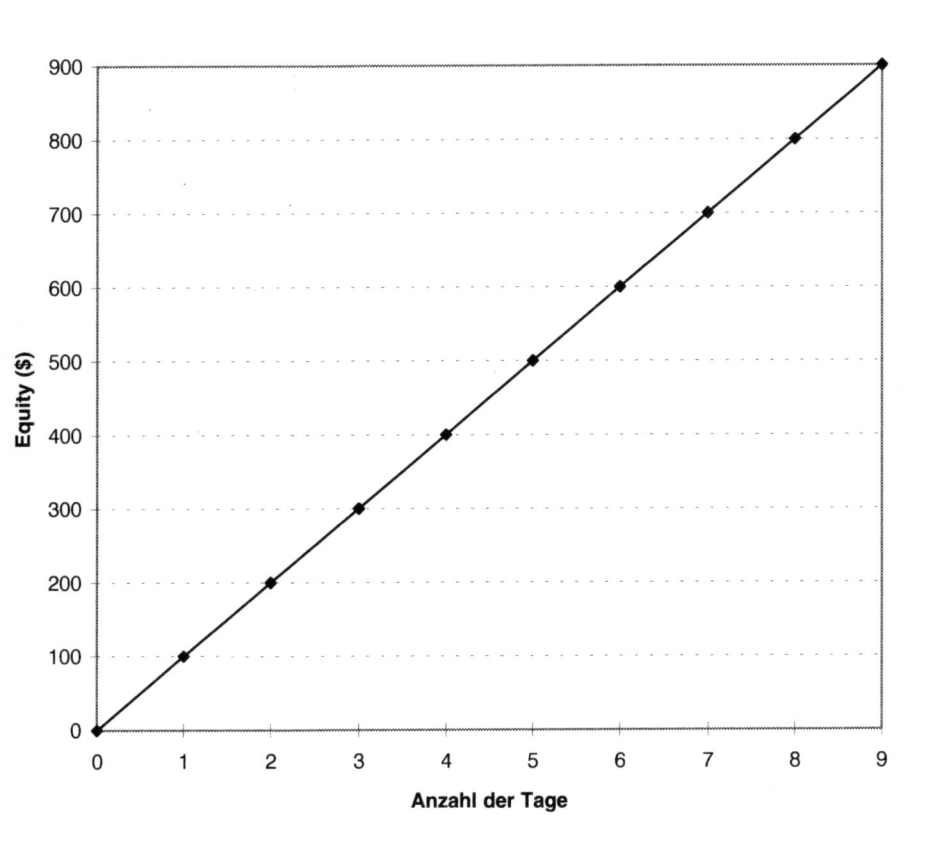

Abbildung 6.1 Die perfekte Wertentwicklung in Form einer absolut gleichmäßigen Gewinnkurve

und hieraus die Wurzel gezogen werden. Die Standardabweichung ist dann imstande, die Gleichmäßigkeit der Gewinnentwicklung zu messen. Wenn alle Punkte exakt auf die optimierte Regressionslinie fallen, beträgt der RSS automatisch Null. Auch die Standardabweichung selbst beträgt dann Null und zeigt optimale Gleichmäßigkeit einer Wertentwicklung.

Auch die Kurve in Abbildung 6.2 zeigt hypothetische Daten. Der Steigungswinkel einer optimal angepaßten, linearen Regressionskurve durch Null beträgt erneut 100$. In diesem Fall schwanken die Daten aber um diese optimierte Linie herum. Die Standardabweichung dieser Daten beträgt 82$. Wir erhalten diese Größe, indem wir die vertikale Distanz zwischen den jeweiligen Daten und der optimierten Regressionslinie auf Tagesbasis messen und hieraus einen Durchschnittswert errechnen. Das heißt, daß die Standardabweichung zeigt, wie weit ein Datenpunkt von der optimierten Linie entfernt ist.

In Abbildung 6.3 verwenden wir erneut hypothetische Daten und denselben Steigungswinkel der optimierten Wertentwicklung von 100$, aber die Daten selbst schwanken ganz erheblich stärker um die optimierte Linie. Wie zu erwarten, ist die Standardabweichung hier nahezu viermal höher als bisher, nämlich 318$.

Sie bekommen ein besseres Verständnis für die Bedeutung des Begriffs Standardabweichung, wenn Sie sich die Grafik der Abbildung 6.4 genauer betrachten. Diese enthält die Daten von Abbildung 6.3, aber darüber hinaus zwei Linien, welche jeweils eine Standardabweichung von der optimierten Linie entfernt sind. Die Datenpunkte selbst befinden sich innerhalb oder zumindest nahe dieser Standardabweichungs-Linien. Wir berechneten die Standardabweichung, indem wir die vertikale Distanz zwischen den Datenpunkten und der optimierten Regressionsgeraden quadrierten, hieraus eine Summe bildeten und diese durch die Anzahl der Datenpunkte minus zwei dividierten. So ist die Standardabweichung also nichts anderes als der durchschnittliche 'Abstand' beiderseits der optimierten Regressionsgeraden, so daß logisch ist, daß die Datenpunkte innerhalb oder zumindest nahe dieser 'Abstandslinien' liegen.

KAPITEL VI   PERFORMANCE-ANALYSE

Abbildung 6.2   Diese hypothetischen Daten weisen einen Anstiegswinkel von 100$ auf. Die Ausschläge um die Regressionslinie herum verursachen eine Standardabweichung von 82$.

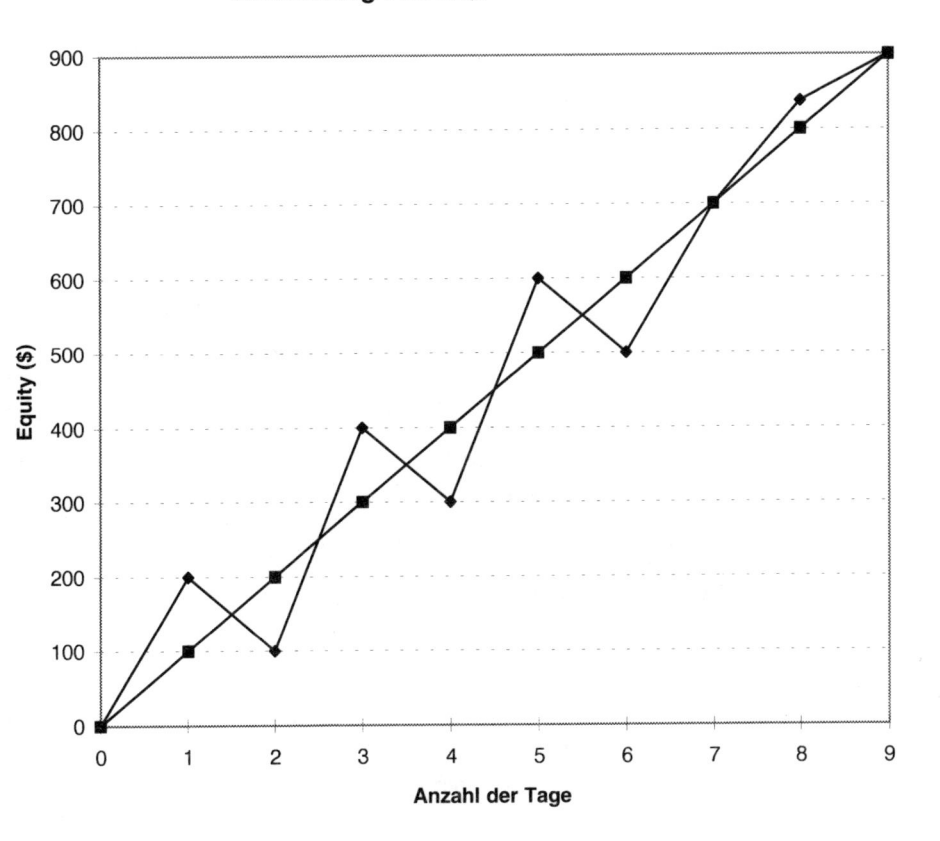

Abbildung 6.3 Diese Daten haben zwar ebenfalls einen Steigungswinkel von 100$, aber durch die größeren Kursausschläge erhöht sich die SE auf 318$.

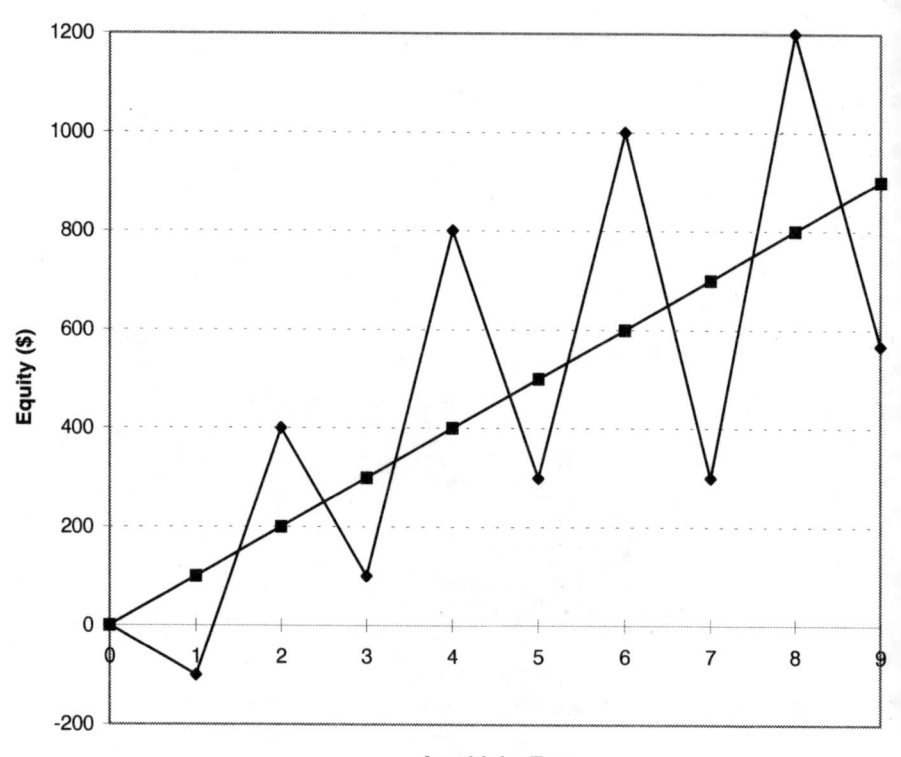

KAPITEL VI   PERFORMANCE-ANALYSE

Abbildung 6.4   Dieselben Daten wie in Abb. 6.3 mit Begrenzungslinien in Höhe jeweils einer Standardabweichung ober- bzw. unterhalb der Regressionsgeraden

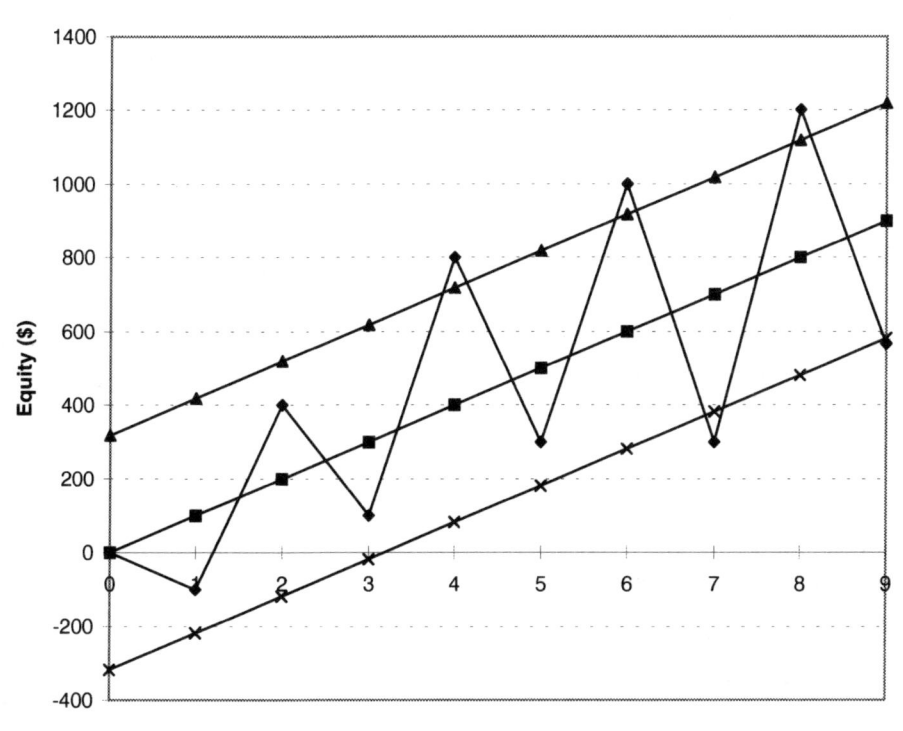

Anzahl der Tage

Daraus wird deutlich, daß die Standardabweichung der linearen Regressionsanalyse eine gute Methode zur Messung der Gleichmäßigkeit einer Wertentwicklungskurve darstellt. Bedenken Sie, daß die lineare Regressions-Methode auf alle Arten von Gewinnentwicklungskurven und über alle Zeithorizonte hinweg angewendet werden kann. Die Standardabweichung bietet eine allgemeine, beständige und wirksame Methode zur Messung der Wertentwicklung.

Die kombinierte Standardabweichung von zwei oder mehr Gewinnentwicklungskurven wird kleiner sein als die Standardabweichung einzelner Kurven, wenn die jeweiligen, zugrundeliegenden Märkte eine negative Korrelation aufweisen. Negative Korrelation bedeutet, daß der eine Markt ansteigt, wenn der andere fällt. Würden wir eine Datenreihe mit den Daten in Abbildung 6.3 verbinden, welche zu dieser eine exakt negative Korrelation aufweist, so würde die kombinierte Gewinnentwicklungskurve eine perfekt gerade Linie darstellen und eine Standardabweichung von Null aufweisen (siehe hierzu Abbildung 6.5). Der Wunsch nach einer geringeren Standardabweichung ist eines der Argumente zugunsten der Diversifikation. Hierunter versteht man üblicherweise das Trading vieler unterschiedlicher Märkte innerhalb eines Portefeuilles. Sofern diese Märkte zumindest eine Zeitlang negative Korrelationen aufweisen, wird die zusammengefaßte Kurve der Wertentwicklung deutlich glatter sein. Beachten Sie hierzu, daß der Steigungswinkel der zusammengefaßten Wertentwicklung nichts anderes als die Summe der Steigungswinkel der einzelnen individuellen Wertentwicklungen ist. Das bedeutet, daß sich dieser Steigungswinkel nur insoweit verändert, als daß er alle zusammengefaßten Gewinne und Verluste Ihres Portefeuilles über einen vorgegebenen Zeitraum hinweg wiedergibt.

Das Thema Diversifikation läßt sich auf die Anwendung verschiedener Tradingsysteme in ein und demselben Markt erweitern. In diesem Fall wird sich die Wertentwicklung nur dann gleichmäßiger gestalten, wenn die Systeme selbst eine negative Korrelation aufweisen. Haben die Systeme indes eine positive Korrelation, wird die Standardabweichung natürlich ansteigen. Selbstverständlich wird hierbei auch der Steigungswinkel Ihrer Gewinnentwicklungskurve zunehmen, sofern sich alle diese Systeme als profitabel erweisen.

Abbildung 6.5 Diese beiden hypothetischen Gewinnkurven zeigen eine absolut perfekte, negative Korrelation.
Die Kombination beider Kurven führt zur 'perfekten' Standardabweichung von Null.

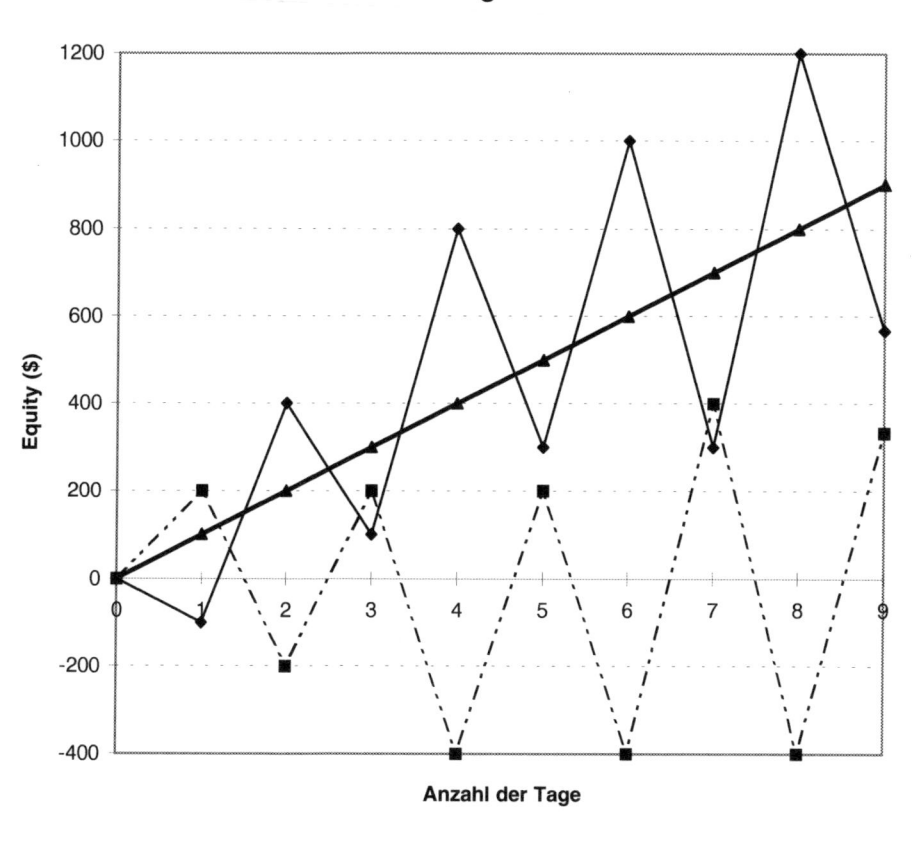

KAPITEL VI PERFORMANCE-ANALYSE

Erinnern Sie sich bitte in diesem Zusammenhang daran, daß Steigungswinkel und die Ausschläge der jeweiligen Daten innerhalb der Datenreihe voneinander unabhängig sind. Also bedeutet ein Anstieg dieser Steigung nicht automatisch eine gleichmäßigere Gewinnentwicklung.

Weiten wir nun diese Analyse aus, indem wir die Chance/Risiko-Relation eines jeweiligen Tradingsystems berechnen, indem wir die Relation von Steigungswinkel zu Standardabweichung ermitteln. Dies ist eine schnelle und nachvollziehbare Methode, um verschiedene Tradingsysteme, welche anhand gleicher Datenreihen getestet wurden, miteinander zu vergleichen. Die Berechnung setzt voraus, daß wir Tagesdaten verwenden und als Betrachtungsgrundlage die theoretischen Gewinne der jeweiligen Systeme heranziehen.

RRR (risk reward ratio = Chance/Risiko-Relation) = Steigungswinkel geteilt durch Standardabweichung.

Untersuchen wir zunächst die bisherigen drei hypothetischen Fälle. Im ersten Beispiel beträgt das RRR einen unendlichen Wert, da die Standardabweichung Null beträgt. Im zweiten Fall beträgt der Wert 1,21 (100/82) und im dritten Fall 0,31 (100/318). Es ist wohl klar, daß wir alle das erste System bevorzugen würden - wenn es existieren würde. Für die Berechnungen der linearen Regression können Sie ein Datenblatt des 'Microsoft Excel'-Programms verwenden. In diesem Programm können Sie die vorgegebenen Programm-Werkzeuge verwenden, um alle relevanten Regressionsdaten zu berechnen. Ansonsten können Sie eines der vielen, weit verbreiteten Standardprogramme für statistische Analysen verwenden.

Wir werden in den folgenden Abschnitten die Standardabweichung zur Messung der Gleichmäßigkeit authentischer Wertentwicklungen einsetzen. Denken Sie daran, daß erhöhte Steigungswinkel der Wertentwicklung nicht automatisch eine erhöhte Gleichmäßigkeit nach sich ziehen. Wir werden überprüfen, wie sich unterschiedliche System-Designs auf die Wertentwicklung des Portefeuilles auswirken.

KAPITEL VI   PERFORMANCE-ANALYSE

Die Auswirkungen von Verkaufs- und Portefeuille-Strategien auf die Wertentwicklung

Alle Entscheidungen, die Sie bezüglich von Einstiegssignalen, Verkaufsstrategien oder Stopkursen treffen, werden sich unmittelbar in Steigungswinkel und Glättung der Wertentwicklungskurve niederschlagen. In diesem Abschnitt untersuchen wir die Wertentwicklung des 65sma-3cc-Systems anhand der Deutschen Mark in Form eines Endloskontraktes. Wir werden hierbei untersuchen, wie die Wertentwicklungskurve auf Änderungen im Systemdesign reagiert. Die Meßlatte der Vergleiche wird die Berechnung der Standardabweichung sein, welche wir im vorangegangenen Abschnitt beschrieben haben. Dabei verlegen wir uns nicht auf Endloskontrakte, sondern betrachten Kontrakte, die jeweils zeitgerecht 'gerollt' werden, da diese eine realistischere Simulation garantieren.

Die Testreihe umfaßt die Kontrakte auf die Deutsche Mark von März 1988 bis September 1995. Pro Trade wurden 100$ für Gebühren und Kommissionen berechnet, und die Software 'rollt' automatisch in die nächste Kontraktlaufzeit, wenn der zwanzigste Tag des Monats vor Ablauf des Kontraktes erreicht wird. Die Berechnungen der Regressionsanalyse werden mittels des Excel-Programmes vollzogen, wie wir bereits im vorangegangenen Abschnitt dargestellt hatten.

Zunächst testeten wir das 65sma-3cc-Modell auf die Deutsche Mark-Kontrakte ohne Stopkurse oder Verkaufsstrategien (Fall 1). Die Gewinnentwicklung des in Abbildung 6.6 dargestellten Falles 1 weist einen Steigungswinkel der linearen Regression von 17,54$ und eine Standardabweichung von 4,043$ auf. Während des Testzeitraumes erwirtschaftete das 65sma-3cc-System theoretische Gewinne in Höhe von 24.288$, mit einem Gewinnfaktor von 1,34 und einem maximalen Tagesverlust bei 11.938$ - unter der Voraussetzung, daß ausschließlich ein Kontrakt zur Zeit gehandelt wurde. Die Gewinnentwicklungskurve ist überaus unregelmäßig, mit einem signifikanten Rückschlag im Jahr 1992, und damit typisch für Trendfolge-Systeme ohne Verkaufsstrategien. Interessant ist dabei vor allem, wie viele Trades ihre Gewinne zum größten Teil wieder abgeben mußten, bevor sie glattgestellt wurden.

KAPITEL VI PERFORMANCE-ANALYSE

Abbildung 6.6 Fall 1: das 65sma-3cc-Modell ohne Stops oder Verkaufsregeln, im aktuellen DM-Kontrakt

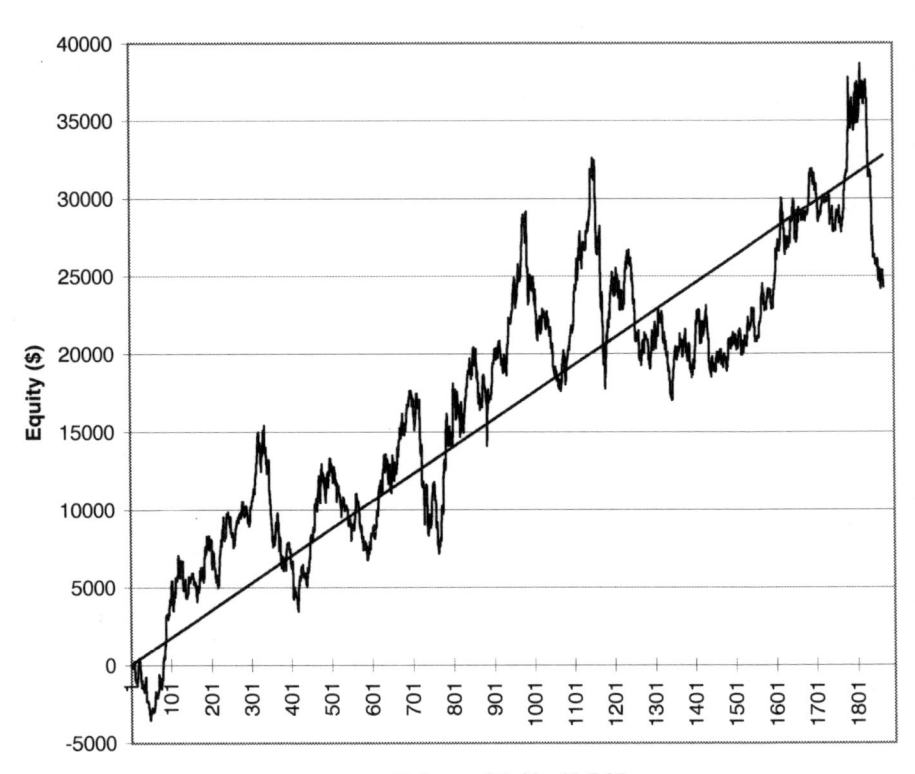

Zeit vom 2.2.88 - 10.7.95

Abbildung 6.7 Fall 2: Der DM-Kontrakt mit 65sma-3cc-System und initialem Stop von 1.500$

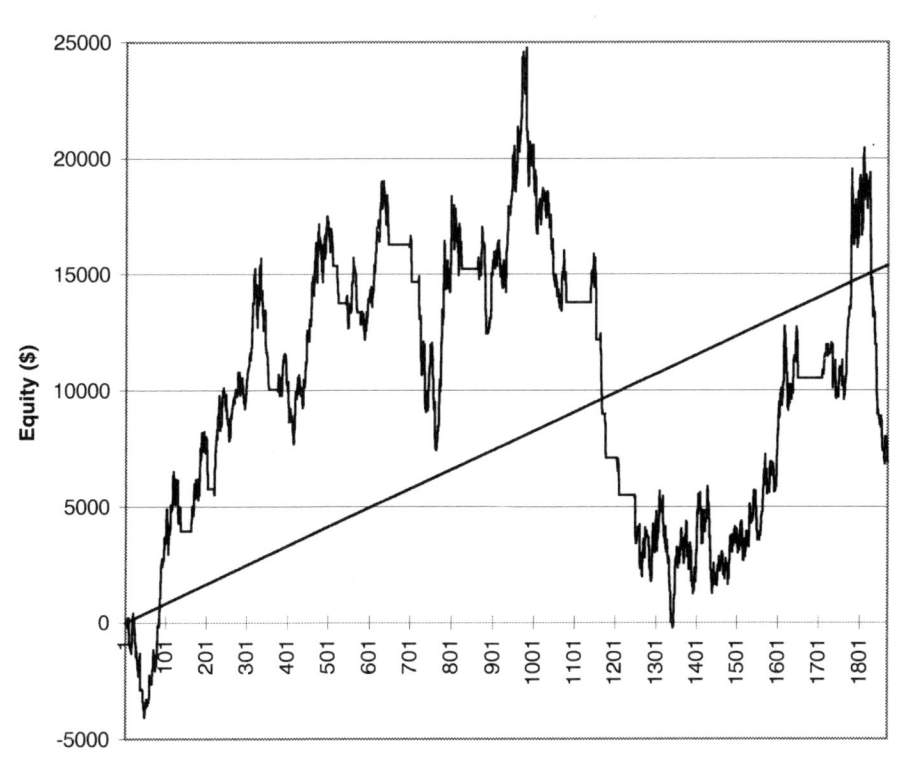

Zeit vom 2.2.88 - 10.7.95

KAPITEL VI   PERFORMANCE-ANALYSE

Auch wenn der Markt in eine Seitwärtsphase einmündet, erleidet das Trading-Modell erhebliche Rückschläge und benötigt lange Zeit, bevor neue Hochs in der Gewinnentwicklung erreicht werden.

Der Fall 2 arbeitet nach demselben System, hier wird indes ein fester Stopkurs in Höhe von 1.500$ hinzugefügt. Die Kurve der Gewinnentwicklung in Abbildung 6.7 zeigt, daß das Einfügen des Stops die Gewinne verringerte und die Gleichmäßigkeit der Wertentwicklung im Vergleich zu Fall 1 sogar noch reduzierte. Die Nettogewinne fielen deutlich von vormals 24.288$ auf nur noch 6.913$ und wiesen zugleich einen deutlich magereren Gewinnfaktor von 1,1 auf. Dagegen verdoppelte sich der maximale Tagesverlust auf 20.255$ und legt so nahe, daß ein Stop in Höhe von 1.500$ zu 'eng' gewählt ist. Die Kurve der Gewinnentwicklung in Abbildung 6.7 verdeutlicht die geringeren Gewinne und höheren Verluste. Beachten Sie, daß sich der Steigungswinkel gegenüber Fall 1 auf einen Wert von 8,24$ nahezu halbiert hat, die Standardabweichung hingegen auf 7,517$ anstieg. Hierdurch zeigt sich, daß man unbedingt die Höhe des Stopkurses vor dessen Implizierung in das System mit der Marktvolatilität vergleichen muß, um sicherzustellen, daß sich der Stop klar außerhalb der Zone zufälliger Kursvolatilität befindet. Recht viele Trader scheinen 'enge' Stops zu bevorzugen, aber diese Berechnungen zeigen, daß derartig 'enge' Stops negative Auswirkungen auf die langfristigen Performances haben.

Im Fall 3 erweiterten wir unseren Stopkurs auf 5.000$. Doch diese Maßnahme lieferte dieselben Resultate wie Fall 1. Ein initialer Stop von 5.000$ ist offenbar zu 'weit', da er keinerlei Auswirkungen auf die Systemperformance hat. Also, um das Argument der Volatilität erneut aufzugreifen, sollten Sie vorher überprüfen, daß Ihr Stopkurs nicht zu 'weit' gesetzt ist, da Sie ansonsten überhaupt keinen Effekt erzielen. Allerdings sind derartig 'weite' Stops nützlich, um die etablierte Position bei gelegentlichen Rallyes oder kurzfristigen Kurseinbrüchen nicht zu verlieren.

Die überwiegende Mehrheit der Trader ist sich darin einig, daß die Verkaufsstrategien eine entscheidende Rolle für den letztendlichen Erfolg eines Tradingsystems spielen. Eine übliche Vorgehensweise ist die

| KAPITEL VI | PERFORMANCE-ANALYSE |

Verwendung unterschiedlicher Verkaufsregeln für eine einzelne Einstiegsregel. Das 65sma-3cc-System wurde mit zwei Verkaufsstrategien getestet. Die erste generiert ein Verkaufssignal, wenn das tiefste Tief bzw. das höchste Hoch der vergangenen 10 Handelstage durchbrochen wird, die andere Regel ist die volatilitätsbezogene Verkaufsstrategie, welche wir bereits in Kapitel 5 besprochen hatten.

Das Resultat der Verwendung dieser beiden Verkaufsregeln (Fall 4) mit einem initialen Stop von 5.000$ war: erneute Verringerung der Gewinne auf nur noch 3.737$ und ein armseliger Gewinnfaktor von 1,07. Der maximale Tagesverlust betrug 13.337$ und lag damit sogar niedriger als ohne Anwendung von Stopkursen. Man sollte erwarten, daß die Kurve der Gewinnentwicklung als Ergebnis der Einführung der Verkaufsregeln geglättet würde. Wie Abbildung 6.8 zeigt, verringert sich die Standardabweichung in der Tat auf 3,368$, aber gleichzeitig reduziert sich der Steigungswinkel auf nur noch 5,08$. Dieser neue Wert beträgt nur noch 29 Prozent des Steigungswinkels ohne Stops, während die Standardabweichung nur noch 17 Prozent geringer ausfiel. Anders ausgedrückt: Nach dieser Vorgehensweise erleiden wir eine 7fache Reduzierung der Chance, aber nur eine 17prozentige Verringerung des Risikos - ein zu hoher Preis, der für dieses System bezahlt werden müßte.

Beachten Sie bitte den qualitativen Unterschied der Gewinnentwicklungen der Fälle 4 und 1. Im Fall 4 weist die Kurve flache Zonen auf, nachdem die Verkaufsstrategie das System aus dem Markt genommen hatte. Dieser Fall illustriert deutlich eine der Problematiken im Systemdesign: Sie können entweder versuchen, höhere Gewinne zu erzielen oder die Gewinnentwicklung zu glätten. Die Wahl dürfte hierbei von einer Vielzahl von Faktoren abhängen, insbesondere von Ihren persönlichen Präferenzen in bezug auf Risiken und Volatilität.

Als nächstes wenden wir uns einem verzögerten 20-Tage-Breakout-System mit initialem Stop von 5.000$ und einem Trailing Stop zum jeweiligen 14-Tage-Hoch oder -Tief (Fall 5) zu. Die DM-Kontrakte, untersucht über denselben Zeitraum wie bisher, haben in diesem Fall einen Steigungswinkel von 8,36$ und eine Standardabweichung von 1,96$.

KAPITEL VI — PERFORMANCE-ANALYSE

Abbildung 6.8 Das 65sma-3cc-System im Einsatz im DM-Kontrakt mit Trailing-Stop, volatilitätsbezogenem Stop und initialem Stopkurs in Höhe von 5.000$

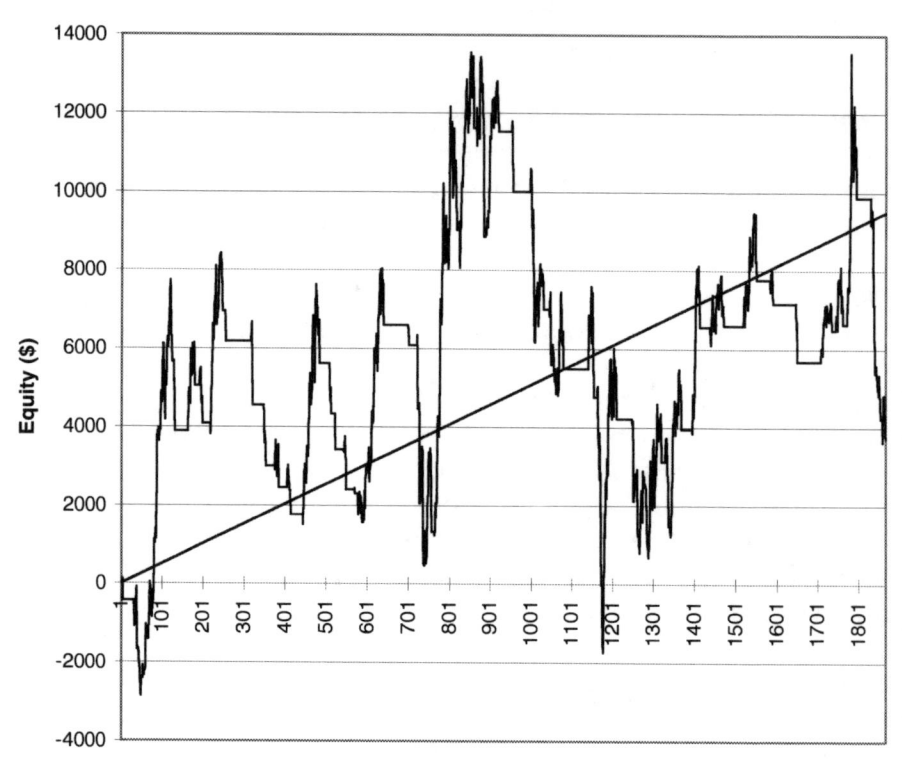

Zeit vom 2.2.88 - 10.7.95

Abbildung 6.9 Die Wertentwicklung für ein verzögertes Breakout-System mit 14-Tage Hoch/Tief-Verkaufsregel und initialem Stop von 5.000$ im DM-Kontrakt (Fall 5)

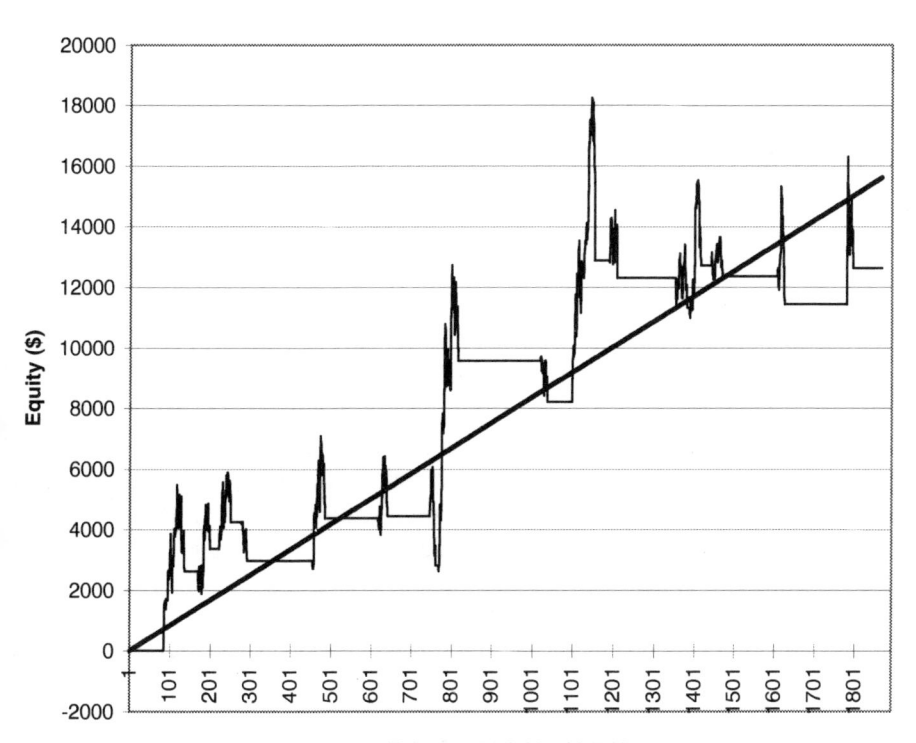

Zeit vom 21.2.88 - 10.7.95

KAPITEL VI   PERFORMANCE-ANALYSE

Dieser Fall 5 weist eine sehr zackige Performancekurve mit vielen flachen Sektoren auf (siehe Abbildung 6.9), die entstanden, als das System sich nicht im Markt befand. Die Wertentwicklung macht klar, daß das Programm eine Reihe von Trendbewegungen erfolgreich abdecken konnte und im Gegenzug die meisten der Seitwärtsphasen vermied.

Vermeiden Sie unbedingt, die relative Glättung einer Wertentwicklungskurve ausschließlich durch visuelle Überprüfung zu beurteilen. Nehmen Sie zum Beispiel den Fall 6: Diese Performancekurve erhält man, indem man die Kurven der Fälle 1 und 5 addiert. Diese Wertentwicklung (Abbildung 6.10) scheint dem Auge des Betrachters weitaus glätter als die Kurve des Falles 1. Allerdings haben wir auch eine Kurve zu diesem Fall 1 hinzuaddiert, die nur die Hälfte ihrer Standardabweichung aufweist. Eine Regressionsanalyse zeigt, daß der Steigungswinkel dieser 'vereinigten' Wertentwicklung 25,90$ beträgt, die Standardabweichung lautet auf 5,263$ - und ist somit größer als diejenige der einzelnen Kurven! Dieser Umstand läßt sich leichter begreifen, wenn man sich darüber klar wird, daß sich die Gewinnperioden überlappen und sich dadurch die Amplitude der Gewinnkurve während dieser Zeit erhöht. Das Ergebnis ist eine Wertentwicklungskurve mit erhöhter Standardabweichung. Sie sollten daher immer zuerst einen Blick auf die Ergebnisse einer kombinierten Regressionsanalyse werfen, bevor Sie unterschiedliche Systeme zum Trading im selben Markt verbinden.

Beachten Sie indes, daß die 'vereinigte' Wertentwicklungskurve (Fall 6) aufgrund ihres erhöhten Steigungswinkels auch ein höheres Chance/Risiko-Verhältnis aufweist (25,90/5263 = 0,00492). Im ursprünglichen Fall 1 lag diese Zahl bei 0,00434 (17,54/4043). Das Chance/Risiko-Verhältnis läßt sich also erhöhen, wenn zwei oder mehrere Systeme mit unterschiedlichen Ansatzpunkten zum Trading im selben Markt verbunden werden.

Sie sollten keinesfalls die möglichen Schwierigkeiten unterschätzen, die sich aus positiven Korrelationen ergeben. Abbildung 6.11 zeigt das Ergebnis der Kombination zweier DM-Tradingsysteme, die sich auf diese Art und Weise überlappen. Die Standardabweichung, die beide Systeme - einzeln betrachtet - erreichen, liegt im Durchschnitt bei 5,43$.

KAPITEL VI PERFORMANCE-ANALYSE

Abbildung 6.10 Fall 6: die kombinierte Gewinnkurve der Fälle 1 und 5.

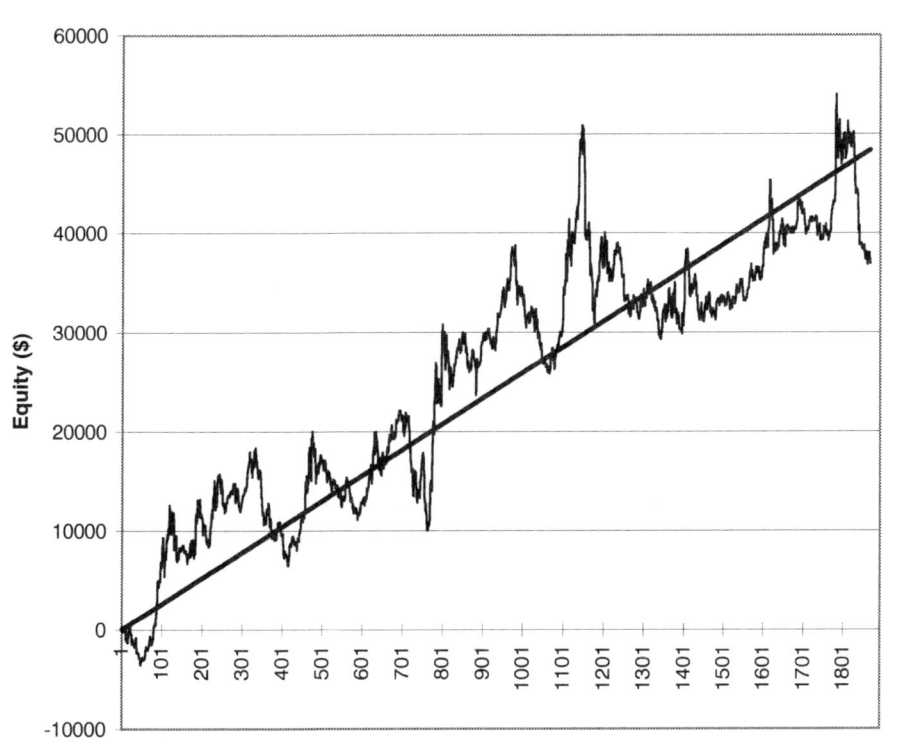

Zeit vom 2.2.88 - 10.7.95

KAPITEL VI PERFORMANCE-ANALYSE

Abbildung 6.11 Durch das Trading von zwei korrelierenden Systemen im DM-Markt erhöhen sich Standardabweichung und Unregelmäßigkeit der Gewinnkurve. Die Linien ober- und unterhalb der Regressionsgeraden haben den Abstand jeweils einer Standardabweichung.

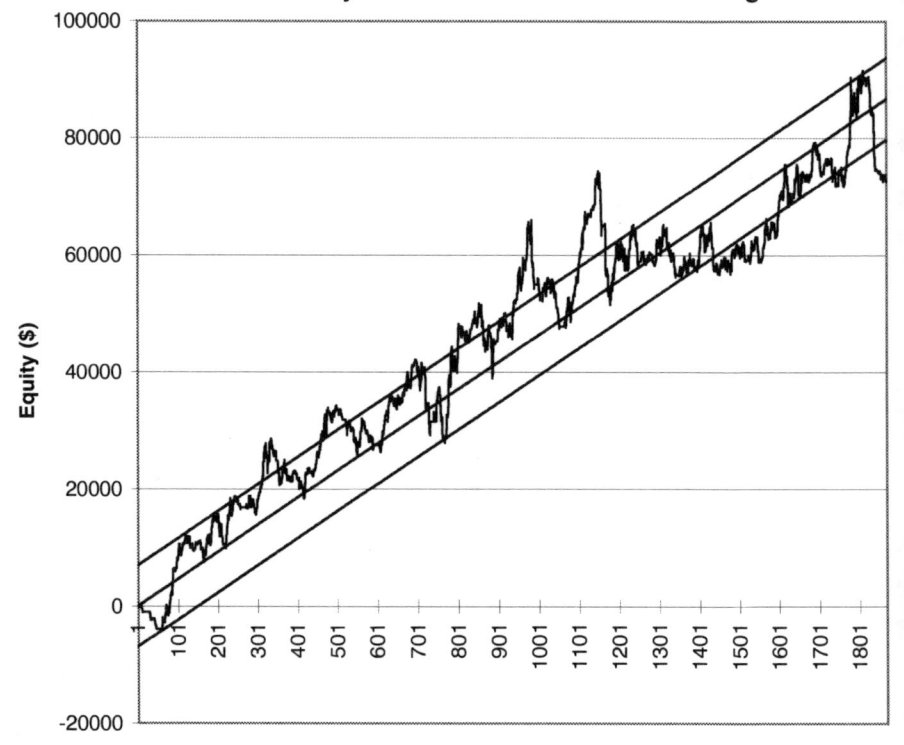

Zeit vom 21.2.88 - 10.7.95

KAPITEL VI   PERFORMANCE-ANALYSE

Nimmt man aber beide Systeme gleichzeitig in Betrieb, so erhöht sich diese Standardabweichung um 28 Prozent auf 6.935$. Diese beiden Systeme haben deshalb eine positive Korrelation, weil sie dazu tendieren, zum selben Zeitpunkt Geld zu verdienen bzw. zu verlieren. Abbildung 6.11 zeigt zwei jeweils eine Standardabweichung von der optimalen Glättungslinie entfernte Linien. Diese Standardabweichungs-Linien schließen die überwiegende Mehrzahl der Punkte auf der zusammengefaßten Wertentwicklungskurve ein. Die außerhalb dieses Standardabwei-chungs-Bandes auftretenden Punkte entstehen, wenn beide Systeme einander verstärken, indem sie gleichzeitig Profite erwirtschaften. Anders formuliert bedeutet dies: Die Kombination zweier Tradingsysteme mit positiver Korrelation wird die Standardabweichung erhöhen, die Gleichmäßigkeit der Wertentwicklung indes verringern. Das Ganze kompliziert sich noch da wir nicht wissen, wie sich diese Korrelation in der Zukunft verändern wird. Also: Eine verbesserte Gleichmäßigkeit der Wertentwicklung ist nicht alleine dadurch zu erreichen, daß zwei unterschiedliche Systeme für das Trading im selben Markt zusammengefaßt werden.

Eine weit verbreitete Methode zur Glättung der Gewinnkurve ist die Diversifikation mittels Trading in unterschiedlichen Märkten. Beachten Sie hierzu die in Abbildung 6.12 gezeigte Wertentwicklung des Baumwollemarktes bei Anwendung des 65sma-3cc-Systems im Zeitraum vom 22. Februar 1988 bis zum 20. Juni 1995. Das System erzielte einen Gewinn von 28.720$ mit einem Gewinnfaktor von 1,64 und einem maximalen Tagesverlust von 7.120$. Der Stop lag bei diesem Test bei 5.000$, 100$ wurden für Gebühren und Kommissionen - wie üblich - in die Berechnungen miteinbezogen. Die Regressionsanalyse zeigt einen Steigungswinkel von 11,65 und eine Standardabweichung von 3.184$. Auch der DM-Kontrakt wurde mit demselbem System und unter denselben Bedingungen getestet und erreichte einen Gewinn von 24.900$, einen Gewinnfaktor von 1,34 sowie einen maximalen Tagesverlust von 11.687$.

Fassen wir nun beide Gewinnkurven zusammen, um zu prüfen, ob die Wertentwicklung hierdurch gleichmäßiger gestaltet werden kann. Wir unterstellen dabei, daß der Baumwolle- und der DM-Markt keinerlei Abhängigkeit zueinander aufweisen. Die in Abbildung 6.13 dargestellte,

Abbildung 6.12   Gewinnentwicklung im Baumwolle-Markt unter Verwendung des 65sma-3cc-Systems

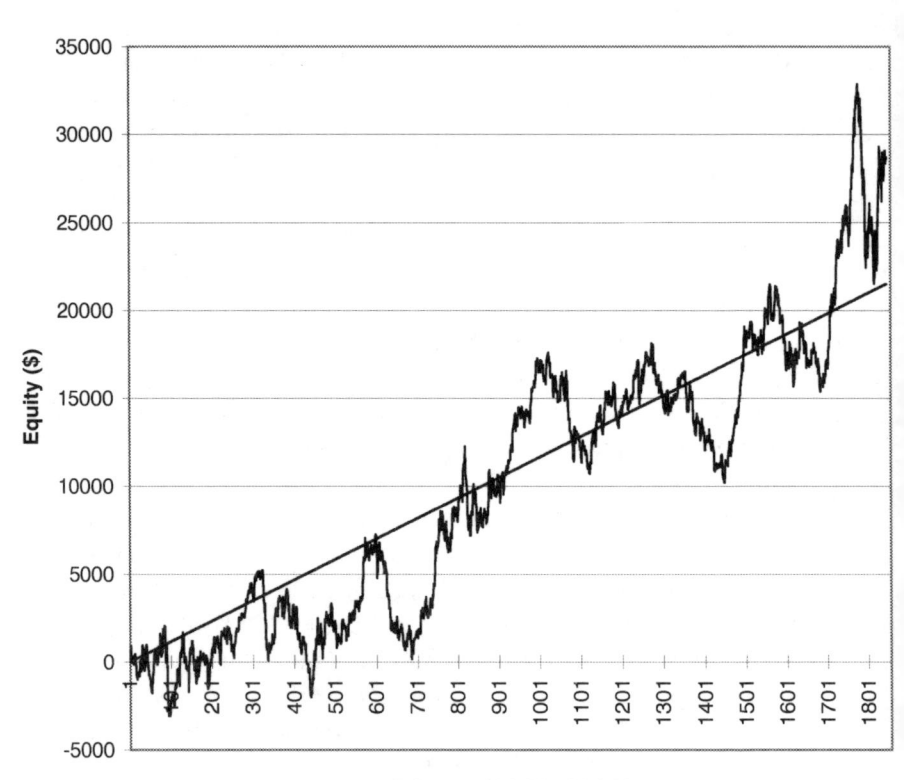

Zeit vom 22.2.88 - 20.6.95

KAPITEL VI PERFORMANCE-ANALYSE

Abbildung 6.13   Die zusammengefaßte Gewinnkurve aus dem Baumwolle- und DM-Markt

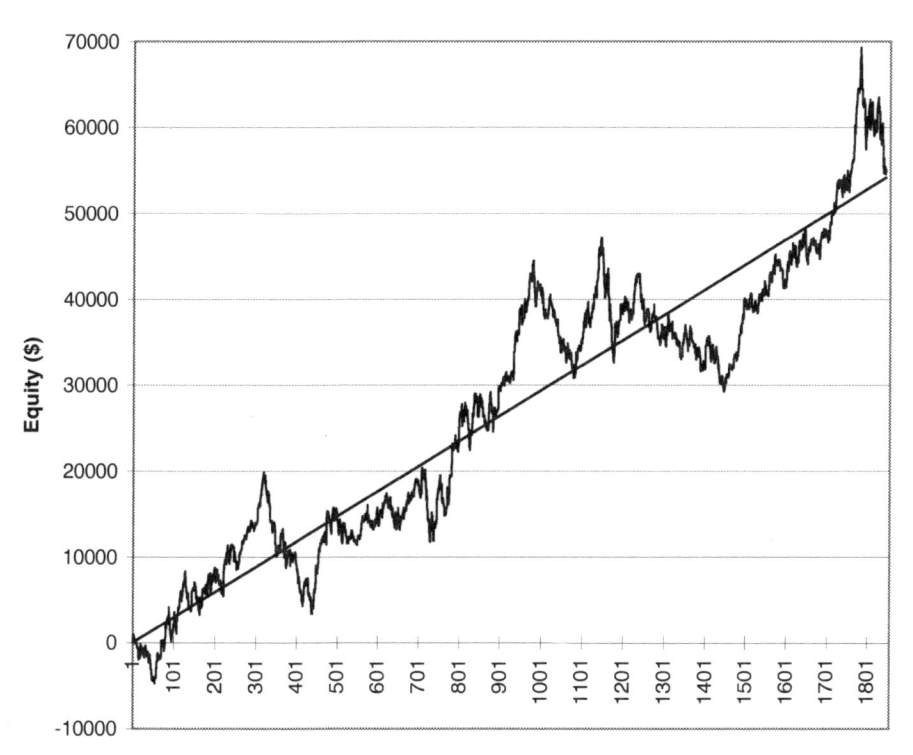

Zeit vom 22.2.88 - 20.6.95

vereinigte Wertentwicklungskurve weist anhand der Regressionsanalyse einen Steigungswinkel von 29.34$ und eine Standardabweichung von 5.265$ auf. Die Erhöhung des Steigungswinkels ist durchaus nachvollziehbar, da die beiden Märkte zusammengenommen auch ungefähr doppelte Gewinne im selben Zeitraum erzielten. Der neue Steigungswinkel des 'vereinigten' Systems ist nichts anderes als die Summe der einzelnen Steigungswinkel (29,34$ = 11,65$ + 17,69$). Aufgrund der Regeln zur Kombination von Abweichungen können wir erwarten - sofern zwei Märkte voneinander unabhängig sind -, daß sich die Varianten (quadrierte Standardabweichung) einfach zueinander summieren. Dies indiziert, daß der zu erwartende Wert der Standardabweichung für das zusammengefaßte Baumwolle/DM-System 5,098$ beträgt. Wir sehen jedoch, daß der tatsächliche Wert etwas höher liegt, nämlich bei 5.264$. Dies zeigt, daß trotzdem eine leichte, positive Korrelation zwischen beiden Märkten bestehen muß. Wir konnten also durch die Kombination dieser beiden Märkte keine Verringerung der Ausschläge in der Wertentwicklung erreichen, obwohl beide Märkte negative Korrelationen aufweisen. Aber üblicherweise besteht immer eine - zumindest schwache - Kombination zwischen einzelnen Märkten, welche auf reinen Zufall, aber auch fundamentale Faktoren zurückführbar sind. Außerdem bewegen sich einzelne Marktsegmente nur außerordentlich selten exakt gegenläufig zueinander. Es ist also viel mehr wahrscheinlich, daß wir bei der Kombination der Wertentwicklungen unterschiedlicher Märkte eine Erhöhung der Standardabweichung verursachen.

Zusammenfassend läßt sich sagen, daß sich die Standardabweichung einer Wertentwicklung nicht automatisch absenkt, wenn Sie Ihre Verkaufsstrategie ändern, verschiedene Tradingsysteme im selben Markt oder aber verschiedene Märkte mit dem selben Tradingsystem kombinieren. Doch die Veränderung der Einstiegsregeln kann die Standardabweichung sehr wohl und signifikant verändern. Diese Erkenntnis widerspricht der allgemeinen Auffassung, daß Diversifikation eine gleichmäßigere Wertentwicklung nach sich zieht.

Die in diesem Abschnitt erarbeiteten Informationen dienen Ihnen zum Verständnis darüber, inwieweit Systemdesign und Portefeuille-Strategien die Regelmäßigkeit und Berechenbarkeit Ihrer Wertentwicklung beeinflussen. Wir untersuchten hierzu die auf Tagesbasis berechnete Wertentwicklung verschiedener Märkte bzw. Tradingsysteme. Im nächsten Kapitel untersuchen wir den Einfluß von Money-Management-Strategien auf die monatliche Wertentwicklung.

Die Analysen der monatlichen Wertentwicklung

Der Einfluß des verwendeten Tradingsystems auf Ihre Gewinnentwicklung hängt von dessen Systemdesign und Money-Management-Strategien ab. In diesem Abschnitt untersuchen wir hierzu eine Monat-zu-Monat-Performance anhand einer auf Monatsbasis berechneten Wertentwicklungskurve. Wir verwenden dabei die üblichen Regularien und Prozeduren und betrachten am Ende eines jeden Monats die Entwicklung von Gewinnen und Verlusten. Es könnte Ihnen lieber sein, eine solche Untersuchung auf Wochenbasis vorzunehmen, aber zufallsbedingte Schwankungen der Märkte komplizieren zumeist die Analyse derart detaillierter Daten.

Wir hatten im vorangegangenen Abschnitt gesehen, daß die Standardabweichung einer linearen Regression eine exzellente Meßgröße für die Schwankungen Ihrer Wertentwicklung darstellt. Doch die lineare Regression zeigt nicht, wieviel Geld ein System über eine Periode von 1, 2 oder 3 Monaten gewonnen oder verloren hat. Es wäre sicherlich auch interessant zu wissen, wieviel Prozent der Monate profitabel waren oder ob die Wertentwicklung gleichmäßiger wird, wenn wir bestimmte Märkte miteinbeziehen bzw. das Portefeuille verändern. Eine weitere, nützliche Information ist die Geschwindigkeit, mit der sich ein Tradingsystem von einer Verlustphase erholt. Dies läßt sich errechnen, indem man die Zeit mißt, die ein System benötigt, um ein neues Hoch in der Gewinnkurve zu erreichen. Vergessen Sie bitte nicht, daß diese Analyse vergangene Daten reflektiert und daher nicht unbedingt den Schluß zuläßt, wie sich das System zukünftig verhalten wird. Trotzdem, wenn Sie Durchschnittswerte und Standardabweichungen verwenden, können Sie daraus eine durchaus brauchbare Erwartung zukünftiger Performances ableiten.

KAPITEL VI   PERFORMANCE-ANALYSE

Im Anschluß ist zu entscheiden, mit welchem Wertansatz Sie dieses System betreiben wollen, indem Sie die Wertschwankungen quantifizieren, die Sie im Maximum tolerieren wollen. Die Analyse der Wertentwicklung auf Basis des gesamten Portefeuilles vermittelt ein tieferes Verständnis der System-Performance, so daß Sie auf zukünftige Schwankungen Ihrer Wertentwicklung im tatsächlichen Trading besser vorbereitet sind.

Der Großteil dieser Analyse wurde auf einem Datenblatt vollzogen, da die weitverbreitete Test-Software derartige Informationen nicht liefern kann. Wir verwendeten zuerst das 'Omega Research´s System Writer Plus', um die tägliche Wertentwicklung anhand tatsächlicher Kontrakte zu ermitteln. Wir mieden die Endloskontrakte und bevorzugten das Rollen tatsächlicher Kontrakte, um realistischere Daten zu erhalten. Danach testeten wir 'Tom Berry´s Portfolio Analyzer', um diese Daten in monatliche Performance-Zahlen zu übertragen. Sie können dies nachvollziehen, indem Sie entweder ein Datenblatt verwenden oder selbst ein einfaches Programm hierzu schreiben.

Auf dem Datenblatt berechneten wir die aktuellen Veränderungen der Wertentwicklung über 1, 2, 3, 4, 5, 6 und 12 Monate. Daraus ließ sich dann schnell die beste und schlechteste Performance sowie die Standardabweichungen der pro Periode erzielten Gewinne berechnen. Der Vorteil dieser Berechnungen ist, daß man sehr schnell die Effekte einer bestimmten Verkaufsstrategie oder der Kombination unterschiedlicher Märkte innerhalb eines Portefeuilles feststellen kann. Einige Beispielberechnungen werden Ihnen ein Gefühl für die Analyse der Gewinnkurven auf Portefeuille-Basis vermitteln.

Wir verwendeten hierzu aktuelle DM-Kontrakte mit automatischem 'Rollen' am zwanzigsten Tag desjenigen Monats, der dem Verfallsdatum vorausgeht. Der Testzeitraum erstreckte sich vom Februar 1988 bis zum Juni 1995. Wir nutzen das 65sma-3cc-System mit nur einer Einstiegsregel, um verschiedene Verkaufs-Strategien zu testen. Wir konfigurierten das System so, daß keine Mehrfach-Signale möglich sind, sondern maximal ein Kontrakt zur selben Zeit im Markt ist.

KAPITEL VI   PERFORMANCE-ANALYSE

Abbildung 6.14 zeigt die monatliche Wertentwicklung des 65sma-3cc-Systems mit einem initialen Stop von 5.000$ und ohne weitere Verkaufsregeln. Das bedeutet, daß ein Long-Signal zugleich das Verkaufssignal einer Short-Position ist, und umgekehrt. Durch diesen 'weiten' Stop fällt es leichter, die dem System innewohnende Stabilität bezüglich der Kaufsignale zu überprüfen. Zwischen dem 22. Februar 1988 und dem 20. Juni 1995 erzielte das System einen Gewinn von 24.900$. Dabei wurde ein Gewinnfaktor von 1,34 erreicht, 35 von 70 Trades waren profitabel, der maximale Tagesverlust betrug 11.687$.

Die Kurve der monatlichen Wertveränderungen in Abbildung 6.14 zeigt den insgesamt ansteigenden Trend, der indes viele scharfe Rückschläge aufweist, die dann auftraten, wenn auf eine Trendphase eine Seitwärtsbewegung folgte. Interessanterweise wurden durch das 'Rollen' die meisten Gewinne während einer Aufwärtstrendphase erhalten, womit diese Vorgehensweise besser funktionierte als so manche Verkaufsregel. Trotzdem wurde der Großteil der Gewinne während der Konsolidierungsphasen wieder verloren, so daß der Gedanke naheliegt, daß ein Filter die Gewinnentwicklung dieses Systems effektiv glätten könnte. Diese Information läßt sich ableiten, wenn Sie die Charts eines jeden getesteten Kontraktes untersuchen. Denn diese Gewinnkurve zeigt ganz klar, daß eine solche Überprüfung notwendig ist - wenn Sie diese nicht ohnehin schon vollzogen haben.

Die üblichen Test-Reports sagen nichts darüber aus, wie sich die Wertentwicklung auf Monatsbasis veränderte. Doch wir brauchen diese Art von Information, um nachvollziehen zu können, wie sich eine Trading-Strategie auf ein Tradingkonto auswirkt. Abbildung 6.15 ist eine Darstellung der größten Verluste über einen zusammenhängenden Zeitraum von 1, 2, 3, 4, 5, 6 und 12 Monaten. Die Verluste bewegten sich in einer Spanne zwischen 9.000$ und 13.000$. Dies stellt also die maximale Reduktion Ihres Kapitals auf Monatsbasis dar.

Eine weitere, wichtige Information, welche sich aus der Wertentwicklungs-Analyse ableiten läßt, ist der Prozentsatz derjenigen Zeitintervalle, die profitabel waren. Abbildung 6.16 zeigt diese Daten für den DM-Test des 65sma-3cc-Systems. Mehr als 50 Prozent der 90 Monatsintervalle

KAPITEL VI　　　　　　　　　　PERFORMANCE-ANALYSE

Abbildung 6.14　Die monatliche Wertentwicklung (65sma-3cc) im DM-Markt, Berechnungen auf Basis tatsächlicher, jeweils 'gerollter' Kontrakte

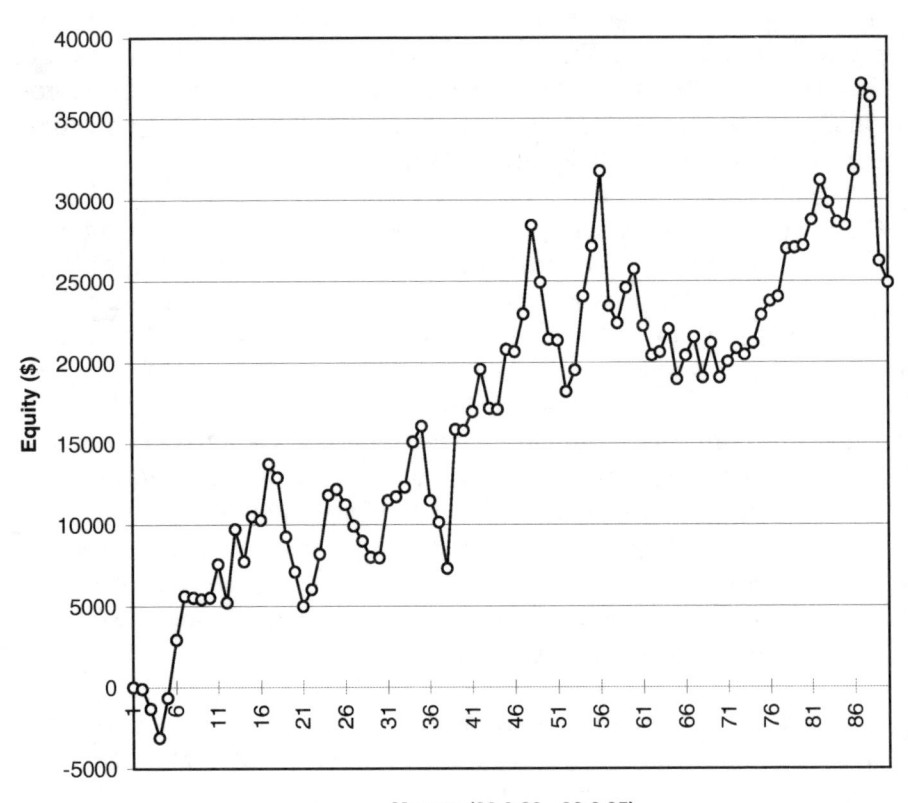

Monate (22.2.88 - 20.6.95)

Abbildung 6.15 Die maximalen Verluste im DM-Kontrakt (65sma-3cc), festgehalten in monatlichen Intervallen von Februar 1988 bis Juni 1995

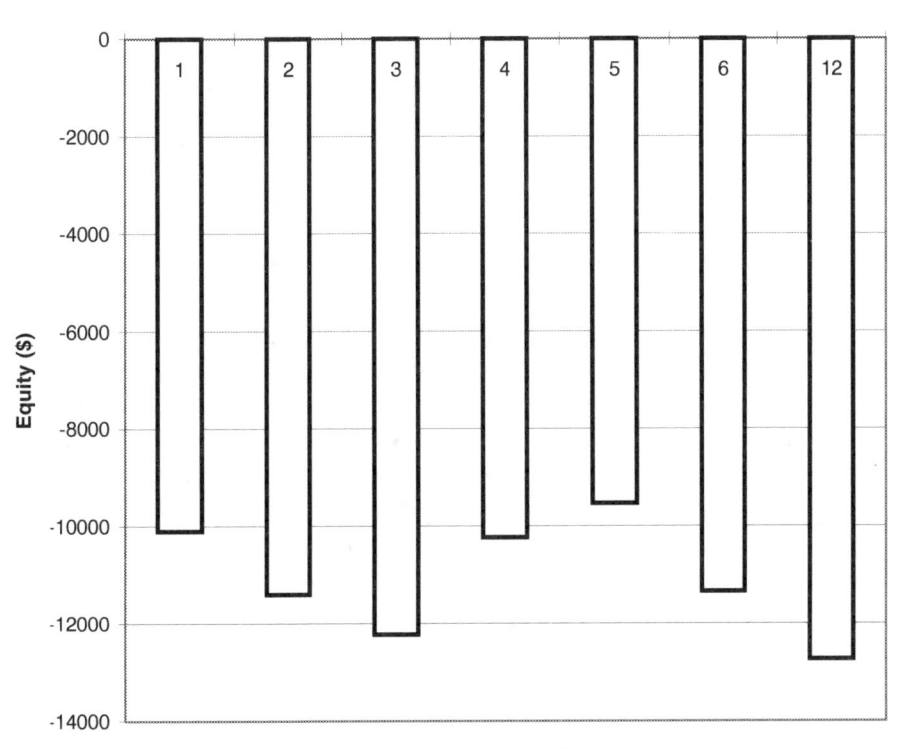

Kapitel VI   Performance-Analyse

von Februar 1988 bis Juni 1995 wiesen einen Gewinn auf. Der Anteil der Gewinnintervalle steigt dabei mit der Zeit an. Dies läßt die Vermutung zu: Je länger Sie sich in einer Verlustphase befinden, desto wahrscheinlicher ist es, daß Sie wieder in die Gewinnzone zurückkehren werden.

Sie sollten die Relation der profitablen Zeitintervalle für einzelne Märkte untersuchen, bevor Sie diese in der Hoffnung einer besseren Wertentwicklung miteinander kombinieren. Eine Erhöhung der Relation profitabler Zeitintervalle ist eine gute Meßgröße dafür, ob Ihre Diversifikation vom Erfolg gekrönt ist. Hierbei meinen wir mit Diversifikation verschiedene Märkte, verschiedene Tradingsysteme ebenso wie unterschiedliche Money-Management-Strategien.

Sie sollten sich ebenso die Standardabweichung der monatlichen Wertveränderungen betrachten. Dies ist nützlich, um Verlustphasen des Systems zu lokalisieren. Dieser Grundgedanke wird im nächsten Abschnitt detailliert untersucht. Zunächst wollen wir indes den Effekt untersuchen, den ein Trailing-Stop in Höhe von 1.500$ auf unsere Systemkonfiguration hat. Dieser Trailing-Stop bewegt sich jeweils 1.500$ über/unter der bislang erreichten, höchsten Wertentwicklung abhängig davon, ob es sich um Long- oder Short-Trades handelt. Der Nettogewinn betrug 7.500$ mit einem Gewinnfaktor von 1,12 und einem maximalen Tagesverlust von 15.515$. Diese Ergebnisse lagen deutlich schlechter, als wenn man überhaupt keinen Trailing-Stop verwendet hätte. Aber die reine Analyse der Nettogewinne bietet nicht die zusätzlichen Erkenntnisse, die im folgenden skizziert werden.

Die Abbildung 6.17 vergleicht die durchschnittlichen, monatlichen Wertveränderungen mit und ohne Trailing-Stop für das 65sma-3cc-System. Es ist wohl kaum anzweifelbar, daß dieser Trailing-Stop die durchschnittliche, monatliche Performance signifikant verringert. Diese negative Aussage war an und für sich zu erwarten, da die Gesamtgewinne nur 7.500$ anstatt zuvor 24.900$ betrugen. Der ausschlaggebende Punkt, der in der regulären Gewinnauflistung nicht sichtbar wird, in Abbildung 6.17 aber glasklar hervorsticht, ist die Wertentwicklung auf Jahresbasis, welche deutlich nahelegt, *keinen* Trailing-Stop zu verwenden.

Abbildung 6.16 Der Anteil der profitablen Zeitintervalle (im DM-Markt, 65sma-3cc) zeigt, daß die Anzahl der Verlustphasen abnimmt, je länger die Intervalle gewählt wurden.

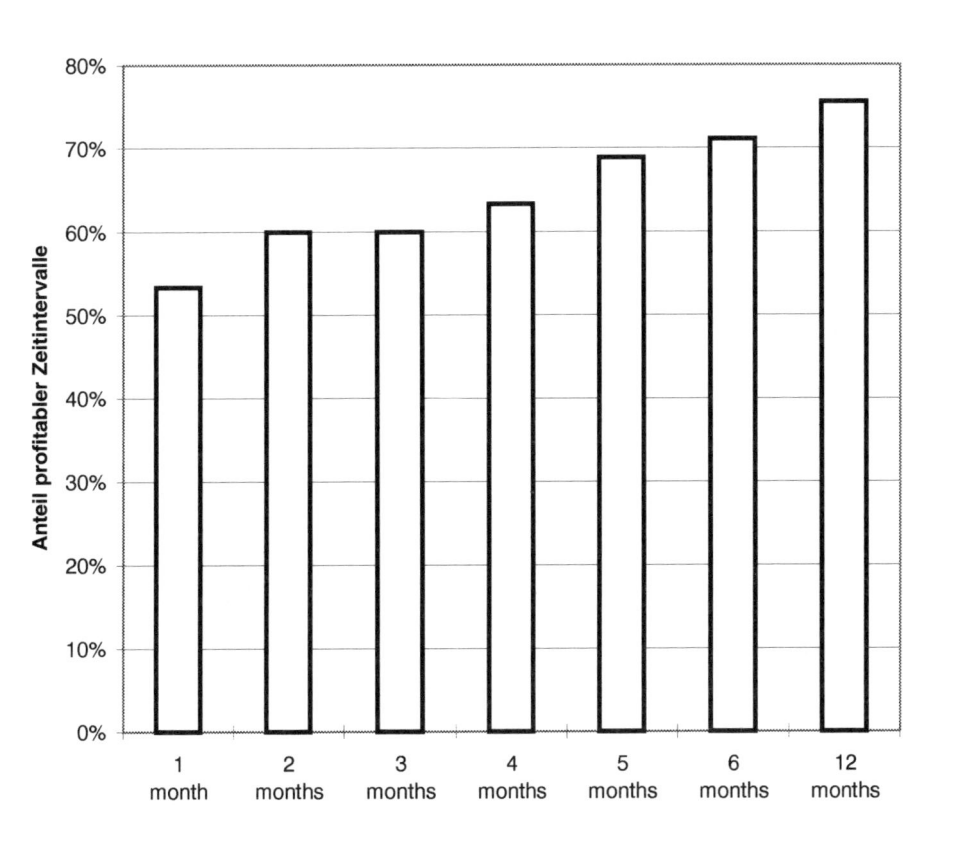

KAPITEL VI PERFORMANCE-ANALYSE

Abbildung 6.17 Der durchschnittliche Gewinn eines jeden Monatsintervalls lag ohne Trailing-Stop bedeutend höher, was suggeriert, daß viele Trades vorzeitig ausgestoppt wurden.

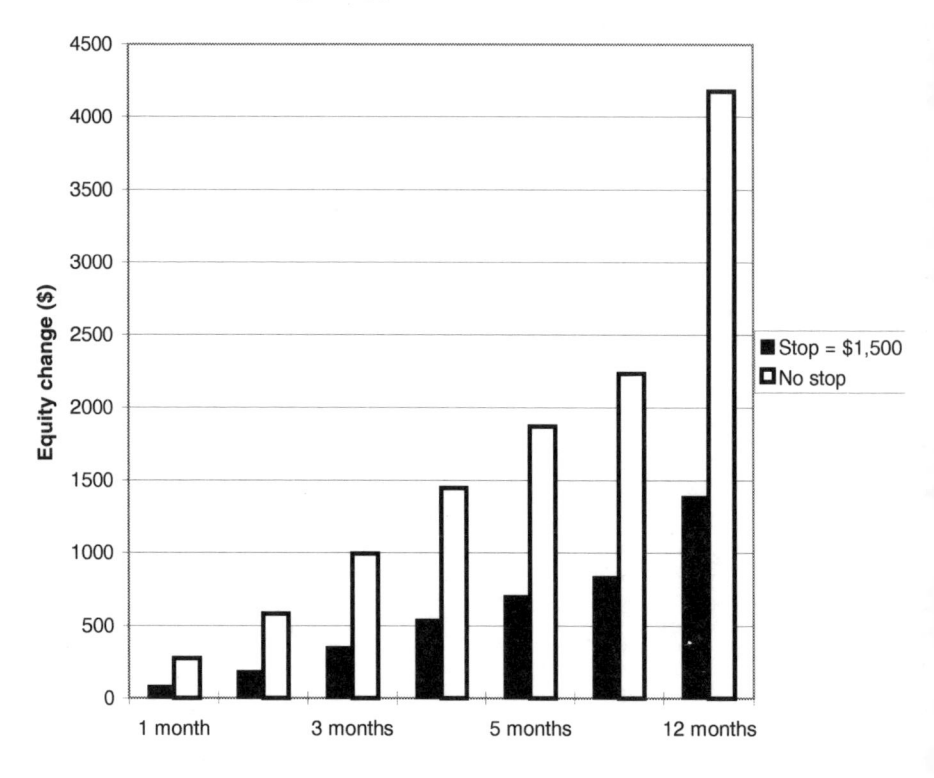

KAPITEL VI — PERFORMANCE-ANALYSE

Unglücklicherweise hatte der Trailing-Stop darüber hinaus den Effekt, die Relation der Gewinn-Intervalle zu verringern. Dieser Stop war also unter dem Strich nutzlos, um die Gleichmäßigkeit der Gewinnentwicklung zu erhöhen. Und so war auch beispielsweise die Standardabweichung mit einem Trailing-Stop um drei Prozent höher, nämlich bei 4,087$, obwohl die Gewinne um nahezu 70 Prozent einbrachen.

Wenn wir den Trailing-Stop entfernen und im Gegenzug eine Verkaufsregel zum zwanzigsten Tag nach Kauf der Position einfügen, steigt der angegebene Gewinn auf 14.950$ (gegenüber 7.500$ beim Trailing-Stop). Der Gewinnfaktor betrug 1,27, der maximale Tagesverlust 11.325$. Diese Daten sind denjenigen bei der Systemvariante mit einem initialen Stop von 5.000$ sehr ähnlich. Es dürften also nur geringfügige Änderungen Ihrer Gewinnentwicklung auftreten, wenn Sie diese Verkaufsregel einfügen.

Die nun erzielte Standardabweichung lag mit 3,781$ um 10 Prozent niedriger, aber die Performance der einzelnen Intervalle war vergleichbar mit den Tests ohne Stopkurs. Die Erweiterung des Systems um diese Verkaufsregel bot also wenig Verbesserungen, im Gegenzug aber eine 40prozentige Reduzierung (24.000$) in der potentiellen Gewinnentwicklung. Obwohl hier nicht abgebildet, reduzierte sich die Relation der gewinnerzielenden Zeitintervalle um 10 Prozent, was ein weiteres, schlagendes Argument gegen diese Verkaufs-Strategie darstellt.

Eine Reihe weiterer Verkaufsregeln erreichten vergleichbare Ergebnisse: Keine verbesserte Gleichmäßigkeit der Gewinnkurve über 10 Prozent, einige führten sogar zu einer Verschlechterung, und die meisten verursachten starke Gewinnrückgänge. Eine Veränderung der Verkaufsstrategien scheint oft zu einer Verschlechterung der Monats-Performance zu führen. Daher werden wir uns im nächsten Abschnitt darauf konzentrieren, eine gleichmäßigere Gewinnentwicklung durch Veränderungen im System-Design zu erzielen.

Kapitel VI   Performance-Analyse

Der Effekt von Filtern auf die Gewinnentwicklung

Das Einfügen von Filtern ist eine Möglichkeit, die Anzahl der Trades zu reduzieren und günstigere Einstiegspunkte für die Trades zu finden. Aber das Filtern kann ebenso eine regelmäßigere Gewinnentwicklung nach sich ziehen. Wir haben festgestellt, daß sich allein durch verschiedene Verkaufs-Strategien keine Reduzierung der Standardabweichung erzielen läßt. Allerdings könnten Sie dem entgegenstellen, daß es vielleicht andere Verkaufsregeln geben könnte, welche bessere Ergebnisse erzielen. Selbstverständlich können Sie in diesem Zusammenhang Ihre eigenen Versuche und Tests durchführen.

Um eine glattere Gewinnkurve zu erhalten, werden wir nun versuchen, das Systemdesign durch Hinzufügen eines Filters zu verändern. Da die Verluste mit Masse durch Positionen verursacht wurden, die während Seitwärtstrends etabliert wurden, sollte der Hauptvorteil eines Filters darin liegen, insbesondere diese unprofitablen Trades zu eliminieren. Die Strafe dafür dürfte allerdings in Form verspäteter Signalgenerierung während Trendphasen - und dementsprechend verringerter Gewinne - liegen. In manchen Fällen bedeutet diese verspätete Signalgenerierung sogar den Einstieg in der Nähe mittelfristiger Hoch- oder Tiefpunkte, nach denen die Kurse wieder in die ursprüngliche Konsolidierungszone zurückfallen. Solche Trades würden den initialen Stop auslösen und zügig glattgestellt. Wir hatten bereits in Kapitel 3 dargelegt, wie sich der RAVI-Filter mit dem 65sma-3cc-System verbinden läßt. Sie können aber auch andere, momentumabhängige Filter einfügen oder eigene Filter-Schemata entwerfen.

Wir haben uns für einen Test des Breakout-Systems entschieden, da derartige Programme normalerweise keine Kaufsignale während kleinerer Konsolidierungen erzeugen. Eine Korrektur- oder Seitwärtsphase in enger Kursspanne wird grundsätzlich nicht zu neuen 20-Tage-Hochs oder -Tiefs führen. Die Signale, die das 65sma-3cc-System in derartigen Bereichen generieren würde, werden hierdurch eliminiert. Als Filter verwendeten wir den 'Directional Movement Index' (DMI), da dieser ein wenig sensibler und schneller als der ADX reagiert. Die Aufgabe des Filters ist ausschließlich die Reduzierung von Fehlsignalen, da Breakouts

KAPITEL VI   PERFORMANCE-ANALYSE

während breiter Konsolidierungsphasen durchaus auch ohne starke Reaktion des Marktmomentums auftreten. Der Filter erfordert nur, daß der 14-Tage-DMI größer als ein willkürlich ausgewähltes Niveau von 50 sein muß.

Als Testdaten verwendeten wir DM-Kurse von März 1988 bis Juni 1995, die Kontrakte werden am 20. Tag des Monats, der dem Verfallstermin vorausgeht, 'gerollt'. Darüber hinaus setzen wir einen initialen Stop von 1.500$ und berechnen 100$ für Gebühren und Kommissionen. Die Wertentwicklungskurve für das gefilterte sowie das ungefilterte System ist in Abbildung 6.18 dargestellt.

Durch den Filter erreichen wir eine Wertentwicklung, die gleichmäßiger verläuft als für das ungefilterte 65sma-3cc-System, welches in diesem Kapitel als Fall 1 beschrieben wurde (siehe Abbildung 6.19). Beachten Sie hierbei bitte, daß die Wertentwicklungskurve des Falles 1 hier von Tages- auf Monatsdaten konvertiert wurde. Die Standardabweichung im Fall 1 betrug 3.776$ gegenüber nur noch 2.507$ für die gefilterte Gewinnkurve, eine Differenz von immerhin 50 Prozent. Auch die zeitweiligen Drawdowns waren geringer ausgefallen, was bestätigt, daß die Wertentwicklung durch diesen Filter deutlich gleichmäßiger gestaltet werden konnte (siehe Abbildung 6.20).

Danach verglichen wir die Performance des Breakout-Systems mit und ohne Filter. Die durchschnittliche, auf Monatsbasis berechnete Wertveränderung über 1, 3, 6 und 12 Monaten war beim gefilterten System größer, wie Abbildung 6.21 zeigt. Daraus ist abzuleiten, daß der Filter für gleichmäßigere Ergebnisse im DM-Kontrakt sorgen konnte. So war beispielsweise die Standardabweichung der monatlichen Ergebnisse beim ungefilterten System höher (siehe Abbildung 6.22), was dessen ungleichmäßige Performance unterstreicht.

Wie erwartet weist die lineare Regressionsanalyse eine Standardabweichung von 2.507$ für das gefilterte System gegenüber 3.937$ für das ungefilterte System auf. Der Filter erreicht also auch hier eine glattere Wertentwicklungskurve, denn die Standardabweichung konnte um 36 Prozent verringert werden. Ein kurzer Vergleich des gefilterten und des ungefilterten Systems wird in Tabelle 6.1 dargestellt.

KAPITEL VI　　　　　　　　　　　PERFORMANCE-ANALYSE

Abbildung 6.18 **Wertentwicklung eines 20-Tage Breakout-Systems mit (obere Linie) und ohne (untere Linie) Filter im DM-Kontrakt**

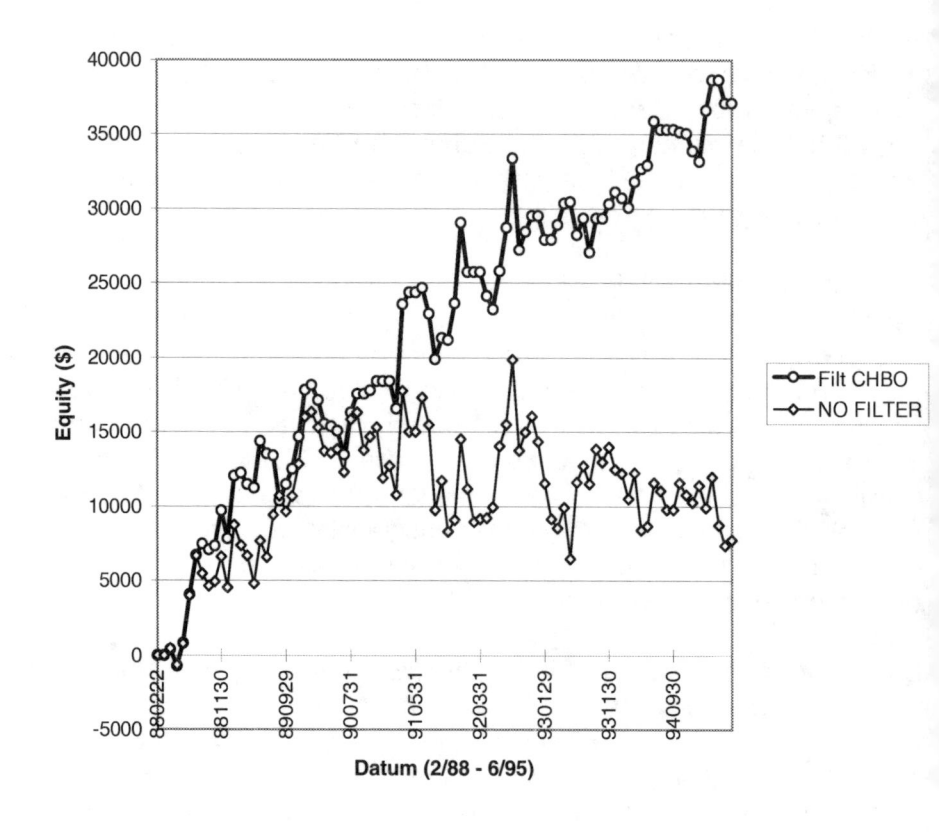

KAPITEL VI — PERFORMANCE-ANALYSE

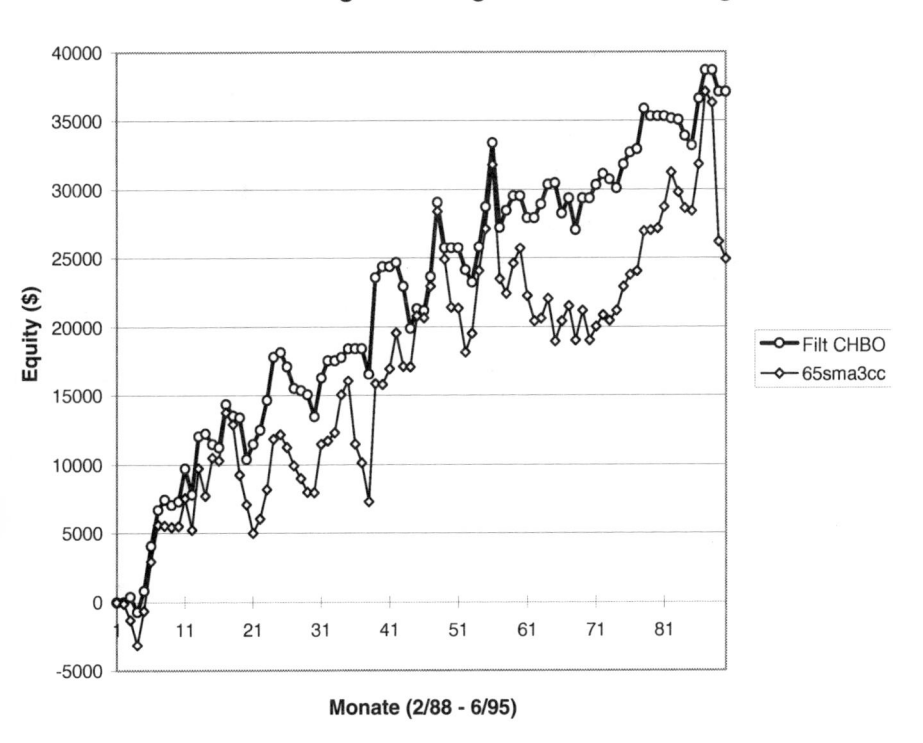

Abbildung 6.19 Das gefilterte Breakout-System (obere Linie) weist gegenüber dem 65sma-3cc-System ohne initialen Stop oder Verkaufsregel (Fall 1, untere Linie) eine weitaus gleichmäßigere Wertentwicklung auf.

KAPITEL VI — PERFORMANCE-ANALYSE

Abbildung 6.20 Das gefilterte Breakout-System produzierte deutlich weniger Verluste als das 65sma-3cc-System ohne Stop oder Verkaufsstrategie. Die Daten stehen für 1-, 3-, 6- und 12-Monats-Intervalle.

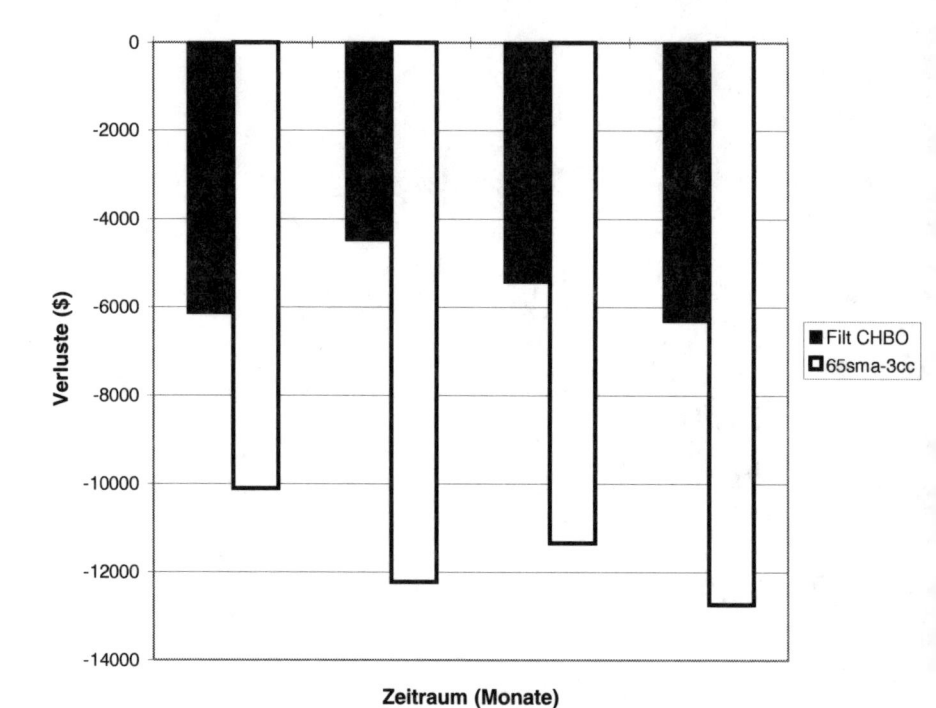

Abbildung 6.21 Die Veränderung der Wertentwicklung war bei einem gefilterten DM-System eindeutig größer als bei einem ungefilterten.

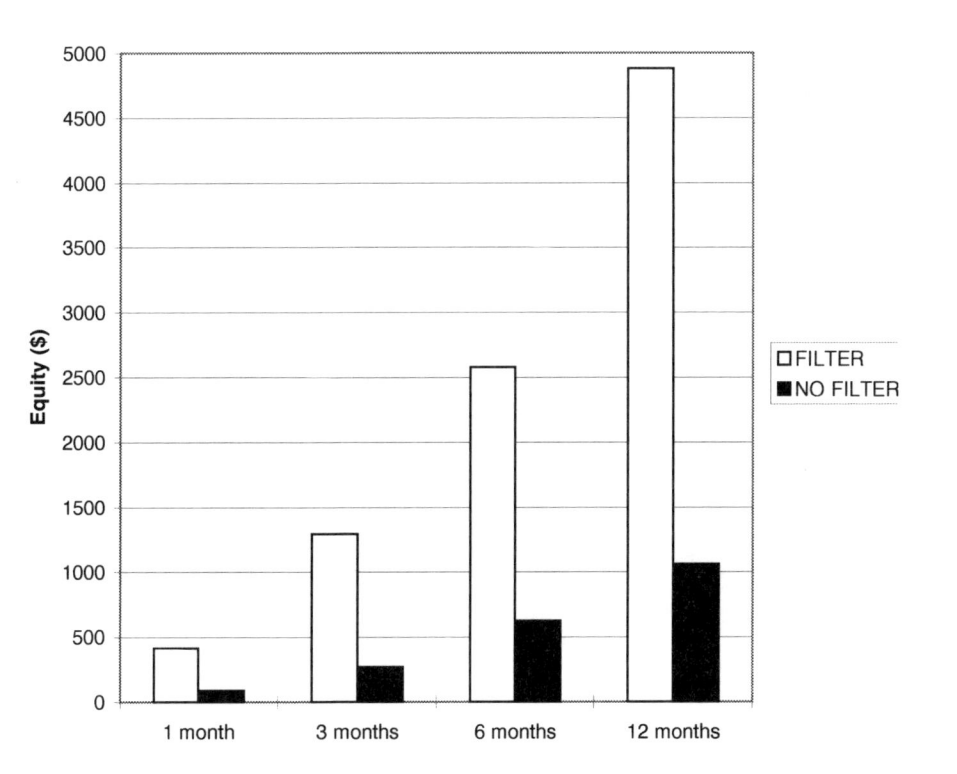

KAPITEL VI   PERFORMANCE-ANALYSE

Abbildung 6.22   Das ungefilterte Breakout-System weist, bezogen auf die Wertveränderung der einzelnen Zeitintervalle, eine höhere Standardabweichung auf.

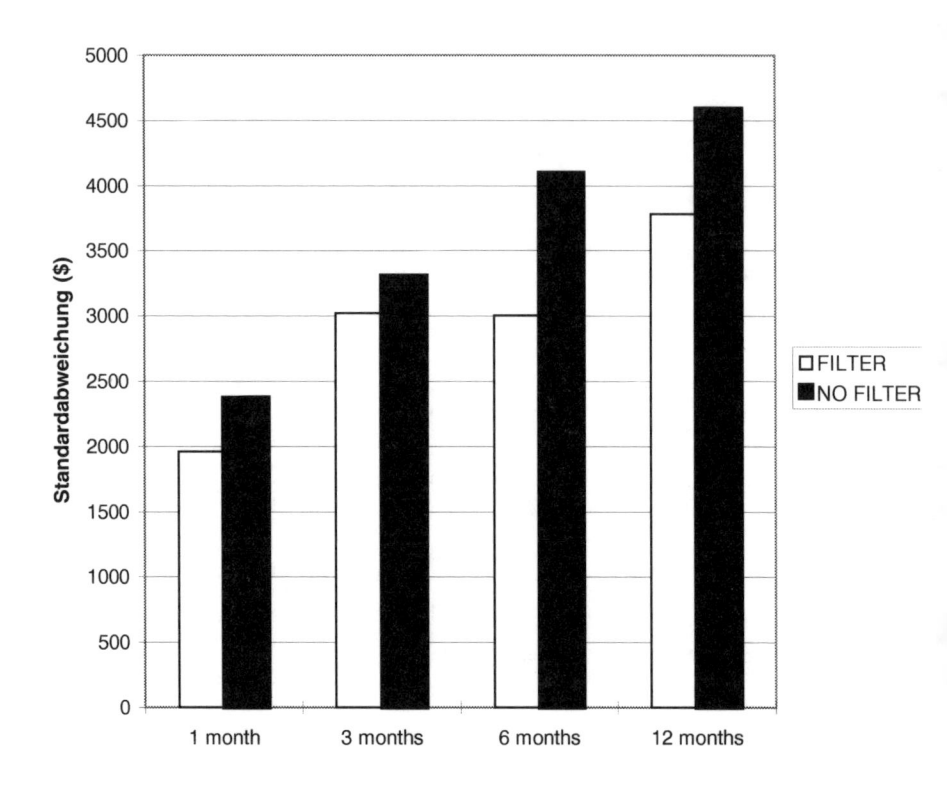

KAPITEL VI   PERFORMANCE-ANALYSE

Tabelle 6.1   Vergleich zweier DM-Tradingsysteme

	ungefiltertes DM-System	gefiltertes DM-System
Nettogewinn	6.863	37.125
Gesamtzahl Trades	105	64
Prozentsatz der Gewinner	38	50
Relation durchschnittl. Gewinner/Verlierer	1,75	1,74
Durchschnittstrade	65	580
maximaler Tagesverlust	-11.338	-5.688
Gewinnfaktor	1,08	1,74

KAPITEL VI — PERFORMANCE-ANALYSE

Die Daten dieser Tabelle zeigen, daß der Filter die Anzahl der Trades reduzierte, die Profitabilität erhöhte und somit zu einem Anstieg des Gewinnfaktors beitrug. Diese Berechnungen suggerieren, daß das Filtern in der Tat eine gleichmäßigere Wertentwicklung ermöglicht.

Zusammenfassung

In diesem Kapitel haben wir feststellen können, daß die Standardabweichung der Regressionsanalyse eine gute Meßgröße für die Gleichmäßigkeit der Wertentwicklung eines Tradingsystems ist. Je regelmäßiger Ihre Performance verläuft, desto geringer wird der Wert der Standardabweichung sein.

Wir mußten feststellen, daß die üblichen Maßnahmen zur Erlangung regelmäßigerer Wertentwicklungen nicht grundsätzlich erfolgversprechend sind. Die meisten, getesteten Verkaufsstrategien konnten die Standardabweichung nicht mehr als 20 Prozent verringern und hatten im Gegenzug sogar substantielle Gewinneinbußen zur Folge. Die Diversifizierung über verschiedene Märkte oder Tradingsysteme führte ebenfalls zu einer Vergrößerung der Standardabweichung. Zur Bestätigung untersuchten wir hierzu auch die monatlichen Veränderungen der Portefeuille-Performance. Nur durch Veränderungen in den Einstiegs-Regeln konnte eine Glättung der Wertentwicklung erzielt werden.

Dieses Kapitel zeigte, daß die Analyse der Wertentwicklung wertvolle Erkenntnisse in bezug auf das Systemdesign ermöglicht, welche die üblichen Testzusammenfassungen nicht vermitteln können. Daraus folgt, daß ein System grundsätzlich nicht vollständig entwickelt sein kann, wenn nicht zuvor eine Analyse der Wertentwicklung vorgenommen wurde.

Kapitel VII

- Vorschläge für Ihr Money-Management -

KAPITEL VII VORSCHLÄGE FÜR IHR MONEY-MANAGEMENT

Einleitung

So manches gute Tradingsystem wird durch schlechtes Money-Management zerstört.

Das Money-Management ist eine wichtige Variable, die ausschlaggebend für die zukünftige Performance eines jeden Tradingsystems ist. Es stellt den Hauptfaktor der korrekten Anwendung von Tradingsystemen dar. Es gibt eine Vielzahl exzellenter Bücher, die allein diesem Themenbereich gewidmet sind.

Wir beginnen, indem wir das Risiko eines Totalverlustes für die zu testenden Märkte ermitteln. Die Daten der gängigen Literatur erstrecken sich nicht auf den weiten, hier abgedeckten Bereich. Die Berechnung des Risikos eines Totalverlustes setzt voraus, daß Gewinnwahrscheinlichkeit und Amortisationsrate konstant sind. Da diese Werte sich indes von Zeit zu Zeit verändern, können die folgenden Berechnungen nur als Richtlinie dienen.

Wir befassen uns danach mit einem Beispiel möglicher Interaktionen zwischen Systemdesign und den Regeln des Money-Managements und beleuchten hierbei insbesondere die Effekte des Tradings vorab festgelegter, variabler Kontraktgrößen anhand eines typischen Breakout-Systems. Wir erweitern das Thema danach um den Bereich der Tradingverluste, verwenden hierzu Standardabweichung und monatliche Wertveränderungen. Ein ungewöhnlicher Test wird Sie davon überzeugen, daß es möglich ist, zukünftige Verluste durch diese Methode abschätzen zu können. Es ist immens nützlich, eine brauchbare Schätzung zukünftiger Kursverluste zu erhalten, da dies zur Ermittlung der Verwendbarkeit eines Tradingsystems beiträgt.

Als letztes werden wir erörtern, welche Auswirkungen die Veränderung der Positionsgröße auf die Wertentwicklung hat. Sie werden sehen, daß sich die Gleichmäßigkeit der Wertentwicklungskurve eines Tradingsystems in Abhängigkeit Ihrer Positionsgrößen-Strategie verändern läßt. Nach der Lektüre dieses Kapitels werden Sie folgende Lerninhalte beherrschen:

KAPITEL VII — VORSCHLÄGE FÜR IHR MONEY-MANAGEMENT

1. Sie werden imstande sein, die Grundgedanken des Risikos eines Totalverlustes im Rahmen Ihres Money-Managements anzuwenden.

2. Sie werden ein Verständnis dafür entwickeln, wie sich die Regeln des Systemdesigns und des Money-Managements zueinander in Interaktion befinden.

3. Sie können die Größenordnung möglicher, zukünftiger Kursverluste für ein Tradingsystem abschätzen.

4. Sie werden eigene Strategien zur Variation Ihrer Positionsgröße nach Gewinn- und Verlustperioden entwickeln können.

Das Risiko eines Totalverlustes

Die mathematische Berechnung des Risikos eines Totalverlustes stellt das Herz Ihrer Money-Management-Regeln dar. Diese statistischen Berechnungen setzen voraus, daß Sie das System Tausende von Male mit exakt denselben Vorgaben anwenden. Ihre tatsächliche Trading-Situation entspricht natürlich in der Realität nicht diesen Idealvorgaben. Nichtsdestotrotz entwickeln Sie zumindest ein umfassendes Verständnis für die Gefahren der Hebeleffekte, indem Sie sich mit dem Risiko eines Totalverlustes auseinandersetzen.

Um es vereinfachend auf den Punkt zu bringen: Das Risiko eines Totalverlustes stellt die Wahrscheinlichkeit dar, mit der Sie Ihr gesamtes, eingesetztes Kapital verlieren. Das Ziel des Money-Managements ist dabei, dieses Risiko auf - sagen wir - weniger als ein Prozent zu reduzieren. Hierbei folgen wir den grundsätzlichen Überlegungen von Nauzer Balsara.

Drei Variablen beeinflussen das Risiko des Totalverlustes: zunächst die Gewinnwahrscheinlichkeit, dann die Amortisationsrate (Relation der durchschnittlichen Gewinne zu den durchschnittlichen Verlusten) und zuletzt der prozentuale Anteil Ihres Gesamtkapitals, welcher für das Trading eingesetzt wird. Die ersten beiden Größen werden durch Ihr Systemdesign beeinflußt, die Richtlinien Ihres Money-Managements kontrollieren

Kapitel VII Vorschläge für Ihr Money-Management

den dritten Aspekt. Das Risiko eines Totalverlustes sinkt mit steigender Amortisationsrate oder Gewinnwahrscheinlichkeit. Es ist zudem offensichtlich, daß das Risiko des Totalverlustes sich erhöht, je größer der Anteil Ihres Gesamtkapitals ist, der auf einen einzelnen Trade entfällt.

Wir folgen Balsaras allgemeiner Simulationsstrategie, um die Wahrscheinlichkeit eines Totalverlustes zu ermitteln. Allerdings mit dem Unterschied, daß wir zur Errechnung dieser Wahrscheinlichkeit nur 1.000 Simulationen durchführen - gegenüber den 100.000 Simulationen von Balsara. Der Grund ist einfach: Wenn Sie nach nur 1.000 Simulationen bereits ruiniert sind, werden Sie auch mit hoher Wahrscheinlichkeit keine 100.000 Simulationen überstehen.

Die Tabelle 7.1 zeigt das Risiko eines Totalverlustes unter der Voraussetzung, daß pro Trade nur ein Prozent Ihres Kapitals eingesetzt wird und ein festgelegter Stop vorliegt. Wir sehen hierbei Gewinnwahrscheinlichkeiten in einer Spanne zwischen 25 und 50 Prozent und eine Amortisationsrate zwischen 1 und 3. Dies entspricht durchaus einem normalen Wert für durchschnittliche Tradingsysteme.

Diese Werte bewegen sich in einer Spanne, die typisch für Testergebnisse sind. Die Größe von 25 Prozent Gewinntrades als untere Grenze für die Akzeptanz eines Systems ist dabei eine sehr persönliche Wahl. Die obere Grenze wurde gewählt, da das Risiko eines Totalverlustes substantiell abnimmt, wenn der Prozentsatz der Kursgewinner über 50 Prozent hinaus steigt. In bezug auf die Amortisationsrate ist es relativ selten, daß Werte oberhalb von 3 innerhalb eines Tests auftreten, wenn Sie ausschließlich einen Kontrakt gleichzeitig traden. Im Gegenzug ist es kaum anzuraten, ein System anzuwenden, welches eine Amortisationsrate unterhalb von 1 hat - wobei dies durchaus interessant sein kann, wenn Ihre Transaktionskosten sehr gering sind. Die geringe Positionsgröße von einem Prozent des Gesamtkapitals ist vor allem deshalb interessant, da Balsaras Buch keine Totalverlust-Risiken für Positionsgrößen unterhalb von 10 Prozent des Gesamtkapitals errechnete. Die von ihm herausgestellten Ergebnisse gleichen indes denen unserer Berechnungen durchaus.

KAPITEL VII VORSCHLÄGE FÜR IHR MONEY-MANAGEMENT

Tabelle 7.1 Das Risiko eines Totalverlustes bei einem Kapitaleinsatz in Höhe eines Prozents des Tradingkontos. Eine Wahrscheinlichkleit von 0 bedeutet, daß ein Totalverlust unwahrscheinlich - aber nicht ausgeschlossen - ist.

Gewinnwahrschein-lichkeit in %	Amortisationsrate				
	1	1,5	2	2,5	3
25	100	100	100	73	3,1
30	100	100	46,9	0,2	0
35	100	74,6	0,1	0	0
40	99,8	0,5	0	0	0
45	52,4	0	0	0	0
50	0	0	0	0	0

KAPITEL VII VORSCHLÄGE FÜR IHR MONEY-MANAGEMENT

Unsere Berechnungen zeigen, daß das Trading eines Systems mit Amortisationsraten um 1 nicht sinnvoll ist, es sei denn, es besteht eine Gewinnwahrscheinlichkeit oberhalb von 50 Prozent. Wenn Ihre Amortisationsrate hingegen oberhalb 2,5 liegt, dann reicht bereits ein prozentualer Gewinnanteil oberhalb von 35 Prozent, um Ihre Risiken auf akzeptable Niveaus zu drücken.

Die Tabellen 7.2 und 7.3 stehen für Positionsgrößen, die 1,5 bzw. 2 Prozent des Gesamtkapitals ausmachen. Beachten Sie, wie das Risiko eines Totalverlustes gleichzeitig mit erhöhtem Kapitaleinsatz ansteigt. Das Risiko verringert sich allerdings, wenn die Gewinnwahrscheinlichkeit oder die Amortisationsrate sich erhöht. Diese Tabellen unterstreichen, warum viele Trader empfehlen, pro Trade zwei Prozent des Gesamtkapitals unter gleichzeitiger Anwendung eines fixen Stopkurses einzusetzen.

Die Berechnungen unterstellen, daß Amortisationsrate und Gewinnwahrscheinlichkeit konstant bleiben. In der Realität verändern sich diese Werte mit der Zeit jedoch, so daß die Erwartungen, die heute aus diesen Zahlen heraus abgeleitet werden, in einigen Monaten bereits ganz anders aussehen können. Daher ist es besser, für Amortisationsrate und Gewinnwahrscheinlichkeit eine *Wertspanne* festzulegen, die für Sie akzeptabel ist.

Betrachten wir das Problem einmal aus einem anderen Blickwinkel. Wie müßte die optimale Amortisationsrate für Tradinggrößen von einem Prozent und Gewinnwahrscheinlichkeiten zwischen 25 und 50 Prozent aussehen? Die Daten der Tabelle 7.4, welche Sie als schnelle Übersicht bei der Beurteilung eines Systemtests verwenden können, sind bei der Beantwortung dieser Frage hilfreich. Hat das System beispielsweise einen Gewinnanteil von 40 Prozent, so wäre eine Amortisationsrate oberhalb von 1,75 ausreichend, um das Risiko eines Totalverlustes auf akzeptable Niveaus zu senken.

Beachten Sie hierbei bitte den nichtlinearen Charakter dieser Relationen. Unterstellen wir einmal eine Amortisationsrate von 1,5 bei einer Gewinnwahrscheinlichkeit von 40 Prozent. Erhöhen Sie nun Ihre

KAPITEL VII VORSCHLÄGE FÜR IHR MONEY-MANAGEMENT

Tabelle 7.2 Risiko eines Totalverlustes bei Kapitaleinsatz von 1,5%. Eine Wahrscheinlichkeit von 0 bedeutet, daß ein Totalverlust unwahrscheinlich - aber nicht ausgeschlossen - ist.

| Gewinnwahrschein- | Amortisationsrate | | | | |
lichkeit in %	1	1,5	2	2,5	3
25	100	100	100	88,9	12
30	100	100	78,4	1	0
35	100	94,5	0,8	0	0
40	100	4,5	0	0	0
45	84,2	0	0	0	0
50	1,4	0	0	0	0

Tabelle 7.3 Risiko eines Totalverlustes bei Kapitaleinsatz von 2%. Eine Wahrscheinlichkeit von 0 bedeutet, daß ein Totalverlust unwahrscheinlich - aber nicht ausgeschlossen - ist.

| Gewinnwahrschein- | Amortisationsrate | | | | |
lichkeit in %	1	1,5	2	2,5	3
25	100	100	100	94,3	19,7
30	100	100	87,4	3	0
35	100	98,7	16	0	0
40	100	9,2	0	0	0
45	93,6	0	0	0	0
50	5,4	0	0	0	0

KAPITEL VII VORSCHLÄGE FÜR IHR MONEY-MANAGEMENT

Tabelle 7.4 Berechnung der notwendigen Amortisationsrate, um das Risiko eines Totalverlustes bei einem Einsatz von 1% auf zu vernachlässigende Werte zu drücken.

Gewinnwahrscheinlichkeit	Amortisationsrate	Risiko Totalverlust
25	3,25	0
30	2,75	0
35	2,25	0
40	1,75	0
45	1,5	0
50	1	0

KAPITEL VII VORSCHLÄGE FÜR IHR MONEY-MANAGEMENT

Positionsgröße von 1 auf 2 Prozent Ihres Gesamtkapitals, so steigt das Risiko eines Totalverlustes überproportional von 0,5 auf 9,2 Prozent (siehe Tabellen 7.1 und 7.3). Aus dieser Warte hinaus gibt es kaum gute Gründe, ein Tradingkonto regelmäßig durch Positionsgrößen von mehr als 2 Prozent des Kapitals pro Trade zu überlasten. Beachten Sie bitte auch die Vorteile einer Modifikation des System-Designs, um die Amortisationsrate, die Gewinnwahrscheinlichkeit oder aber beides zu verbessern. Der Hauptvorteil liegt darin, daß Sie dann Ihre Positionsgröße durchaus erhöhen können, ohne im Gegenzug unnötig hohe Risiken tragen zu müssen.

Es ist aber ebensogut möglich, die Positionsgröße von Trade zu Trade, basierend auf anderen Informationen, zu variieren. So zeigt die Tabelle 7.4 zum Beispiel, daß das Risiko eines Totalverlustes bei einer Gewinnwahrscheinlichkeit oberhalb 50 Prozent und einer Amortisationsrate größer 1 sehr gering ist. Wenn Sie also eine Möglichkeit gefunden haben, besondere Kurschancen zu isolieren, so können und sollten Sie Ihre Positionsgrößen dementsprechend anpassen. Ihre Gesamtergebnisse können durch derartige Variationen signifikant gesteigert werden. Erinnern Sie sich hierfür bitte an den Abschnitt über außergewöhnliche Kurschancen aus dem Kapitel 4.

Zusammenfassend zeigen die Berechnungen des Risikos eines Totalverlustes, daß es kaum Sinn macht, ein Tradingkonto grundsätzlich durch Positionsgrößen von 10 oder mehr Prozent Ihres Gesamtkapitals zu 'übertraden'. Positionsgrößen zwischen 1 und 2 Prozent des Gesamtkapitals sind hierbei eine weitaus klügere Wahl. Beachten Sie aber bitte: Bei diesen Berechnungen wird unterstellt, daß die Gewinnwahrscheinlichkeit und die Amortisationsrate zur Errechnung des Risikos eines Totalverlustes konstant bleiben. Im tatsächlichen Trading verändern sich aber diese Größen von Trade zu Trade, so daß unsere hier durchgeführten Berechnungen grundsätzlich nur als Richtlinie angesehen werden dürfen. Doch zumindest sind sie dienlich, um die Einsätze zu Zeiten ungewöhnlicher Kursbewegungen profitabel zu erhöhen.

KAPITEL VII VORSCHLÄGE FÜR IHR MONEY-MANAGEMENT

Das Zusammenwirken von System-Design und Money-Management

In diesem Abschnitt untersuchen wir die Auswirkungen zweier unterschiedlicher Money-Management-Strategien auf die Portefeuille-Performance. Zunächst prüfen wir die Effekte eines Systems mit festgelegter oder aber variabler Kontraktzahl. Wir wollen überprüfen, wie sich die Performance dieser zwei unterschiedlichen Strategien unterscheidet. Zuletzt gilt es zu prüfen, ob die in größeren Zeitrahmen gemessenen Wertveränderungen nützlich sind, um Voraussagen zu maximal möglichen Verlusten treffen zu können.

Eine alte Börsenweisheit lautet: 'Gewinne geben immer auf sich selber acht, um die Verluste müssen Sie sich aber selbst kümmern.' Dies sollte beim Trading grundsätzlich Ihre Hauptzielsetzung darstellen. Die Optimierung Ihrer Gewinne läßt sich durch geschicktes Management der Verluste erreichen. Das Money-Management umfaßt alle Entscheidungen, die sich auf die Festlegung des jeweiligen Kapitaleinsatzes im Trading beziehen. Aus dieser Größe leitet sich die Anzahl der jeweils zu tradenden Kontrakte ab. Die Anzahl der getradeten Kontrakte wiederum beeinflußt den Prozentsatz Ihres Tradingkontos, der als Sicherheitsleistung hinterlegt werden sollte. Dazu müssen Sie natürlich auch noch die jeweiligen Märkte auswählen, die Sie in Ihrem Portefeuille halten wollen. Um diese Wahl zu treffen, können Sie sich auf einfache, ebensogut aber auch auf recht komplizierte Regeln stützen. Denken Sie nur unbedingt daran, daß es diese Entscheidungen sind, die für die zukünftige Entwicklung Ihres Tradingkontos ausschlaggebend sind. Dabei ist es natürlich möglich, ein und dasselbe Tradingsystem mit unterschiedlichen Money-Management-Regeln zu traden und dadurch deutlich unterschiedliche Resultate zu erhalten. In diesem Abschnitt gehen wir auf bekannte Regeln des Money-Managements ein und zeigen anhand von Beispielen deren Wirkung, doch ist es zu empfehlen, zu dieser Thematik auch noch weitergehende Literatur zu studieren, welche sich speziell diesem Thema gewidmet hat.

Das einfachste Werkzeug der Risikokontrolle ist ein initialer Stopkurs, auch Money-Management-Stop genannt. Hierbei handelt es sich übli-

KAPITEL VII VORSCHLÄGE FÜR IHR MONEY-MANAGEMENT

cherweise um einen vorab auf eine gewisse Höhe festgelegten Stopkurs, dessen Wert weniger als 6 Prozent Ihres Tradingkapitals ausmachen sollte. Ein solcher initialer Stop ist nichts anderes als der Betrag, den Sie maximal zu verlieren bereit sind, unmittelbar kombiniert mit einer auf diesem Betrag festgesetzten Verkaufsorder. Der Trade wird also automatisch glattgestellt, wenn der Verlust aller aktiven Kontrakte den vorab festgelegten, maximalen Betrag überschreitet. Im letzten Abschnitt hatten wir erwähnt, daß eine übliche Größe hierfür einen Betrag zwischen ein und zwei Prozent Ihres Gesamttradingkapitals darstellt. Ist das Risiko pro Kontrakt aber geringer als dieser maximal 'zu verkraftende' Verlust, so können Sie auch mehr als einen Kontrakt gleichzeitig handeln.

Sie bewegen sich während Ihres Tradings zwischen der Rate, mit der Ihr Tradingkonto wachsen soll, und andererseits den Verlusten, die Sie zu verkraften imstande sind. Es gibt Ansätze, wie beispielsweise die 'optimal-f'-Theorie, welche außerordentlich komplexe Formeln verwenden, um eine gesteigerte Wertentwicklung jenseits der 'ein Kontrakt pro Markt'-Technik zu erreichen. Doch wenn Sie mehrere Kontrakte gleichzeitig traden, erhöht sich automatisch auch das Verlustrisiko, so daß das Money-Management dadurch einen noch höheren Stellenwert erhält.

Um die Zusammenhänge zwischen Systemdesign und Money-Management zu untersuchen, benutzen wir ein Breakout-System auf den Deutsche Mark-Kontrakt. Die monatliche Wertentwicklung des Systems beim Trading von gleichzeitig nur einem Kontrakt ist in Abbildung 7.1 dargestellt. Das System erreicht eine relativ stetige Gewinnentwicklung, unterbrochen jedoch von einigen signifikanten Rückschlägen. Wir haben nun die monatlichen Wertentwicklungen aus dem Chart in ein Arbeitsblatt übertragen und die jeweiligen Veränderungen über 1, 3, 6 und 12 Monate hinweg analysiert. Die entsprechenden Daten erscheinen in Tabelle 7.5.

Einige einfache Berechnungen unterstreichen die Wichtigkeit der Daten in Tabelle 7.5. Unterstellen wir hierzu einmal, daß die monatlichen Wertveränderungen einer Normalverteilung entsprechen.

KAPITEL VII VORSCHLÄGE FÜR IHR MONEY-MANAGEMENT

Abbildung 7.1 Monatliche Wertveränderung für das Trading jeweils nur eines Kontraktes in der Deutschen Mark (gefiltertes Breakout-System im DM-Kontrakt)

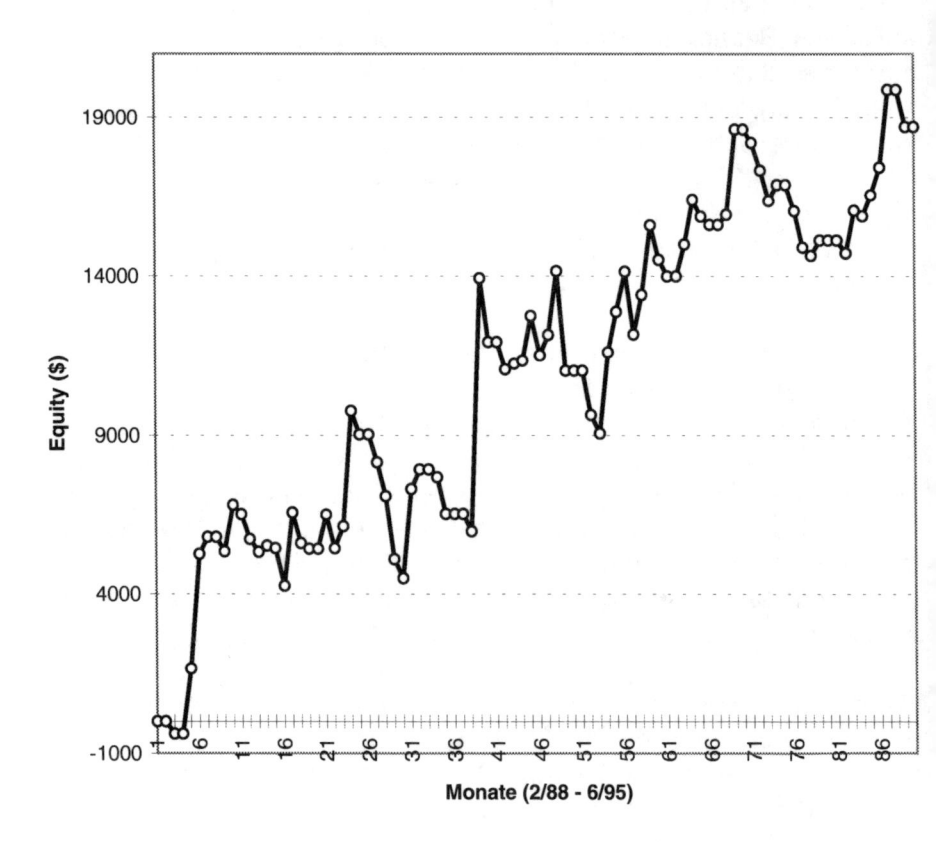

KAPITEL VII VORSCHLÄGE FÜR IHR MONEY-MANAGEMENT

Tabelle 7.5 Intervallbezogene Wertentwicklungs-Analyse über 90 Monate für das Trading in der Deutschen Mark (02/88 bis 06/95)

Intervall-Analyse	1 Monat	3 Monate	6 Monate	12 Monate
maximaler Gewinn	7.963	7.413	7.213	7.650
maximaler Verlust	-3.137	-3.925	-5.263	-3.889
Durchschnitt	208	651	1.297	2.111
Standardabweichung	1.471	2.263	2.667	2.928

KAPITEL VII VORSCHLÄGE FÜR IHR MONEY-MANAGEMENT

Die meisten Trendfolge-Systeme weisen Verlustphasen auf, die sechs Monate oder kürzer währen. Um das Abwärtspotential abschätzen zu können, sollte man daher einen Blick auf den größten Verlust der letzten sechs Monate werfen. Dieser größte Verlust betrug 5.263$ und ist damit 3,5mal größer als die monatliche Standardabweichung (1.471$, aufgerundet auf 1.500$). Wir nehmen nun diesen Wert 3,5 als Richtlinie und runden ihn auf die ganze Zahl 4 auf. Für dieses System sollte man sich also auf einen maximalen Verlust in Höhe des 4fachen der Standardabweichung der monatlichen Wertveränderung einstellen. Aus der Statistik wissen wir, daß die Wahrscheinlichkeit, einen Wert oberhalb des 4fachen der Standardabweichung zu erreichen, sehr gering ist. Die explizite Wahrscheinlichkeit hierzu beträgt 6 zu 100.000.

Für ein Tradingkonto von 50.000$ wäre der geschätzte, maximale Verlust 12 Prozent (= (1.500$ x 4) / 50.000$). Übertragen wir diese Erkenntnis auch auf die Gegenseite, bedeutet dies, daß die beste, mögliche Jahresperformance 12 Prozent betragen würde. Oder anders gesagt: Die höchste Wahrscheinlichkeit hat eine Wertentwicklung in einer Spanne zwischen plus und minus 12 Prozent. Wir können derartige, 'lineare' Annahmen treffen, da wir nur einen Kontrakt pro Markt traden. Lassen Sie uns nun überprüfen, wie sich das System auf Jahresbasis entwickelte. Wir unterstellen hierzu, daß das Konto zu jedem Jahresbeginn 50.000$ aufweist.

Die Tabelle 7.6 zeigt, daß die Schätzung einer wahrscheinlichen Performance zwischen plus und minus 12 Prozent recht zielsicher war. Allerdings ist der Verlust von 10,5 Prozent im Jahr 1990 für das Trading nur eines Kontraktes gleichzeitig besorgniserregend. Sie können diese Zahlen natürlich halbieren, indem Sie das System mit einem Tradingkonto von 100.000$ ausstatten. Doch das Verdoppeln des Kapitals halbiert Ihre Gewinne, so daß Sie sich hier zwischen Sicherheit und möglichen Gewinnen entscheiden müßten.

Nachdem Sie nun einen Eindruck darüber gewonnen haben, wie sich das Trading mit nur einem Kontrakt zur Zeit gestaltet, wollen wir nun den Einfluß mehrerer Kontrakte überprüfen. Eine Methode zur Auswahl der idealen Kontraktzahl ist, auf Basis Ihres auf Dollar festgelegten,

KAPITEL VII VORSCHLÄGE FÜR IHR MONEY-MANAGEMENT

Tabelle 7.6 Jährliche Performance im DM-System bei einem Startkapital von pro Jahr 50.000$

Jahr	Prozentsatz Gewinne 50.000$ - Tradingkonto	Prozentsatz Verluste 50.000$ - Tradingkonto
1988	11,5	-1,9
1989	8,1	-2,5
1990	-6,5	-10,5
1991	15,3	-5
1992	-2,1	-10,2
1993	5,6	-2,4
1994	-2,9	-5,4

KAPITEL VII VORSCHLÄGE FÜR IHR MONEY-MANAGEMENT

initialen Stops durch Messung der aktuellen Volatilität die Positionsgröße zu ermitteln. In solchen Tradingsystemen ist die Anzahl der Kontrakte umgekehrt proportional zur Marktvolatilität. Ist die Volatilität hoch, so traden Sie grundsätzlich eine geringere Anzahl von Kontrakten und umgekehrt. Wir hatten bereits zuvor, zum Beispiel beim 'Long-Bomb'-System in Kapitel 5, volatilitätsbezogene Berechnungen angestellt. Beträgt die Volatilität 2.000$, so können Sie bei einem maximal akzeptablen Verlust von 10.000$ für Ihr Tradingkonto 5 Kontrakte erwerben. Erhöht sich diese Volatilität indes auf 6.000$, so sollte man sich in dieser Phase mit einem Kontrakt begnügen. Die Art und Weise, wie Sie die Volatilität messen wollen, ist Ihnen freigestellt. So können Sie beispielsweise den 10-Tage-Durchschnitt der täglichen Kursspannen verwenden.

Zu Beginn einer Trendphase, nachdem der Markt für einige Monate konsolidiert hat, ist die Volatilität normalerweise noch niedrig. Das volatilitätsabhängige Kriterium ermöglicht, daß Sie in solchen Situationen mehr Kontrakte traden und Ihre Gewinne auf diese Weise deutlich verstärken, wenn sich ein dynamischer Trend etabliert. Neigt sich eine Trendphase jedoch ihrem Ende zu, so ist die Volatilität der Kurse üblicherweise deutlich höher, weswegen Sie in solchen Situationen auch weniger Kontrakte erwerben. Und so haben Fehlsignale nahe des Endes einer Trendphase auch verhältnismäßig geringe, negative Auswirkungen.

Funktioniert die volatilitätsabhängige Bedingung wie vorgesehen, so werden Sie während Trendphasen eine hohe Positionsgröße, während Konsolidierungsphasen eine geringe Positionsgröße haben. Auf dieser Basis sollten Ihre Gesamtergebnisse durch diese Vorgehensweise überproportional steigen. Es wird klar, daß das Traden von acht Kontrakten auf Basis volatilitätsabhängiger Kriterien grundsätzlich sinnvoller ist, als wenn Sie *immer* eine fixe Anzahl von acht Kontrakten kaufen würden. Denn auf diese Art und Weise können Sie erwarten, höhere Einnahmen und geringere Verluste zu verzeichnen. Die Abbildung 7.2 zeigt die Effekte eines solchen, volatilitätsabhängigen Systems mit multipler Kontraktzahl anhand des Deutsche Mark-Kontraktes und unter Verwendung des Breakout-Systems.

Kapitel VII   Vorschläge für Ihr Money-Management

Vergleichen Sie bitte die Kurve der Wertentwicklung mit der Gewinnkurve in Abbildung 7.1, die für das Trading mit demselben System, aber immer nur einem Kontrakt stand.

Die jährlichen Ergebnisse für die Strategie unterschiedlicher Kontraktgrößen finden Sie in Tabelle 7.7. Das System erreichte einen über fünfmal höheren Gewinn als beim Trading mit nur einem Kontrakt zur Zeit. Das System tradete bis zu einem Maximum von acht Kontrakten, wobei der Durchschnitt bei drei Kontrakten lag. Die Verluste waren im Durchschnitt nur dreimal höher. Es ist also gelungen, durch die Strategie unterschiedlicher Kontraktgrößen eine signifikante Verbesserung der Systemperformance zu erreichen. Zur besseren Nachvollziehbarkeit der Systemperformance wenden wir uns nun den auf Zeitintervalle aufgesplitteten Ergebnissen zu. Wenn wir die Tabelle 7.8, welche für die Strategie multipler Kontraktgrößen steht, mit den Ergebnissen der Tabelle 7.5 vergleichen, so sehen wir, daß der auffälligste Unterschied in den drei- bis viermal so hohen Zahlenwerten liegt. Aber wenn wir fünf Kontrakte für das DM-System aus Tabelle 7.5 handeln würden, läge der maximale Verlust auf 6-Monats-Basis bei 26.315$ (= 5 x 5.263$). Bei der Strategie variabler Kontraktgrößen aber liegt dieser maximal mögliche Verlust auf 6-Monats-Sicht nur bei 21.800$ und damit um 17 Prozent geringer als beim grundsätzlichen Trading von fünf Kontrakten.

Ebenso wie in der Strategie mit nur einem Kontrakt runden wir die Standardabweichung auf Monatsbasis auf 6.000$ auf, multiplizieren mit vier und erhalten so eine Schätzung von 24.000$ als maximal zu erwartender Verlust. Dies bedeutet für ein Tradingkonto von 50.000$ eine Performance-Bandbreite von 48 Prozent. Daraus wird bereits klar, daß wir ein Tradingkonto in dieser Höhe mit dem System unterschiedlicher Kontraktgrößen eindeutig überbelasten würden. Vergleichen wir die Tabelle 7.6 für Einzelkontrakte mit Tabelle 7.7 für multiple Kontrakte, so sehen Sie für das Jahr 1991 einen 15,3prozentigen Gewinn für das Ein-Kontrakt-System gegenüber einem 15,1prozentigen Verlust für das System unterschiedlicher Kontraktgrößen. Es ist nicht zu empfehlen, daß Sie ein Tradingkonto mit derartig hohem Hebeleffekt traden, und diese Berechnungen unterstreichen diesen Punkt noch.

KAPITEL VII VORSCHLÄGE FÜR IHR MONEY-MANAGEMENT

Abbildung 7.2 Die Wertentwicklung des DM-Systems im Trading mit mehreren Kontrakten (gefiltertes DM-Breakout-System mit volatilitätsabhängiger Kontraktzahl)

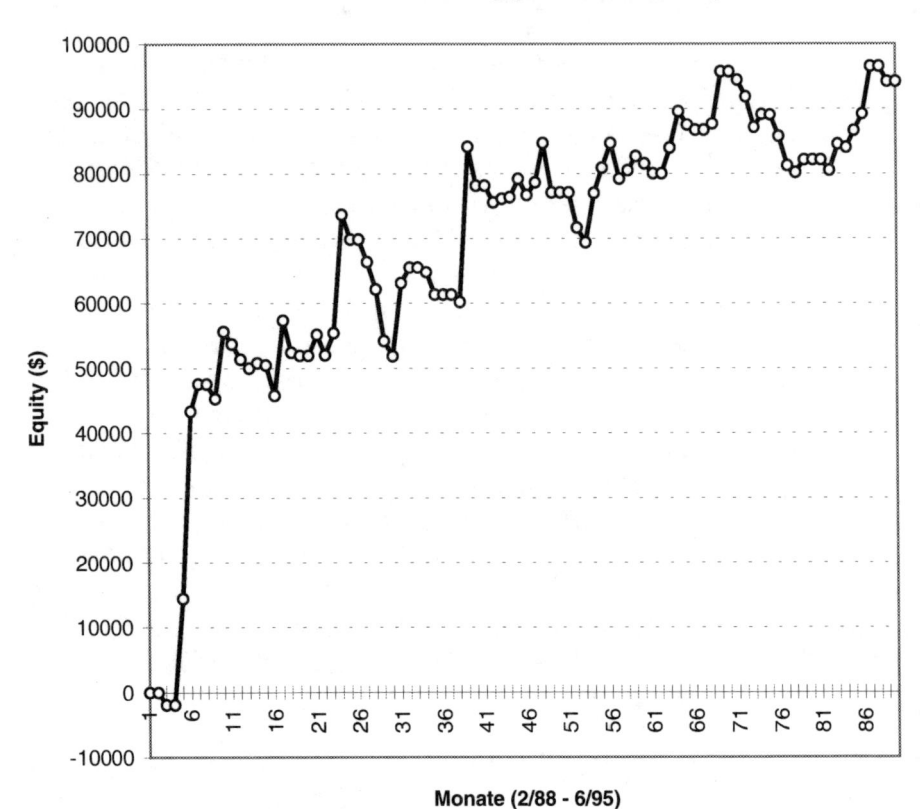

Monate (2/88 - 6/95)

KAPITEL VII VORSCHLÄGE FÜR IHR MONEY-MANAGEMENT

Tabelle 7.7 Jährliche Performance im DM-System bei einem Startkapital von pro Jahr 50.000$ und dem Trading mehrerer Kontrakte

Jahr	Prozentsatz Gewinne 50.000$ - Tradingkonto	Prozentsatz Verluste 50.000$ - Tradingkonto
1988	102,8	-4
1989	44,5	-5,9
1990	-24,7	-43,6
1991	-15,1	-11,8
1992	-6,2	-30,5
1993	20,6	-6
1994	-15,7	-23,4

Tabelle 7.8 Intervallbezogene Wertentwicklungsanalyse für das Trading in der Deutschen Mark über 90 Monate und variabler Kontraktzahl

Intervall-Analyse	1 Monat	3 Monate	6 Monate	12 Monate
maximaler Gewinn	28.900	49.500	57.575	52.413
maximaler Verlust	-7.950	-15.700	-21.800	-15.213
Durchschnitt	1.047	3.238	6.432	9.479
Standardabweichung	5.923	10.613	13.944	14.963

Tabelle 7.9 Ein verringerter Hebeleffekt bedeutet auf prozentualer Basis eine gleichmäßigere Wertentwicklung

Höhe des Tradingkontos	Standardabweichung monatlicher Wertveränderung
50.000$	2,94
75.000$	1,96
100.000$	1,47

KAPITEL VII   VORSCHLÄGE FÜR IHR MONEY-MANAGEMENT

Wenn Sie den Betrag Ihres Tradingkontos erhöhen, reduzieren Sie so die Fluktuationen Ihrer Wertentwicklung - zumindest auf prozentualer Basis. Wenn Sie dann eine auf prozentualen Veränderungen basierende, lineare Regression errechnen, so ergibt sich aufgrund des geringeren Hebeleffekts eine gleichmäßigere Wertentwicklung. Dies ist allerdings logisch, da der Gesamtwert Ihres Tradingkontos wie ein Puffer arbeitet, der kleinere Fluktuationen absorbiert. Dies läßt sich gut in Tabelle 7.9 ablesen, welche die Standardabweichungen für Tradingkonten in Höhe von 50.000$, 75.000$ und 100.000$ für die Daten der Tabelle 7.5 zeigt. Eine Verringerung der Standardabweichung ist ja gleichbedeutend mit einer glatteren Gewinnkurve.

Sie erinnern sich, daß das prognostizierte Performance-Band eine gute Einschätzung in bezug auf mögliche Verluste darstellte. Die auf Monatsbasis vorliegende Standardabweichung der Wertentwicklung, multipliziert mit vier, sollte daher ein guter Ausgangspunkt zur Schätzung des möglichen Verlustrisikos sein. Anhand dieser Werte kann man dann die optimale Größe eines Tradingkontos ableiten, um ein möglichst geringes Verlustlevel zu erreichen. Unterstellen wir, daß Sie in sechs Märkten aktiv sind und Ihren maximalen Verlust auf drei Prozent limitieren möchten. In diesem Fall sollten Sie unterschiedliche Kontraktgrößen mit einem Tradingkonto in Höhe von 800.000$ wählen - eine deutliche Differenz zu unserem kleinen 50.000$-Konto. Die Ergebnisse dieser Untersuchung sollten Sie davon überzeugen, daß eine gute Money-Management-Strategie in der Lage ist, Ihre Performance signifikant zu verändern. Wie bereits vorab festgestellt, sollten Sie sich um die Verluste kümmern, während Sie dem Markt das Anwachsen Ihrer Gewinne allein überlassen können. Im nächsten Abschnitt werden wir untersuchen, wie sich mögliche, zukünftige Verluste durch die Intervall-Analyse unserer Wertentwicklungskurve prognostizieren lassen.

Verlustprognosen

Ein Schlüsselaspekt des Money-Managements ist der Schutz vor Verlusten durch rigide Risikokontrolle. Es ist daher wichtig, verwertbare Ein-

KAPITEL VII   VORSCHLÄGE FÜR IHR MONEY-MANAGEMENT

schätzungen über mögliche Kursverluste zu erhalten. Da wir dabei Daten aus der Vergangenheit zur Projektion möglicher, zukünftiger Entwicklungen verwenden müssen, gilt es, aufgrund möglicher Irrtümer mit höchster Vorsicht vorzugehen und grundsätzlich dazu zu tendieren, nach oben aufzurunden. Es ist besser, sich auf möglicherweise nichteintretende Verlustgrößen einzustellen, anstatt von diesen überrascht zu werden.

Im vorangegangenen Abschnitt stellten wir fest, daß die Standardabweichung der monatlichen Wertveränderung eines Tradingsystems eine nützliche Handhabe zur Projektion möglicher, zukünftiger Verluste ist. Wir entwickelten zuerst die Wertentwicklung auf Tagesbasis, wandelten diese auf Monatsdaten um und berechneten daraus die monatliche Wertveränderung. Mit entsprechender, statistischer Software läßt sich hieraus auch problemlos die Standardabweichung berechnen. Nennen wir diesen Wert der Einfachheit halber X1. Eine konservative Voraussage möglicher, zukünftiger Kursverluste wäre, für jedes System gleichlautend, das Vierfache von X1. Doch auch dies ist ausschließlich eine Schätzung, so daß Sie hierfür auch andere Wertgrößen wie fünfmal X1 oder sogar nur dreimal X1 in Erwägung ziehen können.

Um diese Vorhersagetechnik zu überprüfen, verwendeten wir Endloskontrakte mit der Zeitspanne 01. Januar 1985 bis 31. Dezember 1990 für die folgenden sieben, willkürlich ausgewählten Märkte: Baumwolle, Eurodollar, Gold, Heizöl, Japanischer Yen, Schweizer Franken und US-Bonds. Wir testeten hierzu drei nichtoptimierte Tradingsysteme: das 65sma-3cc-System, ein Breakout-System auf Schlußkursbasis (CHBOC) mit einem 10-Punkte-Filter und zuletzt ein volatilitätsabhängiges Tradingsystem (VOL). Die detaillierte Beschreibung des zuletzt erwähnten Tradingsystems finden Sie in Kapitel 8, welches sich mit der Datenbeschaffung befaßt. Der initiale Stop wurde auf 2.500$ angesetzt, der Verkauf der Position erfolgte jeweils ober- bzw. unterhalb des letzten 10-Tage-Hochs. Die Parameter wurden alle willkürlich ausgewählt, ohne zuvor die Eignung der Tradingsysteme oder Datenreihen zu überprüfen.

Obgleich alle drei Systeme dieselbe Verkaufsstrategie verfolgen, ist doch das Regelwerk für den Einstieg in die Positionen sehr unterschiedlich.

Tabelle 7.10   Gewinn-/Verlustsimulation für den Zeitraum 1985 - 1990

Markt	CHBOC höchster Gewinn	CHBOC höchster Verlust	VOL. höchster Gewinn	VOL. höchster Verlust	65sma-3cc höchster Gewinn	65sma-3cc höchster Verlust
Baumwolle	5.245	-16.005	27.165	-7.330	20.675	-5.815
Eurodollar	13.950	-1.750	9.475	-8.725	9.675	-4.275
Gold	-10.330	-16.200	-1.170	-12.790	-4.280	-10.280
Heizöl	15.382	-20.751	-32.825	-50.571	21.761	-13.380
Japanischer Yen	38.663	-11.513	59.913	-8.938	13.475	-11.113
Schweizer Franken	1.450	-18.663	35.075	-18.750	12.350	-11.400
U.S.-Bonds	17.513	-10.400	49.413	-9.125	-17.025	-28.438
Gesamt	81.873	-95.282	147.046	-116.229	56.631	-84.701

KAPITEL VII VORSCHLÄGE FÜR IHR MONEY-MANAGEMENT

Tabelle 7.11   Gewinn-/Verlustsimulation für den Zeitraum 1991 - 1995

Markt	CHBOC höchster Gewinn	CHBOC höchster Verlust	VOL. höchster Gewinn	VOL. höchster Verlust	65sma-3cc höchster Gewinn	65sma-3cc höchster Verlust
Baumwolle	18.430	-5.265	9.195	-11.425	33.060	-8.940
Eurodollar	3.850	-2.200	350	-4.675	1.525	-2.225
Gold	-12.630	-12.630	-17.750	-18.660	-870	-2.510
Heizöl	-7.080	-15.813	-24.330	-25.296	-5.113	-10.261
Japanischer Yen	19.563	-11.200	27.463	-13.925	44.500	-3.538
Schweizer Franken	17.925	-9.000	18.700	-10.850	5.750	-12.313
U.S.-Bonds	-7.531	-19.756	-1.288	-9.556	-4.538	-10.706
Gesamt	32.527	-75.864	12.340	-94.387	74.314	-50.493

Kapitel VII Vorschläge für Ihr Money-Management

Doch da alle drei von Natur aus trendfolgende Systeme sind, sollten in Trendphasen durchaus überall Gewinne erzielbar sein. Die unterschiedlichen Systemergebnisse werden sich daher insbesondere durch die jeweilige Reaktion der Programme auf Seitwärtstrends manifestieren. Dabei wird das 65sma-3cc-System aller Wahrscheinlichkeit nach geringere Verluste aufweisen, da es während Seitwärtsphasen durch Gegenpositionen 'selbstkorrigierende' Maßnahmen ergreift. Das CHBOC-Breakout-System wird während enger Tradingspannen neutral bleiben, bei Fehlsignalen innerhalb breiter Konsolidierungsspannen indes Verluste produzieren. Und das volatilitätsbezogene System schließlich wird insbesondere bei scharfen Bewegungen innerhalb einer Tradingrange von Wert sein.

Die Untersuchung der Systemergebnisse und der maximalen Tagesverluste wird dazu führen, den Wert der monatlichen Wertveränderungen besser beurteilen zu können. Die Tabellen 7.10 und 7.11 zeigen, daß die drei Systeme über die sieben unterschiedlichen Märkte hinweg große Unterschiede in allgemeiner Profitabilität und zeitweiligen Verlusten aufweisen.

Der geringste Verlust wurde vom 65sma-3cc-System produziert, dicht gefolgt vom CHBOC-System. Beachten Sie hierbei die großen Verluste, die das Volatilitäts-System im Heizöl-Markt von 1985 bis 1990 hinnehmen mußte. Gold, Heizöl und US-Bonds sind allerdings ohnehin mit diesen Systemen schwer zu traden. Interessant sind darüber hinaus die hohen Fluktuationen der Gewinne und Verluste über die Testperiode hinweg. Sie sollten sich daher die relativen Gewinnentwicklungen der einzelnen Systeme zueinander genauer betrachten.

Wünschenswert wäre es zu erfahren, ob diese Intervall-Analyse zukünftige, mögliche Verluste projezieren kann. Wir wandeln daher unsere täglichen Wertentwicklungskurven in Monatsdaten um und verwenden ein Statistik-Programm, um weitergehende Informationen über die Wertveränderungen in Zeitspannen von 1, 3, 6, 7, 8, 9 und 12 Monaten zu erhalten.

Bei den meisten getesteten Systemen erstrecken sich die Verlustperioden nicht länger als über 9 Monate. Wir werden uns daher mit den

KAPITEL VII VORSCHLÄGE FÜR IHR MONEY-MANAGEMENT

6- bis 9monatigen Zeitspannen besonders intensiv beschäftigen. Zunächst berechnen wir die Standardabweichung der monatlichen Wertveränderungen und ermitteln dann die negativste Entwicklung innerhalb der untersuchten Zeitintervalle. Zu hoffen ist nun dabei, daß das Verhältnis der negativsten Performance zur jeweiligen Standardabweichung der monatlichen Wertveränderungen einen Wert von 5 oder weniger aufweist.

Wir wiederholen diese Berechnungen für den nächsten Datenblock, welcher vom 01. Januar 1991 bis zum 30. Juni 1995 reicht. Die Systemeinstellung wurde dabei nicht verändert. Die neue Testperiode soll als Kontrolle der bisherigen Testresultate dienen. Das bedeutet, daß wir die neuen Berechnungen der Wertveränderungen verwenden, um zu überprüfen, ob die auf den vorangegangenen Daten basierenden Aussagen über maximal mögliche Verluste tatsächlich Gültigkeit besaßen. Im Idealfall sollte die Standardabweichung der monatlichen Wertveränderungen im großen und ganzen für beide Testzeiträume übereinstimmen und so die Richtigkeit unserer Vorgehensweise bestätigen.

Die Tabelle 7.12 zeigt die Standardabweichung der monatlichen Wertveränderungen und die maximalen Verluste für die drei Systeme in beiden Testzeiträumen. Man erkennt: Die Standardabweichung auf Monatsbasis liegt im großen und ganzen stabil. In beiden Fällen betrug die Relation der durchschnittlichen Verluste ungefähr das Vierfache der monatlichen Standardabweichungen. Dies ist durchaus ermutigend, da wir für diese Tests ausschließlich willkürlich ausgewählte Systeme ohne jede Optimierung der Parameter oder Testmärkte verwendeten. Die Daten zeigen auch, daß die Projektion zukünftiger Verluste durch die Verwendung der Standardabweichung monatlicher Wertveränderungen eine sinnvolle Vorgehensweise darstellt, wobei auch die Höhe des 4- bzw. 5fachen der monatlichen Standardabweichung als potentielle Verlustgröße geeignet scheint.

Kennen Sie erst einmal die projizierten Verluste, so können Sie hieraus unmittelbar ein sinnvolles Level für Ihr Tradingkonto ermitteln. Nehmen wir an, Sie möchten Ihre maximalen Verluste unter 20 Prozent Ihres

Tabelle 7.12 Vergleich der Standardabweichungen und prognostizierten Verluste dreier Systeme über zwei Zeitperioden anhand monatlicher Wertveränderungen

System	monatliche Standardabweichung (1985-1990)	höchster Verlust (1985-1990)	Relation höchster Verlust zu Standardabweichung (1985-1990)	monatliche Standardabweichung (1991-1995)	höchster Verlust (1991-1995)	Relation höchster Verlust zu Standardabweichung (1991-1995)
CHBOC	6,879	-21,977	3,2x	5,944	-28,587	4,2x
VOL	4,229	-21,729	5,2x	4,739	-11,277	2,7x
65sma-3cc	6,080	-25,550	4,2x	5,804	-23,072	3,8x
Durchschnitt	5,729	-23,085	4,0x	5,496	-20,979	3,7x

Kapitel VII   Vorschläge für Ihr Money-Management

Gesamtkapitals halten. Um hier auf der sicheren Seite zu sein, lassen Sie uns ein Ziel von 15 Prozent setzen und so ein 5%-Polster für mögliche Unwägbarkeiten der Märkte einkalkulieren. Bei einer berechneten Standardabweichung von 6.000$ errechnet sich der mögliche Verlust aus dem 5fachen dieser Größe, also 30.000$. Wenn wir unsere möglichen Verluste auf ein 15-Prozent-Niveau des Gesamtkapitals eingrenzen, so ergibt dies ein Tradingkonto mit einem Wert von ungefähr 200.000$, um dieses System unter den entsprechenden Vorgaben anzuwenden.

Bitte erinnern Sie sich daran, daß diese Projektionen ausschließlich als Schätzungen dessen, was passieren kann, zu verstehen sind und keine Garantie dafür bieten, daß sich diese Verluste wirklich an oder nahe diesen Levels bewegen. Dennoch bietet die Methode dieses Abschnittes ein dienliches Werkzeug, um auf vernünftiger Basis mögliche Verluste zu kalkulieren. Diese Vorhersagen sind aber völlig bedeutungslos, wenn Sie daraufhin nicht Ihre Bemühungen zu einer sinnvolleren Risikokontrolle als Teilmechanismus Ihres Tradingsystems verstärken. Im Idealfall werden, nachdem wir die möglichen Verluste abgesichert haben, das Design unseres Tradingsystems und die zukünftigen Kursbewegungen 'wie von selbst' für die Performance auf der Gewinnseite sorgen.

Veränderung der Positionsgröße nach Gewinn- oder Verlusttrades

Einer der Schlüsselaspekte in bezug auf die im Bereich des Money-Managements anstehenden Entscheidungen ist die Frage, wie Sie Ihre Positionsgröße im Laufe der Zeit verändern möchten. Hierbei spielen die Gewinnentwicklung, ebenso aber die Gleichmäßigkeit der Wertentwicklungskurve eine Rolle. In diesem Abschnitt präsentieren wir Ihnen bekannte Positionsgrößen-Strategien und zeigen Ihnen deren Wirkung auf die Wertentwicklung.

Der Hintergrund der Positionsgrößen-Strategien wird durch zwei Autoren geliefert. Zunächst untersucht Bruce Babcocks Buch über Tradingsysteme unterschiedliche Positionsgrößen-Strategien. Des weiteren zeigt

KAPITEL VII VORSCHLÄGE FÜR IHR MONEY-MANAGEMENT

Jack D. Schwagers Buch mit Interviews erfolgreicher Trader, daß viele dieser Profis ihre Positionsgrößen während Verlustphasen reduzieren. Allein dies unterstreicht die hohe Bedeutung der Positionsgröße im Rahmen Ihres System-Designs.

Hinter dieser Strategie steht die Prämisse, daß Sie anhand des Ergebnisses des letzten Trades eine Voraussage auf das Ergebnis des darauffolgenden, zukünftigen Trades treffen können. Dies setzt natürlich voraus, daß Gewinn- und Verlusttrades in Serien auftreten. Allerdings läßt sich mathematisch leicht belegen, daß aufeinanderfolgende Trades keine direkte, kausale Verbindung zueinander aufweisen. Andererseits wiederum ist es schwierig, die Prämisse hinter der Strategie der Positionsgrößenveränderung den Realitäten anzupassen. Doch den mathematischen Tatsachen zum Trotz werden die meisten Trader Ihnen raten, die Positionsgröße aus psychologischen Gründen während einer Verlustphase zu verringern. Wer konservativ denkt, geht ohnehin davon aus, daß Verlusttrades üblicherweise im Rudel auftreten, während Gewinntrades genau dies nicht tun. Auf Basis dieser Annahmen kann die Veränderung Ihrer Positionsgröße in der Tat zu einer gleichmäßigeren Entwicklung führen.

Wie werden nun versuchen, die Auswirkungen einiger Strategien zur Positionsgröße auf die Regelmäßigkeit der Gewinnkurve anhand einer Simulation zu überprüfen. Um eine einheitliche Vergleichsbasis zu erhalten, verwenden wir die Berechnung zur Standardabweichung. Wir wählen dann willkürlich 10 Trades aus, die Hälfte von ihnen Gewinntrades, und fügen diese auf Zufallsbasis zusammen, um 14 Sequenzen mit jeweils 10 Trades zu erhalten. Jede Sequenz wird mit den folgenden 4 Strategien getestet:

1. Konstante Kontraktzahl, grundsätzlich zwei Kontrakte pro Tradingsignal.

2. 'Doppelt oder Hälfte': War der vorangegangene Trade ein Gewinner, so traden Sie vier Kontrakte. War der letzte Trade indes ein Verlierer, so beschränken Sie sich danach auf nur noch einen Kontrakt.

3. 'Hälfte bei Verlust': War der vorangegangene Trade mit Verlust glattgestellt worden, so sollte nur ein Kontrakt getradet werden. Ging in-

KAPITEL VII VORSCHLÄGE FÜR IHR MONEY-MANAGEMENT

des ein Gewinntrade voran, so sollten Sie erneut die übliche Größe von zwei Kontrakten traden.

4. 'Doppelt bei Verlust': Endete der vorherige Trade im Verlust, so erwerben Sie beim nächsten Tradingsignal vier Kontrakte. Wenn der letzte Trade aber im Gewinn geschlossen wurde, so sollten Sie die Normalhöhe von zwei Kontrakten verwenden.

Jedes Portfolio beginnt die Testphase mit 100.000$. Jede der vier Strategien wurde exakt mit denselben Trades getestet. Wir durchliefen 14 Simulationen, also insgesamt 140 Trades, und ermittelten am Ende der Testphase eine durchschnittliche Wertentwicklung für jede Trading-Strategie. Wir verglichen dann diese Durchschnittskurven der einzelnen Strategien mit derjenigen, die aus dem Trading von konstant zwei Kontrakten pro Tradingsignal entstand. Und schließlich verwendeten wir die lineare Regressionsanalyse, um die Standardabweichung zu ermitteln.

Sie selbst sollten aber eine umfangreichere Simulation durchführen, um diejenige Strategie zu finden, welche Ihnen zusagt. Werden Sie sich dabei vor allem bewußt, daß die 'Doppelt nach Verlust'-Strategie die bei weitem riskanteste ist. Werden Sie nämlich mit einer ungewöhnlich langen Serie von Verlusten 'gezeichnet', so wird Ihnen diese Strategie riesige Kapitaleinbußen einbringen.

In Tabelle 7.13 sind die Ergebnisse der grundsätzlichen Veränderung der Positionsgröße nach jedem Trade abgebildet. Die Strategie der Halbierung der Tradinggröße auf einen Kontrakt nach jedem Verlusttrade erreichte eine 21,6prozentige Reduzierung der Standardabweichung, während die Gewinne nur um 2,4 Prozent zurückgingen. Hiermit erreichen wir also eine substantiell gleichmäßigere Gewinnkurve bei zugleich nur geringfügigen Gewinneinbußen.

Bei der 'Doppelt oder Hälfte'-Strategie wurde zwar ein Zugewinn in der Gesamtwertentwicklung von 2,1 Prozent erzielt, dafür stieg die Standardabweichung aber um nahezu 41 Prozent. Man könnte daraus ableiten, daß diese Strategie gewaltige Gewinne erwirtschaftet, wenn eben die-

KAPITEL VII VORSCHLÄGE FÜR IHR MONEY-MANAGEMENT

Tabelle 7.13 Effekt der Positionsgrößenveränderung auf Standardabweichung und durchschnittliche Wertveränderung

Strategien	Anzahl von Kontrakten nach Gewinnen	Anzahl von Kontrakten nach Verlusten	durchschnittlicher Endstand des Kapitals	prozentuale Wertveränderung	Standardabweichung	prozentuale Wertveränderung der Standardabweichung
Konstant	2	2	110.377		970	
Hälfte nach Verlust	2	1	107.692	-2,4	760	-21,6
Doppelt oder Hälfte	4	1	112.699	2,1	1.366	40,8
Doppelt nach Verlust	2	4	115.746	4,9	1.488	53,4

384

KAPITEL VII VORSCHLÄGE FÜR IHR MONEY-MANAGEMENT

se Gewinntrades in Serien auftreten. Doch zugleich wird die Wertentwicklungskurve ungleichmäßiger, so daß die erhöhte Standardabweichung keine Überraschung sein kann.

Die 'Doppelt nach Verlust'-Strategie war bei weitem die riskanteste, wie Sie durch den Anstieg der Standardabweichung um mehr als 53 Prozent ablesen können. Die Wertentwicklung (siehe Abbildung 7.3) zeigt, daß dieses System außerordentlich hohe Verluste erwirtschaften kann. Obgleich wir mit dieser Strategie die höchsten Kapitalzuwächse erzielten, lagen diese gerade einmal 5 Prozent oberhalb der Ergebnisse des Systems mit konstanter Kontraktgröße. Hier scheint also die Chance das Risiko nicht ausreichend zu überwiegen.

Diese kurze Simulation unterstützt die Ansicht vieler erfahrener Trader, die eine Reduzierung ihrer Positionsgröße während Verlustphasen bevorzugen. Denn die Tabelle 7.13 macht klar, daß die 'Hälfte nach Verlust'-Strategie die beste Chance/Risiko-Performance aufweist. Manche Trader berichten, daß sie während Verlustphasen nicht auf neue Trading-Signale reagieren, doch mit dieser Vorgehensweise könnten Sie ausgerechnet *das* Signal verpassen, mit dem Sie Ihre Wertentwicklung deutlich nach oben katapultiert hätten.

Die Tabelle 7.13 macht aber ebenso klar, daß die Strategie konstanter Kontraktgrößen ebenso eine vernünftige Wahl darstellt. Gerade als Einsteiger würden Sie sich zweifellos für diese Vorgehensweise entscheiden wollen, um das Trading überschaubar und einfach zu halten. Sobald Sie aber mehr Erfahrungen und Kapital angesammelt haben, können Sie sich anderen, mehr komplexeren Strategien zuwenden.

Wenn Sie einen Stop in Höhe von 2 Prozent Ihres Tradingkapitals verwenden und zugleich mit variabler Kontraktzahl arbeiten, so passen Sie automatisch die Positionsgröße an Ihr Kapital und die Marktvolatilität an. Sobald eine Serie von Verlusttrades beginnt, fällt zugleich der Wert Ihres Tradingkontos, so daß sich die Positionsgröße automatisch verkleinert. Wenn Sie aber Gewinne erzielt haben, steigt auch der prozentuale Anteil, der Ihnen für die nächsten Trades zur Verfügung steht. Hierdurch entsteht eine ganz andere Gewinnentwicklung als bei den bisher

KAPITEL VII VORSCHLÄGE FÜR IHR MONEY-MANAGEMENT

Abbildung 7.3 Die Gewinnentwicklungen vier verschiedener Positionsgrößen-Strategien: 'Const MM' steht für konstant zwei Kontrakte pro Trade; 'Var MM1' bildet die 'Doppelt-oder-Hälfte'-Strategie ab. 'Var MM2' zeigt die Ergebnisse für das 'Hälfte-nach-Verlust'-Prinzip, 'Var MM3' steht für die 'Doppelt-nach-Verlust'-Strategie.

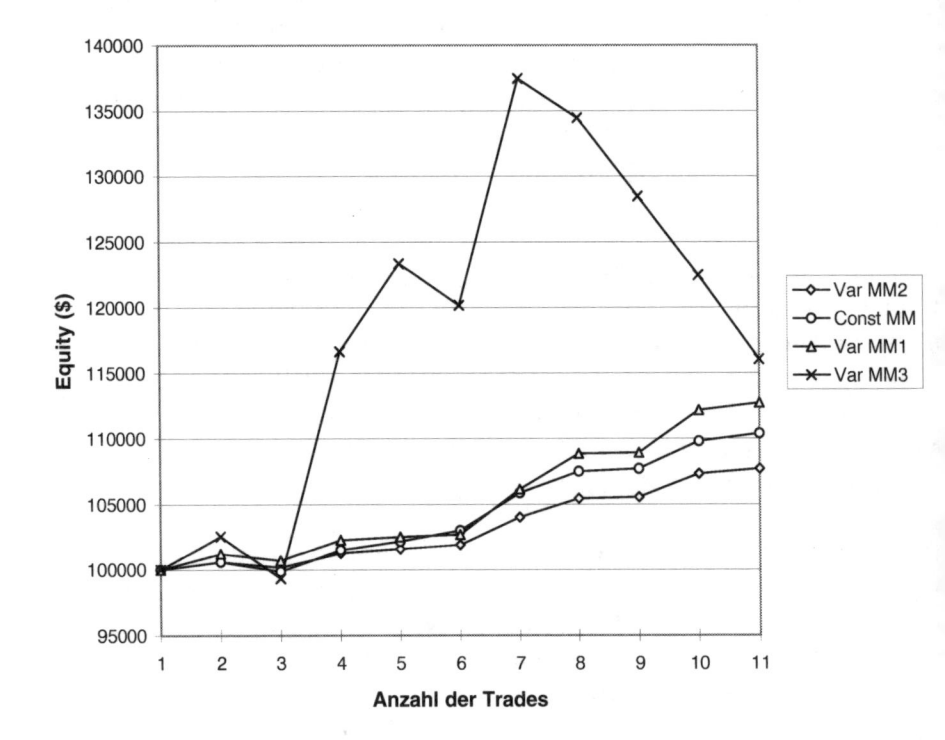

Kapitel VII Vorschläge für Ihr Money-Management

gesehenen Beispielen. Doch die hier vorgenommenen Berechnungen sollen Ihnen ausschließlich als Ausgangspunkt für Ihre eigenen Versuche und Untersuchungen im Bereich variabler Positionsgrößen dienen. Im Endeffekt sind Sie selbst am besten in der Lage, diejenige Strategie auszuwählen, welche Ihrem persönlichen Tradingstil am besten entspricht.

Zusammenfassung

In diesem Kapitel beschäftigten wir uns mit grundlegenden Gedanken des Money-Managements. Wir begannen die Untersuchungen mit dem Risiko eines Totalverlustes. Diese Berechnungen zeigten, daß eine permanente Überlastung eines Tradingkontos kaum anzuraten ist. Diese Berechnungen setzten voraus, daß Positionsgröße und Amortisationsrate konstant bleiben. Doch die Positionsgröße sollte durchaus verändert werden, wenn Sie eine außergewöhnliche Kurschance in den Märkten ausmachen können.

Im Anschluß betrachteten wir die Zusammenhänge zwischen Systemdesign und Money-Management. Im Grundsatz ging es hier darum, sich vor Verlusten zu schützen, dem Markt indes das Anschwellen der Gewinne selbst zu überlassen. Wir betrachteten dann die Standardabweichung der monatlichen Wertveränderungen, um zukünftige, mögliche Verluste zu projizieren, wobei wir als Richtgröße das Vier- bis Fünffache der Standardabweichung ermittelten.

Den Abschluß bildete die Betrachtung der Problematik, inwieweit die Veränderung der Positionsgrößen einen Einfluß auf die Berechenbarkeit und Regelmäßigkeit der Wertentwicklung hat. Das Ergebnis: Sie können für gleichmäßigere Gewinne sorgen, indem Sie Ihre Positionsgröße nach jedem Verlusttrade reduzieren. Die anderen getesteten Strategien führten im Gegensatz dazu zu einer Verstärkung der Volatilität innerhalb der Gewinnkurve. Es bietet sich an, diese Thematik nachhaltig zu verinnerlichen, da jede dieser Money-Management-Strategien einen signifikanten Einfluß auf Ihre zukünftige Portefeuille-Performance hat.

Kapitel VIII

- Datenbeschaffung -

KAPITEL VIII DATENBESCHAFFUNG

Einleitung

*Es gibt niemals genug Daten von der Sorte,
wie Sie sie gerade brauchen.*

Unser Fokus bleibt weiterhin auf die Frage gerichtet, wie sich Ihr Tradingsystem in der Zukunft bewähren wird. In diesem Kapitel wollen wir Ihnen dazu eine Methode vorstellen, um synthetische Daten zu generieren und dadurch unbegrenztes Datenmaterial für Ihre Systemtests zu erhalten. Diese neue Methode, genannt 'Data scrambling', wird Ihnen dabei helfen, die Beschränkungen zu überwinden, die durch die relativ geringe Anzahl von Kursdaten im Bereich der Futures-Märkte hervorgerufen werden. Mit 'Data scrambling' kreieren Sie völlig neue Kursspannen und Chartformationen, die notwendig sind, um Ihr Tradingsystem unter den extremsten Bedingungen zu testen, die ein Markt überhaupt liefern kann. Damit bewegen wir uns nun tief im Bereich hypothetischer Testphasen. Wir wollen Ihnen diese Vorgehensweise detailliert anhand eines Statistik-Datenblattes und der Kursdaten des S&P-500 erläutern. Danach benutzen wir einen 7-Jahre-Datensatz von Endloskontrakten auf den Schweizer Franken, um hieraus 56 Jahre synthetischer Kursdaten zu generieren. Zum Abschluß werden wir ein volatilitätsbezogenes Tradingsystem anhand dieser synthetischen Daten testen, so daß Sie sich von den Vorteilen des 'Data scrambling' überzeugen können.

Was Sie unbedingt über Ihr System wissen sollten

Das, was Sie wirklich und unbedingt über Ihr System wissen sollten, ist, wie es sich in der Zukunft bewähren wird. Der Idealfall wäre, wenn Sie vorab wüßten, wie die zukünftigen Gewinne und Verluste aussehen werden. Doch da Sie die Zukunft nun einmal nicht vorhersehen können, ist es eine gute Option, Ihr System mit einer Unmenge theoretischer Kursdaten zu testen, die zukünftige Kursbewegungen simulieren können. Aus diesen Ergebnissen müssen Sie dann nur Mittelwerte errechnen, um brauchbare Schätzungen zukünftiger Gewinne und Verluste

KAPITEL VIII DATENBESCHAFFUNG

zu erhalten. Es muß an dieser Stelle aber betont werden, daß es schwierig ist, wirklich präzise Voraussagen für zukünftige Gewinne oder Verluste zu erhalten.

Auch gute Schätzungen für Durchschnittswerte und Standardabweichungen der monatlichen Wertveränderungen könnten sehr nützlich sein. Wir hatten die Wertentwicklungen und Standardabweichungen in Zeitintervalle unterteilt, als wir uns mit den Gewinnkurven beschäftigt hatten. Die Standardabweichung ist dabei nützlich, um zukünftige Verluste zu projizieren.

Als Trader möchten Sie auch zweifellos ein Gefühl dafür entwickeln, wie sich Ihre Design-Philosophie in der Vielzahl der Märkte bewährt. Das von Ihnen einem System gegenüber entgegengebrachte Vertrauen ist bisweilen wertvoller als dessen Performance, da Sie so ein Ihnen vertrautes System ohne Zögern und Zweifeln annehmen können. Eine Möglichkeit, sich dieses Vertrauens zu versichern, ist der Test des Systems über viele, unterschiedliche Datenreihen dergestalt, wie sie 'wahrscheinlich' auch in der Zukunft auftreten werden.

Bedenken Sie bitte, daß alle Computertests in einem sterilen, emotionslosen Umfeld stattfinden, in dem keine großen Einsätze auf dem Spiel stehen. Sie allerdings sind sehr wohl emotional beteiligt, wenn das System im tatsächlichen Trading mit echten Einsätzen angewandt wird. Eine mögliche Lösung hierfür ist der Test des Systems mit so vielen Daten als möglich, so daß Sie zumindest indirekt Erfahrungen sammeln können, um den verschiedenen Marktbedingungen zu begegnen. Sie erhalten hierdurch auch ein besseres Verständnis für die Variabilität der Systemperformance unter extremen Marktbedingungen.

Erinnern Sie sich daran, daß die Systemtests Ihnen ausschließlich Auskunft darüber geben, wie sich das System in der Vergangenheit bewährt hat. Dabei sind die Ergebnisse immer an die von Ihnen verwendeten Daten gekoppelt. Daher müssen Sie Dutzende, wenn nicht gar Hunderte von Datenreihen testen, um eine brauchbare Simulation künftig möglicher Marktentwicklungen zu erreichen. Da aber die meisten, aktiven Futures-Märkte erst seit weniger als zwei Jahrzehnten existieren, ist auch die Anzahl der zur Verfügung stehenden Daten limitiert. Bedenkt man darüber hinaus, daß Futures-Kontrakte eine begrenzte Laufzeit haben, so stellt sich die Suche nach ausreichendem Datenmaterial für Ihre Tests als große Herausforderung dar. Je mehr Daten Sie verwenden können, desto besser sind Sie in quantitativer wie psychologischer Hinsicht auf das tatsächliche Trading vorbereitet. In diesem Kapitel besprechen wir eine neue Methode, um unbegrenzte Datenmengen zu generieren, die zukünftige Kursbewegungen simulieren können. Diese neue Vorgehensweise ermöglicht es Ihnen, eine unbegrenzte Zahl von Kursdaten aus historischen Marktdaten zu erschaffen. Diese synthetischen Daten liefern darüber hinaus Erkenntnisse über Marktvolatilität und Kursformationen. Sie werden sehen, wenn Sie erst einmal diese Art von Daten zu generieren vermögen, daß Sie die Möglichkeit haben, Ihr Tradingsystem besser und umfangreicher als je zuvor zu testen. Und was noch wichtiger ist: Sie 'erkunden' die unterschiedlichsten Arten von Marktsituationen und schaffen dadurch ein Vertrauen in Ihr System, das für die zukünftigen Gewinne unumgänglich ist.

Aus der Vergangenheit in die Zukunft: Ziehen und Zurücklegen

Der Grundgedanke des Ziehens und Zurücklegens lautet, vereinfacht ausgedrückt, wie folgt: Stellen Sie sich vor, Sie hätten einen Behälter, in welchem sich 100 Kugeln befinden, die mit Zahlen von 1 bis 100 numeriert sind. Nun schütteln Sie diesen Behälter und ziehen danach eine Kugel, die, sagen wir, die Nummer 21 aufweist. Bevor Sie nun eine weitere Kugel ziehen, haben Sie zwei Möglichkeiten. Sie können entweder die Kugel mit der Nummer 21 in den Behälter zurücklegen, so daß alle 100 Kugeln wieder im Behälter sind. Oder aber Sie ziehen eine neue Kugel aus den restlichen 99 Kugeln, ohne zuvor die bereits gezogene Nummer 21 in den Behälter zurückzulegen.

Legen Sie die Kugel Nummer 21 wieder zurück, so besteht eine Chance von 1 zu 100, daß Sie sie sofort wieder aus dem Behälter ziehen werden. Und dies ist der Vorgang des Ziehens und Zurücklegens. Die Wahrscheinlichkeit, daß Sie die 21 beim ersten Mal ziehen, beträgt 1 Prozent. Die Wahrscheinlichkeit, daß Sie die Kugel 21 zweimal nach-

KAPITEL VIII   DATENBESCHAFFUNG

einander ziehen, beträgt 0,01 Prozent. Und so ist die Wahrscheinlichkeit, dieselbe Kugel auch ein drittes Mal in Folge aus dem Behälter zu holen, bei 0,0001 Prozent. Oder anders gesagt: einmal in 1.000.000 Versuchen. Beachten Sie, daß die geringe Wahrscheinlichkeit, dieselbe Kugel dreimal in Folge aus dem Behälter zu ziehen, nicht bedeutet, daß dies unmöglich wäre.

Ein Beispiel, in Tabelle 8.1 abgebildet, illustriert die Idee, die hinter dem Ziehen und Zurücklegen steckt. Die Nummern von 1 bis 10 stehen für die 'Originalziehung'. Hieraus errechnen wir den Durchschnitt (5,5) und die Standardabweichung (3,03). Wir verwenden danach den Ziehen-und-Zurücklegen-Algorithmus im 'Microsoft Excel 5.0'-Programm, um 11 weitere Ziehungen zu generieren. Wenn Sie sich diese Ziehungen einen Augenblick lang genauer betrachten, werden Sie feststellen, daß derselbe Wert oft mehrfach auftritt. Da diese neuen Ziehungen nach dem Zufallssystem ausgewählt wurden, ist jedes dieser 11 Beispiele insgesamt unterschiedlich. Gleichzeitig wird jedoch die 'Handschrift' der Original-Datenreihe beibehalten, wie sich an den geringen Unterschieden zwischen dem höchsten und dem tiefsten Wert ablesen läßt. Darüber hinaus haben wir den Durchschnittswert und die Standardabweichung für jedes Beispiel errechnet. Diese Werte schwanken für die Durchschnitte zwischen 4,3 und 6,9, für die Standardabweichung zwischen 1,95 und 3,60. Jedes Beispiel ist daher nur eine ganz grobe Nachvollziehung von Durchschnittswert und Standardabweichung der Original-Ziehung. Wenn wir aber die Durchschnittswerte und Standardabweichungen aller 11 Ziehungen zusammenfassen, so liegen diese Werte weitaus näher an den Zahlen des Originalbeispiels. Und je mehr Ziehungen wir generieren, desto besser entsprechen die Werte dem ursprünglichen Beispiel.

Wenn wir dieses Prinzip auf die Systemtests übertragen, können wir das Ziehen und Zurücklegen verwenden, um synthetische Daten zu erschaffen. Diese zusätzlichen Daten können die Einschätzungen unserer Durchschnittswerte und Standardabweichungen der Wertentwicklungen bestätigen oder sogar präzisieren. Mit diesen neuen Daten können wir echte Testsimulationen durchführen und die Vielfalt der Marktbedingungen, denen unser Tradingsystem ausgesetzt wird, erhöhen.

KAPITEL VIII — DATENBESCHAFFUNG

Tabelle 8.1 Ein Beispiel für Ziehen mit Zurücklegen. Beachten Sie, wie deutlich sich die Durchschnittswerte der 11 Ziehungen insgesamt wieder in Richtung der Originalwerte bewegen.

	#1	#2	#3	#4	#5	#6	#7	#8	#9	#10	#11
Original	7	2	8	3	9	6	2	8	6	1	7
1	6	6	9	6	10	7	8	10	3	4	3
2	2	3	6	4	1	8	4	1	4	1	0
3	3	7	7	10	5	9	1	8	6	6	5
4	10	3	3	8	7	10	10	7	8	5	4
5	9	6	3	5	7	3	4	10	10	8	3
6	5	5	4	5	13	2	6	9	5	6	3
7	8	7	3	10	9	3	10	4	7	8	5
8	4	1	8	2	3	10	9	6	2	4	8
9	5	7	8	4	7	5	1	1	1	9	2
10	3	5	5	10	1	4	16	1	18	1	18
Durchschnitt	5,5	5,6	4,6	6,4	5,8	6,1	6,9	5,5	6,4	5,2	6,1
Standardabweichung	3,03	2,5	2,27	2,12	3,49	3	2,85	3,6	3,37	2,78	2,73

Durchschnitt (Gesamt) 5,72
Standardabw. (Ges.) 2,81

KAPITEL VIII   DATENBESCHAFFUNG

Die Methode des Ziehens mit Zurücklegen führt zu einer anderen statistischen Vorgehensweise, die 'bootstrapping' genannt wird. Hier verwenden Sie das Ziehen mit Zurücklegen für die Ergebnisse eines statistischen Experimentes, um die statistische Verteilung der Gesamtdaten zu ermitteln. Ein Beispiel: Sagen wir, Sie verfügen über die Ergebnisse von 200 Trades eines Tradingsystems. Sie können nun das Ziehen mit Zurücklegen verwenden, um andere, mögliche Ergebnisse zu generieren, und diese Daten mitteln, um eine Verteilung für zukünftige Tradingergebnisse zu erhalten. Im obigen Beispiel liefern uns die unterschiedlichen Durchschnittswerte in den Standardabweichungen eines jeden Datenblocks eine Verteilung der Durchschnitte und Standardabweichungen der Originaldaten. Um sich die Verteilung aller Trades noch einmal zu vergegenwärtigen, können Sie unsere Untersuchung über die Ergebnisse des 65sma-3cc-Systems nachschlagen. Diese 2.400 Tests führten zu einem Histogramm, welches die Verteilung der Trades darstellte. Wir könnten nun Ziehen mit Zurücklegen für diese 2.400 Trades verwenden, um neue, potentielle Verteilungen oder Histogramme zu erhalten und aus diesen die zukünftige Performance des Systems zu schätzen.

Eine Schwierigkeit bei der Anwendung von Ziehen mit Zurücklegen ist, daß wir nur Daten aus den Originalbeispielen verwenden können. Das heißt, daß Sie nur diejenigen, tatsächlichen Kursbewegungen 'sehen' können, die sich tatsächlich im Originalbeispiel ereignet haben. Doch die hier dargestellte Prozedur versucht, dieses Problem zu bewältigen, so daß Sie tatsächlich neue Kursspannen oder Chartformationen kreieren können.

Wir wollen nun überprüfen, wie wir die Methode des Ziehens mit Zurücklegen verwenden können, um aus einem Endloskontrakt weitere Kontrakte zu generieren, die neue Marktinformationen bereitstellen. Wenn wir erst einmal Marktdaten replizieren können, sind wir von den Fesseln beschränkter Datenreihen befreit.

KAPITEL VIII   DATENBESCHAFFUNG

'Data Scrambling': Synthetische Daten, soviel Sie wollen

Kursdaten, die aus dem Vorgang des 'Data scrambling' entstehen, sind deshalb synthetische Kursdaten, weil sie ihren Ursprung nicht im tatsächlichen Trading der Märkte haben. Die Bezeichnung 'Data scrambling' wurde verwendet, da diese Methode die Basisdaten nach dem Zufallsprinzip neu arrangiert, um neue Kursreihen zu entwickeln.

Lassen Sie uns dazu zunächst überprüfen, wie man relevante Marktinformationen aus den Kursen isolieren kann. Wir setzten dazu zwei Tages-Kursbalken nebeneinander. Dann betrachten wir uns die Relation zwischen dem Eröffnungskurs (O), dem Höchstkurs (H), dem Tiefstkurs (L) und dem Schlußkurs (C) des zweiten Kursbalkens, indem wir den Schlußkurs des ersten Kursbalkens als Bezugspunkt wählen. Wir können nun diese Relationen wie folgt schreiben:

deltaO = O - C[1],
deltaH = H - C[1],
deltaL = L - C[1],
deltaC = C - C[1].

Hier bezeichnet [1] den Schlußkurs des vorangegangenen Tages. Diese Gleichungen können das Kursverhalten darstellen, da sie zwischen den einzelnen Kursen eines Tages und dem Schlußkurs des Vortages eine Relation herstellen. Über einen längeren Zeitraum betrachtet werden diese Gleichungen in jedem Markt charakteristische Größen annehmen, die auf dessen Volatilität, Liquidität und anderen Tradingaspekten basieren. Wenn wir diese Formeln für das Ziehen mit Zurücklegen verwenden, so kreieren wir Kursdaten, welche die spezielle 'Handschrift' des jeweiligen Marktes tragen, die sich aus den echten, relativen Preisrelationen ergibt.

Als nächsten Schritt verwenden wir einen Zufallsgenerator, um mit diesem die Kursdaten zu 'mischen'. Wenn Sie erst einmal eine neue Datenreihe haben, benötigen Sie einen Ausgangspunkt, der normalerweise der vorangegangene Schlußkurs sein sollte. Der neu entstandene

KAPITEL VIII DATENBESCHAFFUNG

Tabelle 8.2 Datenblatt, basierend auf den Daten des S&P500-Kontraktes Dezember 1995

Balken	Datum	Eröffnung	Hoch	Tief	Schluß	O-C(1)	H-C(1)	L-C(1)	C-C(1)
1	29.11.95	608,6	608,85	606,3	608,05				
2	30.11.95	608,07	610	606,1	607,25	0,02	1,95	-1,95	-0,8
3	01.12.95	608	609,4	605,9	608,3	0,75	2,15	-1,35	1,05
4	04.12.95	608,87	615,5	608,05	614,8	0,57	7,2	-0,25	6,5
5	05.12.95	614,02	619,5	613,85	618,75	-0,78	4,7	-0,95	3,95
6	06.12.95	619,85	622,65	617,35	619,8	1,1	3,9	-1,4	1,05
7	07.12.95	618,95	619,8	615,7	616,65	-0,85	0	-4,1	-3,15
8	08.12.95	618,5	619,5	614,3	618,3	1,85	2,85	-2,35	1,65
9	11.12.95	618,9	621,7	617,75	619,8	0,6	3,4	-0,55	1,5
10	12.12.95	618,9	620	618,2	618,8	-0,9	0,2	-1,6	-1
	13.12.95	619,4	622,6	618,65	621,35	0,6	3,8	-0,15	2,55

397

KAPITEL VIII DATENBESCHAFFUNG

Abbildung 8.1 Die tatsächlichen Kurse des S&P500-Kontraktes, Laufzeit Dezember 1995

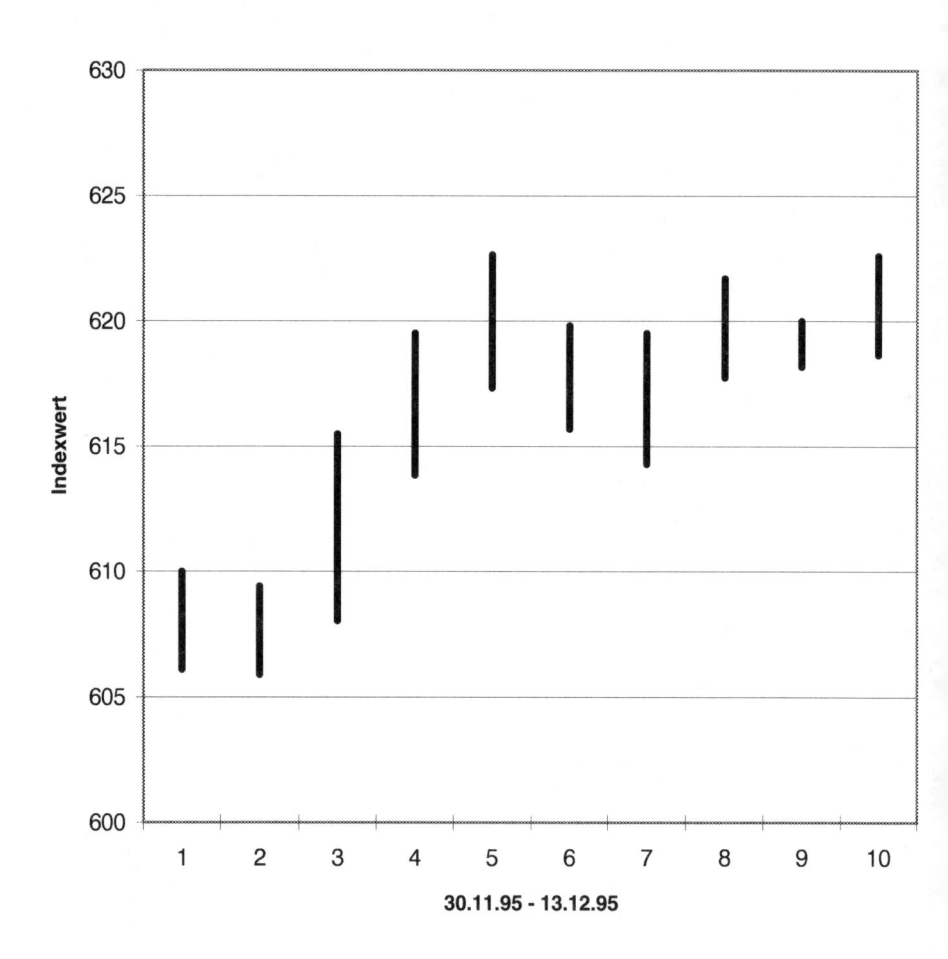

30.11.95 - 13.12.95

Kapitel VIII — Datenbeschaffung

Kursbalken wird aus dem vorangegangenen Schlußkurs wie folgt hergeleitet (neue, synthetische Werte werden durch die voranstehenden Buchstaben 'SYN' gekennzeichnet):

Syn-Close = Close[1] + delta C,
Syn-High = Close[1] + delta H,
Syn-Low   = Close[1] + delta L,
Syn-Open = Close[1] + delta O.

Auf diese Weise sind die Berechnungen leicht in ein Programm oder ein Datenblatt einzufügen. Die Relationen zwischen den einzelnen Kursbalken werden wir zunächst in Tabelle 8.2 berechnen, welche auf den tatsächlichen Kursveränderungen des S&P500-Kontrakts basieren (Abbildung 8.1). Die Relationen zwischen den einzelnen Kursdaten erscheinen in den letzten vier Spalten. Der Unterschied zwischen dem Schlußkurs des 30. November und des 29. November war -0,80 Punkte. Die Unterschiede zwischen dem gestrigen Schlußkurs und der heutigen Eröffnung, dem heutigen Hoch, dem Tief und dem Schlußkurs sind für jeden Tag gezeigt. Diese Berechnungen stellen die *Kursrelationen* dar. Nun können wir diese Informationen mischen, indem wir uns hierzu eines Zufallsgenerators bedienen.

Zum 'Mischen' dieser Daten numerieren Sie diese von 1 bis n, wobei n den letzten Kurs darstellt. Danach verwenden Sie den Zufallsgenerator, um eine Zahl zwischen 1 und n auszuwählen. Diese Zahl wird dann der nächste Kurs in der Reihe werden. Stellen wir uns vor, daß Sie beim Auswählen Balken 5 ziehen. Dadurch wird der ursprüngliche Balken Nummer 5 der Balken Nummer 10 in der neuen Kursreihe. Dabei können diese Kursbalken aufgrund der Vorgehensweise mit Zurücklegen mehr als einmal auftreten. So kann zum Beispiel der 27. Zug erneut den originalen Balken Nummer 5 ergeben. Und auf diese Art und Weise können Sie eine Kursdatenreihe kreieren, die so lang ist, wie Sie es wünschen.

In diesem Fall verwendeten wir den Schlußkurs des 29. November 1995 bei 608.05 als Referenzkurs. Zur Generierung einer neuen Kursreihe nutzten wir die 'sampling'-Funktion im 'Microsoft Excel'-Programm. Die

Kapitel VIII Datenbeschaffung

neue Datenreihe lautete: 4, 5, 8, 1, 3, 10, 10, 8, 9, 1. Das heißt, beginnend mit dem vorangegangenen Schlußkurs bei 608,05, wir fügten unmittelbar danach den vierten Kursbalken der Originaldaten ein, danach wiederum den fünften Kursbalken, den achten und so weiter.

Die Tabelle 8.3 zeigt das Datenblatt, mit dem wir die neuen, synthetischen Daten errechnet haben. In der ersten Spalte steht die Nummer des Kursbalkens, den wir durch Ziehen mit Zurücklegen ausgewählt haben. Die nächsten vier Spalten stehen für die Relationen der Kursbalken zueinander, wie sie bereits in Tabelle 8.2 berechnet wurden. In den letzten vier Spalten finden sich die synthetischen Kursdaten, die aus dem vorangegangenen Schlußkurs durch Hinzuaddieren der Datenrelationen entstanden.

In Tabelle 8.2 verwandelt sich der Kurs vom 5. Dezember in Balken Nummer 4. Hier gewann der Markt auf Schlußkursbasis 3,95 Punkte. In Tabelle 8.3 ist Balken Nummer 4 der erste Kursbalken der neuen Datenreihe. Der vorangegangene Schlußkurs wird mit 608,05 angenommen. Und so liegt der neue Schlußkurs jetzt bei 612,00 (608,05 + 3,95). Der neue Tagestiefkurs ist bei 608,05 - 0,95, also 607,10. Das neue Hoch des Tages errechnet sich aus 4,7 + 608,05, also 612,75. Der Schlußkurs des zweiten Kursbalkens beträgt nun 613,05 (612,00 + 1,05). Sie können nun den Rest der Berechnungen vervollständigen. Die neuen, 'gemischten' Daten erschaffen einen synthetischen Kursverlauf, der in Abbildung 8.2 dargestellt wird.

Dieser neue Kursverlauf zeigt einen Aufwärtstrend, der die Kurse bis hinauf in den Bereich von 630 Punkten trägt. Beachten Sie, daß die Konsolidierung, die während der letzten 6 Kursbalken der Originaldaten auftrat, nicht mehr existiert. Der letzte Kursbalken der Originalkurse (Kurs 10 in Abbildung 8.1) erscheint in Abbildung 8.2 als die Kursbalken 6 und 7, was Sie daran erkennen können, daß die Relation zwischen dem Hoch- und Tiefkurs gegenüber dem Vortageskursbalken in beiden Fällen gleich ist. Wir haben hier also das Marktverhalten im Original-Kursbalken Nummer 10 festgehalten und in anderer Reihenfolge reproduziert, um neue, synthetische Daten zu erschaffen.

Tabelle 8.3 'Gescrambelte' Daten des S&P500 unter Verwendung der Beziehungen in Tabelle 8.2. Als Ausgangswert der Datenreihen wurde ein Schlußkurs von 608.5 angenommen.

Balken	O-C(1)	H-C(1)	L-C(1)	Syn-O	Syn-H	Syn-L	Syn-C
4	-0,78	4,7	-0,95	607,27	612,75	607,1	612
5	1,1	3,9	-1,4	613,1	615,9	610,06	613,05
8	0,6	3,4	-0,55	613,65	616,45	612,5	614,55
1	0,02	1,95	-1,95	614,57	616,5	612,6	613,75
3	0,57	7,2	-0,25	614,32	620,95	613,5	620,25
10	0,6	3,8	-0,15	620,85	624,05	620,1	622,8
10	0,6	3,8	-0,15	623,4	626,6	622,65	625,35
8	0,6	3,4	-0,55	625,95	628,75	624,8	626,85
9	-0,9	0,2	-1,6	625,95	627,05	625,25	625,85
1	0,02	1,95	-1,95	625,87	627,8	623,9	625,05

KAPITEL VIII   DATENBESCHAFFUNG

Abbildung 8.2 Die synthetischen Daten der Tabelle 8.3 für den S&P500-Futures-Kontrakt, im Chart dargestellt.

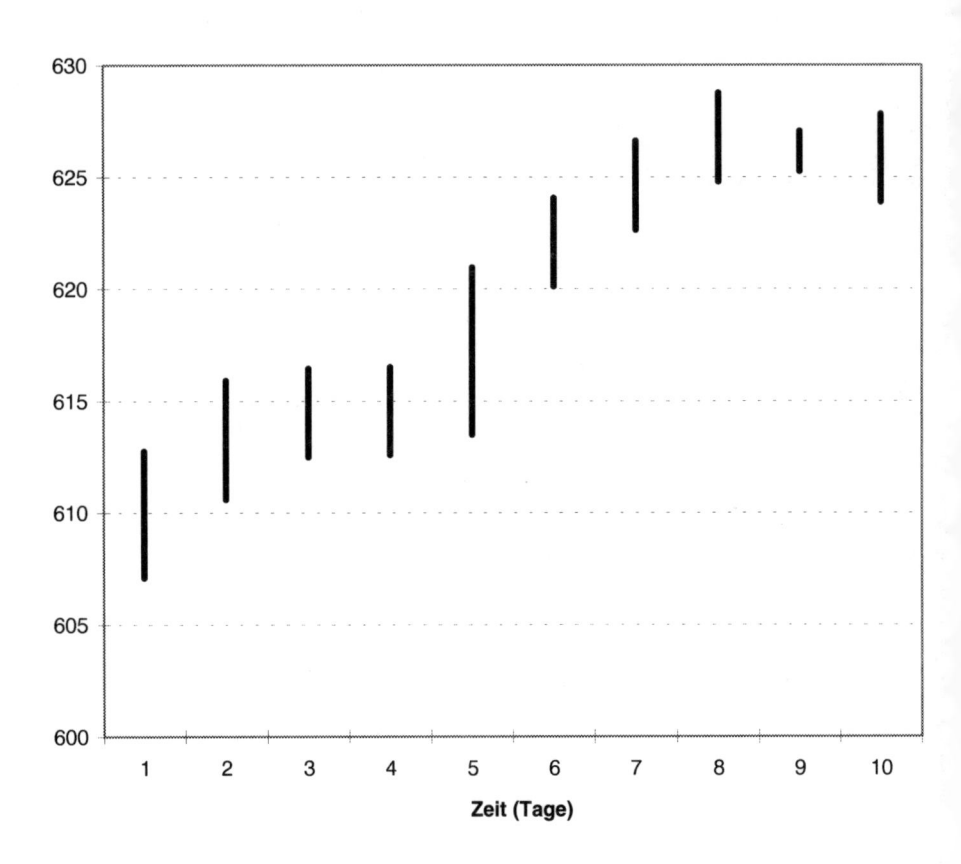

KAPITEL VIII DATENBESCHAFFUNG

Abbildung 8.3 Die synthetischen Daten des S&P500-Futures-Kontrakt mit der Kursbalken-Reihenfolge 6, 5, 4, 2, 1, 9, 10, 8, 7, 3

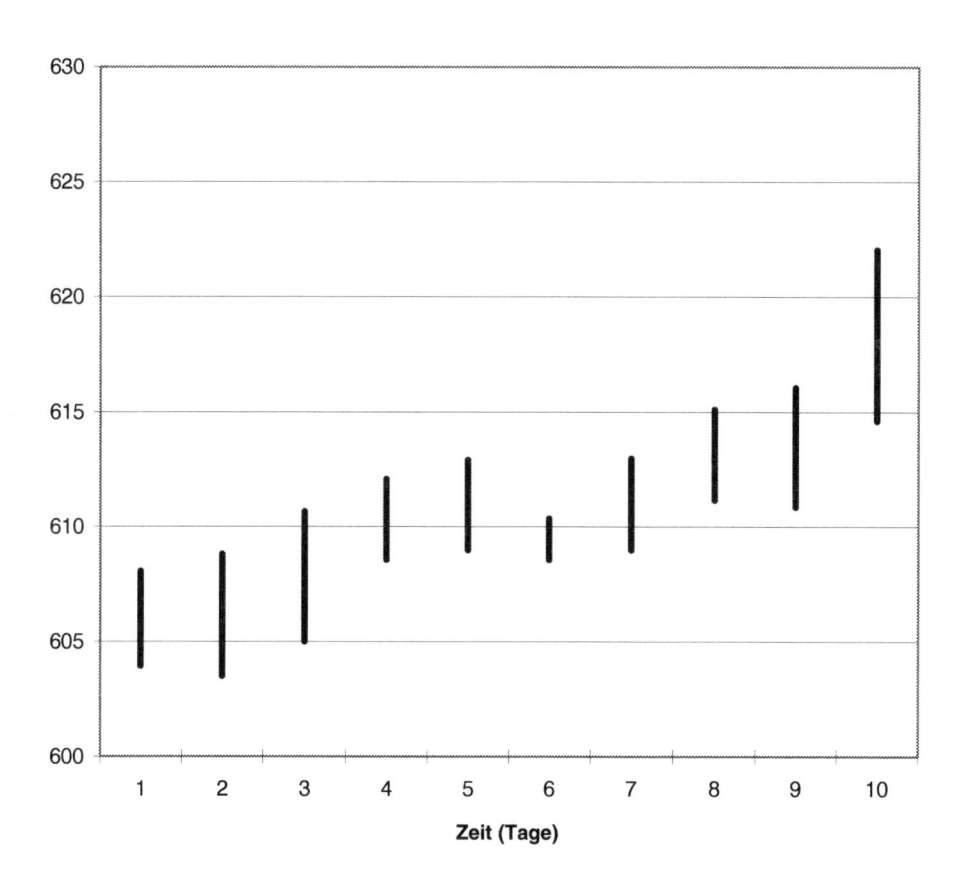

Natürlich wird die Vielfalt der Kursformationen mit zunehmender Zahl neu generierter Kursdaten ansteigen. Ein weiterer synthetischer Kursverlauf, den wir aus den Originaldaten des S&P500-Futures-Kontrakts abgeleitet haben, ist in Abbildung 8.3 zu sehen und illustriert die Vielfalt möglicher, neuer Kursverläufe. Die neuen Kurse decken eine schmalere Kursspanne als die Originaldaten ab und scheinen am Ende einen Breakout aufzuweisen.

Um synthetische Kursdaten zu kreieren, bieten sich vor allem Endloskontrakte an, da diese einen langen, kontinuierlichen Verlauf von Kursbewegungen präsentieren. Sie können mit dieser Methode auch einzelne Kontrakte umwandeln und diese aneinanderreihen, um das 'Rollen' in neue Laufzeiten zu testen.

Die Bedeutung des 'Data scrambling' steigt mit der Anzahl der zugrundeliegenden Daten, da Sie dann auch eine größere Vielfalt von Kursverläufen erschaffen können. Mit einer Kette von 5 oder 7 Jahren von Kursdaten aus Endloskontrakten lassen sich 100 Jahre von Testdaten kreieren, mit denen Sie Ihr System gegenüber nahezu allen möglichen Kursverläufen testen können. Da es sich hierbei um Kursverläufe handelt, die Sie 'wahrscheinlich' auch in der Zukunft sehen werden, ist dies die strengste Form, die für einen hypothetischen Systemtest überhaupt denkbar ist.

Die Abbildung 8.4 zeigt, daß 'Data scrambling' die Einschränkungen durch unzureichende Daten überwinden kann. Während die Originaldaten eine Reihe von Seitwärtsphasen aufweisen, zeigen die synthetischen Daten deutlich mehr Trendphasen, was beweist, daß sich völlig neue Kursverläufe erschaffen lassen. Zudem ist die Kursspanne der synthetischen Daten weitaus größer als die des Originals. Diese Methode führt also ebenso zu neuen Kursniveaus und Kursformationen, die für einen Systemtest unter nach Möglichkeit extremsten Bedingungen erforderlich sind.

KAPITEL VIII DATENBESCHAFFUNG

Abbildung 8.4 Der synthetische Schweizer Franken-Kontrakt (unterer Chart), generiert aus den Daten des echten Endloskontraktes (oberer Chart)

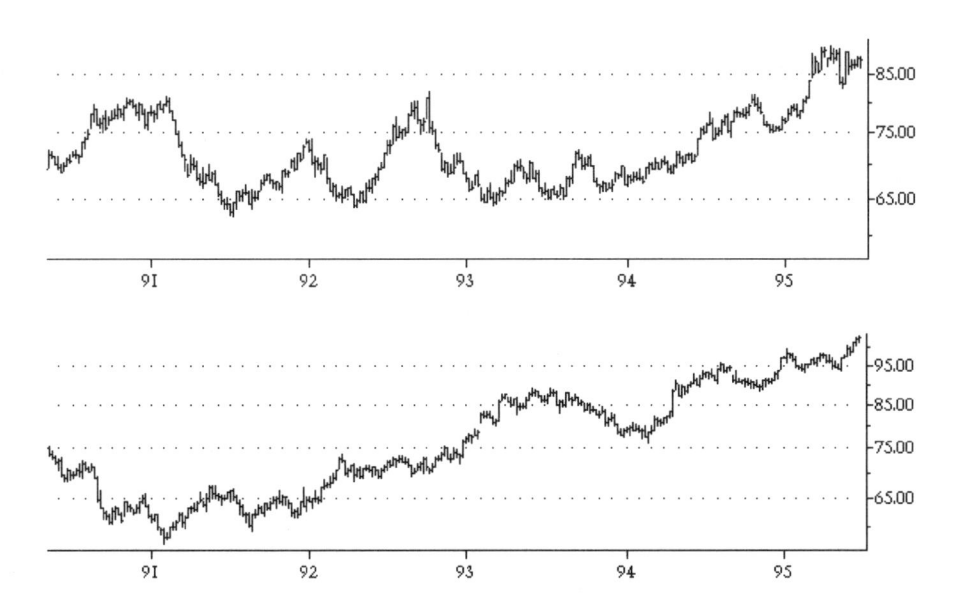

KAPITEL VIII   DATENBESCHAFFUNG

Der Test eines volatilitätsbezogenen Tradingsystems mit synthetischen Daten

Wir testen nun ein volatilitätsabhängiges Tradingsystem mit synthetischen Daten, um deren Anwendung zu illustrieren. Wir haben deswegen ein volatilitätsabhängiges Programm gewählt, da insbesondere die Devisenmärkte unlängst kräftige Kursbewegungen zeigten. Dabei könnten Sie den Eindruck erhalten, daß derartige, komprimierte Kursbewegungen für die heutigen Futures-Märkte den Normalzustand darstellen. Und in der Tat wird ein historischer Rückblick Ihnen bestätigen, daß sie auch in früheren Jahren an der Tagesordnung waren. Derartige Kursbewegungen sind zumeist schwierig zu traden, wenn das Programm mit stark geglätteten Indikatoren arbeitet. Dabei war zu beobachten, daß derartige, plötzliche Kursbewegungen oft in der Nähe von Wendepunkten eines Trends auftreten. Und so könnte man anhand eines volatilitätsbezogenen Ansatzes eine brauchbare Möglichkeit zur Identifikation von Hoch- oder Tiefpunkten im Kursverlauf finden. Dabei können Sie den Begriff 'Volatilität' in vielerlei Weise definieren.

Die übliche Praxis ist, ein Mehrfaches der jüngsten Kursspanne zu errechnen, um damit die Eckwerte zukünftiger Kursbewegungen zu definieren. Hier verwenden wir aber eine einfachere Vorgehensweise, indem wir nur die Differenz zwischen dem heutigen Hoch und Tief des Kurses errechnen, um hieraus die Kursspanne zu bestimmen. Als Kaufsignal gilt, wenn das heutige Hoch um ein Zweifaches der heutigen Hoch-/Tief-Spanne überschritten wird. Gleichzeitig lautet die Verkaufsregel: Verkaufen Sie, wenn das heutige Kurstief um das Zweifache der heutigen Hoch-/Tief-Spanne unterschritten wird. Dabei ist es ziemlich unwahrscheinlich (aber nicht unmöglich), daß Sie mit diesen Regeln ein Kauf- und ein Verkaufssignal am selben Tag erhalten.

Die obige Definition von Kaufsignalen ist ziemlich allgemein gehalten und in keiner Weise hinsichtlich eines bestimmten Marktes optimiert worden. Das oben erwähnte 'Mehrfache der Hoch-/Tief-Spanne' kann also durchaus erhöht werden, um weniger Signale zu erhalten, ebensogut aber auch verringert werden, um die Tradingaktivität zu erhöhen. Da wir davon ausgehen, daß diese volatilen Kursbewegungen insbe-

KAPITEL VIII   DATENBESCHAFFUNG

sondere in der Nähe von Wendepunkten auftreten, testen wir dazu ein Verkaufssignal, das auf Trendfolge-Basis funktioniert: Verkaufen Sie zum Handelsschluß am zwanzigsten Tag des Trades. Zuerst betrachten wir Testergebnisse, die wir bei Verwendung von Endloskontrakten erhalten. Danach werden wir dieses System mit synthetischen Daten des Schweizer Franken testen, die wir durch 'Data scrambling' erhalten haben. Das Ziel dabei ist, zu prüfen, ob dieses einfache Tradingsystem sinnvoll ist, und gleichzeitig zu erlernen, wie diese synthetischen Daten angewandt werden können.

Abbildung 8.5 zeigt, wie die Tradingsignale im Dezember-1995-Kontrakt des Schweizer Franken auftreten. Im September profitierte das System von einer kraftvollen Kursrallye. Die Verkaufsregel (Verkauf am Ende des zwanzigsten Tages) generiert den Ausstieg in der danach folgenden Konsolidierungsphase. Doch in der im August stattfindenden Abwärtsbewegung ging das System nicht rechtzeitig short. Dieser Trade war daher absolut unprofitabel. Unter dem Strich läßt sich sagen, daß dieses Systemdesign die besten Ergebnisse zeigen sollte, wenn die Kurse einen schnellen Ausbruch von einer Seitwärtsphase in die andere vollziehen.

Wir testeten das System zunächst mit Endloskontrakten des Schweizer Franken, die Kursdaten reichten vom 30. Juni 1989 bis zum 30. Juni 1995. Der initiale Stop betrug 3.000$, 100$ wurden für Gebühren und Kommissionen einbezogen. Danach verwendeten wir das 'Data scrambling'-System, um diese Daten zu mischen und aus diesen acht neue Kontrakte zu erschaffen. Wir testeten diese Daten mit demselben System, ohne hierbei Veränderungen an den Systemparametern oder den Daten vorzunehmen. Die Ergebnisse sind in Tabelle 8.4 zusammengefaßt. Um die Identifikation zwischen den Daten zu erleichtern, tragen die synthetischen Daten die Buchstaben 'Syn'.

Die Ergebnisse über 56 Jahre synthetischer Daten zeigen, daß es möglich ist, die zukünftige Performance gegenüber der tatsächlichen Testperiode deutlich zu verbessern oder zu verschlechtern. Doch dies sollte keine Überraschung darstellen. Die Ergebnisse der individuellen, synthetischen Kontrakte unterscheiden sich erheblich.

Abbildung 8.5 Stopkurse auf Höhe des Zweifachen der täglichen Hoch-/Tief-Spanne ermöglichen günstige Einstiegsmöglichkeiten in komprimierte Kursbewegungen. Doch recht oft vollziehen die Märkte große Kursbewegungen auch ohne hohe Volatilität.

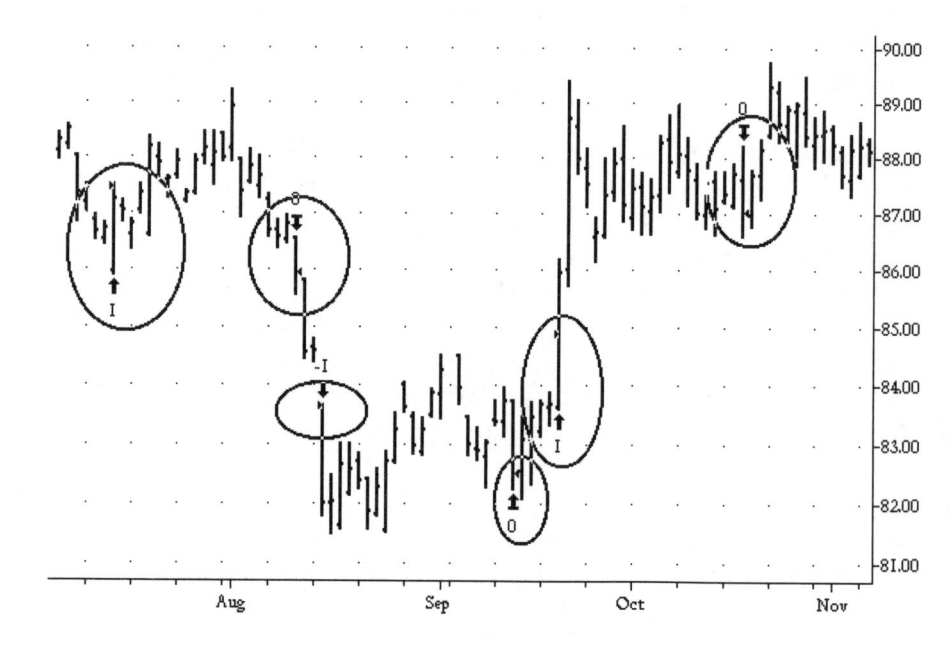

KAPITEL VIII   DATENBESCHAFFUNG

Tabelle 8.4   Vergleich der Testergebnisse eines volatilitätsbezogenen Tradingsystems mit tatsächlichen und synthetischen Daten

Markt	Gewinn	maximaler Tagesverlust	Gewinnfaktor	Anzahl der Trades	Anzahl der Gewinne	Durchschnitt Gewinn/Verlust	Durchschnitt Trades
Schweizer Franken Kontrakt	5.800	17.600	1,06	121	43	1,92	48
SFrSyn#1	33.624	-12.732	1,42	81	39	1,6	415
SFrSyn#2	35.563	-19.550	1,38	97	45	1,59	367
SFrSyn#3	-713	-21.388	0,99	99	37	1,53	-8
SFrSyn#4	14.350	-14.938	1,16	86	39	1,92	167
SFrSyn#5	8.937	-20.425	1,11	98	44	1,36	91
SFrSyn#6	-22.625	-27.050	0,79	101	40	1,21	-224
SFrSyn#7	13.550	-22.463	1,14	97	42	1,49	139
SFrSyn#8	-13.212	-30.750	0,9	97	42	1,19	-136
Durchschnitt	8.684	-21.162	1,11	95	41	1,49	101

409

Kapitel VIII — Datenbeschaffung

Aber die durchschnittliche Entwicklung aller acht synthetischen Testreihen (abgebildet in der letzten Spalte) nähert sich der tatsächlichen Performance der Originaldaten nachhaltig an (erste Spalte). Dieser Test ist vergleichbar zu demjenigen in Tabelle 8.1, wo ebenfalls die durchschnittlichen Werte der zufällig ausgewählten Ziehungen nahe der Daten des Originalbeispiels lagen.

Unter dem Strich bedeutet das, daß wir um so bessere Schätzungen der 'tatsächlichen' oder zumindest wahrscheinlichsten Systemperformance erhalten, je mehr synthetische Daten zu einem letztendlichen Mittelwert führen. Aus diesen Daten läßt sich zudem die Standardabweichung ermitteln, um die wahrscheinliche Schwankungsbreite zukünftiger Ergebnisse darzustellen. So lag beispielsweise die Standardabweichung der synthetischen Daten aus Tabelle 8.4 bei 20.523$ (nicht abgebildet). Anhand dieser Informationen lassen sich sinnvolle Entscheidungen in bezug auf Systemdesign und Money-Management treffen. So können wir zum Beispiel die Gewichtung unseres Portefeuilles für eine Gruppe von Tradingsystemen festlegen, um dessen wahrscheinlicher Systemperformance und Standardabweichung Rechnung zu tragen. Die Standardabweichung läßt sich ebenfalls dafür verwenden, sinnvolle Werte für das Risiko eines Totalverlustes zu berechnen. Oder aber Sie schätzen aus diesen Informationen heraus eine Spanne möglicher, zukünftiger Verluste für Ihr System. Synthetische Daten sind also zweifelsfrei nützlich, um wahrscheinliche, zukünftige Performance zu schätzen.

Und doch gibt es eine immens wichtige Einschränkung in bezug auf diese 'gemischten' Daten. Da wir ein auf dem Zufallsprinzip basierendes Ziehen mit Zurücklegen durchführen, repräsentieren die neuen Datenreihen nicht die tatsächliche Marktsituation. Synthetische Daten können Kursverläufe erschaffen, die in keiner Weise der Marktpsychologie oder der Angebot-/Nachfrage-Situation der Börsen entsprechen. Daher ist es erforderlich, eine Vielzahl von Datenreihen zu kreieren und deren Ergebnisse zu Durchschnittswerten zusammenzufassen. Diese Durchschnitts-Performance wird aller Wahrscheinlichkeit nach weitaus repräsentativer für die zukünftige Performance Ihres Systems sein.

KAPITEL VIII — DATENBESCHAFFUNG

Zusammenfassung

Das 'Data scrambling' eröffnet Ihnen eine neue Methode, um ein System in vielen, unterschiedlichen Marktbedingungen zu testen. Bei der Beobachtung der Systemperformance während solcher Simulationen erhalten Sie viele, wichtige Informationen und einen Einblick in die Arbeitsweise des Systems, ebenso wie Sie zu erkennen lernen, wo die Schwächen liegen. Anhand dieses Wissens sind Sie danach imstande, Filter zu erschaffen, welche die Gewinnentwicklung verbessern, die Anzahl der Trades zu reduzieren oder neutrale Zonen für das Trading zu kreieren. Ebenso können Sie Wertentwicklungskurven darstellen, um anhand der daraus ermittelbaren Standardabweichung brauchbare Projektionen möglicher, zukünftiger Kursverluste zu erhalten. Dies ermöglicht Ihnen zudem die subjektive Auswertung derjenigen Marktbedingungen, unter denen Ihr System sich gut bzw. weniger gut bewährt.

Kapitel IX

- Trading mit System -

KAPITEL IX TRADING MIT SYSTEM

Einleitung

'Das Tradingsystem eines Spekulanten besteht bisweilen aus nicht viel mehr als aus Käufen aus Gier, Risikokontrolle aus Hoffnung und Verkäufen aus Angst.'

Das Trading ist nichts anderes als aktive Analyse. Und wenn Sie nun denken, daß die Entwicklung eines Tradingsystems einfach war, so kommen wir nun zum schwierigen Teil: der Anwendung. In diesem Kapitel untersuchen wir die Faktoren, auf die Sie während der Nutzung Ihres Systems unbedingt achten sollten. Wenn Sie allen Grundsätzen und Regeln, welche wir vorab vorgestellt haben, gefolgt sind, so haben Sie ein Tradingsystem entwickeln können, das exakt zu Ihnen paßt. Nun ist alles, was Sie tun müssen, es effektiv anzuwenden. Wir werden uns bemühen, die Lücke zwischen Systemdesign und Anwendung nun zu schließen. Daher fokussieren wir uns in diesem Kapitel auf die *Anwendung* Ihres eigenen Tradingsystems. Zur allgemeinen Überraschung gibt es nur zwei Schritte, die zur Anwendung eines Tradingsystems notwendig sind. Erstens brauchen Sie einen bestimmten Trading-Plan, und zweitens müssen Sie diesen ausführen. Überraschend ist es aber auch, wie leicht es so manchem scheinbar fällt, *ohne* jeglichen Plan oder System zu traden.

Die erste, wichtige Hürde, die es zu überwinden gilt, ist zu verstehen, daß das Testen des Tradingsystems nicht alle Ihre Probleme löst. Danach gilt es zu begreifen, in welcher Relation Sie und der Markt sich zu Beginn Ihres Tradings befinden. Drittens müssen Sie Ihre Aufmerksamkeit dann auf andere Schlüsselfunktionen wie Risikokontrolle oder Money-Management richten. Und zuletzt sollten Sie über ein Werkzeug verfügen, mit dessen Hilfe Sie Ihr Trading organisieren können.

Das Problem der Systemtests

Wenngleich das Trading selbst unter dem Druck höchster Emotionen abläuft, so ist doch die Testphase ein emotionales Vakuum. Dies ist

KAPITEL IX   TRADING MIT SYSTEM

vergleichbar mit einem im Windkanal entwickelten, aerodynamisch perfekten Rennwagen, der sich doch in den Turbulenzen eines echten Autorennens nicht bewähren kann. Und so kann auch das Trading mit einem auf Basis historischer Daten perfekt performenden System in der Realität zu einem ziemlich holperigen Ritt werden.

Die computergesteuerten Systemtests finden völlig unemotional statt, da Sie hier keine Furcht vor Kursverlusten haben müssen. Alles was Sie sehen, ist eine Zusammenfassung der Ergebnisse und farbig hübsch aufbereitete Aufwärts- oder Abwärtspfeile, die im Chart den Kauf oder Verkauf von Kontrakten markieren. Sie müssen keine wirklichen Verlustphasen durchstehen. Auch müssen Sie sich nicht quälen, wenn das System zu spät kauft bzw. den idealen Verkaufszeitpunkt verpaßt. Sie müssen keine Orders entwickeln, sie aufgeben, Formulare ausfüllen, an den richtigen Zeitpunkt zum 'Rollen' Ihrer Position denken oder sich um Ihre Margins kümmern. Und, was vielleicht am wichtigsten ist, Sie müssen sich nicht aktiv mit dem Risiko Ihrer Position auseinandersetzen oder Entscheidungen im Bereich des Money-Managements treffen. Während der Computertests brauchen Sie sich nicht davor zu fürchten, Geld zu verlieren oder Gelegenheiten zu verpassen. Systemtests sind sterile Prozeduren, welche die emotionalen Komponenten der Systembenutzung nicht einfangen können. Daher sollten Sie all Ihre Kreativität aufbieten, um ein Tradingsystem zu entwickeln, welches die bereits vorab besprochenen Faktoren erfaßt. Denn dann ist alles, was Sie zu tun haben, sich auf die Anwendung des Systems zu konzentrieren.

Das Trading kann man lernen. Die wahrscheinlich einzige Methode, eine neue Fertigkeit zu erlernen und diese Fähigkeit zu behalten, ist immerwährendes Üben. Doch computergestützte Systemtests ermöglichen es Ihnen nicht, dabei die Anwendung des Systems zu erlernen. Hierzu brauchen Sie einige andere Hilfestellungen, denen wir uns im folgenden zuwenden wollen.

KAPITEL IX TRADING MIT SYSTEM

Trading auf dem Papier: Pro und Contra

Um den Begrenzungen des Systemdesigns zu begegnen, wird üblicherweise vorgeschlagen, eine Versuchsphase einzufügen, in der Sie Ihr System nur 'auf dem Papier' anwenden. Dieses theoretische Trading ist zweifellos hilfreich, um die Mechanismen des tatsächlichen Tradings zu verstehen und zu erlernen. Sie können dabei alle Schritte der Systembenutzung durchexerzieren, so zum Beispiel die Entwicklung eines Portefeuilles, die Erteilung von Orders, das Ausfüllen der entsprechenden Formulare, die Durchführung von Maßnahmen zur Risikokontrolle, ebenso die Aufzeichnung von Gewinnen und Verlusten. Dazu können und sollten Sie ein Tagebuch Ihrer dabei auftretenden Eindrücke führen, was für die Überprüfung oder Bestätigung Ihrer persönlichen Trading-Ansichten von höchstem Nutzen sein kann.

Ein anderer, wertvoller Vorteil des Papier-Tradings ist die Möglichkeit, die Ergebnisse Ihres Systems Trade für Trade zu analysieren. Dabei sollten Sie sich an jedem Tag ein wenig Zeit dafür nehmen, diese vergangenen Trades noch einmal durchzugehen, sie am Chart zu verfolgen und die Reaktionen Ihres Systems auf bestimmte Chartformationen, Kursniveaus oder Volatilitäten aufzuzeichnen. Auch wenn dies keine perfekte Lösung darstellt, so liefert Ihnen das Nachvollziehen früherer Trades wertvolle Einsichten in die Systemperformance. Diese tieferen Einblicke werden es Ihnen ermöglichen, mit den Aufs und Abs Ihres Tradingsystems besser umzugehen.

Aber das Papier-Trading sagt wenig über die momentane System-Performance aus. Und so werden Sie nicht sehr viel mehr über die Qualität Ihres Systems erfahren, was Sie nicht ohnehin schon aus den Systemtests wüßten. Nehmen wir einmal an, daß Ihr System während der Testphase acht aufeinanderfolgende Verlusttrades produzierte. Wenn eben dieses System während des Papier-Tradings dann drei aufeinanderfolgende Gewinntrades erzielte, bedeutet dies noch lange nicht, daß es sich hier um ein fantastisches Programm handelt. Genausowenig sollte man das System verwerfen, wenn es während dieser Prozedur zehn Verlusttrades in Folge verzeichnen sollte. Gerade weil aufeinanderfol-

BÖRSENVERLAG

BÜCHER FÜR BÖRSIANER

☞ **EILBESTELLUNGEN**: Telefon: 0 80 31/20 33-0 oder Fax 0 80 31/20 33 30

BESTELL-COUPON

❏ ROSENHEIMER BÖRSEN-KATALOG		gratis
❏ JESSE LIVERMORE DAS SPIEL DER SPIELE	DM	79
❏ JESSE LIVERMORE Mein SCHLÜSSEL zu …	DM	59
❏ Interview mit einer LEGENDE	DM	59
❏ Das GROSSE Buch der TECHNISCHEN INDIKATOREN	DM	129
❏ Das GROSSE Buch der OPTIONSSCHEINE	DM	129
❏ Der CHARTTECHNIK-LEITFADEN	DM	89
❏ MARTIN PRINGS BÖRSEN-TECHNIKEN	DM	119
❏ Die TOP-TRADER	DM	98
❏ GEDANKEN EINES KLEINSPEKULANTEN	DM	39
❏ DTB-BASISWISSEN EDITION '95	DM	59
❏ DTB-OPTIONSSTRATEGIEN	DM	70
❏ DTB-OPTIONSINDIKATOREN	DM	60
❏ DTB-OPTIONSANALYSE	DM	60
❏ Die BÖRSENHÄNDLER	DM	54
❏ Wie ich mein GELD an der BÖRSE verdreifachte	DM	98
❏ MONEY DREAMS	DM	119

ABSENDER

Bitte liefern Sie mir die umseitig angegebenen
Artikel an folgende Adresse

Name, Vorname

Straße

PLZ/Ort

Tel. *(tagsüber)*

Tel. *(abends)*

Mein Zahlungswunsch

☐ bequem und bargeldlos per Bankeinzug

Bitte geben Sie hier Ihre Bankverbindung an!

Bankinstitut

BLZ   Konto

☐ bereits vorhandenen Bankeinzug
☐ per beiliegendem Scheck
☐ per Nachnahme (zuzügl. NN-Gebühr)

Ab einem Bestellwert von 140.- DM erfolgt die Auslieferung portofrei,
darunter mit einem Versandkostenanteil von 8.- DM.

Bitte mit
1,- DM
freimachen,
falls Marke
zur Hand
oder per FAX an
0 80 31/20 33 30

(Rückseite nicht vergessen)

An die
TM BÖRSENVERLAG AG
-Kundenservice-
Salinstraße 1

83022 Rosenheim

gende Trades keine innere Verbindung zueinander aufweisen, können Sie die im Papier-Trading beobachteten Ergebnisse nicht auf die gesamte System-Performance verallgemeinern.

Ein weiterer Nachteil dieses theoretischen Tradings ist, daß auch hierbei keine tatsächliche Angst vor Verlusten auftreten kann. Und so wird auch diese Vorgehensweise Sie nicht effektiv auf die emotionalen Anforderungen des tatsächlichen Tradings vorbereiten. Doch all diesen Begrenzungen zum Trotz ist das Papier-Trading geeignet, die Lücke zwischen System-Design und Anwendung zu schließen.

Vertrauen Sie Ihrem Tradingsystem?

Die Märkte werden Ihr Vertrauen in Ihr Tradingsystem auf jede nur mögliche Art und Weise auf die Probe stellen. Die Märkte benutzen hierzu die allseits bekannte Kriegstaktik: 'Locke sie mit ihrer Gier, und besiege sie, indem Du Verwirrung stiftest.' Permanent werden neue Chartformationen entstehen, die Ihre Analysen verwirren oder über den Haufen werfen. Wenn Sie nicht über absolutes Vertrauen in Ihr System verfügen, wird es den Märkten gelingen, Sie bezüglich Ihres Tradingprogramms in tiefste Zweifel zu stürzen. Sie werden Sie dazu bringen, Ihre Tradingsignale zu ignorieren, Ihre Pläne zu ändern, die Regeln Ihres Systems zu modifizieren und neue Ausnahmen zu erfinden - und dies alles im Namen der 'verbesserten Performance'. Aber die einzige Methode Ihr System-Design zu verbessern, ist die Durchführung strenger Testphasen und vorausschauendes Papier-Trading. Jegliche, ungeprüfte Abweichungen liefern bestenfalls kurzlebige Belohnungen, welche sich aber ernstlich negativ auf die langfristige Performance auswirken können.

Sie sollten all Ihre Kreativität und Fähigkeiten in die Entwicklung eines Systems stecken, das tatsächlich *für* Sie arbeitet. Das System sollte genau den Zeithorizont, genau die Tradingfrequenz, exakt die Sensitivität und Profitabilität besitzen, die Sie als wichtig und richtig empfinden. Haben Sie Ihr System erst einmal anhand historischer Daten gewissenhaft getestet, so sollten Sie diese Tests mit synthetischen Daten

Kapitel IX   Trading mit System

fortsetzen. Mit diesen Datenreihen wird es Ihnen leicht gelingen zu entdecken, welche Arten von Märkten oder Trendphasen Ihr Tradingsystem bewältigen kann und welche nicht. Ebenso wird eine solche, umfangreiche Testphase Ihr Vertrauen in die zukünftige Performance des Tradingsystems nachhaltig festigen. Der Testphase kann dann eine Zeit des theoretischen 'Papier-Tradings' folgen, um sich der Sicherheit in Grundlagen und Vorgehensweisen des Tradings zu versichern. Sind Sie erst einmal zu der Überzeugung gelangt, daß dieses und kein anderes *Ihr* Tradingsystem sein wird, müssen Sie allen Verlockungen widerstehen, ungeprüfte Veränderungen daran vorzunehmen.

Das bisweilen unberechenbare Verhalten der Märkte zwingt Sie immer wieder dazu, Ihr Vertrauen in das Tradingsystem zu überprüfen und zu erneuern. Sie sollten ein System nicht anwenden, wenn Sie nicht täglich eine Bestätigung Ihres Vertrauens in dieses System erhalten. Wenn Sie nicht voll hinter Ihrem Tradingprogramm stehen, so werden die Kurse Sie schnell auf die 'schiefe Bahn' drängen, indem Sie permanent Veränderungen vornehmen. Sind Sie erst einmal von dem normalen Tradingsystem abgewichen, so arbeiten Sie mit einem ungetesteten System, so daß alle vorherigen Mühen umsonst waren. Nun könnten Sie fragen, warum Sie sich auf ein getestetes, funktionierendes System versteifen sollen. Die Antwort finden Sie im nächsten Abschnitt.

Die Zeit ist Ihr Verbündeter

Die Börse gibt, die Börse nimmt. Seien Sie gewahr, daß es in allen Märkten Zeiträume geben wird, in denen das Geld nur so auf der Straße liegt, aber ebenso auch Phasen, in denen die meisten Tradingmodelle Verluste aufweisen werden. Ihr Ziel als Systemtrader ist es, die unprofitablen Perioden zu überstehen, um sich an den guten Zeiten zu erfreuen, wenn das Ruder in Richtung der Gewinne herumgerissen wurde. Risikokontrolle, Money-Management und das gesamte Systemdesign spielen hierbei eine ausschlaggebende Rolle. Es ist daher nicht nur vorteilhaft, sondern sogar notwendig, sich eine langfristige Sichtweise anzugewöhnen und sich zu erinnern, daß der aktuelle Trade nur einer von vielen weiteren ist, die noch kommen werden. Aus diesem Grund sollten Sie auch nicht *zu* emotional auf jeden einzelnen Trade reagieren.

Stellen Sie sich vor, Sie würden viele unterschiedliche Märkte mit mehreren Tradingsystemen in einem diversifizierten Tradingkonto vereinen. Nehmen wir dazu an, daß Ihre durchschnittliche Gewinnwahrscheinlichkeit bei 35 Prozent liegt. Da wir bewiesen haben, daß aufeinanderfolgende Trades nicht voneinander abhängen, ist die Wahrscheinlichkeit von 10 aufeinanderfolgenden Verlusttrades nur 13 zu 1.000. Anders gesagt: Würden Sie 1.000 neue Tradingkontos eröffnen, so würden nur 13 von diesen 10 aufeinanderfolgende Verlusttrades aufweisen. Nun nehmen wir weiter an, daß Sie alle Trades zum selben Zeitpunkt beginnen. Wenn Sie zwei Prozent pro Trade riskieren, so werden Sie gleich zu Beginn Ihres Tradings bei 13 von 1.000 Fällen einen zwanzigprozentigen Verlust erleiden. Würden Sie ein Prozent pro Trade einsetzen, so wäre die Wahrscheinlichkeit eines anfänglichen, zwanzigprozentigen Verlustes nur 18 zu 10.000.

Ein zwanzigprozentiger Kapitalverlust, obwohl nicht gerade erfreulich, ist nicht irreversibel. Sie sollten sich darüber klar sein, daß unwahrscheinliche Ereignisse dennoch eintreten können. Sie sollten daher nicht jede einzelne Wendung eines Trades persönlich nehmen. Sehen Sie es einfach etwas globaler. Verbessern Sie Ihre Risikokontrolle, folgen Sie Ihren Money-Management-Richtlinien und konzentrieren Sie sich vor allem auf die korrekte Ausführung Ihres Systems!

Keine Ausnahmen

Eine gute Methode zur Sicherung langfristigen Erfolges ist, sein Tradingsystem ohne jegliche Ausnahmen zu verfolgen. Wenn Sie Ausnahmen haben wollen, so sollten Sie sie niederschreiben, in das System einbauen und ausführlich testen - anstatt sich auf Ihre Intuition zu verlassen. Wenn Sie Ihr Tradingmodell überarbeiten wollen, bedeutet das in der Regel, daß Sie mit dem System nicht mehr zufrieden sind - was wiederum bedeutet, daß Sie erneute Tests und Verfeinerungen anstellen sollten. Viele Trader sehen eine ansteigende Volatilität als Meßgröße für kommende Marktveränderungen an. Sie pflegen ihre Positionsgröße zu verringern, wenn die Volatilität hoch ist. Sie sollten indes dieses Szenario präzise vorab formulieren. So könnte man die Volatilität beispielsweise als 'hoch' bezeichnen, wenn die 50-Tage-Standardabweichung der Schlußkurse oberhalb von 1.500$ liegt. Doch auf jeden Fall müssen Sie diese Annahme anhand der Marktdaten testen, um zu überprüfen, wie sich die Märkte früher verhielten, als dieses Volatilitäts-Niveau erreicht wurde.

Sie können sich dazu entscheiden, Ihre Positionsgröße auf 4 Prozent des Gesamtkapitals zu erhöhen, wenn die Voraussetzungen gegeben sind. Aber anstatt sich hierbei auf die Intuition zu verlassen, sollten Sie eine bestimmte Situation als 'richtig' festsetzen. So könnte beispielsweise der Ausbruch aus einer 25-Tage-Kursspanne, zeitgleich mit einem RSI-Wert oberhalb von 70 oder unterhalb von 30, als Voraussetzung zur Erweiterung der Positionsgröße dienen. Hierzu können Sie ebenso Tests anhand historischer Daten vollziehen und Berechnungen darüber anstellen, was unter dieser Voraussetzung vom Markt zu erwarten ist.

In Kapitel 4 haben wir anhand des Beispiels im 65sma-3cc-System festgestellt, daß nur 4 Prozent aller Trades die 'wirklich großen Gewinne' brachten. Wenn Sie sich angewöhnt haben sollten, von Ihrem Tradingsystem abzuweichen, so gibt es dabei nicht die geringste Versicherung dagegen, daß Sie nicht ausgerechnet alle wirklich wichtigen Trades in einem bestimmten Zeitraum deswegen verpassen. Doch die Philosophie, keinerlei Ausnahmen zuzulassen, ist auch aus einem anderen Grund notwendig: Die Nachvollziehbarkeit, die wir im nächsten Abschnitt besprechen, soll hierdurch sichergestellt werden.

Absolute Nachvollziehbarkeit

Sie sollten in der Lage sein, auch nach einer gewissen Zeitspanne die präzisen Gründe für einen bestimmten Trade rekapitulieren zu können. Dies können Sie sicherstellen, wenn Sie über ein gut durchorganisiertes, computergesteuertes Tradingsystem verfügen und bei der Anwendung dieses Systems keinerlei Ausnahmen bzw. Abweichungen zulassen. Wenn Sie sich der subjektiven Chartanalyse bedienen, so ist die beste Methode, um Ihr Tradingverhalten nachzuvollziehen, ein Tagebuch zu führen sowie Kopien der Charts aufzubewahren. Sie sollten dabei auch alle Eindrücke und Analysen festhalten, die Sie zu einer bestimmten Entscheidung gebracht haben. Wenn Sie nicht sicherstellen, daß Sie Ihre Arbeitsschritte später nachvollziehen können, so haben Sie auch wenig Informationen über die Weiterentwicklung Ihrer Fähigkeiten und werden gerade dadurch wertvolle Erkenntnisse verlieren, die langfristig zu einer deutlichen Verbesserung Ihres Tradings führen könnten. Nehmen wir dazu an, Sie hätten die Tendenz spät einzusteigen, aber zugleich zu früh zu verkaufen. Wenn Sie keine detaillierten Aufzeichnungen durchführen, ist es schwierig, solche Tendenzen zu korrigieren. Mit gewissenhaften Protokollen Ihrer Arbeit indes sind Sie in der Lage, die Auswirkungen Ihrer zu späten Käufe und zu frühen Verkäufe explizit zu berechnen. So könnten Sie zum Beispiel die besonderen Marktsituationen isolieren, die zu einem verfrühten Ausstieg verleitet hatten. Nehmen wir einmal an, daß Sie die Ursachen in scharfen, dreitägigen Kurseinbrüchen entdecken, nach denen die Kurse aber ihren vormaligen Trend regelmäßig wieder aufgenommen haben. Sie haben nun brauchbare Informationen und können dementsprechend daran arbeiten, Ihre Furcht, daß jede dreitägige Gegenbewegung in eine große Trendwende münden könnte, zu überwinden.

Doch Nachvollziehbarkeit ist ebenso wichtig, wenn Sie Irrtümer oder Fehler in Ihren Abrechnungen bemerken und diese korrigiert sehen wollen. So könnte Ihr Broker zum Beispiel vergessen, einen Auftrag auszuführen, oder einen falschen Ausführungskurs berechnen, der weit von dem von Ihnen gesetzten Limit entfernt liegt. Wenn Ihre Aufzeichnungen entsprechend gut sind, ist es für Sie weitaus einfacher, den notwendigen Einspruch zu erheben.

KAPITEL IX — TRADING MIT SYSTEM

'Garantierte' Einstiegsmöglichkeiten in große Trendphasen

Auf lange Sicht wird Ihre Gesamtperformance in hohem Maß von denjenigen Trades beeinflußt, die weniger als 5 Prozent Ihres gesamten Tradingumfanges ausmachen. Wenn Sie dabei nur ein paar dieser 'großen' Trades verpassen, verschlechtern Sie Ihre Gesamtperformance ernstlich. Ihr Trading sollte daher darauf konzentriert sein, sicherzustellen, daß Sie an diesen großen Trendphasen teilhaben. Bei der Systementwicklung sollte man daher eine Form der Ordererteilung auswählen, die den Einstieg in einen gewünschten Trade sicherstellt. Orders mit der Limitierung 'zur Eröffnung', 'zum Handelsschluß' oder Billigstorders stellen dies gemeinhin sicher. Dabei können natürlich Abweichungen von dem von Ihnen gewünschten Einstiegspreis auftreten, ebenso könnten die Gebühren dadurch ansteigen, aber Sie werden auf jeden Fall bei diesem Trade 'dabei' sein. Wenn Sie sich hingegen limitierter Orders bedienen, besteht die Möglichkeit, daß Sie wegen weniger Ticks einen ganz großen Trade verpassen. Der Preis einer verpaßten Chance ist zumeist höher als der Vorteil, unter Umständen ein paar Ticks gespart zu haben. Natürlich, wenn Sie in liquiden Märkten traden und 'real time'-Daten besitzen, so können Sie den Einstieg in Ihre Trades deutlich besser austarieren. Aber für die meisten Trades ist die übliche Ordererteilung beim Broker die beste Vorgehensweise.

Die größten Pannen geschehen ohnehin nicht in den Märkten, sondern an der Quelle, beim Trader. Wenn Sie vergessen, Ihre Order zu plazieren, oder eine falsche Order erteilen, werden Sie diese Fehler oft mehr kosten als alle Unwägbarkeiten der Märkte. Sie sollten daher das Übel von vorneherein bei der Wurzel packen und sich ein außerordentlich diszipliniertes Trading angewöhnen.

Es ist hierfür eine gute Idee, eine Order bereits am Vorabend vorzubereiten, so daß sie am nächsten Tag nur zu Ihrem Broker geleitet werden muß, bevor die Märkte öffnen. Diese Vorgehensweise bietet eine Vielzahl von Vorteilen:

1. Sie haben die Möglichkeit, Ihre Order in aller Ruhe und ohne Emotionen auszufüllen.

KAPITEL IX   TRADING MIT SYSTEM

2. Am Abend, nach Handelsschluß, fällt es Ihnen leichter, sich an Ihre Tradingpläne zu halten und Abweichungen zu verhindern.

3. Sie haben ausreichend Zeit, Ihre Order mehrmals auf Fehler zu überprüfen.

4. Sie verhindern so Trades, die aufgrund plötzlicher 'Eingebungen', aber ohne detaillierte Analyse begonnen werden.

5. Wenn Sie subjektiv traden wollen, so können Sie die Planung und Eckpunkte dieses Trades in aller Ruhe festlegen.

Kurz: Sie können sich den Einstieg in die großen Trendphasen erleichtern und sichern, indem Sie Ihre Orders nach Handelsschluß für den nächsten Tag im voraus vorbereiten und diese dann vor Markteröffnung nur noch übermitteln müssen.

Der Start ins Trading

Wenn Sie Ihr Trading erstmals beginnen, müssen Sie einige Startprozeduren absolvieren. Nehmen wir dazu an, Sie verwenden ein Computersystem und wollen damit 20 Märkte traden. Zunächst müssen Sie darüber nachdenken, wie Sie mit Signalen umgehen, die Ihr Tradingsystem bereits vor Ihrem persönlichen Tradingbeginn generierte. So könnte zum Beispiel seit fünfzehn Tagen ein Kaufsignal für die Deutsche Mark vorliegen. Sollten Sie jetzt noch in diese Long-Position einsteigen oder besser auf das nächste Signal warten? Sicherlich werden Sie sich gegen das Warten entscheiden, wenn Ihr System nur selten Tradingsignale erzeugt. Ein anderer Grund für sofortiges Handeln könnte der Wunsch sein, sich des Restes der aktuellen Kursbewegung zu versichern. Es gibt nun mehrere Möglichkeiten, das Problem zu lösen.

1. Anstatt des Tradings mit mehreren Kontrakten könnten Sie sich in diesem Fall auf nur einen Kontrakt beschränken. Damit würden Sie einer gewissen Vorsicht Rechnung tragen, da dieses Tradingsignal bereits etwas älter ist.

2. Sie könnten sich nur sehr vorsichtig in diese Position wagen, indem Sie zwar 10 Kontrakte kaufen, den Erwerb aber über die nächsten 5 Tage verteilen.

3. Sie könnten bis zum letzten Tag des Monats warten und die Position dann zum Handelsschluß beginnen. Der Vorteil, ein Engagement am letzten Tradingtag des Monats zu beginnen, ist, daß in diesem Fall die monatliche Wertveränderung nicht durch einen 'Teiltrade' verzerrt wird, sondern die tatsächlichen Systemergebnisse korrekt wiedergibt.

Sie müssen darüber hinaus entscheiden, wo Sie Ihren initialen Stop für den ersten Trade setzen. Sie können entweder einen normalen Stop in Höhe von 1 bis 2 Prozent Ihres Tradingkontos wählen, aber ebensogut einen etwas größeren Betrag wählen, dafür aber eine relativ kleinere Anzahl von Kontrakten erwerben.

Risikokontrolle

Es ist absolut notwendig, daß Sie grundsätzlich immer auf eine rigide Risikokontrolle achten. Ihre Strategie der Risikokontrolle könnte darin bestehen, daß Sie jeden Tag eine überprüfte, neue Stop-Loss-Order eingeben. Sie können aber darüber hinaus auch weitaus komplexere, durchdachtere Strategien in bezug auf Marktkorrelationen und Volatilität entwickeln. Wichtig ist nur, daß Sie die Risiken *immer* unter Kontrolle behalten. Dabei wirken Risikokontrolle und Money-Management grundsätzlich zusammen. Eine sinnvolle Money-Management-Strategie wird für vernünftige Positionsgrößen und angemessene Diversifikation sorgen. Dies wird verhindern, daß Ihr Tradingkonto durch nur einen schlechten Trade nahezu aufgezehrt wird.

Haben Sie einen Plan für Ihr Trading?

Sie sollten sich davor hüten, planlos vorzugehen. Ein weit verbreiteter Grund für Tradingprobleme und -fehler ist das Fehlen eines Tradingplans.

BÖRSENVERLAG

Wir möchten, daß Sie mit uns zufrieden sind!

GUTSCHEIN

für eine Gratis-Diskette für die Leser des Werkes „Das GROSSE Buch der TRADING-KONZEPTE"

Ja, bitte senden Sie mir umgehend die Gratis-Diskette „$ECURITY" an folgende Adresse:

ABSENDER

Name, Vorname

Straße

PLZ/Ort

BÖRSENVERLAG

Wir möchten, daß Sie mit uns zufrieden sind!

Da wir unseren Service ständig verbessern wollen, würden wir sehr gerne erfahren, wie Ihnen dieses Buch gefallen hat und mit welcher Literatur wir Ihnen in Zukunft helfen können.
Als Dankeschön für Ihre Mithilfe verlosen wir unter allen Einsendern jeden Monat eine Buchprämie (Der Rechtsweg ist ausgeschlossen.).
Schon jetzt vielen Dank für Ihre Bemühung.

Bitte mit 1,- DM freimachen, falls Marke zur Hand oder per FAX a 08031/20333

Das GROSSE Buch der TRADING-KONZEPTE

Wie finden Sie dieses Werk:

	+3	+2	+1	-1	-2	-3	
Verständlichkeit -hoch	❒	❒	❒	❒	❒	❒	-niedrig
Nutzen -hoch	❒	❒	❒	❒	❒	❒	-niedrig
Übersichtlichkeit -hoch	❒	❒	❒	❒	❒	❒	-niedrig
Preis/Leistung -hoch	❒	❒	❒	❒	❒	❒	-niedrig

Über welche Themen würden Sie gerne weitere Bücher lesen:
- ❒ Themen für Profis
- ❒ Börsenbiographien
- ❒ Technische Analyse
- ❒ Handelssysteme
- ❒ sonstige Themen _____
- ❒ Börsenanfänger
- ❒ Börsenastrologie
- ❒ Fundamentale Analyse
- ❒ Derivate

**An die
TM BÖRSENVERLAG AG
-Kundenservice-
Salinstraße 1

83022 Rosenheim**

Kapitel IX — Trading mit System

Dieser Plan sollte klar erklären, wie Sie vorgehen wollen. Er sollte die zu tradenden Märkte ebenso festlegen wie die Anzahl der Kontrakte, die Art der zu erteilenden Orders, die Signalgenerierung für Kauf und Verkauf und die Risikokontrolle. Je mehr Sie dabei ins Detail gehen, desto leichter wird es Ihnen fallen, diesen Plan konsequent anzuwenden. Wenn Sie Ihr Tradingsystem sorgfältig entwickelt haben, ist die Definition und Anwendung eines Tradingplans kein Problem.

Jedes Footballteam pflegt vor dem Spiel einen Plan zu entwerfen. So würde beispielsweise ein hochklassiges Team die ersten 15 Spielzüge eines jeden Spiels vorab festlegen. Der Trainer würde nach sorgfältiger Untersuchung 15 Spielzüge entwickeln, die im Anschluß von den Spielern so oft durchexerziert werden, bis sie alle automatisch ablaufen. Am tatsächlichen Spieltag kann sich dann jeder Spieler auf die Durchführung dieses Plans konzentrieren und dementsprechend exzellente Ergebnisse erzielen. Dieses Beispiel unterstreicht die Vorteile, vorbereitet zu sein. Sie sollten Ihre Trades vorab planen, sich überlegen, wie Sie sie tatsächlich ausführen, und dann überwachen, wie sich diese Trades entwickeln. Dieser Feedback-Prozeß kann Ihnen dabei helfen, sich als Trader zu verbessern.

Sie sollten dabei Ihren Blick weit nach vorne richten. Sind Sie zum Beispiel innerlich bereit, einen zwanzigprozentigen Kursverlust Ihres Tradingkontos zu verkraften? Haben Sie einen Plan dafür, mit solchen Verlusten fertig zu werden? Es könnte nämlich sein, daß Sie insbesondere in den ersten drei Monaten Ihres Tradings nicht auf einen solchen zwanzigprozentigen Verlust vorbereitet sind. Wenn er aber auftritt, würden Sie Ihr Tradingsystem dann modifizieren, Ihr Money-Management verändern oder Ihre Positionsgrößen wechseln? Oder würden Sie, wenn Sie im Gegenteil zwanzig Prozent Gewinn erreicht hätten, ebenso mit Veränderungen in Ihrem System beginnen?

Die Planung zukünftiger Szenarios ist im militärischen Bereich rund um die Welt üblich. Aber auch Sie sollten Ihre Vorstellungskraft nutzen, um positive und negative Szenarios für Ihr Trading zu entwerfen. Auf dieser Basis können Sie dann Pläne entwerfen, wie Sie mit den wechselhaften Launen der Märkte fertig werden wollen.

Kapitel IX — Trading mit System

Wie gedenken Sie, sich selbst zu überwachen?

Es ist eine Sache, einen Plan zu haben, aber eine andere, ihn auch wirklich auszuführen. Sie können nicht davon ausgehen, einen Plan korrekt und vollständig durchzuführen, wenn Sie sich nicht gleichzeitig dazu durchringen, Ihre eigenen Aktionen zu überwachen. Eine gute Möglichkeit hierzu ist die Führung eines täglichen Tagebuches. Insbesondere ein Computertagebuch ist eine schnelle und leichte Methode, Ihre Erfolge oder Abweichungen vom System aufzuzeichnen. Später können Sie diese Einträge dann analysieren, um nachzuvollziehen, ob Sie Ihren vorgegebenen Plan korrekt durchführen konnten. Auf diese Weise können Sie ebenso herausfinden, welche Elemente Ihres Tradings für Sie leicht oder schwer waren. Auf dieser Basis läßt sich dann leicht daran arbeiten, Ihre Schwachpunkte zu überwinden.

Wenn Sie den Wunsch hegen, vom normalen Tradingsystem abzuweichen, so müssen Sie Ihre Gründe hierfür detailliert aufschreiben und sie vorher ausgiebig testen. Nur auf diese Weise können Sie versichert sein, eine gleichmäßige, langfristig positive Performance zu erzielen. Nehmen wir zum Beispiel an, es taucht eine Nachricht oder politische Entwicklung auf, die Sie vermuten läßt, es wäre besser, die Position glattzustellen. Sie sollten zuvor beobachten, ob der Markt auf diese Ereignisse auch wirklich entsprechend reagiert, zum Beispiel mit einer Kurslücke, hoher Volatilität oder gar einer Trendumkehr. Sie sollten die Reaktionen auf derartige Ereignisse in den Charts isolieren und sie exakt analysieren. Dies gibt Ihnen eine Handhabe, um mit zukünftigen, unerwarteten Ereignissen umzugehen.

Befreien Sie sich von Ihren Sorgen!

Ein ganz großer Vorteil bei der Führung eines Tagebuches ist der Umstand, daß Sie sich durch simples Aufschreiben leicht von Ihren täglichen Sorgen im Trading befreien können. Sagen wir, Sie wollten hochgesteckte Ziele wie perfektes Management oder permanente Gewinne im Trading erreichen. Dazu benötigen Sie natürlich detaillierte Aufzeichnungen Ihres Tradings, inklusive der Art und Weise, wie Ihre Orders

KAPITEL IX — TRADING MIT SYSTEM

erteilt wurden, und welche Faktoren Sie bei der Anwendung Ihres Systems beeinflußten. Zugleich können Sie ein Tagebuch führen, um sich der aufgestauten Emotionen, die durch das Trading hervorgerufen werden, zu entledigen. Ein solches Tagebuch wird ebenso zur vollen Nachvollziehbarkeit Ihres Tradings beitragen und zu emotionaler Stabilität verhelfen.

Konzentrieren Sie sich auf das Trading

Es ist gar nicht so einfach, sich nicht unterschiedlichen Ablenkungen hinzugeben, sondern sich im Gegenteil völlig auf das Trading zu konzentrieren. Dabei bedeutet der Begriff 'konzentrieren' nichts anderes, als daß Sie imstande sind, Ihr System ohne jegliche Abweichungen anzuwenden. Es bedeutet auch, daß Sie Ihre Orders problemlos erteilen können, sich an Ihre Risikokontrolle halten und Abweichungen vom System soweit als irgend möglich verringern. Wenn Sie einen Tradingplan und ein System haben, dem Sie vertrauen, fällt es leichter, sich ausschließlich auf das Trading als solches zu konzentrieren. Dabei sollten Sie versuchen, Analyse und Ordererteilung soweit als möglich zu automatisieren. Dies wird ebenfalls dazu beitragen, den Verlockungen möglicher Abweichungen nicht zu erliegen.

Die beste Methode, sich ausschließlich auf das Trading zu konzentrieren, ist die strikte Trennung von Analyse und Trading als solchem. Sie sollten sich eine bestimmte Zeit des Tages freihalten, um sich mit Ihren Analysen zu befassen. Dabei sollten Sie entspannt und ausgeruht sein und nicht unter Zeitdruck stehen. Auf jeden Fall sollten Sie Umstände vermeiden, die Ihre Konzentration beeinträchtigen, da es dann natürlich jederzeit zu - eventuell verhängnisvollen - Fehlern in Ihrem Tradingprozeß kommen kann.

Traden Sie mit Kopf und Herz

Jeder Trader besteht aus einem analytischen Teil (Kopf) und einer emotionalen Komponente (Herz). Ein auf Sie zugeschnittenes Tradingsy-

KAPITEL IX TRADING MIT SYSTEM

stem wird beide Aspekte Ihrer Persönlichkeit betreffen. Wenn Sie mit dem Trading beginnen, sehen Sie sich zwei Erwartungen gegenübergestellt. Die eine ist die rein statistische Erwartung, die wir ja vorab ausführlich besprochen haben. Die andere Seite betrifft die emotionalen Erwartungen, die Sie an Ihr System stellen. Sind diese beiden Erwartungshaltungen nicht kohärent, so werden Sie beim Trading mit diesem System aller Wahrscheinlichkeit nach nicht gerade glücklich werden.

Damit kommt zugleich die Frage auf, warum Sie überhaupt traden. Für viele Leute ist der einzige Grund zu traden der Wunsch, Gewinn zu machen. Doch Sie könnten auch ganz andere Gründe haben, wie z.B. allein die Freude am Trading oder die intellektuelle Herausforderung durch den Wettstreit mit anderen Tradern. Überprüfen Sie dazu einmal, wie Sie zu den folgenden Aspekten stehen: Profitdenken, Tradinghorizont, mathematische Erwartungen und emotionale Erwartungen. Wenn diese vier Aspekte nicht zusammenwirken, dann haben Sie eventuell einen Mangel an innerer Stabilität, die für Ihr Trading dringend erforderlich ist. Wahrscheinlich weniger als 25 Prozent aller Trader haben diese Stabilität, und nur ca. zwei Prozent von ihnen sind imstande, diese Jahr um Jahr zu erhalten. Es gibt eine ganze Reihe von Widersprüchen zwischen den mathematischen und den emotionalen Erwartungen. Die mathematischen Erwartungen erstrecken sich über zwei bis drei Jahre, während die emotionale Komponente eigentlich nur zwei bis drei *Monate* abdeckt. Ihre emotionalen Erwartungen können sehr komplex sein und lassen sich daher normalerweise nicht in wenigen Worten beschreiben. Im schlimmsten Fall kann ein Tradingsystem eine positive mathematische Erwartung erfüllen, aber gleichzeitig emotional negativ wirken. In diesem Fall gibt es eine Diskrepanz zwischen Kopf und Herz, was als unvermeidliche Konsequenz bedeutet, daß es für Sie unmöglich ist, mit diesem System zu traden.

Ihre emotionalen Erwartungen könnten auf falschem oder unvollständigem Verständnis der Testergebnisse des Tradingsystems basieren. Sie sollten sich daher unbedingt angewöhnen, die Entwicklungen der einzelnen Trades Tag für Tag zu studieren. Sie sollten mit den nominalen Gewinnen sowie mit dem Prozentsatz der Gewinntrades zufrieden sein,

KAPITEL IX TRADING MIT SYSTEM

auch sollte Ihnen die Länge der durchschnittlichen Trades liegen. Wichtig ist auch, daß Ihnen die Höhe des initialen Stopkurses keine Probleme bereitet. Wenn Sie die 'Handschrift' Ihres Tradingsystems verstehen und mögen, so wird jeder einzelne Trade das Vertrauen in das Tradingsystem untermauern. Soweit aber unbegründete oder nicht nachvollziehbare emotionale Probleme entstehen, wird jeder Trade das Vertrauen in Ihr System untergraben. Sie erwarten vielleicht große Erfolge, wenige Verluste und viele, fantastische Trades. Doch die Realität ist nun einmal, daß nur fünf Prozent der Trades die großen Erfolge liefern und Sie viele kleine, langweilige Trades und bisweilen sogar größere Verluststrecken überstehen müssen. Sie können die 'Zweierregel', die im nachfolgenden beschrieben wird, verwenden, um Ihre emotionalen Erwartungen zu modifizieren:

1. Erwarten Sie besser nur die Hälfte der Gewinntrades in Folge, die Sie eigentlich auf Basis Ihrer Systemtests erwarten sollten.

2. Stellen Sie sich auf doppelt soviel Verlusttrades in Folge ein, wie Ihnen die Testergebnisse suggerieren.

3. Stellen Sie sich darauf ein, nur die Hälfte der zu erwartenden Gewinne auch tatsächlich zu erzielen.

Zurück zur 'Kopf-und-Herz'-Analogie. Das, was Sie zu 'glauben' *denken*, befindet sich in Ihrem Kopf. Was Sie aber *wirklich glauben,* ist in Ihrem Herzen. Ihr Kopf kann klar oder verwirrt sein. Im Herzen sind Sie vielleicht zuversichtlich oder ängstlich. Wenn Kopf und Herz nicht übereinstimmen und die Einsätze niedrig sind, gewinnt der Kopf grundsätzlich alle Konflikte. Doch geht es hier um viel Geld, gewinnt zumeist das Herz. Dies ist der Grund, warum Sie im Trading nur dann Erfolg haben werden, wenn Kopf und Herz zusammenwirken. Nehmen Sie sich daher die Zeit, um zu erreichen, daß Ihr Verständnis des Tradingsystems zu einer Übereinstimmung der mathematischen und emotionalen Erwartungen führt. Das ist der einzige Schlüssel zum langfristigen Erfolg.

KAPITEL IX   TRADING MIT SYSTEM

Zusammenfassung

Sie sollten alle Gedanken und Vorschläge dieses Kapitels zusammenfügen, um ein System in Ihr Trading zu bekommen. Das Herzstück eines solchen systematischen Tradings ist ein Tradingplan. Dabei sollten Sie darauf achten, daß Sie Ihre eigenen Handlungen grundsätzlich überwachen, um volle Nachvollziehbarkeit des Tradings sicherzustellen. Darüber hinaus sollten Sie dem Prinzip folgen, grundsätzlich keine Ausnahmen in Ihren Tradingregeln zuzulassen.

Wenn Herz und Kopf zusammenarbeiten, werden Sie zu den Gewinnern gehören!

DANKSAGUNG

Besonders möchte ich mich bei Nelson F. Freeburg bedanken, der das Manuskript zweimal gelesen hat. Nelsons außerordentliche Liebe zum Detail, sein ungemeines Fachwissen, sein scharfes Auge für Ungereimtheiten und sein Faible für Sprache haben entscheidend zur Verbesserung dieses Buches beigetragen. Nelson ist Herausgeber des monatlichen Dienstes "Formula Research", den jeder ersthafte Finanzmarkt-Interessent einfach lesen "muß".

Ein guter Herausgeber ist essentiell, um ein Buch perfekt herauszubringen. In diesem Zusammenhang bedanke ich mich bei der sympathischen, liebenswerten, einfallsreichen von jedem Autor hochgeschätzten Pamela Van Giessen von John Wiley & Sons.

BÖRSEN-KATALOG

ROSENHEIMER BÖRSEN-KATALOG '98

BÖRSENVERLAG
THOMAS MÜLLER BÖRSENVERLAG seit 1987

Wir informieren Sie gerne über unsere weiteren
Börsen-Bücher, Börsen-Hotlines oder Börsen-Dienste
und alle kommenden Neu-Erscheinungen.

Lassen Sie sich bitte unverbindlich unseren
aktuellen Börsen-Katalog senden.

Einfach anrufen unter 0 80 31/20 33 -0 oder den
beigefügten Coupon abschicken.

Lachen Sie sich schlapp!

Das Geschenk für alle Broker - und ihre Kunden!

Vorsicht Satire! Der Anfänger im Börsengeschäft wird die Spitzen dieses Werkes nicht erkennen. Wer jedoch schon einige Höhen und Tiefen an der Börse mitgemacht hat, lacht sich schlapp. Dieses Werk ist eine Ansammlung "normaler" Anschreiben eines Kleinspekulanten an seinen Broker. Für sich alleine gesehen, sind die Briefe nicht außergewöhnlich. Nach wenigen Seiten erkennt der Leser aber, wie die Masse denkt und handelt und warum die Mehrheit einfach verlieren "muß".

GEDANKEN EINES KLEIN-SPEKULANTEN
1. Auflage, November 1996, 108 Seiten
DM 39

In diesem Buch erhalten Sie die Grundlagen für die Deutsche Terminbörse!

So funktionieren Calls, Puts und Futures!

Wenn Sie den Einstieg in das lukrative Geschäft an der DTB suchen, dann müssen Sie dieses Werk gelesen haben. Die Fachpresse urteilte über das bereits 1990 in erster Auflage erschienene DTB-Basiswissen: *"Ein seltenes Beispiel dafür, daß man schwierige Materie auch leicht verständlich darlegen kann."*...

Mit dem Buch erhalten Sie eine komplette Anleitung für die ersten erfolgreichen Schritte an der Deutschen Terminbörse. Dabei werden die Grundlagen des Options- und Futures-Handels besonders nachvollziehbar und ausführlich dargestellt, um gerade den DTB-Neuling an diese Materie heranzuführen. Einen leichteren Anfang für Ihre DTB-Geschäfte werden Sie nicht finden!

Die Edition '95 erhalten Sie jetzt statt für DM 69 für nur noch DM 59!

Thomas Müller
DTB-BASISWISSEN EDITION '95
3. akt. Auflage, Oktober 1994, 170 Seiten
nur DM 59 statt DM 69

Und so werden Sie danach zum DTB-"Profi"!

NUR NOCH RESTBESTÄNDE VORHANDEN!

... mit Strategien

Es gibt weit mehr als einfach "nur" steigende oder "nur" fallende Kurse, - so spielen z. B. auch die Volatilität oder die Restlaufzeiten eine große Rolle. Sie erfahren im Report „DTB-Optionsstrategien", wie Sie Optionen sinnvoll kombinieren können und das Gewinnprofil somit exakt Ihren persönlichen Kurserwartungen anpassen.

DTB-OPTIONS-STRATEGIEN
1. Auflage 1993, A4, 108 Seiten
nur DM 70 statt DM 89

... über Indikatoren

In der DTB spiegelt sich die zukünftige Markterwartung der Investoren so exakt wider, wie an keinem anderen Segment. Der Report „DTB-Optionsindikatoren" zeigt Ihnen die Bedeutung der DTB-Indikatoren und deren Handhabung auf, um aus psychologischer Sicht rechtzeitig Übertreibungen zu erkennen.

DTB-OPTIONS-INDIKATOREN
1. Auflage 1993, A4, 75 Seiten
nur DM 60 statt DM 79

... durch Analysen

Nur "billige" Optionen zu kaufen und nur "teure" Optionen zu verkaufen, ist die Grundregel im Optionsgeschäft. In dem Report „DTB-Optionsanalyse" wird speziell dem Nichtmathematiker erklärt, wie er Fehlbewertungen sofort erkennt und über Kennzahlen wie Delta, Gamma usw. sein Portfolio steuert.

DTB-OPTIONS-ANALYSE
1. Auflage 1993, A4, 80 Seiten
nur DM 60 statt DM 79

Hängen Sie die Börse an die Wand!

Daß das Thema Kunst auch mit dem Gebiet Börse verbunden werden kann, zeigt Ihnen unsere Börsen-Grafik.

MONEY-DREAMS
designed by CARLOS

Börsen-Grafik
MONEY-DREAMS
98 x 68 cm
DM 119

So können Sie heute die Börsen technisch analysieren!

Die ständig steigende Leistungsfähigkeit von Computer-Programmen eröffnet heute nahezu unbegrenzte Analyse-Möglichkeiten. In der deutschen Übersetzung des amerikanischen Technik-Bestsellers finden Sie nun nicht nur eine ausführliche Einführung in den Umgang mit allen „gängigen" Konzepten, sondern auch eine Unmenge völlig neuer Analyseansätze und Denkanregungen. Martin Pring geht z. B. auf die folgenden Fragen ein: *Wie identifiziere ich Trends? + Wie erkenne ich Übertreibungen? + Wie verhalte ich mich in Seitwärtsmärkten? + Wie finde ich die „besten" Aktien?* ... und vieles andere mehr!

Mit diesem Buch nutzen Sie 25 Jahre Know-how eines US-Börsengurus!

Von der No. 1 unter den Technikern

Martin Prings
BÖRSEN-TECHNIKEN
1. Auflage, Oktober 1994, 301 Seiten
DM 119

Die Giganten im Interview

So werden Sie ein Top-Trader!

Die großen Trader werden nicht geboren, sondern „gemacht". Dieses Buch zeigt Ihnen wie!

Aus den Interviews mit einigen der berühmtesten Börsentechniker (z. B. Appel, Lane, Prechter, Wilder, Williams) erfahren Sie, was Gewinner von Verlierern unterscheidet! Denn deren Erfolgsgeheimnisse sind sich - überraschenderweise - sehr, sehr ähnlich, so daß letztlich jeder Börsianer die Chance hat, ein Top-Trader zu werden.

Dieses Werk wird in den USA bereits zu den besten Büchern gezählt! Sichern Sie sich jetzt die deutsche Übersetzung!

Jake Bernstein
DIE TOP-TRADER
1. Auflage, Oktober 1994, 200 Seiten
DM 98

DIE GROSSE BÖRSENREIHE:

Ein Muß für alle Techniker - und die, die es werden möchten!

Wie Sie selbständig die zukünftigen Börsentrends erkennen!

Wenn auch Sie sich mit Indikatoren beschäftigen (wollen), dann werden Sie von diesem Werk regelrecht begeistert sein. Denn wie der Titel schon sagt, wird hier wirklich - für jeden Leser verständlich und leicht nachvollziehbar - das komplette Segment der bekannten und auch weniger bekannten Indikatoren abgedeckt.

Dieses Standardwerk bietet Ihnen sowohl ein umfassendes Lehrbuch, als auch ein transparentes Nachschlagewerk. Denn von "A" wie ADX bis "Z" wie ZIGZAG wird wirklich kein einziger Indikator ausgelassen. Zusätzlich finden Sie sogar Kapitel über Candlesticks, Fibonacci, Elliott, Gann, Neuronale Netze und Stop-Strategien. Erfahren Sie, wie die amerikanischen Trader-Legenden Appel, Lane, Bollinger, Gann, Murphy, Pring, Prechter, Williams, Wilder und viele andere arbeiten. Nutzen Sie die Möglichkeit, von diesen Gurus zu lernen!

Ob Sie Profi- oder Hobby-Analyst sind, ob Sie eigene Berechnungen auf PC oder Taschenrechner durchführen oder ob Sie einfach wissen wollen, was dahinter steckt ... DAS GROSSE BUCH DER TECHNISCHEN INDIKATOREN beantwortet Ihre Fragen und eröffnet Ihnen viele vollkommen neue Analyseansätze. Wenn es eine Publikation gibt, die den Bereich der markttechnischen Analyse komplett abdeckt, dann dieser Standard. Ein "Muß" für jeden Investor - was jeder begeisterte Leser bestätigt!

**Thomas Müller/
Dipl.-Betriebswirt Harald Nietzer
DAS GROSSE BUCH DER
TECHNISCHEN INDIKATOREN
4. Auflage, Mai 1997, Hardcover mit
Schutzumschlag, 616 Seiten
DM 129**

*Dieses Buch hat Ihnen lange gefehlt -
doch das warten hat sich gelohnt!*

Wie Sie Ihr Kapital im Optionsschein-Dschungel nach oben hebeln!

Dieses Werk war überfällig! Erstmals wird hier umfassend, detailliert und vor allem auch für den Anfänger leicht nachvollziehbar erklärt, wie der Handel mit Optionsscheinen, Optionen und den unzähligen Finanzinnovationen funktioniert. Zahlreiche Grafiken, Charts und Tabellen sowie die verständliche Sprache komplettieren dieses Werk zu einem unvergleichlichen Börsen-Lehrbuch. Dieser neue Titel darf in keinem Bücherregal fehlen.

„Auf über 700 Seiten kompaktes Wissen rund um Optionsscheine und Finanzinnovationen."
OPTIONSSCHEINMAGAZIN

„DAS GROSSE BUCH DER OPTIONSSCHEINE richtet sich sowohl an den interessierten Laien als auch an den wertpapiererfahrenen Profi, für den es ein umfangreiches und aktuelles Nachschlagewerk darstellt."
BULLE & BÄR

„Ohne Frage derzeit das ausführlichste Buch zum Thema Optionsscheine und andere spekulative Finanzinstrumente. Eine unerschöpfliche Masse an Fakten, Erklärungen und Bewertungen."
DAS WERTPAPIER

**Horst Weißenfeld/
Stefan Weißenfeld
DAS GROSSE BUCH DER
OPTIONSSCHEINE
2. Auflage, April 1998, Hardcover mit
Schutzumschlag, 722 Seiten
DM 129**

DIE LIVERMORE-TRILOGIE

Der Klassiker

Jesse Livermore wurde durch diesen Klassiker unsterblich.

Börsenbücher gibt es etliche, doch **DAS SPIEL DER SPIELE** ist für viele das Original. Denn dieses Werk gilt in den USA als eines der meistgelesensten und vor allem auch meistempfohlenen Investmentbücher der Welt. Die atemberaubende Karriere dieses Mannes, sein Vorgehen und seine Strategien faszinieren Börsianer aller Generationen von der ersten bis zur letzten Seite. Erstmals im Jahre 1923 erschienen, hat das Werk bis heute nichts von seiner Aktualität verloren. Auch Sie werden feststellen, daß sich am Börsenspiel niemals etwas ändern kann, denn die Menschen bleiben in ihren Verhaltensweisen stets die gleichen und werden auch immer die gleichen Fehler machen!

Sie werden begeistert sein!

Jesse Livermore
DAS SPIEL DER SPIELE
Hardcover mit Schutzumschlag
480 Seiten   **DM 79**

Sein Vermächtnis

Dieser Klassiker repräsentiert das Konzentrat der 50-jährigen Börsenerfahrung des "Königs der Spekulation". Jesse Livermore hatte dieses Buch in 1940, kurz vor seinem tragischen Selbstmord fertiggestellt. Finden Sie den Schlüssel im Spiel der Spiele und sichern Sie sich jetzt die deutsche Übersetzung!

Seine Persönlichkeit

Dieses Buch war überraschenderweise ein paar Jahrzehnte lang in der Versenkung verschwunden. Dies ist um so erstaunlicher, da kein anderes Werk so packend und genau darstellt, wie Livermore sich selber, seine Karriere und seine Erfolgsstrategien sah.

Jesse Livermore
MEIN SCHLÜSSEL ZU BÖRSENGEWINNEN
Hardcover, 180 Seiten   **DM 59**

Richard D. Wyckoff
INTERVIEW MIT EINER LEGENDE
Hardcover, 120 Seiten   **DM 59**

Das SPIEL DER SPIELE wurde u.a. empfohlen von

Dr. Otto Graf Lambsdorff, André Kostolany, Gottfried Heller, Roland Leuschel, Heiko H. Thieme

Das Buch für den, der in die technische Analyse einsteigen möchte!

Wie Sie Charts richtig „lesen" und davon profitieren!

Mit diesem Buch sind Sie in der Lage, den Kampf mit jedem Börsenexperten aufzunehmen - ohne dabei Geld zu riskieren! Als ob Sie Stück für Stück von einem Lehrer geführt werden, können Sie Ihre Fähigkeiten für die technische Analyse entwickeln und ausbauen.

Mit dem „Charttechnik-Leitfaden" wird es Ihnen bald möglich sein, in kürzester Zeit und mit Leichtigkeit Dutzende von Chartformationen zu erkennen. Vollgepackt mit mehr als 160 Charts und vielen Fallstudien zeigt dieses Buch die elf wichtigsten Regeln und die erfolgreichsten Indikatoren, um Markttrends zu identifizieren. Sie lernen z. B. wie das Momentum zu benutzen ist, um zu erkennen, ob sich der Kurs in der Nähe eines Tops oder Tiefs befindet. Über das Average Directional Movement als Langfrist-Indikator wird Ihnen beispielsweise gezeigt, wie sich profitable Ausstiegszeitpunkte finden lassen.

Der „Charttechnik-Leitfaden" öffnet Ihnen die Türe zur Chart- und Indikatorenanalyse. Treten Sie ein!

Nathan J. Sambul
DER CHARTTECHNIK-LEITFADEN
1. Auflage, März 1997, 316 Seiten
DM 89

Mit diesem Buch werden Sie den meisten Tradern überlegen sein!

Verdienen Sie an der Masse der Anleger!

Die beiden Autoren stellen revolutionäre Handelssysteme vor, mit denen unglaubliche Trefferquoten erzielt werden. Dabei bestechen alle Modelle durch ihre Einfachheit und Präzision.

Im Mittelpunkt steht jeweils die einzige Konstante der Finanzwelt: die Herdenmentalität und der Hang der Masse, in vorhersehbaren Momenten falsch zu reagieren! Mit diesem Buch können Sie sehr hohe Renditen erzielen.

Jeder Techniker wird begeistert sein!

Blake E. Hayward/ Laurence A. Connors
TRADING FÜR PROFIS
1. Auflage, November 1997, 254 Seiten
DM 98

Erfahren Sie, wer die „neuen" Börsenhändler sind, wie sie täglich mit Millionen hantieren und dem Kurs-Nervenkrieg standhalten!

Das erste Buch über die andere Seite der Börse

Durch dieses Buch lernen Sie endlich Ihr „Gegenüber" an der Börse kennen. Denn Sie erfahren, wer die Menschen sind, die zwischen High-Tech-Computern, Standleitungen und dem ständigen Blick auf den Kurs-Monitor heute täglich viele Milliarden Mark bewegen. Lesen Sie, wie die Profis ihr Geld verdienen und lernen Sie dadurch mit den Emotionen im Handel umzugehen. Sie haben hier erstmals die Chance, hinter die Kulissen zu schauen!

„Ein Muß für alle, die wissen wollen, was wirklich an der Börse passiert."
OPTIONSSCHEINMAGAZIN

„Ein unterhaltsamer Einblick in den Überlebenskampf von Terminhändlern…"
BÖRSE online

„In der Form eines modernen Romans gibt das Werk Einblick in die Welt der Aktienhändler, Tageshektik und börsentechnische Abläufe ebenso wie in die schnelle Denkweise der Akteure."
DAS WERTPAPIER

„Der Autor, der über einschlägige eigene Erfahrungen als Trader verfügt, präsentiert einen facettenreichen und absolut kurzweiligen Einblick in ein Milieu, in dem tagtäglich Millionenbeträge bewegt werden. Der tägliche Tanz von Bulle und Bär ist dabei spannender als jeder Krimi und amüsanter als jede Comedy-Show."
DIE WELT

„Bei der Lektüre lernt der Leser wie nebenbei das Einmaleins des Derivatehandels."
TAGESANZEIGER ZÜRICH

Matthias Riechert
DIE BÖRSENHÄNDLER
Auflage, Oktober 1997, 316 Seiten
DM 54

Futures-Trader gibt es viele - Ulf Jensen gehört zu den erfolgreichsten unserer Zeit!

Erleben auch Sie die Faszination des Futures-Tradings

Dieses Buch wurde geschrieben, um Tausenden von Börsenneulingen von der Verlust- in die Gewinnzone zu verhelfen, um ihnen zu zeigen, wie man Gewinne mitnimmt, statt sie sich entgehen zu lassen und auch, um zu demonstrieren, wie man das nötige Kapital und die Erfahrung für das langfristige Trading erwirbt.

Der Autor erläutert jeden wichtigen Aspekt des Tradings, von der Marktauswahl bis zum Geldmanagement. Außerdem enthüllt der Autor einige von ihm entwickelte Marktstimmungsindikatoren, die mit geradezu unheimlicher Zuverlässigkeit Trendwenden voraussagen. Dieses Buch zeigt Ihnen, wie auch Sie Ihr Geld verdreifachen können.

Ulf Jensen
WIE ICH MEIN GELD AN DER BÖRSE VERDREIFACHTE
1. Auflage, April 1998, 380 Seiten
DM 98

BÖRSENVERLAG

Salinstraße 1 · 83022 Rosenheim
Tel 08031/2033-0 · Fax 08031/203330

BESTELL-COUPON

☐	ROSENHEIMER BÖRSEN-KATALOG	DM	gratis
☐	JESSE LIVERMORE DAS SPIEL DER SPIELE	DM	79
☐	JESSE LIVERMORE Mein SCHLÜSSEL zu BÖRSENGEWINNEN	DM	59
☐	Interview mit einer LEGENDE	DM	59
☐	Das GROSSE Buch der TECHNISCHEN INDIKATOREN	DM	129
☐	Das GROSSE Buch der OPTIONSSCHEINE	DM	129
☐	Der CHARTTECHNIK-LEITFADEN	DM	89
☐	Wie ich mein GELD an der BÖRSE verdreifachte	DM	98
☐	MARTIN PRINGS BÖRSEN-TECHNIKEN	DM	119
☐	TRADING für PROFIS	DM	98
☐	Die TOP-TRADER	DM	98
☐	GEDANKEN EINES KLEINSPEKULANTEN	DM	39
☐	DTB-BASISWISSEN EDITION '95	DM	59
☐	DTB-OPTIONSSTRATEGIEN	DM	70
☐	DTB-OPTIONSINDIKATOREN	DM	60
☐	DTB-OPTIONSANALYSE	DM	60
☐	Die BÖRSENHÄNDLER	DM	54
☐	MONEY-DREAMS	DM	119

Ab einem Bestellwert von 140.- DM erfolgt die Auslieferung portofrei,
darunter mit einem Versandkostenanteil von 8.- DM.

☞ **EILBESTELLUNGEN**: Telefon: 0 80 31/20 33-0 oder Fax 0 80 31/20 33 30

LIEFERN SIE MIR GEGEN
Ist nichts angegeben, erfolgt Berechnung gegen Vorkasse.

☐ Bankeinzug bequem und bargeldlos ➤
☐ bereits vorhandenen Bankeinzug
☐ beiliegenden Scheck
☐ Nachnahme (zuzügl. NN-Gebühr)

Bitte geben Sie hier Ihre Bankverbindung an!
Bankinstitut _____
BLZ _____
Konto _____

ABSENDER

Name, Vorname

BC

Straße PLZ/Ort

Telefon tagsüber Telefon abends Datum Unterschrift